발전 청소년학 시리즈 3

청소년문화론

김상범 · 박선희 · 박주현 · 안명선 · 천정웅

Youth Culture

양 성 원

머리말

청소년문화론의 첫 문장을 "청소년문화는 진정으로 존재하는가"라는 말로 시작하면 너무나 역설적인 것일까? 사실, 청소년문화에 대한 논의는 오래전부터 있어왔으며 그 핵심은 청소년문화의 엄연한 존재성과 함께 성, 지역, 시대적 특성에 따른 다양한 차이들을 고려할 때 이를 일반화하는 것이 어렵다는 점이 아닐까 싶다. 각 특성별 청소년계층에 속하는 청소년들 조차도 모두 동일한 상징체계와 행동양식을 갖고 있지 않으며, 동일한 시대를 살아가는 청소년이라 하더라도 학교와 직업선택, 여가활용 유형이 다를 수 있고, 일에 대한 가치나 생각이 다르다. 더욱이 부모나 성인들에게서 받는 영향도 다를 것임을 고려하면 독자적이고 이질적인 청소년문화를 설명할 수 있는 공통분모를 찾는 것은 결코 쉬운 일이 아니다.

그럼에도 불구하고, 오늘날 청소년은 삶에서의 과도기적 성장시기를 보내는 존재가 아니라 스스로의 꿈과 끼를 통해 자기주도적으로 미래를 설계하고 무한한 가능성과 역량을 가진 새로운 '문화창조자'로 자리매김해 가고 있다는 것을 부인할 수 없을 것이다. 특히, 오늘날의 청소년은 이전 세대와는 다른 정보 매체 활용의 특성을 보이며 4차 산업혁명 시대 네트워크화된 문화의 영역에서 독자적인 문화실천자로 행동하고 있다. 인터넷, 스마트폰 등의 사이버세계 안에서 공동체 의식을 기르고 학습은 물론 놀이, 소비, 가정문화 등 스스로 자신의 취향과 관심, 미래관 등에 대한 비교적 명료한 이해를 가지고 자신이 누구인가를 발견하며 자유롭게 표현하고 있는 것이다.

이런 점에서 이 책은 새로운 청소년문화 창조와 실천의 모습들을 뷰티문화, 사이버문화, 웹툰과 인터넷 1인 방송문화, 디지털 미래와 청소년문화, 축제문화 등과 같은 현상으로 파악하고 있다. 청소년문화는 청소년의 삶에 있어서 새로운 경험과 새로운 대응방식을 만들어가는 기반이며 청소년들이 주도하는 문화로 볼 수 있기 때문이다. 여기에 청소년 또래문화, 여가문화, 소비문화, 성문화, 참여문화, 문화정책 등과 같은 내용을 구체적으로 제시하고 이를 위해 필요한 이론적 기초로서 청소년문화의 개념, 구성요소, 속성과 유형구분 등에 대해 알아보고, 청소년문화를 보는 다양한 시각과 포스트 모더니즘을 포함하는 관점들에 대해 고찰하는 것은 의미있는 지적 작업이 될 것이다.

이 책은 문화에 대한 개념적 이해를 시작으로 청소년문화의 특성을 공부한 후에 청소년문화의 내용을 한 단원씩 들여다보는 것으로 구성하였다. 청소년문화는 청소년이 갖고 있는 사고와 이념 · 감정 · 포부 · 이상 등을 나타내는 수단이며 청소년집단이 공유하는 생활양식으로 청소년만의 가치관과 행동양식, 사고방식, 라이프스타일, 패션 등을 통해 문화창조와 문화실천의 모습으로 존재하는 현상적 실재(reality)라는 측면에서 접근하는 것이다. 이에 전체 13개의 장으로 편집하였으며 5명의 공동저자들이 각자의 전공분야와 관심영역를 고려하여 청소년문화의 영역을 정하고 집필하였다. 또래문화(3장), 여가문화(4장), 성문화(7장), 사이버문화(9장), 웹툰과 인터넷 1인 방송(10장)은 김상범 교수가 집필하고, 소비문화(5장), 청소년문화와 축제(13장)는 안명선교수가 맡아하였다. 참여문화(8장)와 청소년문화와 정책(11장)은 박선희 교수가 집필하였고, 청소년 뷰티문화(6장)와 디지털 미래와 청소년문화(11장)는 박주현 교수가 맡아했으며, 이론적 기초와 관련한 부분(1장, 2장)은 천정웅 교수가 담당하였다. 필자들이 기본적인 체제와 분량을 맞추려고 노력했지만, 각 장별 주제의 특성이 다르기 때문에 전체가 일관성을 갖도록 하는 것은 쉽지 않았다.

이 책은 발전청소년학 총서의 세 번째 책으로 발간한 것이다. 발전청소년학은 청소년학 분야의 이론과 실천, 그리고 정책과 서비스 등과 관련한 다양한 영역에서 새로운 관점과 접근을 요구하는 시대적 기대에 부응하면서 청소년연구와 관련한 다양한 이론과 발전적 실천들을 담고자 하는 학술공동체를 지향하고 있다. 이 책의 발간은 그러한 발전청소년학 연구의 인식론적 공동체(WAYS Academy)의 뜻을 전하는 세 번째 발간물의 의미를 가진다. 총서 개발에 참여하고 있는 국내 · 외의 교수들과 연구자들에게 청소년문화론 발간의 기쁨을 전하면서, 흔쾌히 출판을 맡아주신 도서출판 양성원의 강철원 대표님과 직원 여러분께 깊은 감사를 드린다.

2022년 8월

저자 일동

차 례

CHAPTER **01**

청소년문화의 개념적 이해

청소년문화의 개념적 이해

1 문화의 이해와 청소년문화연구

1) 문화의 개념

문화는 “자연 상태에서 벗어나 일정한 목적 또는 생활 이상을 실현하고자 사회 구성원에 의하여 습득, 공유, 전달되는 행동양식이나 생활양식의 과정 및 그 과정에서 이룩하여 낸 물질적 · 정신적 소득”을 이르는 것으로 볼 수 있다. 문화는 의식주는 물론, 언어, 풍습, 종교, 학문, 예술, 제도 따위를 모두 포함하는 것이다. 종합적으로 이해하면 어떤 나라나 지역에 속한 사람들의 집단이 일반적으로 보유한 어느 정도 정착된 내부의 가치와 믿음이며 그 가치관과 믿음이 사람들의 외적인 행동과 환경에 미치는 영향력과 그 결과물이라고 할 수 있다.

문화는 또한 인간의 삶이 지향하는 의미와 가치를 상징의 형식으로 표현한 것으로도 정의한다(Jenks, 1996). 문화는 삶이 지니는 의미의 원천이 문화를 통하여 표출되는 것으로 “상징물의 복합적 총체”라고도 한다. 즉, 문화는 단순히 ‘현상’을 지칭하는 것이 아니라 또한 의미를 담고 있는 상징으로서 사회 안에서 공유되고 학습을 통하여 전승되며, 변화를 거듭하면서 형성과정을 거친다고 보는 것이다. 그래서 문화를 통해 표출된 의미의 기술은 다양성을 띠게 되며 상대적 가치를 지닌다고 보아 문화개념의 '의미'와 '가치'를 강조하게 된다.

역사적으로 변화해 온 문화의 개념은 대략 여섯 가지로 정리할 수 있다(한국청소년정책연구원, 2018).

첫째, 15세기 저술들에서 찾아볼 수 있으며, 영어의 경작(cultivation)의 의미로 '곡물을 경작하다', '가축을 사육하다'의 의미로 사용되었고 영어에서의 농경(agriculture), 원시농경(horticulture)과 같은 단어에서 그 의미를 찾을 수 있다.

둘째, 16세기 초반에 등장한 것으로 인간의 정신이나 마음과 같은 보다 추상적인 의미로 확대된다. 당시에는 특정 계급이나 소수의 사람들만 "문화적"이라고 여겼으며, 18세기까지는 유럽 부유한 계층의 세련된 스타일을 향유하는 것을 의미했고, 주로 "예술(art)"과 관련되어 사용되어졌다. 이러한 문화의 개념은 20세기에 들어 노동자 계급이나 하류층의 "대중문화(popular culture)"를 포함하는 것으로 확장되어진다. 이때 "대중" 문화와 "고급" 문화 간에는 첨예한 구분이 있었다.

셋째, 계몽사상과 함께 등장한 것으로 18세기 저술가들은 이 용어를 일반적인 사회발전을 지칭하는 것으로 사용했다. 모든 사회는 하나의 과정을 거치며 발전해 나가는데, 문명화 과정을 거쳐 도달하는 발전의 정점은 유럽이라고 믿었으며 이는 소위 유럽중심적 사고라고 할 수 있다.

넷째, 유럽 우월주의적 사고를 비판하면서 부각되기 시작한 것으로 단일한 문화노선을 비판하며 등장한 복수형의 문화 개념이 있다. 다양한 집단, 다양한 국가, 계층, 하위문화와 역사적 시기에 따라 구분되는 생활양식과 공유되는 가치 및 의미가 다양하다는 점을 강조한다.

다섯째, 최근 대부분의 사회과학과 인문학에 영향을 주는 문화 개념으로서, 집단이나 국가 내의 공유된 의미를 뜻하면서도 문화가 무엇이냐를 규명하기보다는 문화가 무엇을 하느냐에 강조점을 둔다. 사회적 실천과 관련하여 문화를 바라보며, 문화를 공유한다고 할 때 그것은 언어를 통해 구성되고 공유되는 것이므로, 의사소통을 가능하게 하는 언어를 중요하게 생각한다. 이러한 정의에 따르면, 문화는 실천 혹은 실행 체계이며 그것에 의해 집단 내 의미가 생산되고 교환되는 과정이 된다.

문화의 개념은 학문 분과에 따라 매우 다양하게 정의되어지고 있으며, 한 학문 분과 내에서도 학자에 따라 매우 다양하게 정의되고 있다. 예를 들면, 일찍이 1952년에 클로버(Kroeber)와 클러크혼(Kluckhohn)은 그 당시까지 제시된 문화에 대한 175개의 개념 정의들을 검토하여 하나의 표준적 정의를 마련하려고 시도하였으나, 그들의 문화에 대한 정의마저 또 다른 하나의 추가적인 정의가 되고 말았다. 또한 윌리엄스(Williams, 1983)는 문화라는 개념이 "영어에서 가장 복잡한 의미를 갖는 두세 단어 중의 하나"라고 한 바 있다(한국청소년정책연구원, 2018 재인용). 이런 점에서 보면, 문화에 대한 개념은 어느 것이 옳고 그르다는 주장이 있을 수 없고 각기 설명하려고 하는 대상에 따라 견해를 달리하고 있음을 알 필요가 있다.

2) 문화의 특성과 분류

(1) 문화의 특성

문화를 보다 잘 이해하기 위하여 문화의 특성에 대해서 구체적으로 살펴 볼 필요가 있다. 문화는 다음 몇 가지 속성이 있다.

첫째, 문화는 자연과 구분된 속성을 가지고 있다. 즉, 문화는 인위적인 것이고 전수를 통하여 습득이 가능하다. '우리가 늘 문화를 배운다' 라는 말도 바로 문화의 이런 특성에서 비롯된 것이다.

둘째, 문화는 축적성이 있다. 문화는 한꺼번에 이뤄진 것이 아니라 오랜 시간 동안 많은 사람들의 장기간의 노력을 통하여 조금씩 축적된 결과이다. 문화를 기록한 서적과 각종 기록물이 이 특성을 가장 잘 설명할 수 있다.

셋째, 문화는 다른 문화와 차별화된 고유성을 가지고 있다. 공동체의 구성원들은 자신의 문화의 고유성을 유지하기 위하여 자신의 문화에 대해서 자부심을 느끼고 또 그 고유성을 유지하려고 노력한다. 그래서 우리는 어떤 지역 혹은 어떤 집단의 문화를 통틀어서 동양문화, 미국문화, 청소년문화 등 명칭을 달아 준다.

넷째, 문화는 규칙성이 있다. 아무리 복잡한 문화라도 자세히 보면 그 문화의 저변에는 기본 가치관이 있고 인식과 학습이 가능한 규칙이 있다. 그래서 우리는 사람들의 행동을 통하여 그가 속해 있는 문화를 유추할 수 있고 또 문화를 통하여 사람들의 경향성을 예측할 수 있다.

다섯째, 문화는 변동성이 있다. 문화는 한번 형성하면 오랫동안 유지되지만 변동 없는 문화는 또한 없다. 문화는 의식진화, 정치체제, 경제상황, 전달수단에 의해 변동이 가능하며 사람의 의식적인 노력으로도 변동이 가능하다. 특히 지도자의 이념적인 목적과 종교사상, 정책 규범 등에 의해 정체 혹은 소멸도 가능하다.

(2) 문화의 분류

문화라는 수식어를 붙이면 세상에 다양한 문화가 존재하고 있음을 알 수 있다. 예를 들면, 청소년문화는 물론, 음식문화, 건축문화, 정신문화, 중국문화 등이 그러하다. 문화를 보다 구조적으로 이해하기 위하여 문화의 분류에 대해 알아볼 수 있다. 여러 가지의 분류방법이 있을 수 있지만, 문화를 분류하는 대표적인 구분은 다음과 같은 몇 가지로 나타난다(한국청소년정책연구원, 2018).

① 주류(지배)문화와 하위문화

한 사회 집단의 특수한 부분 또는 영역에서 다른 것과는 구분되어 독특하게 나타나는 생활양식을 하위문화라고 한다. 지역이나 세대, 성별, 직업 등 한 사회의 하위집단들에 의해 공유되어 나타나는 문화들이다. 예를 들면, 지역에 따라 도시 문화, 농촌문화 혹은 경상도와 전라도, 제주도 문화 등으로 구분되어 나타나는 문화를 일컫을 수도 있고, 연령에 따라서 노인문화, 성인문화, 청소년문화 등으로 구분되기도 한다. 이러한 하위문화들은 보다 거대한 범주, 예를 들어 한국문화라는 범주 안으로 포함이 되어진다.

② 표현된 문화와 내재된 문화

문화의 존재 양식에 따라 문화적 가공물, 문화재 또는 쉽게 관찰 가능한 행위 등을 표현된 문화라고 하며, 그 문화재와 행동에 부여된 의미나 가치, 상징 등과 같이 직접적으로 관찰이 불가능한 영역의 문화를 내재된 문화라고 한다. 표현된 문화와 내재된 문화는 각각 별개의 것이 아니라, 한 문화의 두 측면이다. 예를 들어, 각 군 사관생도의 각기 독특한 복장, 군장, 학년표지, 머리 형태 등은 표현된 문화이며, 각 군에서 그러한 것들에 부여한 의미(예를 들어, 엄숙, 단정, 질서, 절도의식 등)는 내재된 문화이다.

③ 이상문화와 실재문화

한 사회 집단의 전통이나 이념 등은 이상문화에 속하며, 그것과 반하여 현실에서 드러나는 양상들은 실재문화라 한다. 예를 들어, 한국사회에서 어른을 공경하고 예의를 지키는 효의 문화가 내재되어 있다고 할 때 이상문화를 가리키는 것이며, 실제로 지하철이나 버스에서 노인이 타더라도 자리를 양보하지 않거나 노인을 공경하지 않는 사회적 분위기는 실재문화이다.

④ 물질 문화와 비물질 문화

물질 문화란 우리가 보고 만질 수 있는 구체적인 물리적 업적과 그것을 사용하는 방법을 말한다. 비물질 문화는 물질적이 아닌 모든 것을 포함하는데 정신 문화와 행동 문화로 구분하기도 한다. 행동 문화는 우리의 구체적인 행동이 이루어지는 절차나 방식에 관한 문화이며, 법, 민속, 관습, 제도 등이 이에 속한다. 물질문화와 행동 문화는 '표현된 문화'이다. 정신 문화는 학문, 종교, 도덕, 가치관 등 정신적 창조물을 지칭하는 것으로써, 인간이나 집단이 갖는 상징이나 의미와 가치를 그 내용으로 한다.

3) 청소년문화연구

청소년에 대한 개념은 일반적으로 "개인적 삶의 과정 중 한 시기, 특수한 행위양식을 갖는 집합적 사회구성체, 불완전한 사회적 신분, 세대 단위를 구성하는 역사적 세력 혹은 집단" 등으로 정의되고 있다(김영화 · 최영진, 2012). 그러나, 청소년을 삶의 한 시기에 속한 유사 연령대의 집합으로만 보는 생애주기에 따라 구분하는 시각은 오늘날에는 점차 줄어들고 있다. 청소년들이 구성하는 문화에 대한 이해의 폭이 넓어지고 있기 때문이다(김은정, 2014). 이런 점에서 청소년은 "사회가 자신의 정체성을 만들어 내고 유지하는 전반적인 실천 중 하나"로 정의할 수 있으며, 청소년문화에 대한 개념도 한 사회의 사회적 정체성을 드러내는 방식으로 규정되어 온 사회적 의미의 한 형태로 정의되고 있다(서동진, 2000).

사실, 청소년의 개념은 18세기와 19세기에도 제대로 인식되지 못했으며, 20세기에 들어와서야 유엔을 중심으로 청소년에 대한 인식의 전환이 이루어졌다. 아동과 청소년에 관한 각종 선언이나 규약들이 결의되고 채택 · 공포됨으로써, 청소년에 대한 사회의 관심과 태도 변화를 반영하게 되었다. 이런 점에서 역사의 발전에 따라 인생에서 청소년기와 사회 안에서의 청소년 존재의 의미와 중요성이 점차 확산되어져 왔고, 청소년 문화의 모습도 가시적인 것으로 부각되어지고 있다는 점은 분명한 것이다(최윤진, 1998).

청소년문화에 대한 연구들이 태동하기 시작한 것은 1950년대부터이며, 대부분이 사회학자들에 의해 연구되어졌다. 파슨스(Parsons, 1942)는 청소년문화의 의미를 나이와 성별에 따른 특정 역할에 의해 구조화되어진 독특한 세계를 뜻하는 것으로 이해하였다. 콜맨(Coleman, 1961)은 성인 사회로부터 구분되며 대중음악소비 시장과 관련이 밀접한 것으로 청소년문화를 보았다. 또한, 코헨(Cohen, 1972)과 영(Young, 1974)과 같은 '일탈 이론가'들은 미국의 낙인 이론(labelling theory)을 청소년문화에 적용하였으며 특히 코헨(1972)은 대중매체가 청소년들의 도덕적 혼란을 사회 문제화하는 과정에 초점을 맞추었다. 미드(Mead)의 '사모아의 청소년(Coming of Age in Samoa)'(1928)과 터너(Turner, 1967)의 '통과의례에 관한 연구' 등은 주로 가족과 친족에 초점을 두고 진행된 초기 인류학적 연구들이다. 인류학적 연구 역시 청소년을 그 자체로서 독립적으로 무엇인가를 생산하는 단계로 보지 않고, 성인기로 진입하는 과정적 존재로 보았다(한국청소년정책연구원, 2018).

한편, 영국 버밍햄 대학의 문화연구소는 노동계급 청소년들을 다양한 스타일들을 통해서 지배계급에 저항하는 주체로 그리며 계급에 따른 청소년 하위문화를 부각시키는 데 기여하였다. 그러나 이들의 연구에 대해서는 다음과 같은 몇 가지 비판이 제기되고 있다.

첫째, 청소년 중에서 특히 소년, 즉 남자 청소년들의 문화에 비중을 둠으로써 성별을 고려하지 않았다는 것이다.

둘째, 하위문화의 독특성과 독자성을 부각시킨 나머지, 문화적 형태들 사이의 다양성과 지배문화와의 관련성 속에서 나타나는 유사성과 연관성에 주목하지 않았다는 점이 지적된다.

셋째, 이론적이고 구조적인 측면에 치우친 나머지 경험적 연구에는 충실하지 못했다는 점이다.

2 청소년문화의 개념과 구성요소

1) 청소년문화의 개념

청소년문화의 개념은 청소년집단이 애용하는 문화예술의 의미보다는 청소년집단이 공유하는 생활양식, 감정, 사고유형 및 가치관 등으로서 그 시대의 사회전체가 소유한 문화의 하위체계라고 할 수 있다. 청소년문화는 그러므로 넓은 의미에서 하나의 하위문화(subculture)이다. 그러나, 청소년문화는 하위문화에 그치지 않고 상황에 따라서는 주류문화에 대항하게 될 경우도 있다. 이런 경우에는 청소년문화는 반문화의 성격을 갖게 된다. 반문화의 규범과 가치관은 주류문화 또는 지배문화의 그것과 상충하게 되는데 이와 같이 반문화로 변하게 되는 이유는 주로 주류문화와 기성사회의 성격에서 찾을 수 있다. 즉, 주류문화의 정당성과 적합성, 기존의 사회 및 정치구조와 이념의 정당성 등이 모두 잘못된 방향으로 기울어질 때 반문화로서의 청소년문화가 생길 가능성이 많다는 것이다(장일순, 2007).

우선, 벨(Bell, 1967)은 청소년문화는 성인사회로부터의 의도적인 분리, 집단 내에서의 사회적 지원의 경험과 집단가치에 대한 청소년들의 동일시, 그리고 일치에 대한 청소년들 간의 지배적인 강요 등의 세 가지 특징을 갖는 것으로 보았다. 이러한 특질이 청소년들로 하여금 성인세계로부터 일탈하는 것에 대해 긍정적 평가를 하도록 만든다는 것이다.

또한, 코헨(1974)은 청소년문화란 문제 해결을 시도함에 있어서 공동의 준거집단의 설정, 변경, 조정 등을 통해 일어나는 비슷한 적응의 문제를 갖고 있는 사람들의 상호작용의 산물로 이해하였다. 청소년문화를 행위 및 상호작용 이론의 관점에서 설명함으로써 자신들의 행위를 위해 믿을 만한 규범과 기준들을 제공하며, 만족할 만한 사적인 인간관계를 보장하게 되는 준거집단을 지향하려는 청소년들의 애착을 통해서 이해하였다.

위르즈바커(Wurzbacher, 1987)는 청소년문화를 전체문화로부터 분리되어진 것으로 보지 않고 잠재적 하위문화에서부터 극단적인 반문화까지의 편차가 있는 것으로 보았다. 청소년문화는 직접적인 성인들의 간섭이 없는 청소년 스스로의 자유로운 모임, 여가 부분에서의 많은 시간의 공유, 그리고, 의도적인 성인도피를 위한 동년배(또래집단)들 간의 관계 등의 세 가지 특징을 갖는 것으로 보았다.

이러한 견해를 종합하면 청소년문화는 대체로 다음과 같은 몇 가지 기준으로 설명할 수 있다. 즉, 비교적 높은 내적 친밀도에 의해 이루어지는 상호작용, 구성원의 비교적 높은 연령 동질성, 상호작용에 있어서 구성원들 간의 지속적인 정체성을 불어넣는 경험의 공유, 그리고 외모, 언어사용, 신체적 표현 등을 포함하는 특별한 기질 및 습성 등으로 요약된다. 따라서 청소년문화는 전체 사회 속에서 주로 청소년들에 의해 지배적으로 이끌어지는 상호작용체계, 특히 상징체계, 규범, 가치관, 목표 및 행동양식에 있어서 그 사회의 다른 연령집단의 상호작용체계와는 다른 체계를 의미하는 것으로 볼 수 있다(장일순, 2007).

한편, 청소년문화 개념에 대해 새로운 방식의 이해가 필요하다는 주장이 있다(한국청소년정책연구원, 2008). 청소년문화라는 용어는 사실 현실적인 층위에서 존재하는 것이라기보다는 이데올로기 지형에서 담론화되는 정치적인 의미를 가지고 있다고 본다. 현실 속에서 청소년문화는 역사적으로 늘 언제나 존재해 왔지만, 그 의미는 각기 다른 방식으로 담론화되었다는 것이다. 청소년이란 담론은 역사적인 상황에 따라서 소년, 학생, 미성년, 신세대 등 다양하게 불리기도 했으며, 청소년문화가 보편적으로 사용된 1990년대에는 청년문화, 혹은 대학문화라고 하는 세대문화를 대체하는 개념으로 사용되는 측면이 많았다는 점에서 그 개념은 대단히 불안정하고 이데올로기적 정세 안에 위치 지워진다고 보았다.

이런 점에서 청소년문화는 다음과 같은 세 가지를 전제하면서 이해할 필요가 있다. 첫째, 청소년문화는 신세대문화의 일반적인 정의로는 포괄될 수 없는 특수한 성격을 가지고 있는 바, 청년문화와는 분명한 차이를 드러내며, 기존에 존재하지 않았던 10대 문화의 커뮤니티를 지칭하는 언어로 이해해야 한다. 둘째. 청소년세대는 소비문화의 중심주체이면서 비주류 문화를 생성하는 주체이기도 하다는 점에서 청소년에게 문화는 소비와 수용의 대상만이 아닌 생산과 참여의 대상이 된 것이다. 셋째, 청소년세대는 문화세대로서 문화적 자율성을 펼칠 수 있는 가장 능동적 주체이면서 동시에 문화적 검열을 가장 많이 받는 억압적인 주체라는 점이다. 청소년에 대한 국가의 문화적 배려와 배제 안에는 분명한 기준과 규칙이 존재한다. 청소년에게 다양한 문화를 체험하게 만드는 기회를 국가와 민간단체에서 많이 제공해 주는 노력이 있는 것도 사실이지만, 청소년들에 대한 문화적 검열이 아직도 범죄예방 · 도덕적인 규율의 맥락에서 진행되고 있는 것도 사실이기 때문이다.

2) 청소년문화의 구성요소

청소년문화는 청소년들이 소유하는 생활양식, 감정, 가치관, 상징, 규범, 행동양식 등을 의미하게 되므로 청소년문화를 구성하는 요소는 매우 광범위하다고 볼 수 있다.

특히 다른 연령집단과 구별되는 청소년들만이 갖게되는 문화를 중점적으로 알아 볼 필요가 있다(장일순, 2007).

(1) 가치(관)

어느 사회나 어느 집단, 또는 조직이든 간에 그 구성원들이 추구하는 올바른 것과 아름다운 것 그리고 바람직한 것들이 존재하게 되는데 이에 대한 평가기준이나 신념체계가 곧 가치(관)이다. 이러한 가치(관)은 인간의 행동을 지배하는 중요한 기능을 하기 때문에 특히 청소년들이 어떤 가치를 지향하느냐 하는 것은 그 사회의 미래를 예측할 수 있는 중요한 지표가 된다.

(2) 상징

상징이란 의미는 나타내는 것으로서 언어, 의상, 신체적 몸짓 및 표현, 색깔, 소리, 액세서리 또는 디자인 등을 통해 표현된다. 상징의 가장 대표적인 언어는 단순한 의사소통 이상의 기능을 함으로써 사회성원들의 생각과 행동에 영향을 주게 되는 관념화 기능을 하게 된다. 사회성원들이 어떤 언어를 사용하느냐에 따라 세계를 인식하는 방법과 이를 해석하는 관점도 달라진다. 상징으로서의 의상은 그 시대, 그 사회의 사회상과 구성원들의 개성을 나타내며 신체적 몸짓 및 표현에 있어서는 특히 연령집단에 따라 큰 차이가 있게 된다. 예를 들면, 젊은 청소년들은 격렬한 춤과 스포츠를 선호하며 장노년층은 그렇지 못한 것을 들 수 있다. 상징으로서의 소리 및 음악은 특히 젊은이들이 선호하는 것으로서 그 시대의 음악 장르에 따라 그리고 음악 내용의 텍스트에 따라 사회에 대한 그들의 반응을 알 수 있다. 이 외에도 색깔, 액세서리, 디자인 등 그들이 사용하는 다양한 상징은 청소년문화를 이해하는 데 도움이 된다.

(3) 행위양식 및 상호작용 양식

청소년들은 그들만의 운동, 몸짓, 언어 등을 사용함으로써 특성을 나타낸다. 예를 들면, 스피드와 변화 및 스릴을 선호한다는가 일상적인 관행에서 탈피하여 새로운 것, 일탈적인 것을 시도하는 행위 등은 청소년들의 특징이라 할 수 있다. 그리고 그들의 상호작용에 있어서 특히 오늘날과 같은 인터넷 사회에서는 그들만의 언어를 사용하고 있으며 그들의 만남 역시 역시 온라인(On-Line)에서 많이 이루어지고 있는 것이 현실이다. 이 외에도 청소년들의 여가활동 및 긴장해소를 위해 그들은 무엇을 하고 있는지에 대한 것을 알아볼 필요가 있다.

(4) 매스컴 및 대중인기 문화

청소년들은 매스컴 및 대중인기 문화를 선호함으로써 특별한 장르나 양식의 대중인기 문화에 열광한다. 특히 특정한 장르의 음악에 광적으로 열광하며 특정한 가수나 배우, 탤런트, 운동선수를 우상화한다.

(5) 규범

규범이란 사람들이 다른 사람들과의 관계에서 따라야 할 규칙들은 의미한다. 규범에 따라 사람들은 특정한 상황에서 해야 할 것과 또 해서는 안 될 기준을 알게 되며 상대방이 나의 말과 행동에 대해 어떻게 반응할 것인가를 예견할 수 있다. 가치가 추상적인 수준에서 행동의 방향을 설정해 주지만 규범은 행동의 구체적인 지침을 제공해 준다. 청소년들은 기존의 지배문화를 따르는 것이 일반적이며 대부분 학생의 지위에 있으므로 학교의 규범을 따르게 된다.

(6) 인터넷 및 영상문화

오늘의 청소년들에게 인터넷 및 영상문화는 그들의 생활 자체라고 할 정도로 사고와 행동에 절대적인 영향을 준다고 볼 수 있다. 예를 들면, 그들의 정보교환, 의사소통, 여가활동, 자기개발 등을 위해 인터넷 및 영상문화는 필수적이다.

3 청소년문화의 속성과 그 현상적 모습들

1) 문화의 속성과 청소년문화

(1) 문화의 공유성

한 사회의 구성원들은 개별적으로 독특하게 지니고 있는 취향이나 버릇, 기질과는 다르게 다른 집단의 것과 구별될 만한 공통적인 성향을 가지는데, 이처럼 사회 구성원들에 의해 공통적으로 나타나며, 인정되는 경향을 문화라고 할 수 있다. 문화의 공유성과 관련하여 청소년문화를 파악한다면, 일단 청소년문화는 청소년들에 의해 공유되는 문화를 의미할 것이다. 청소년이 아닌 성인이나 노인 세대, 유·아동과는 다른 청소년들에게서 대체로 공유되는 행위 양식이나 사고방식, 여러 가지 스타일을 청소년문화라고 볼 수 있을 것이다.

(2) 문화의 다양성

인간은 문화라는 수단을 통해 환경에 적응하는 것이지만 그 적응 수단으로서의 문화는 단지 한 가지 방법만 있는 것이 아니라 다양한 방식으로 나타난다는 점을 염두에 두어야 한다. 각 사회마다 나름대로 독특한 문화가 있고, 이러한 차이는 '문화의 상대성(cultural relativity)'으로 인정되어져야 한다. 청소년문화는 사회의 다양한 문화들 중 하나로 존재하는데, 성인문화, 아동문화, 노인문화와 다르게 존재하게 된다. 그러나 청소년문화 내부에도 다양한 문화가 존재하고 있다. 즉, 청소년이라는 하나의 카테고리는 다양한 기준에 의해 분화될 수 있다. 이처럼 문화는 특정 국가나 사회, 집단에 의해 공유되지만, 또한 다양하게 구획되는 집단들에 의해 다시 분화되어 다양한 모습으로 존재하는 것이다.

(3) 문화의 학습성

사회에서 공유되어지는 규칙들은 우리의 일상생활을 통해서 학습되어진다. 이러한 학습과정은 공식적이고 의도적일 수도 있고, 비공식적으로 일어날 수도 있다. 인간이 한 집단의 문화 내용을 배우면서 그 집단의 생활에 적응해 나가는 과정을 사회화(socialization) 혹은 문화화(enculturation) 과정이라고 한다. 청소년들은 다양한 사회집단에 진입하게 되면서 사회의 규율이나 규칙 등 명시적인 문화뿐만 아니라, 일반적인 관행이나 관습, 편법 등 잠재된 문화도 배우게 된다. 이러한 문화화 과정을 거치면서 특정한 방식의 사고 과정이나 인지지향을 발달시키는 것이다.

청소년들은 공식적으로 인정된 사회집단을 통한 문화화 과정을 겪기도 하고, 비공식적 집단에 가입하여 문화화 과정을 겪기도 한다. 이러한 문화화 과정은 사회에 순기능적 작용을 하기도 하고 역기능적 작용을 하기도 할 것이다. 한편, 문화화 과정은 단일 집단을 통해서 이루어지기보다는 다양한 사회집단과 매체 등에 의해 다방면에서 영향을 받으며 진행된다. 또한 한 집단에서 배운 문화가 여타 집단의 문화와 항상 조화로운 관계에 있는 것도 아니다. 현대 후기 산업사회, 정보화 사회에서의 문화화(사회화) 과정은 과거 전근대 사회와 비교할 때 매우 복잡한 과정이라 할 수 있다.

(4) 문화의 축적성

문화는 한 세대를 거쳐 다음 세대로 전해 내려가고 시간이 지남에 따라 각 세대에서 이루어진 지식들이 추가되면서 문화의 저장 창고는 팽창되어 왔다. 특히 정보 통신 기술의 혁명으로 많은 지식 정보가 축적되고 있다. 청소년문화를 파악할 때도 이러한 문화의 축적적인 측면을 고려해야 한다. 물론 문화 요소들 중에 사라지거나 변화하는 것들도 있지만, 그러한 변화 과정을 거치면서 문화는 축적된다. 문화의 누적적인 특성은 현재 사회 집단의 문화로 표출되지만 그 기능에 있어서 긍정적인 측면과 부정적인 측면을 모두 고려할 수 있을 것이다.

(5) 문화의 체계성 및 총체성

한 사회 집단의 문화는 지식, 신앙, 예술, 도덕, 법, 관습 등 수많은 부분들로 구성되어 있다. 한 사회의 문화를 구성하는 이와 같은 부분들은 무작위로 또는 각기 독립적으로 존재하는 것이 아니라, 상호 긴밀한 관계를 유지하면서 하나의 전체(a whole) 또는 체계(system)를 이루고 있다. 문화를 이해할 때, 사회의 다양한 측면이 유기적으로 연관되어 있음을 주목해야 하듯이, 청소년문화의 이해에 있어서도 그 유형과 특성을 파악하기 위해서는 청소년문화를 둘러싼 복합적인 맥락을 파악해야 한다. 복합적 맥락에는 가정, 학교, 지역사회 등 미시적 차원과 거시적 차원을 비롯하여 교육 제도 등이 모두 고려되어야 할 것이다.

(6) 문화의 가변성

문화는 축적되고 연속적으로 계승되어 왔지만, 그 과정에서 항상 변화를 수반하고 있다. 문화변동은 일상생활 속에서 직면한 문제를 해결하기 위해 사회 내부 구성원에 의해 새로운 해결 방법이 제시됨으로써 나타나기도 하고, 사회 외부의 타 문화 요소들과 접촉하는 과정에서 일어나기도 한다. 사회 내부에서 새롭게 시도되는 변화는 문화혁신(innovation)이라 불리며, 사회 외부에서 들어온 요소에 의한 변화는 문화 전파(cultural diffusion)라고 할 수 있다.

청소년문화 역시 지속적으로 변화하고 있는데, 청소년문화의 변화 모습은 여타 문화의 변화보다 더 역동적이라고 할 것이다. 지식정보 사회에 이르러 하위문화로 특징지어졌던 기존의 청소년문화는 더 이상 단일하거나 동질적이지 않으며, 일정한 경계를 가지고 지속적으로 유지되기보다 다양한 특성들과 스타일을 가지고 끊임없이 이합집산하는 것으로 파악되어야 할 것이다.

2) 청소년문화의 현상적 모습들

(1) 청소년문화 현상의 네 가지 구분

이동연(2004)은 우리나라 청소년문화의 다양한 현상을 문화세대로서 청소년, 청소년과 매니아 문화, 청소년과 일상문화, 그리고 청소년 하위문화와 라이프스타일 등의 네 가지로 구분하여 제시한 바 있다.

첫째, 문화세대로서 청소년이다. 청소년들은 학교 내에서 문화교육과 자치활동이 부족함에 따라서 학교 밖의 생활에서 보상용 문화소비로 나타나는 경우가 많다. 청소년문화는 개인의 취미생활로 보거나 규제하고 계도할 비행문화의 일부로 간주하는 것과 관련된다. 또한, 영상세대로서 청소년들은 인쇄 · 문자 문화세대에서 영상 · 이미지문화 세대로 본격적으로 전환하는 시점에 있다. 새로운 문화적인 감수성을 만들어 내고, 복합시각문화로 특징화된다. N세대 문화가 기존의 신세대문화와 다른 점은 소비 욕구를 신속하게 생산적인 욕구로 바꾼다는 점이다. 문화의 소비자에서 문화의 생산자가 된다.

둘째, 청소년과 매니아문화이다. 10대들은 자신의 문화적 욕구를 항상 스타들을 통해서 보상받고 타자화하려는 문화정체성을 갖는 등 문화생산자로 활동하고 있다. 청소년 세대들에게 '매니아문화'는 소비와 취향의 생산적인 공간을 찾아가는 중요한 교차로가 된다. 매니아는 보통 특정한 분야에 전문가들 못지 않은 정보와 광적인 관심을 가진 사람들을 일컫는데, 문화와 기술을 대립적으로 보지 않고, 상호보완적으로 보길 원하는 10대들은 문화의 테크놀로지에 대해서 두려워하지 않는다.

셋째, 청소년의 일상문화이다. 여기에는 세 가지 현상이 있는데, 인터넷공간과 긴밀히 연관되어 있고, 팬덤문화가 전략적 거점이 되고 있으며, 극단적으로 개인주의적인 성향이 나타난다는 점 등이다. 이러한 세 가지 성향들은 서로 상호보완적인 경우가 많다. 먼저 청소년의 일상에 디지털문화와 인터넷공간은 절대적인 지위를 차지한다. 모바일 테크놀로지와 인터넷 공간이 청소년들에게 새로운 문화공간으로 등장한 사례가 바로 얼짱문화이다. 거리에서, 학교에서, 패스트푸드점에서 손에 쥔 폰카로 아마추어들이 찍은 자기사진과, 말짱, 싸움짱, 노래짱 등 특정 분야의 짱을 뽑고, 또 짱이 되기 위해 투쟁의 방식을 취하는 일종의 '짱'문화의 한 형식과 관련된다. 다음으로 팬덤문화는 연예인을 절대적인 대상으로 하기보다는 스포츠 스타, 정치인, 일반인, 특정한 문화적 생산물에 대한 선호가 두드러진다는 점이다. 또한, 개인주의적인 성향은, 채팅과 게임을 종일 하고, 문자메시지를 주고받고 새벽 늦게까지 텔레비전을 보는 등 인터넷폐인 현상과 자신의 공간에서 혼자 노는 일들이 많아졌다는 것으로 설명할 수 있다. 청년세대들의 혼자 놀기는 외로운 노인의 일상과는 분명 다른 감정을 내장하고 있다는 것이다.

넷째, 청소년 하위문화와 라이프스타일이다. 하위문화적 스타일은 일반문화 주체들의 스타일과는 다르게 자신들의 정체성을 드러내는, 그래서 타인들의 정체성과 차이를 두려는 의도적이고 공공연한 형태들을 띤다. 하위문화적 스타일은 때때로 상품형식과 이데올로기 형식에 의해서 본래의 정치적 의미들이 왜곡되기도 한다. 60, 70년대 자본주의의 상품문화를 거부했던 히피적, 펑크적 스타일, 그리고 80년대 말 미국 슬럼가의 힙합적 스타일은 주류 패션업계의 상품전략을 통해 대중들의 일상적인 패션으로 전환되고, 그 스타일이 갖는 사회에 대한 반항형식은 매체의 이데올로기를 통해 온순하고 얌전한 교화의 형식으로 전환된다. 한편, 하위문화에서의 라이프스타일은 대단히 정치적인 상징행위로 볼 수 있다. 한국에서 저소득층 청소년들의 라이프스타일과 문화적 취향은 일반적으로 동일시할 수 있는 10대들의 라이프스타일로 통일되지는 않는다. 사실, 라이프스타일은 같은 10대들 사이에서도 서로 다른 것을 확인할 수 있다. 여기에는 옷과 액세사리, 헤어스타일을 포함한 패션의 유행형식, 일상생활에서 보이는 언어적 행위, 제스처, 표정 등 개인의 육체의 표현형식, 그리고 자신의 라이프스타일에 대한 이데올로기 형식 등의 세 가지 정도를 구분할 수 있다.

(2) 청소년의 다양한 문화들

청소년들의 문화적 현상들은 또한, 2002년부터 2007년간의 잡지 분석을 통해 DIY문화, 음악문화, 클럽문화, 키덜트문화, 스포츠문화, 코스프레문화 등으로 이해하는 것과도 관련된다(채주형, 2008).

첫째, DIY문화는 "Do It Yourself"의 머리글자를 딴 약자로서 '스스로 하기'라는 의미이며 집단의 유행보다는 자신을 나타낼 수 있는 독특하고 유니크(unique)한 소비행위로서 물건에 자신만의 정체성을 부여하고자 하는 의미를 갖는다. DIY문화를 즐기는 청소년은 평범함을 싫어하며 무엇이든 자신의 스타일대로 만들어 남과 다른 자신의 아이덴티티를 부여하고자 한다. 컴퓨터, 핸드폰 등 자신이 소유한 물건에 튜닝을 하는 이른바 '튜닝족'들이 여기에 속한다. DIY문화에는 핸드폰 벨소리, 키패드, 패인팅 등의 튜팅뿐만 아니라 직접 옷을 만들어 입고, 액세서리도 만들어 착용하며, 버릴 물건을 리폼(reform), 혹은 리사이클(recycle)하기도 한다.

둘째, 클럽문화는 사운드와 스타일을 끊임없이 제시하고 변화시키는 특정한 공간과 관련된 문화로서 음악과 춤, 패션과 무대 등의 모든 요소를 포괄하고 있는 청년문화이다. 클럽문화의 주체자인 클러버(clubber)들은 그들의 공유된 음악취향과 패션스타일 및 자신과 비슷한 취향을 즐기기 위해 클럽에 모인다. 결국 클럽문화는 고유의 음악과 춤, 패션, 그리고 사람과 대화가 공존하는 복합문화공간인 클럽을 매개로 하여 생성, 공유, 변화되는 독특한 스타일의 문화이다.

셋째, 키덜트(Kidult)문화는 아이(kid)와 어른(adult)의 합성어로 표현되는 것으로 20~30대에도 여전히 어린아이의 분위기와 감정을 간직하고 추구하는 성인을 말한다. 이는 각박한 현대의 생활 속에서 마음 한구석에 어린아이의 심정을 유지하고 있는 사람들로 긍정적인 측면과 함께 책임감이 없고 보호받기를 바라는 '피터팬 증후군'이라는 부정적 측면을 지니고 있다. 현대에는 어릴 적 가지고 놀던 장난감이나 인형, 책에 흥미를 느끼고 이를 다시 찾는 어른들이 늘어나면서 생겨난 용어이다. 예를 들어, 영화주인공과 만화 캐릭터를 비롯한 가수, 운동선수 등의 다양한 인물들을 사실적으로 모방한 피규어(figure)의 유행이나 이를 수집하는 청소년들을 생각할 수 있다.

넷째, 스포츠문화는 스릴을 즐길 수 있는 익스트림(extreme) 스포츠에 열광하는 청소년의 경우를 통해 이해할 수 있다. 익스트림 스포츠는 생명의 위험을 무릅쓰고 여러 가지 묘기를 펼치는 레저스포츠를 통칭하며, X게임이라고도 하며 모험을 즐기므로 위험 스포츠, 극한 스포츠라고도 한다. 스케이트보드(skateboard)와 롤러스케이팅(rollerskating) 등 도시 청소년이 즐기던 놀이문화로부터 비롯되었으며 1990년대 미국

스포츠 전문 케이블 TV인 ESPN이 처음으로 X－게임이라는 제목의 프로그램을 제작하면서 본격적으로 보급되었다.

다섯째, 코스프레문화는 '복장, 의상, 풍속의상, 시대의상 등을 입다'는 코스튬(costume)과 플레이(play)의 합성어인 코스튬 플레이(costume play)를 줄인 말이며 '만화분장'이라고 한다. 만화, 게임 캐릭터뿐만이 아니라 드라마나 영화 속의 주인공, 대중스타, 아바타, 유럽의 도자기 인형 비스크, 역사적 인물 등 현존하거나 현존하지 않는 가상의 존재를 의상 및 소품과 동작, 상황묘사 등을 통하여 재현하며 즐기고 공연하는 일련의 행위를 말한다. 마녀복장을 하고 밤새도록 파티를 하면서 잡귀를 쫓는 의식인 '할로윈 데이'는 코스프레와 유사한 형태로 변형되었으며, 마녀는 물론이고, 요정, 해적, 미국 대통령 등 가면과 복장이 가면무도회를 연상시키고 있으며, 미국에서는 슈퍼맨 등 만화 캐릭터들의 의상을 입는 축제가 유행하고 일본에서는 만화나 영화, 컴퓨터 게임 주인공을 흉내 내는 것으로 대중화되었다.

(3) 청소년의 라이프스타일

최윤진(2010)은 근래에 청소년들이 주축이 되어 보여 준 온라인 혹은 오프라인상의 다양한 활동들과 그 활동과정에 등장하는 몇몇 용어들을 중심으로 청소년들의 취향이나 가치관들을 내포하고 있는 라이프 스타일을 다음과 같은 몇 가지로 소개한 바 있다.

첫째, 스타덤이란 용어에 대비되는 의미로 등장한 '팬덤(fandom)'이다. '팬'이란 단어와 무리를 뜻하는 '덤(DUM)'의 합성어로 스타를 추종하면서 뭉쳐진 팬들끼리의 문화를 의미한다. 최근에는 팬－픽션(fan-fiction)의 줄임 말인 팬픽(fanfic)이라고 하여 팬들이 자신이 좋아하는 스타들을 주인공으로 하여 온라인상에서 소설을 써 나가는 활동을 하기도 한다.

둘째, 앞서 언급한 코스프레가 있다. 최윤진(2010)은 청소년들이 코스프레를 할 때에는 흉내 대상의 외모뿐 아니라 의상, 음악선곡, 몸 동작과 안무 등 캐릭터를 완벽히 재현하기 위한 다양한 활동이 이루어지기도 하며, 이를 통해서 잠시라도 자신이 아닌 다른 사람으로 변하여 봄으로써 추구하는 각자 개성의 표현과 창조, 그리고 대리만족의 기회를 얻는 데 쾌감을 느끼는 경우가 많다고 한다.

셋째, 아바타(Avata)가 있다. 청소년들은 사이버상에서 자신을 투사시킬 수 있는 가상체를 특정 캐릭터로 설정해서 그것을 꾸미고 포장하여 키우는 활동을 통해서 자신의 이미지를 개성적으로 표현하고자 한다. 이러한 캐릭터를 양육하기 위한 물품들을 사이버몰에서 구매하게 됨에 따라 캐릭터 산업이 발달하고 청소년들이 공통적으로 캐릭터를 공유하면서 정서적 유대감을 가지는 새로운 집단적 정체성을 경험한다고 본다(황상민, 1999).

넷째, 모바일(mobile)이다. 휴대폰은 사용하는 청소년들에게 단순히 통신수단의 의미를 넘어, 때로는 자신의 존재를 타인과 구분하는 '이름'의 역할, '주소'의 역할을 하기도 한다. 또한 휴대전화를 자신과 동일시하여 디자인 선택에 매우 신경 쓸 뿐 아니라 외부(스티커, 손잡이 줄, 케이스 등)와 내부(화면, 벨소리)를 개성 있고 다양하게 장식하기도 한다. 무선 인터넷 기능과 다양한 콘텐츠 개발 등을 통한 모바일 시장 업계의 서비스 개발 경쟁은 더욱 치열해지고 있다.

다섯째, 포틴스 데이(Fourteenth Day)가 있다. 이는 매년 돌아오는 매월 14일을 젊은 이들이 기념하는 주제를 설정해서 기념일로 간주하여 다양한 물품교환과 행사가 이루어지게 되면서 등장한 말이다. 이와 관련한 상업적 공략이 청소년들의 소비심리를 자극하고, 인위적인 기념일을 통해서 교우나 이성 간의 서로의 관심과 애정을 확인하고자 하는 욕구에 호소하며 청소년의 일상에 실질적인 영향력을 발휘하고 있다. 국적불명의 기념일인 발렌타인 데이(2월 14일)나 화이트데이(3월 14일), 와인데이(10월 14일), 허그데이(12월 14일) 등이 있다.

4 청소년문화의 발전과 유형구분

1) 청소년문화의 발전

청소년문화의 변화는 국가의 정치적, 경제적, 사회적 변화의 과정과 맞물려 이루어졌다. 특히, 우리나라에서의 청소년문화의 구분은 크게 다음과 같은 네 가지로 이해할 수 있다. 첫째는 1960~1970년대를 중심으로 청소년기가 기성세대와 차이가 있다고 구별하기 시작한 시기가 있다. 이 당시 우리나라는 국가의 정치 경제적 안정을 위해 국민의 정신적 교육과 국민동원전략에 청소년을 포함시켰다. 하지만 이 시기는 청소년의 특성과 이해를 바탕으로 청소년의 욕구를 고려하기보다는 규제와 통제의 맥락에서 올바른 민족관 국가관을 심어 주며 돌출된 청소년기 행동은 반드시 통제되어야 하는 것으로 이해되었다.

둘째는 1981~1988년대를 하나의 특징적 시기로 구분할 수 있다. 반공 이데올로기에 기반을 두고 국민정신 교육의 강화를 통해 국민을 동원하려고 했던 국가는 청소년을 미래의 주역으로 명명하였다(최이숙, 2002). 그러나 첫째 시기에 비해 노동자, 학생, 지식인의 국가 통제력에 대한 거센 반발로 인하여 청소년에 대한 국가의 통제와 규제는 '청소년육성'과 '수련활동'이라는 용어를 중심으로 전개되기 시작하였다.

셋째는 1993년 이후 문민정부의 출범과 함께 민주주의 확립, 소비시대 활성화로 여느 시기보다 청소년에 대한 관심과 이해가 풍성하게 일어나기 시작했다. 청소년은 소비문화의 주체이자 영상문화, 대중문화, 디지털문화 등 다양한 코드의 문화적 주체로 부각되었다. 그러나 이와 같은 문화주체자로서의 시각과 함께 비행 및 범죄의 양상도 다양하고 심각하게 나타나 보호 대상으로 간주하는 시각이 공존하게 된다.

넷째, 2000년대를 전후한 시기 이후 4차 산업혁명 시대가 회자되는 오늘날의 청소년 문화는 청소년을 단순한 소비 주체만이 아니라 생산적 주체로 보는 관점에서 논의되는 특성을 갖는다. 특히, 인터넷과 스마트폰을 통해 다양한 문화커뮤니티가 활성화되어 10대 청소년 스스로가 인터넷 안에서 방송과 영상제작을 담당하고, 대중 문화의 역기능을 개선하며 주체적인 팬덤문화를 형성하려는 움직임을 보이고 있다. 이제 청소년은 불완전하고 미성숙한 훈육의 대상이라는 이전의 인식과는 다른 새로운 이미지들이 강조되면서 적극적인 참여자이자 창의적 문화실천의 주체라고 보는 인식이 확장되고 있다고 볼 수 있다.

2) 청소년문화의 유형 구분

청소년문화에 대한 유형 구분도 청소년문화의 발전역사와 관련하여 다양하게 논의되어 왔으며, 문화창조 주체자의 연령, 주거지역, 계층, 이념, 소속집단에 따라 다르고 또 학자들의 견해에 따라 매우 다양하게 분류되고 있다. 우선, 2000년대 이전 청소년문화를 분류한 기존의 학자들의 내용을 보면, 우선, 남정걸(1994)은 고교생 문화를 대학 진학을 위하여 학업에 몰두하는 학구적 문화, 직업준비를 함으로써 형성되는 직업문화, 대학 진학 위주의 학구적 문화와 취업을 목적으로 하는 직업문화에서 제외된 고교생이 형성하는 소외문화, 욕구가 강한 청소년기에 욕구를 충족시키지 못했거나 학업성취 수준에 미달한 청소년들이 좌절을 경험함으로써 형성하는 비행문화의 네 가지로 분류하였다.

오인탁(1985)은 대학생문화를 노래를 통하여 청소년들의 사랑, 꿈, 낭만과 세계에 대한 비판의식을 표현하는 노래문화, 대학생들의 세계를 반영하고 자기표현의 고유한 상징으로 은어를 사용하는 언어문화, 서클 및 봉사 모임에 참여하여 활동하는 것 이외에 학생운동으로 통칭되는 대학생의 의사표현과 참여활동으로 이루어진 참여문화 등으로 구분하였다. 또한 이재창(1985)은 전형적인 청소년문화의 상징처럼 생각되고 있는 팝음악과 그와 결부되어 있는 춤, 티셔츠 · 펑크머리 · 통기타 등 청소년 사이에서 유행하는 특이한 유행문화, 미팅 · 고교클럽 · 은어 등 다양한 내용의 특이한 생활양식, 그리고 성인들의 기성문화에 대한 불만과 반항심을 반영하는 생활양식 등의 네 가지로 분류한 바 있다. 권이종(1997)은 청소년문화의 유형으로 여가문화, 언어문화, 음악문화, 디스코문화, 스포츠문화, 의상문화, 성문화, 종교문화, 독서문화, 대중매체문화, 정치문화, 그리고 여행문화 등 12가지로 제시하였다.

최근, 권이종 등(2010)은 소비문화, 사이버문화, 성문화, 단체문화, 여가문화와 언어문화, 음악문화와 의상문화, 춤문화와 또래문화, 세계화와 한국 청소년문화, 새터민 청소년과 문화를 강조하였으며, 박진규 등(2017)은 학교, 대중매체, 영상매체, 친구집단 형성과 인간관계, 가상현실, 문제행동, 청소년의 언어, 춤과 패션, 성, 스타문화 등으로 분류한다. 성열준(2011)은 여가문화, 성문화, 의복문화, 음식문화, 인터넷과 게임문화, (휴대폰)모바일문화, 학습(학교)문화, 다문화, 팬클럽문화 등으로 구분하였다. 정하성과 유진이(2012)는 대중문화, 사이버문화, 성문화, 소비문화, 여가문화, 의복문화, 또래문화, 학교문화, 다문화 청소년 등을 중심으로 분류하고 있다. 김윤나(2013)은 학교문화, 여가문화, 또래문화, 모바일(휴대폰)문화, 사이버(인터넷, 게임)문화, 언어 · 옷 · 음식문화, 음악 · 예술 · 팬클럽 · 춤문화, 소비문화, 및 성문화 등으로 분류하였다(천정웅 외, 2013).

또한, 오윤선과 황인숙(2016)은 청소년문화의 주제로 청소년학교문화, 또래문화, 사이버문화, 팬덤문화, 언어문화, 성문화, 소비문화, 여가문화, 음식문화, 화장문화와 패션문화, 대중음악문화, 춤문화, 청소년다문화, 그리고 청소년글로벌문화 등의 14가지를 제시하고 있다. 곽미정 등(2020)은 청소년의 성과 사랑, 인터넷문화, 또래집단, 언어문화, 청소년비행, 여가문화, 축제문화 등을 청소년문화의 주요 내용으로 제시하고 있다. 또한 김연서 등(2021)은 청소년문화와 관련한 주요한 내용으로 청소년의 가치관, 학교문화, 대중문화, 사이버문화, 성문화, 여가(놀이 · 게임)문화, 소비문화, 언어문화, 또래집단문화, 그리고 청소년과 다문화를 강조하고 있다. 이와 같이 청소년문화의 유형에 대한 구분은 시기적으로 다르게 논의되기도 하지만 최근에는 청소년문화의 유형 구분에서 공통적인 특성이 나타나고 있음을 알 수 있다.

CHAPTER 02

청소년문화의 특성과 이론적 관점

청소년문화의 특성과 이론적 관점

1 청소년문화의 특성

청소년문화는 각기 특성을 지니고 있으며, 문화적 시대, 구성원, 환경에 따라 발전되거나 퇴보되기도 한다. 우리나라 청소년문화의 특성도 한마디로 표현할 수 없으나 청소년 세대가 소비문화의 일정 부분을 점유하고 있지만, 새로운 형태의 주변문화를 생산해 내기도 한다. 아울러 오늘의 청소년문화는 기성세대의 문화적 특성과 청소년의 창조적 특성이 혼합된 과도기적 문화라고 할 수 있다(권이종 외, 2010).

1) 청소년문화의 보편적 특성

먼저, 최윤진(1992)은 청소년들의 가치관, 의식, 생활양식 속에서 여러 가지 대표적인 특성들을 개인주의적 성향, 현실주의적 성향, 자기표현주의, 그리고 영상세대로서의 특성을 가지고 있다고 제시한 바 있다.

첫째, 개인주의적 성향이다. 인생관이나 직업관에서 집합주의나 사회중심의 가치관이 약화되어 가면서 개인중심적 가치가 점점 증가하고 있다. 인생의 목표를 집단이나 사회에 기여하는 것에서 찾기보다는 자신의 인생을 즐겁고 보람 있게 사는 것에 두는 청소년들이 점점 증가하고 있다. 직업생활에서도 생계유지의 수단이라기보다는 개인의 발전과 자아실현의 장소로 간주하여 그에 맞는 직업을 선택하기도 한다. 특히 학교사회에서도 개인주의 성향을 많이 찾아볼 수 있는데, OECD 여러 나라에서와 같이 우리나라 학생들도 학교에 가는 것을 매우 싫어하는 경향이 증가하고 있다.

둘째, 현실주의적 성향이다. 사회적 지위상승이나 목적달성을 중요시하거나 미래지향적인 가치관, 생활양식을 추구하는 것보다는 현실중심의 가치로 변화하고 있다. 예를 들면, 기성세대가 강조하고 있는 근검절약, 인내, 성실 등의 과거적인 가치는 퇴색해 가고, 현재의 삶과 즐거움을 추구하는 성향이 강해지고 있다. 이러한 특징은 청소년들의 직업관, 여가관, 인생관 등 모든 분야에서 나타나고 있다. 예를 들면, 보수가 높아도 3D 직종을 기피하는 현상이라든가 직업선택 면에서 자율적 권한의 부여와 여가조건 등이 점차 많이 고려되고 있다. 특히 주 5일제 근무와 수업 등으로 다양한 취미활동과 동아리활동에 대한 관심이 많아지고 있다.

셋째, 자기표현주의이다. 과거의 절대적 빈곤사회에서 결핍가치 지향은 어느 정도 충족된 오늘날에는 차별 동기에 의한 가치 성향, 개별적 취향, 개성에 따른 욕구 충족의 다양화 등 모든 면에서 개별화의 특성을 나타내고 있다. 예를 들면, 직업선택에서 남녀 구분이 점점 적어지고 파격적인 의상착용, 메이크업, 헤어스타일 등의 개성 있는 연출 등을 통해서 자기표현이나 욕구방식을 과감하게 표현하고 있다.

넷째, 영상세대로서의 특성을 갖는다. 인터넷과 TV 등 영상매체의 홍수 속에서 자라고 있는 청소년들은 과거에 비해서 매우 창의적이고 감수성이 풍부한 특징을 가지고 있다. 길게 생각하거나 어려운 환경을 싫어하고 재미있고 즉각적인 반응을 추구한다. 이러한 점을 나타내고 있는 것이 10대들의 은어와 축약형 언어들, 패스트푸드 등을 선호하는 청소년들의 음식 취향, 음료수 취향, 이성교재의 양식 등이다. 특히 최근에는 컴퓨터 통신문화의 발달로 가상공간에서 이루어지는 새로운 생활양식이 하루가 다르게 변해 가고 있다. 이들의 보편적 특성은 인내심이 부족하다든지 공동체 의식 등이 기성세대에 비하여 결여되어 있다는 점이다. 그러나 다른 한편으로는 풍부한 감수성과 창의성, 다양한 개성추구와 융통성 있고 탄력적인 사고방식 등은 앞으로 점점 다원화되어 가는 새로운 사회에 없어서는 안되는 소중한 특성으로 이해되고 있다.

2) 청소년문화의 현대적 특성

오윤선과 황인숙(2016)은 청소년문화의 특성을 다음과 같은 여섯 가지로 정리하였다. 첫째 특성은 느낌의 문화로 설명된다. 오늘날의 청소년들은 기성세대의 권위주의적 태도에 대해서 '화가 난' 세대이며 '느낌'과 소위 '끼'로 존재하며 개성과 다양성을 주 관심사로 하는 세대로 본다. 기성 세대들이 권위주의적이고 수직적인 문화에서 성장하였다면, 지금의 청소년들은 합리주의적인 교육을 받고 감성을 중요시한다는 것이다. 특히, 영상매체와 함께 성장하고 있는 오늘날의 청소년들은 자기표현이 과감해지고 감각적이고 감수성이 풍부하며 재미있고 즉각적인 반응을 추구한다. 이러한 특성은 특히, 포스트모더니즘의 문화양식과도 잘 연결된다고 보는데, 포스트모더니즘은 사고하는 것보다 느낌을 중시하는 특성을 갖는다. 그래서 책 읽기보다는 영상매체 보기를 더 선호하는 것이다.

둘째, 유비쿼터스(Ubiquitous) 문화의 특성을 갖는다. 유비쿼터스는 라틴어에서 유래한 것으로 '도처에 있다', '언제, 어디서나 존재한다'는 의미를 가진다. 이 용어는 물이나 공기처럼 어디서든 접할 수 있는 자연의 대상이나, 시공을 초월하여 어디에서나 존재하는 신을 상징할 때 사용되었다. 유비쿼터스는 사용자가 네트워크나 컴퓨터를 의식하지 않고 장소에 상관없이 자유롭게 너트워크에 접속할 수 있는 정보통신환경이다. 이러한 유비쿼터스시대의 청소년들은 기성세대와는 달리 가상공간에서 마주한 사람들과 인간관계를 형성하며 그들과 소통하고 공유하며 습득한 정보들을 신뢰한다. 가상공간을 통해 현실에서의 문화생활이나 경험 또는 체험과 같은 생활을 할 수 있으며, 스마트폰 앱을 통해 원하는 자료를 다운로드하여 시청하고 관람할 수 있으며, 간접적으로 현실과 유사한 생활을 접하고 체험할 수도 있다. 시공간의 제한을 받지 않고 언제 어디서나 지식과 정보를 얻을 수 있는 것은 물론 논리적 추론까지 함으로써 지능형 웹 기반 아래 현실과 가상의 공간이 융합된 소프트 파워 시대에 살고 있다.

셋째, 소비문화의 특성이다. 현대사회의 청소년은 인터넷과 스마트폰을 통해 네트워크화되면서 대중음악, 영상 및 만화 제작 등 다양한 문화의 영역에서 생산주체로 활약하고 있음에도 불구하고 상당부분 문화소비자로 존재한다는 사실을 부인할 수 없다. 값비싼 브랜드의 옷, 가방, 모자, 신발, 기본적인 메이크업 도구들, 브랜드 음료를 포함한 먹거리, 스마트폰 등은 청소년들의 필수품이 되고 있다. 연예인들이 청소년들의 모델이 되고, 그들이 입는 옷, 화장품, 신발, 장신구들은 TV나 광고를 통해 소비된다.

넷째, 현재중심주의 문화의 특성을 갖는다. 사회적 지위 상승이나 목적 달성을 중요시하는 미래 지향적 가치관과 행동양식은 현실 중심적 가치로 변화해 가고 있다. 근검, 절약, 인내와 같은 가치가 퇴색하면서 일상의 즐거움을 추구하는 성향이 나타나고 있다. 직업 선택에 있어서도 3D직종은 보수가 높더라도 기피하며, 자율적 권한 부여 여부와 여가 조건들을 직업선택의 기준으로 강조하고 있다.

다섯째, 모방문화의 특성이 나타나고 있다. 정체성의 확립과정에 있기 때문에 주위에 있는 다양한 캐릭터들을 모방해 봄으로써 자기 자신에게 맞는 모습을 형성해 가는 특성이 있다. 다른 사람의 태도나 모습을 쉽게 모방하고 그것을 자신의 인격(캐릭터)으로 고착시키려는 경향이 나타나고 있다. 스타들에게 자신의 외모나 공부에 대한 열등감을 투사하여 대리 만족을 구하려는 성향도 강하다.

여섯째, 소외문화의 특성이다. 청소년들은 신체적으로나 정신적으로 성숙하지만, 대학 입시의 굴레에서 벗어나지 못하고 있으며 학교나 학원 이외의 문화활동은 대학 입학 이후로 유예되는 일종의 모라토리움(moratorium)적 상황을 강요받고 있다. 이러한 현상은 청소년들에게 심각한 소외와 갈등을 초래하면서 무력감, 무의미감, 무규범감, 사회적 고립감을 호소하기도 하고, 불안, 우울, 분노와 관련된 이상행동과 정신장애 등을 경험하는 등 일탈적 성향까지 나타나고 있다.

최근 김연서 등(2021)은 오늘날 나타나고 있는 청소년의 문화양식을 글로벌화, 혼종화, 정보화, 탈연령화 등으로 제시하고 있다. 전체적으로 청소년이 우리 사회의 문화 지형을 변모시키는 문화세력으로 부상한다는 것을 의미한다(조혜영, 2016).

첫째, 전 세계가 문화 간 접촉의 양이 증가하면서 글로벌화의 양상을 띠고 있으며, 한 국가 내에서도 글로벌 대중문화 수용과정에서 청소년이 주도하는 다양한 하위문화의 모습을 찾아볼 수 있다고 본다(글로벌화의 특성). 청소년들은 새로운 문화 요소를 기존의 것과 혼합하여 새로운 것을 만들어 내는 데 능숙하며, 방탄소년단(BTS)의 캐릭터 상품들이 국경을 넘나들고 있는 것은 하나의 사례로 볼 수 있을 것이다.

둘째, 세계와 지역의 다양한 문화적 결합 과정이며, '문화를 넘나드는(transcultural) 정체성'으로도 불린다. 직접적인 이주를 통해 이주 청소년들이 기존 문화와 새로운 이주 사회의 문화와 혼합되면서 청소년문화는 지속적으로 만들어지고 있다(혼종화의 특성).

셋째, 사이버 공간 경험은 청소년들의 삶에서 시공간의 제약을 극복하는 소통 공간이 되고 있다. 점차 본격화되고 있는 사이버 공간에 대한 일상적 의존이 증가하면서 청소년들의 삶은 지구화의 흐름을 반영하고 행위 양상의 다양성과 체험의 독특성이 확장되고 있다(정보화의 특성). 청소년들은 규범적 테두리에서 벗어나 훨씬 다양한 가치관이나 태도를 습득하게 되었다.

넷째, 청소년기는 아동기의 단축과 성인기 진입의 지연으로 20대 중후반까지 확장되고 있다. 또한 청소년문화와 특정 연령대의 결합이 해체되는 현상이 나타나면서 그동안 청소년들의 전유물로 여겨졌던 컴퓨터 게임이나 대중음악, 여가 패턴이나 라이프스타일 등이 더 이상 특정 연령 범주에 국한되지 않고 점차 여러 세대에 걸쳐 나타나고 있어서 세대 구분이 점차 모호해지고 있는 것이다(탈연령화의 특성).

2 청소년문화를 보는 다양한 시각들

1) 청소년문화를 보는 일반적 시각

청소년문화의 존재에 대한 논의를 바탕으로 하여 청소년문화를 이해하는 것에도 다양한 시각이 존재한다. 김미윤(2002)은 청소년문화에 대한 시각을 다음과 같은 세 가지로 제시한 바 있다. 첫째, 문제적인 시각은 청소년문화가 기성세대의 문화와 다르고 조화되지 않는 것을 사회적으로 일탈적이며 문제적인 소지가 있다고 바라보는 시각이다. 둘째, 저항적인 시각은 청소년문화가 기성세대 문화와 대립되어 그 공통성과 단일성이 강조되고 기성세대 문화와는 다른 차이점이 부각된다. 청소년문화를 주류문화에 대한 '하위문화(subculture)'로 보는 것이 이러한 시각을 배경으로 한다. 셋째는 독자적인 시각으로 청소년문화를 사회적인 문제로 보거나 기존의 문화에 대한 저항으로 보는 것이 아니라 그 자체로 새롭고 독자적인 것으로 인정하는 시각이다. 특정 집단에 대한 저항문화로서의 하위문화보다는 '독자성과 생성을 강조하는 의미의 소수문화(minority culture)'라는 개념과 관련된다.

그러나, 앞에서 언급한 바와 같이 일반적으로 청소년문화를 보는 시각은 문화의 보편적 개념 중 하위문화의 개념으로 이해한다. 여기에서 하위문화란 사회전체의 주류문화 중 하나의 부분을 이루는 문화라는 의미를 갖는다. 하위문화는 지배문화, 전체문화의 범주에 속한다는 점에서 지배문화와 어떤 식으로든 연결되어 있지만, 다양한 집단들이 각기 다른 방식으로 문화를 수용하고 해석·실천함으로써 서로 이질적이고 독특한 특성을 가진 문화 형태와 내용들을 창출하는 의미를 갖는다(김민, 2010). 이런 점에서 하위문화에는 전체 집단에 대한 하위 집단의 욕구(needs)와 요구(demands)가 반영된다. 하위문화의 개념은 주로 청소년, 특히 노동자 계급 청소년들의 반사회적이거나 일탈적인 행위와 문화를 설명하는 데 많이 사용되었다(김창남, 1998).

이은혁과 김민자(2003)는 하위문화 스타일에 관한 연구에서 하위문화의 조건을 다음과 같이 명시하였다. 첫째, 사회세계로서의 하위문화는 하나의 사회적 세계나 공유된 시각을 가진 집단을 말한다. 둘째, 명시적인 삶의 스타일로서 하위문화 집단 구성원들의 공유된 스타일이 있고 그들 통해 사회화하는 것을 의미하며 나아가 공통의 스타일을 통해 하나로 결속되고 그 집단만의 정체성을 향유한다. 셋째, 행동체계로서의 하위문화는 타 문화와 자신들 간의 경계를 설정하려고 하는 응집력 있는 체계를 말한다. 넷째, 하위문화는 비주류집단으로서 자신의 집단이 주류가 아니기 때문에 항상 주목과 감시의 대상이 되고 있음을 안다.

이와 같이 청소년문화를 하위문화로 보는 시각에서는 어른들의 시각에 비친 모습으로 미숙문화, 비행문화, 저항문화 또는 반문화의 개념으로 이해한다(김신일, 1992). 첫째, 초기의 관점은 청소년문화를 미숙한 문화로 보는 입장이었다. 청소년의 문화를 독자적으로 인정하기보다는 언제나 모자라고 미숙하며 사회적 규범을 깨뜨리는 것에서 쾌감을 느끼고 규범적 질서를 지키지 않는다고 판단한다. 청소년기를 성인기로의 성장과정 중에 있는 이른바 과도기와 준비기로 파악하는 발달 심리학적 견해에 기초한다. 성인기가 완성된 시기라고 규정하고 청소년기는 아직 성숙하지 못한 시기로 이해하는 것이다. 특히 청소년집단 중 연령이 어린 집단에 가까운 청소년기일수록 이들의 문화 현상을 바라보는 사회적 관점은 이에 가깝다(김민, 2010).

둘째, 청소년문화를 비행문화로 보는 입장이다. 이러한 시각은 성인들의 입장에서 청소년들의 삶이 규범에서 벗어나, 문제아의 소행을 지향한다고 보는 관점으로, 청소년문화가 비행문화적 성격을 띤다고 보며, 이런 입장에서 청소년들은 항상 부모나 교사 또는 성인들의 감독하에 있어야 한다고 믿는다. 실제로 근대 산업화 과정에서 도시문화의 주요 하위문화 현상으로 청소년의 비행하위문화는 심각한 도시문제 중 하나로 다루어지기도 하였으며, 최근의 청소년폭력 등의 청소년문제 현상을 다루는 데 있어서도 주요한 관점으로 작용하고 있다(김민, 2010).

셋째, 기성세대들의 문화를 주류문화로 보고 청소년문화를 비주류 문화로 보면서, 청소년들은 주류 문화를 거부하고 자신들의 새로운 문화를 대안으로 내세우면서 기존 가치체계와 규율을 거부하여 개혁과 변혁을 요구한다고 판단한다. 이러한 시각은 청소년문화를 하위문화로 보거나 대항문화(counter-culture) 또는 반(反)문화로 보는 관점과 관련된다. 이 입장의 기본적 논거는 어느 시대 어느 사회의 청소년들이든 간에 기성세대의 문화를 일단 거부하고 자신들의 세대문화를 형성하고 독점적으로 공유하려는 성향을 갖게 된다. 이러한 성향이 가장 뚜렷하고 표출된 것이 1960년대의 청년문화, 소위 히피(hippie)와 반전문화 등으로 대표되는 “젊은이들이 돌풍”이었다. 그들은 기존의 사회체제와 그것을 유지시키는 이념과 가치관을 전면적으로 부정하였으며, 자신들의 지향적 가치관을 대안문화로 보았다.

이와 같이, 청소년문화는 일반적으로 하위문화 또는 부분문화로 이해되어지고 있지만, 상황에 따라서는 주류문화에 대항하게 됨으로써 반문화적인 성격을 나타낼 수 있다는 것을 알아보았다. 그러나, 이와 같이 청소년문화를 반문화적인 것으로 보는 것에 대해서는 보수적이거나 진보적인 견해가 대립하고 있다(한완상, 1974). 우선, 보수적 견해를 지지하는 학자들은 젊은이들의 반문화를 반동적이고 반혁명적인 것으로 규정한다. 이를 지지하는 대표적인 학자들로서는 벨, 브르진스키(Brzeninski), 토플러(Toffler, A.), 베텔하임(Bettelheim), 립셋(Lipset), 칸(Kahn), 니스벳(Nisbet) 등이다. 특히 니스벳에 의하면, 반문화는 권위의 퇴조를 추구함으로써 사회질서를 혼란하게 하고 자유를 희생시킬 위험을 초래한다고 본다. 그리고 반문화는 행동을 강조한다는 점에서 반지성적인 성격을 갖는 것으로 본다. 벨에 의하면, 격정, 무정부적 상황, 낭만주의, 직접 민주주의, 해방 등 젊은이들의 절규는 후기 산업사회의 계급갈등이라는 것이다.

그러나, 반문화와 이에 따른 반항은 역사적으로 보아 혁명적이라고 보며 이것을 반대하는 세력은 반동적이라는 입장을 가진 진보적 견해가 있다. 이를 지지하는 대표적인 학자들로서는 로제크(Rozack), 라익(Riech), 하이든(Hayden), 호프만(Hoffman), 슬레이트(Slater) 등을 들 수 있다. 이들의 기본 입장은 차이가 있지만, 크게 두 가지로 나눌 수 있다. 우선, 산업 사회가 일대 전환기를 맞고 있다고 보며, 자유주의적 민주국가 체제는 여러 가지 문제를 갖게 된다고 주장한다. 막강한 부가 불공평하게 배분되고 민권은 유린되며 이른바 신제국주의의 외교정책은 고도로 관료적인 국가를 형성함으로써 인간의 욕구는 무시되고 거대한 조직체는 그 구성원들을 비인간화시킨다는 것이다. 다음으로, 자유주의적 산업사회의 경제적 풍요와 도덕적 빈곤은 새로운 삶의 스타일, 새로운 가치의 출현을 요구한다고 보는 시각이다. 전통적 산업사회는 빈곤을 줄이고 생산을 증가시켜 부를 축적하는 것을 높이 평가하는데, 무엇인가 부족한 것을 양적으로 채워 주는 것을 중시한다고 본다. 그러나 후기산업사회에 들어서 대부분의 젊은이들은 풍요 속에서 결핍에서 자유로워짐으로써 탈결핍적 세계관과 가치관이 필요하게 된다는 것이다. 이런 관점에서 볼 때, 반문화는 주류문화 또는 지배문화에 대한 반동적 비합리적 반발이 아니라 주류문화의 필연적 결과로 볼 수 있다. 다시 말하면, 반문화의 주역은 역사적 반동이 아니라 역사적 전위라는 것이다. 이러한 급진적 입장에서 보면, 히피문화는 인간회복을 위한 창조적 몸부림으로 보게 된다.

2) 청소년문화를 새로운 문화로 보는 시각

그러나, 오늘날의 청소년문화는 사회전반에 걸친 유행을 지배하고 있다고 해도 과언이 아닐 정도로 영향력을 행사하고 있으며 문화를 주도하는 세력으로 청소년의 영향력이 날로 더해지고 있다. 기성세대들과 구별되는 청소년은 외래문화개방에 대한 흡수정도가 높으며 신문화 유입의 가장 큰 창구인 매스 케뮤니케이션에 가장 근접해 있는 집단으로 새로운 문화에 민감하여 문화와 패션의 선구자로서의 역할을 하고 있다. 따라서 청소년들은 그들만의 신문화(new culture)를 만들어 내고 있으며 신문화는 기성세대들에 의해 "청소년문화(youth culture)"로 불리어진다. 이에 대해 최윤진(1999)은 위의 미숙문화, 비행문화, 대항문화적 성격을 모두 부분적으로 함축하면서 한 걸음 더 나아가 통합적이며 공통적 면모로서의 새로운 라이프 스타일과 이미지 및 문화적 의미의 창출을 통해 새로운 청소년문화가 조성되고 있다고 언급한 바 있다.

청소년문화는 청소년집단이 공유하는 특징적인 생활양식으로 그들의 가치관과 신념에서부터 심미적 취향과 패션 그리고 행동양식을 포함하는 것이라 볼 수 있다. 이에 따라, 청소년문화는 새로운 문화라는 성격으로 새롭게 규정되고 있다. 새로운 문화는 세대가 바뀜에 따라 한 사회의 문화도 바뀌어 가는데 이러한 문화 변동의 선구적 역할을 하는 것이 바로 청소년문화라는 관점이다. 새로운 기기나 매체를 다루는 데 기성세대에 비해 더 유연하고, 새로운 스타일의 유행 문화를 이끌어 내기도 한다는 것이다. 지금의 청소년세대의 문화가 기존의 문화와는 다른 새로운 문화로 자리매김되는 것은 오늘날의 사회가 기존과는 전혀 다른 빠르고 폭넓은 변화를 경험하고 있는 것과 무관하지 않다. 특히, 오늘날의 사회변화는 과학과 기술의 발달에 기초한 정보사회로의 전이 과정에서 두드러지게 나타나는데 디지털 문화, 테크노 문화 등이 바로 그러하다. 여기에서는 기존의 사회규범과는 전혀 다른 문화적 산물들이 새롭게 창출되고 표현되며 또 사회적으로 확산된다. 김민(2010)은 이러한 새로운 문화 현상의 주도권을 청소년

세대가 잡기 시작하면서 정보사회의 청소년문화가 새로운 문화 양식으로 승인받게 하는 단초를 제공하였다고 본다.

이와 같이 현대에는 청소년문화를 보는 시각이 사이버문화, 소비문화, 대중문화 등의 사회문화적 변화를 최첨단에서 흡수하여 주도하는 문화로 인식하고 있다. 그리고 수많은 집단들의 문화가 공존하고 있는 다중문화시대로서 다양화되고 개별화된 청소년들의 삶을 반영하고 있다. 또한, 청소년은 현대사회에서 나타나는 문화의 소비자이면서 생산자로서 이질적이며 다양한 문화를 형성하고 있다. 구체적인 문화활동을 중심으로 가치, 신념, 관습, 라이프스타일 등의 집단 고유의 특성을 지니며 청소년들은 차별되고 실현 가능한 문화활동을 통해 문화를 표현하고 실천하며 그들 나름의 스타일을 지니며 정체성을 반영한다. 청소년들이 주도하는 문화는 그들의 삶에 있어서 새로운 경험을 제공하며 또한 새로운 대응방식을 만들게 하는 기반이 된다.

청소년문화는 더 이상 기성세대의 시각에서 논해지고 다루어질 수 없으며 청소년에 대한 획일적 잣대는 그들의 문화를 자칫 비정상적인 하나의 병폐로서 간주하게 되는 결과를 초래하기 쉽다. 또한 청소년문화가 단순히 저항적인 하위문화로서 취급될 때, 그들의 문화는 전체적인 문화체계 속에 자연스러게 편입되고 융화되기보다 계속적인 지배와 종속의 관계로서 지배문화와 대치되어질 것이다. 그러므로 청소년문화는 저항적 성향을 띤 소수만의 문화가 아닌 일상생활 속에서 부딪히고 접하는 보다 광범위한 하나의 사회세계로서 받아들여져야 할 필요가 있다(채주영, 2008).

3) 청소년문화를 보는 이론적 관점들

청소년문화를 어떻게 보느냐에 따라 대략 다음과 같은 이론적 관점이 제시되고 있다. 첫째, 콜맨(1961)의 관점이다. 콜맨은 고등학교 학생들을 대상으로 한 경험적 조사를 통해서 청소년문화가 분명히 존재한다고 본다. 이 청소년문화의 특징은 지위와 인기에 대한 추구이며 남자는 특히 자동차와 스포츠를 좋아하고, 여자는 성적 매력을 중시한다는 것이다. 그리고, 과외활동, 운동시합, 육체적 매력 등은 그들이 강하게 내세우는 가치다. 콜맨은 또한 반지성적 청소년문화가 학교라는 집단의 연대성을 강화시켜 주는 순기능을 담당한다고 본다. 즉, 각종 과외활동, 특히 운동경기는 학교의 명성을 높이고 학교 사회의 통합을 높임으로써 통합기능을 갖는다는 것이다. 한편, 이에 대해 버거(Berger, B.)는 콜맨의 청소년문화가 기성문화와 큰 차이가 없다는 것을 비판한다. 자동차, 인기, 운동경기 등은 청소년뿐만 아니라 기성세대들도 마찬가지로 높게 평가하는 가치라는 것이다.

둘째, 굿맨(Goodman, 1960)의 관점이다. 굿맨은 인간 성장, 특히 청소년기 성장의 건전한 과정을 방해하는 기존 사회체제의 부조리에 대해 강한 비판을 하는 입장에서 반문화적인 청소년문화를 적극 옹호한다. 특히 미국의 기성 사회체제는 젊은이가 성숙한 성인이 되는 것을 방해한다고 보며, 기성종교 역시 도덕적 위기를 극복할 만한 힘을 갖고 있지 못하고 기존 질서는 여러 면에서 부조리하다는 것이다. 이와 같은 사회에서의 청소년들의 부적응과 병리적 현상은 기성세대와 기성체제의 부조리에서 온다고 본다. 예를 들어, 청소년이 자동차를 훔치는 것은 성인들이 이것을 권력이나 남성미의 상징으로 조작했기 때문이라는 것이며 청소년의 성행위 역시 건전함에도 불구하고 해롭다고 보는 것은 성인들이 그렇게 낙인을 찍어 버리기 때문이라는 것이다. 무엇이든 인위적으로 조작하고 강제하는 것은 자연스러움을 막기 때문에 나쁘다는 것이며 자연스러운 것이 선이라는 것이다. 굿맨이 보기에는 히피와 같은 보헤미안이 병들고 비뚤어진 사람이 아니라 반대로 이른바 조직인간이 병적이며 비정상적이라는 것이다. 그는 꼭두각시나 로봇 같은 조숙한 성인으로 전락하는 젊은이를 조작해 내는 기성 사회체계를 신랄하게 비판함으로써 어느 정도는 이해되기도 하지만 굿맨의 청소년문화론은 그 분석과 서술방법이 지나치게 독단적이며 유토피아적이라는 점에서 비판을 받는다. 청소년문화는 반문화로 보고 이 반문화만이 자연스럽고 정직한 것이라고 일반화할 수 있는지가 문제라는 것이다.

셋째, 프리덴버그(Friedenberg, 1962)의 관점이다. 성인들이 젊은이를 조숙하게 만들기 때문에 정체성을 찾으려고 몸부림치는 젊은이가 점점 사라져 간다는 것이다. 결국 청소년기라는 독특한 단계가 없어지고 젊은이도 점차 사라진다는 것이다. 그리고 프리덴버그는 학교 당국이 초기 사회화를 강조함으로써 젊은이들의 인간 잠재능력을 조직적으로 파괴하기 때문에 청소년문화 부재의 책임을 당국에 돌린다. 조숙된 젊은이는 독특한 청소년문화를 형성할 수 없다고 보기 때문이다. 그는 특히 학교를 중핵으로 하는 성인세력이 10대 젊은이를 관료적으로 압박하여 그들의 젊음을 박탈하는 사실에 주목을 한다. 교육제도는 젊음을 키워 주고 젊은이를 보살펴 주려고 하기보다는 빠른 적응만이 성숙을 의미하므로 가능하면 조숙한 성인을 만들려고 한다고 보며 이에 대해 비판을 한다.

3 사회현상과 청소년문화의 3대 관점

사회현상을 보는 관점으로는 기능론적 관점, 갈등이론적 관점 및 상징적 상호작용의 관점 등의 3가지를 들 수 있다. 청소년문화에 대해서도 이러한 3대 관점을 적용하여 이해할 수 있으며, 이 가운데, 기능론과 갈등이론은 경험적-실증적 데이터를 토대로 사회현상의 일반원리를 추출해 내는 방식으로 이루어지는 거시적 접근의 특성을 가지며, 상호작용론적 관점의 접근은 자유의지를 가진 개인에게 초점을 두고 그의 행동변화를 통해서 복잡한 사회현상을 파악하는 방식으로 미시적 접근으로 구성된다.

1) 기능론적 관점

사회현상을 기술, 분석, 해석하는 구조기능주의 또는 기능주의 사회이론은 '기능론적 접근'에 의해 이루어진다. 기능주의 사회이론의 기원은 소위 '유기체 모형'이다. '유기체'란 지구상에 살아 움직이는 모든 생명체를 말한다. 기능주의자들은 사회의 모든 분야도 마치 살아 있는 생물체처럼 서로 연결되어 있다고 보았다. 예를 들면, 우리의 몸은 간, 심장, 콩팥 등이 자기의 고유한－즉, 생리적 · 물리적인－'기능'을 제대로 수행하고 조화를 이룰 때 건강을 유지할 수 있다. 마찬가지로 우리 사회 역시 정치, 경제, 문화, 교육, 종교 등 모든 분야가 자기에게 맡겨진 '기능'(책임)을 제대로 수행할 때 유지될 수 있다. 이렇게 사회를 생물체, 즉 유기체에 비유하는 이론을 '사회유기체설'(또는 사회유기체론)이라고 한다(권이종 외, 2010). 사회의 각 구성요소는 유기체가 생존해 나가는 것처럼 기능적으로 연결되어 움직인다는 것이다.

이를 주창한 영국의 스펜서(Spencer)의 '사회유기체설'은 19세기 프랑스의 사회학자인 뒤르켐(Durkheim)의 '기능주의 사회관'으로 계승된다. 뒤르켐에 의하면, 사회는 각각의 기능들이 모여서 서로 의존하고 상호작용함으로써 전체 구조를 형성시키고 안정시킨다. 이때 사회의 구성요소들이 각각 제 '기능'(또는 역할)을 얼마나 잘 수행하고 있는가에 따라서 사회유지 및 사회발전의 정도가 결정된다. 이러한 입장에 동조하는 학자들을 (구조)기능주의자라고 부르고, 이들의 이론을 '기능주의 사회 이론'이라고 한다. 기능론자들은 사회규범, 구성원의 기능과 역할, 사회화 등을 사회질서의 기본으로 본다. 한편 이들은 사회의 각 구성요소들이 제 기능을 수행하지 못할 때에는 사회적 불균형 현상이 발생하게 되며, 이로써 사회문제도 생긴다고 보았다(권이종 외, 2010).

청소년문화는 일련의 사회구성요소이다. 따라서 기능론적 관점에서는 청소년문화가 '사회화, 사회유지, 사회통합, 사회지속, 사회균형 및 조화, 사회적 요구의 수용'에 기여해야 한다. 그러나 청소년문화가 '사회적 불균형 상태' 내지 '사회적 혼란' 상황을 초래할 때에는 문화로 취급되지 않는다. 그냥 혼란이며 비행일 뿐이다. 원칙적으로 바람직한 청소년문화는 '사회적 요구'와 '개인적 요구', 즉 개성이 서로 조화될 때 성장할 수 있지만, 그렇지 않은 경우엔 '주류문화'로서의 기성 성인문화와 청소년들이 만들어가는 '하위문화' 사이에는 갈등이 생긴다. 따라서 기능론적 관점으로 청소년문화를 이해하려는 사람들은 기능론 자체가 가지고 있는 학문적 한계를 심도 있게 성찰하면서 분석해 볼 필요가 있다.

청소년기를 사회 전체 기능의 한 부분으로 파악하고 전체와의 접목에 관심을 두었던 파슨스나 콜맨 등의 구조기능론적 입장은 청소년문화를 부분문화, 하위문화의 관점으로 파악하였고, 문화의 역동적인 측면을 고려하지 못한 문제를 낳았다. 무엇보다 청소년문화를 정체적인 현상으로만 바라봄으로써 결과적으로 청소년문화를 미성숙한 문화, 미숙한 문화로 고착화하거나 경시하는 문제를 나타내게 되었다. 사회체계를 유지하기 위한 모습은 기성세대의 관점에서 볼 때 매우 자연스러운 현상이며, 청소년이 급격한 행동변화를 유발하는 모습은 사회체계의 안정성을 희구하는 형태에서는 바람직하지 않아 보인다. 사회체계를 거부하는 모습은 비논리적 행태라는 점에서 기능주의는 문화를 이해하기 위해서 그 문화의 모든 측면을 연구해야 한다는 관점, 즉, 총체론(holism)과 맞물려 있음을 알 수 있다. 여기서 총체론이란 문화는 경제, 사회조직, 이념 등을 포함하는 상이한 구성요소들에 주목하지 않고서는 온전히 이해할 수 없는 복잡한 체계라는 관점이다(권일남 · 전명순, 2017).

그러나, 청소년은 이러한 총체론적 시각에서 행동해야만 한다는 사회적 구성을 전적으로 수용하는 데에는 거부감이 크다. 청소년의 문화행태를 그들의 자연스러운 행동양식이자 표현의 다양성을 인정해야 한다는 관점에서 볼 때에 사회체계를 유지하려는 기능주의적 관점은 다분히 형식적이고 올바른 행태의 관점에서는 부적합하다고 볼 수 있다. 무엇보다 기능주의적 관점에서 바라보는 사회는 생리적, 물리적 기능과 역할만을 수행하는 유기체에 비유하는 것으로써 이는 지나친 단순논리로 접근하게 됨으로써 정신적, 문화적 차원을 배제하는 문제가 발생할 수 있는 것이다.

2) 갈등이론적 관점

갈등론적 시각은 사회적 관점에서 기능론과 유사한 출발을 갖고 있지만, 사회의 본질을 갈등의 관점에서 보았다. 인간의 삶에서 갈등은 피할 수 없는 본질이므로 당연시되어야 하는데, 갈등론적 시각에서는 갈등을 어떻게 극복해야 할 것인가의 사실을 강조함으로써 사회구조적 모순에서 발생한 모순의 해결에 초점을 두게 된다(권일남, 전명순, 2017). 갈등이론적 관점은 '기능주의 사회이론'에 저항하고 이의를 제기한 마르크스주의자들과 베버주의자들에 의해서 시작되었고, 다렌도르프(Dahrendorf), 밀즈(Mills), 코저(Coser) 등과 같은 네오마르크스주의자들에 의해서 발전되었다.

1960년대 이후 기능이론을 비판하고 이와 대립하면서 시대적 호응을 얻기 시작한 '갈등이론'은 기능이론처럼 사회학의 거시적 관점을 취하고 있지만, 사회의 본질을 '갈등'의 관계로 보았다는 점에서 양자는 구별된다. 갈등이론에 의하면 우리의 삶과 사회에서는 갈등이 산재하고 있으며, 사회는 구성원의 동의나 합의에 의해서가 아니라 모종의 세력에 의해서 강제적으로 유지되고 있다. 하지만 갈등은 결코 비상적이거나 이상한 것은 아니며, 부정적일 수도 있지만, 사회발전의 원동력이 될 수도 있다. 기능론자들이나 갈등론자들이나 이에 부정하지는 않는다. 그러나 후자의 갈등론자들의 경우, 갈등은 항상 '사회의 구조적 모순'에 의해 발생하는 것이기 때문에 어떻게든 극복되어야 한다는 사실을 강조한다(권이종 외, 2010).

만약 성인들이 지금의 청소년문화를 '불건전한 소비문화, 문란한 성문화 그리고 혼란스러운 사이버문화' 등으로 비판한다면, 갈등론자들은 사회적 갈등을 불러일으키는 모순적인 사회구조를 먼저 고발할 것이다. 즉, 청소년문화 자체에 문제가 있다기보다는, 현재 청소년문화현상과의 갈등관계에 있는 '문화구조' 전반을 문제 삼을 것이다. 사실 청소년문화의 현실에 대한 구체적인 논의 이전에 성인문화가 자체적으로 안고 있는 모순을 극복하는 일이 급선무로 간주되는 가운데, 청소년문화는 혼란스럽게 형성될 수도 있다. 하지만 이렇게 본다면 청소년문화는 청소년 개개인들의 주체적이고 능동적인 의지와 행동을 통해서 나름대로 바람직하게 형성할 수 있을 것이라는 기대조차 할 수 없게 한다. 이렇게 본다면, 수동적 존재로서의 청소년은 청소년만의 고유한 문화를 형성하는 데에서도 역할을 할 수 없다는 것이며, 무조건 성인문화가 잘 된다면, 아무 문제도 없으며 청소년문화는 그냥 내버려 두어도 바람직하게 형성되는 것이 된다.

결국 성인 자신들의 잣대로 현재의 청소년문화를 진단하려는 기능주의자들의 태도에도 '이론 자체의 한계'를 고려하는 비판적 성찰이 요청되지만, 갈등론자들의 관점에서도 마찬가지이다. 이런 점에서, 만약 성인과 청소년 그리고 성인문화와 청소년문화가 민주적으로 대결하고 민주적으로 공존할 수 있는 방안이 존재한다면, 청소년문화 형성에도 바람직한 결과가 주어질 수 있을 것이다.

3) 상징적 상호작용론적 관점

상징적 상호작용론은 사회를 구성하는 '개인'의 미세한 행동양식에 초점을 맞추고 있지만, 인간은 '사회적 존재'라는 사실을 전제하고 있다. 사회화의 문제를 거시적 관점에서는 전적으로 사회제도의 몫으로 돌리고 있는 데 반해, 미시적 관점에서는 개인과 개인 간의 '상호작용', 즉 '사회적 상호작용'에 의해서 '사회화'가 이루어진다는 사실에 주목한다. 따라서 상징적 상호작용론에서는 집단과 조직 속에서 개인과 개인 간의 '상호작용'과 이로써 발생하는 '의미구조'가 중심테마로 다루어진다. 특히 미시적 접근을 통해서 파악되는 '사회적 상호작용'은 '상징'에 의해서 매개되며, 이러한 주장을 '상징적 상호주의 관점'이라 하고 이를 주장하는 학자를 '상징적 상호작용주의자'라고 한다.

상징적 상호론자들은 의미와 상징이 인간 행위와 상호작용에 미치는 영향에 관심을 갖고 있다. 인간은 '사회적 상호작용'을 통하여 의미뿐 아니라 상징도 학습하게 되는데, 사람들은 아무런 생각 없이 혹은 사려 깊은 방식으로 상징에 반응한다고 하였다. 상징적 상호작용의 개념적 특성은 세 가지로 제시된다(곽미정 외, 2020). 첫째, 행위자와 세계 간 상호작용을 한다. 둘째, 행위자와 세계를 동태적인 과정으로 파악한다. 사회화는 인간이 사고능력을 발전시키고 문화를 발전시키는 동태적인 과정이며, 단순히 행위자가 정보를 받아들이는 일방적인 과정이 아니라 오히려 행위자가 자신의 욕구에 따라서 정보를 형성하고 적용하는 동적인 과정이다. 셋째, 사회세계를 해석하는 행위자가 해석의 능력을 갖추고 있음을 중시하고 있다.

상징적 상호작용론의 대표적 주창자인 미드는 인간의 행위를 다음과 같이 해석한다. 첫째, 미드에 있어서 연구 단위는 '행위'인데 그것은 인간 행위의 드러난 면과 감추어진 면으로 구성되어 있다. 이것은 주의, 인지, 상상, 추리, 정감 등은 모두 행위의 일부로 이해되며 행위는 인간의 행동에 전반적으로 포함된 전체과정을 포괄한다. 둘째, 인간의 정신 능력이 언어를 만들어 내고 이것이 자극과 반응 사이에서 인간이 어떻게 반응할 것인지를 결정하게 해 준다고 보았다. 미드는, 즉 정신, 자아, 사회가 인간의 행동에 기초가 되며 행위자들이 의미 있는 상징을 공유하는 것은 사회생활의 존재를 위하여 매우 중요한 부분이라고 보았다.

곽미정 등(2020)은 상징적 상호작용을 콜라병의 상징성을 통해 설명하고 있다. 현대 대중 소비재의 대표적인 콜라 혹은 콜라병은 그것을 바라보는 집단의 속성에 따라 어떻게 달라지는지를 비교하고 있는데, 각 집단이 공유하고 있는 상호작용 하는 상징성이 각기 다른 함의를 갖게 해 준다는 것이다. 첫째, 일상생활의 콜라병은 콜라가 담기면 음료수, 쓰레기통에 있으면 쓰레기로 취급된다. 일상에서 콜라병이 콜라병 이상의 상징성을 갖기는 어렵다. 다만, 콜라병은 콜라병일 뿐이다. 그러나 둘째, 콜라병은 영화 부시맨에서는 다른 상징성을 갖게 된다. 영화 부시맨을 보면, 어떤 백인이 경비행기를 타고 가다가 밖으로 콜라병을 버리는데, 그것을 주운 부시맨들은 콜라병이 무엇인지 몰라서 과일을 으깨거나 악기로 사용하는 등의 여러 가지 시도를 한다. 부시맨들은 콜라병이 아주 유용한 도구이며, 신이 내려 준 선물이라고 생각하지만 곧 이를 소유하기 위한 싸움이 일어나고 이들은 이를 악마적인 것이라 여기며 땅에 묻는다. 그리고 셋째, 문화예술로 유명한 앤디 워홀(Andy Warhol)의 작품 중 콜라병을 소재로 한 것이 있는데, 여기에서 콜라병은 또 다른 상징성을 갖게 된다. 그의 작품은 콜라병 수십 개를 질서정연하게 늘어놓았을 뿐, 그 이상의 미학적 장치는 찾기 힘들다. 그에게 있어서 콜라병은 미국식 자본주의의 상징인 것이다. 앤디 워홀의 작품을 관람하기 위해 전시관에 온 사람들은 적어도 그의 콜라병이 예술 작품이며 어떠한 미학적 함의를 지닌 것이라는 생각을 공유하고 있을 수 있을 것이다.

부시맨들의 사회에서 콜라병은 예술 작품이 아니라 하나의 도구이다. 그러나, 콜라병을 예술 작품으로 승화시킨 전위 예술의 사례는 콜라병을 대하는 사람들의 상호작용에 따라 같은 콜라병에도 다양한 상징성이 부여될 수 있다는 사실을 보여 준다. 결론적으로 이러한 콜라병은 상징적 상호작용의 힘을 보여 주는 하나의 극단적인 사례로 볼 수 있다는 것이다.

상징적 상호작용론적 접근을 통해서 청소년문화의 형성과정을 이해한다면, 우리가 일차적으로 관심을 가져야 하는 것은 이들의 사고와 행동은 무엇인가를 상징하면서 서로 의사소통하고 있으며 여기서 자신들만의 의미를 주고받고 있다는 사실에 대한 인식이다. 우리 성인들의 잣대가 틀리지 않을 수도 있지만, 우리가 우리의 잣대로만 '이들의 문화는 이렇다'라고 재단할 수 있다면 오늘날의 우리 청소년문화는 '하위문화'

로서의 다양한 정의가 존재하는 것이 틀림없다. 그럼에도 불구하고 객관적 기준이 이루어질 때까지 그러한 판단은 유보될 필요가 있는 것이다(권이종 외, 2010).

〈표 2-1〉 청소년문화의 3대 관점 비교

구분		특징	청소년문화
거시적 접근	기능론	• 사회는 각 기능들이 모여 상호작용→전체 구조 형성과 안정 • 사회질서의 기본: 사회규범, 사회화 • 사회 구성요소 제 역할 못함→사회 불균형 현상→사회문제 발생	• 일련의 사회구성 요소 • 사회 불균형 상태와 사회적 혼란 초래→문화로 취급 안함, 비행 • 개성이 서로 조화될 때 성장 • 조화 없음→성인문화와의 사이에 갈등 생김
	갈등론	• 사회본질: 갈등의 관계 • 사회는 모종의 세력에 의해서 강제적으로 유지됨 • 갈등은 사회의 구조적 모순에 의해 발생	• 청소년문화 자체에 문제가 있다기 보다, '문화구조' 전반이 문제임 • 성인문화의 모순 극복이 급선무→청소년은 수동적인 존재임
미시적 접근	상징적 상호작용론	• 개인의 미세한 행동양식에 초점 • 인간은 사회적 존재 • 사회: 개인들 간에 상징을 주고받는 상호작용→주관적-과정적 현상 • 사회: 상호작용을 통해서 달라질 수 있는 가변적 상황임	• 청소년들의 사고와 행동은 무엇인가를 상징하면서 서로 의사소통을 하고 있으며 여기서 자신들만의 의미를 주고받고 있다는 사실에 대한 인식에 관심을 둠

4 포스트모더니즘으로 보는 청소년문화의 관점

1) 포스트모더니즘의 이해

최근에는 포스트모더니즘이라는 새로운 사조를 접하게 됨으로써 문화의 다원성이 강조되고 있는데, 청소년문화는 이러한 새로운 사상적 흐름 속에서 이해할 필요성이 제기되고 있다(송선희 외, 2018). 우선, 모더니즘 사회에서 문화는 인간의 역사와 전통을 통해 축적되고 정련된 지식과 정신적, 심미적 활동과 그 산물을 의미하며 일반적으로 지식층 중심의 고급 예술, 학문, 과학 등을 말하는 것이었다. 그러나 이러한 의미는 포스트모더니즘 시대가 오면서 변화하게 되는데, 원시문화, 이국문화 등의 이색 문화를 접하면서 새로운 견해가 대두되었다. 문화의 평가적 가치보다는 문화의 다양성을 강조하게 되었으며 한 집단이 다른 집단과 구별되는 고유한 삶의 양식도 포함하는 견해가 대두되었다(오창섭, 2002).

포스트모더니즘(post modernism)은 1870년경부터 문화적 의미로 사용되었지만, 오늘날 흔히 사용하는 포스트모더니즘으로서의 의미가 첨가된 것은 1960년대이다. 즉, 포스트모더니즘이란 새로운 개념은 1960~70년대부터 건축과 예술 영역에서 크게 주목을 받기 시작하였다. 1980년대에는 문학, 철학, 사회과학 등 학술분야는 물론 대중문화로 확산되었으며, 20세기 후반에 들어 시대정신으로 간주되게 되었다. 심지어 정치, 경제 그리고 사회적 일상에서 포스트모던의 입김은 점차 거세지고 있다.

포스트모더니즘은 모더니즘의 모순과 부작용에 대한 반작용이다. 모더니즘은 계몽주의의 계승이며 확장으로서, 이성과 과학에 대한 무한한 신뢰, 기계론적 세계관 그리고 발전적 역사관을 특징으로 하고 있다. '탈이성'과 '탈합리'로 대표되는 포스트모더니즘에서는 이성 대신에 감각과 감성, 합리 대신에 무합리, 무논리, 비구상이 들어선다. 또한 합리와 이성 그리고 논리의 바탕에서 구축된 과거의 구조, 즉 삶의 텍스트가 해체된다. 탈경전, 탈텍스트의 시대가 도래하고 있는 것이다. 그러나 포스트모더니즘은 모더니즘의 계승이기도 하다. 왜냐하면 뿌리가 없는 역사는 존재하지 않기 때문이다(권이종 외, 2010).

포스트모더니즘의 사회는 획일성을 거부하는 이질성과 다원성으로 구성되는 사회를 말한다. 따라서 포스트모더니즘은 기존의 획일성, 통합성 그리고 권위와 질서로부터 우선 자기 스스로를 해체한다. 이는 마치 의도적으로 카오스를 노리는 듯하다. 그러나 이들은 서서히 그리고 조심스럽게 해체 후의 새로운 종합을 모색하기도 한다. 예를 들어, 예술가들에게는 기존 질서를 무너뜨리고 새로운 질서를 추구하는 '예술적 게릴라의 세계'가 용납된다. 더욱이 오늘날 우리는 포스트모더니즘 사회에 발을 깊숙이 들여놓고 있다. 가장 대표적인 것은 냉전체제의 붕괴로 인한 절대적 이데올로기의 와해, 개성적 생활의 중시, 논리의 다원성을 인정하는 민주주의화 등을 들 수 있다. 현실적으로는 다국적 기업의 탄생, 흑인인권운동의 확대, 마이너리티 운동, 페미니즘 운동, 환경운동, 소비자 운동, 제3세계 민족해방 운동, 대체의학 운동 등을 생각해 볼 수 있다. 결국 모든 사회가 개방화되고 투명하게 되는 사회현상이 발생하기 시작한 것이다. 이러한 변화는 모더니즘의 관점에서 보면 그야말로 무질서, 즉 혼돈과 카오스(chaos) 그 자체이다.

포스트모더니즘시대에서는 모더니즘시대에 세상에서 취급도 못 받고 무시되어 왔던 것들, 이를테면, 소수민족, 여성페미니즘, 마이너리티 등의 가치와 의미가 인정된다. 기존 사회 자체가 "해체"되는 것이다. 여기서 '해체'란 허무주의적인 파괴를 의미하는 것이 아니고, '잘못된 개념으로부터 자유롭게 되는 것'을 의미한다. 또한 '중심과 주변'이라는 이분화된 패러다임으로 결속된 모더니즘 세계는 주변적인 것들의 반란을 통해서 포스트모더니즘으로 진화된다(권이종 외, 2010). 포스트모더니즘은 사물을 주체보다는 객체 혹은 타자의 입장에서, 진리의 절대성보다는 상대성에, 역사의 중심세력보다는 주변집단에 관심을 주려고 했던, 말 그대로 근대 이후의 새로운 철학적 사조이다. 이로써 문화에서도 다양성과 상대성이 인정되었고, 최근에는 청소년문화도 포스트모더니즘 관점에서 새롭게 정립되어야 한다는 의견이 대두되고 있는 것이다(권이종 외, 2010).

2) 포스트모더니즘 접근에 따른 청소년문화의 특성

포스트모더니즘 접근을 통한 청소년문화의 이해는 역시 모더니즘과의 관계로부터 시작될 수밖에 없다. 만약 오늘날 청소년문화에 대한 비판이 모더니즘을 기준으로 나왔다면, 포스트모더니즘으로서의 청소년문화는 부정적일 수밖에 없다. 반대로 포스트모더니즘의 기준에서 보아도 그렇게 판정될 수밖에 없다면, 오늘날 우리의 청소년문화는 그렇게 평가되는 것이 타당하다. 왜냐하면 인류의 역사는 모더니즘과 포스트모더니즘의 교차관계의 연속이었기 때문이다. 결국 포스트모더니즘의 입장에서 청소년문화를 이해하려고 한다면, 현재 우리의 청소년문화에서는 어떤 것이 해체되고 있으며, 과연 그것은 창조적 해체인지 아닌지에 대하여 검토되어야 한다. 만약 그것이 '창조적 해체' 또는 '창조적 파괴'라면, '그것은 과연 어떠한 문화를 창조하기 위한 것인지? 아니면 오늘날의 청소년문화는 '해체'된 후에 발생하는 카오스, 즉 과도기적 혼란상황인지? 또 아니면 이러한 해체는 영원히 지속되고 말 수도 있는 것인지?' 등에 대한 질문이 있어야 한다(권이종 외, 2010).

포스트모더니즘이 현대 한국사회의 권위적이고 경직된 사회구조에 저항하고 그것을 분해하고 해체하는 새로운 문화 논리라고 주장하는 학자들은 포스트모더니즘을 이론의 새로운 경지를 펼치는 열쇠로 받아들이고 있다(이혜상, 2002). 그들은 포스트모더니즘을 집단 균일의 동질적인 삶을 강요당해 온 한국인들로 하여금 개인의 자율성과 개성 있는 삶, 다양하고도 실험적인 삶을 가능하게 하는 삶의 논리로 간주하고 있다. 즉, 포스트모더니즘을 인본주의 논리로 파악하고 있는 것이다. 이렇게 포스트모더니즘이 인본주의의 논리를 제공하는 것에 있어서는 특히 한국의 청소년계와 청소년문화 분야에 있어서도 새로운 패러다임의 도출이 가능할 것으로 본다(송선희 외, 2018).

〈표 2-2〉 포스트모더니즘 관점의 특징과 청소년문화의 관계

이론	특징	청소년문화
포스트 모더니즘관점	• 감성, 무합리, 무논리, 비구상, 탈경전, 탈텍스트 • 익명성, 타자지향성 보장, 독재 불가능 • 모던시대에 무시되어 왔던 것들의 가치 인정(소수민족, 여성페미니즘, 마이너리티, 히피) • 잘못된 개념으로부터 자유롭게 되는 것 • 진보적 절충주의 부각 • 다가치성 • 상업적으로 이용당하기도 함	• 청소년문화에서 어떤 것이 '해체'되고 있는지? 그것은 창조적 해체인지 아닌지? • 해체 후에 발생하는 카오스의 상황 • 루소(Rousseau): 아이들은 새로운 문화를 창조하기 위해 태어났다. 앞으로 창조될 문화에 대한 검토와 성찰 필요

마일스(Miles, 2000)는 청소년 라이프 스타일이나 문화조성에 기반이 되었던 근래의 주요한 사회변화 양상의 하나로 포스트모던 분절성(post-modern fragmentation)을 들고 있다. 포스트모더니티와 관련된 다양한 이론과 관점 속에서 공통적으로 발견할 수 있는 것은 점차 이질화(heterogeneous)되어 가는 세계적 양상을 지적한 것이다. 각 개인들은 취사선택이 많아지는 사회 속에서 살고 있으며 마치 인생은 각 개인이 가길 원하는 방향을 선택할 수 있는 다양한 메뉴판과도 같다고 표현되기도 한다. 이것은 소비문화와 연계되면서 사회는 이제 더 이상 의미 있는 사회행동을 할 수 있는 사회계층이나 개인들의 집합이 아니라 각 개인이 대중 생산되는 이미지를 소비함으로써 개별

성을 표현하는 곳으로 묘사되기도 한다. 보다 극단적으로는 인간이 모여사는 사회라는 것은 존재하지 않고 스타일, 견해, 이념들이 뒤범벅되어진 속으로 사람들이 던져져 있는 상태에 있는 것으로 말하기도 한다(최윤진, 1999).

이러한 포스트모던적 분절성은 청소년의 삶의 변화에서도 발견할 수 있는데, 종래의 하위문화를 구성했던 청소년 삶의 공통적 기반과 응집력의 약화를 지적하는 이론들에서 확인할 수 있다. 무글레턴(Muggleton, 1997)의 관점에 따르면, 이제 더 이상 10대와 같은 특정 사회 시기적 맥락에 뿌리를 두거나 특정 사회적 관계와 연계되어 나타나는 하위 문화적 확실성이나 하위문화를 조성하는 규칙, 이념적 지향들은 찾기 어렵고 단지 같이 참여할 스타일별 게임(stylistic game)들만 존재한다고 주장한다. 이른바 '탈하위문화론자(post-subculturalists)'의 관점이다. 이러한 하위문화로서의 공동기반을 상실하게 된 개개인 청소년들은 개별적으로 선택할 풍요로운 선택의 기회를 획득한 것으로 보일 수 있으나, 다른 한편 집단적 결속력의 상실로 인한 심리적 불안과 공허감을 동반하게 된다. 이러한 상황에서 청소년들은 소비를 통해서 심리적 불안감을 해소하고자 하기도 하고 자신의 정체성을 추구하기도 한다.

청소년문화 중에서 생활양식의 측면에서만 보아도 청소년은 기성세대와는 크게 다른 점이 많다. 언어사용이 그러하고 즐기는 춤과 음악에서 그러하다. 선호하는 놀이, 입맛의 취향이 다른 것은 물론이다. 양적 차원에서가 아닌 질적 차원에서 이질감과 충격을 갖는다. 우선, 청소년의 언어는 단문이며 언어의 텍스트로의 의미보다는 맥락적인 이미지와 조어를 선호한다. 좋아하는 음악은 리듬만 있는 주절거림으로 들리는 랩 음악을 좋아하고 춤이 없는 음악은 상상할 수가 없다. 청소년들의 유튜브와 웹툰보기는 일상이 된 지 오래이며, 입맛 취향은 우리나라의 전통메뉴보다는 서구적인 것에 가깝다.

송선희 등(2018)은 오늘날의 청소년들이 나타내고 있는 문화적 특징은 포스트모더니즘 측면에서 다음과 같이 두 가지 시사점을 갖는다고 본다. 첫째, 요즘 청소년들은 포스트모더니즘적인 문화의 창출자이자 소비자가 되고 있다는 것이다. 즉, 오늘날 청소년문화의 특징은 소비사회화, 영상사회화, 이데올로기의 퇴조와 함께, 고급 문화와 대중문화 간의 경계 타파, 자아 결여, 감각적 행복 추구 등으로 요약된다는 점에서 포스트모더니즘의 문화적 특징에 가깝다. 둘째, 포스트모더니즘의 문화 논리 속에서 생활하고 있는 청소년들을 돕기 위해서 기성세대는 이전과는 다른 방식을 적용하여야 한다는 점이다. 이를 위해서는 포스트모더니즘 사고를 이해하고 그 방법을 터득하는 것이 우선해야 할 일일 것이다. 오늘의 청소년들은 소통의 내용보다는 소통의 수단(언어)에 더 관심을 갖고 있다는 것을 이해하고 청소년의 언어를 알아야 한다. 시각을 우선시하는 경향에 대해서도 이해해야 하고, 정해진 규범과 기준을 준수하는 것에서 벗어나 새로운 기준을 세우는 경향성이 있다는 것도 이애할 필요가 있을 것이다.

CHAPTER 03

청소년 또래문화

Chapter 03

청소년 또래문화

1 또래집단의 개념과 의미

1) 또래집단의 개념

또래란 '대등한 위치를 가진 동반자, 사회적으로 동등한 사람, 또는 일시적으로라도 행위의 복잡성 정도가 유사한 수준에 있는 사람'이라고 할 수 있다. 또래와 친구는 유사한 의미로 우리의 일상생활에서 통용되는 경우가 많은데, 엄밀하게 친구라는 말은 정서적으로 친밀한 관계에 더욱 중점을 둔 말이라고 할 수 있으며, 나이와 상관없이 가까운 관계로 느끼면 '친구'라고 표현할 수 있다(김연서 외, 2021). 반면, 또래는 나이가 비슷하며, 인지 · 정서 · 사회적 발달의 정도가 비슷하여 다양한 경험을 공유하는 개체들이라는 의미에 중점을 둔 말이라고 할 수 있다. 청소년들은 친구를 통해 다양한 또래관계를 형성하며 성장하는데 이러한 또래관계는 청소년들이 경험하는 중요한 대인관계의 한 종류이자, 대인관계에 영향을 미치는 중요한 요소이기도 하다. 또래는 대부분 동일한 학년과 학급에서 묶어지기 때문에, 이들은 대부분의 시간을 같이 보내면서 정서적 유대감을 느끼게 된다(박은혜, 2021). 이러한 또래관계에서 공동으로 형성되는 특유한 문화를 또래문화라고 한다.

같은 또래문화를 공유하는 또래집단은 비슷한 나이대의 사람들이 모여서 만든 것이므로 집단 구성원들은 나이와 관련된 동질성을 공유한다. 이러한 또래집단 구성원들은 비슷한 신체적 특성을 가지고 있다. 특히 아직 성장 단계에 있는 청소년이나 초기 청소년들은 또래집단을 형성할 때 성인보다 신체적 동질성에 더 많은 영향을 받는다. 또한 또래집단은 사회적 환경에서 비슷하게 처한 유사한 영역에 관심을 가진다. 다수의 청소년들은 학교라는 사회화 기관에 소속되어 있으며, 그곳에서 또래집단을 이루기 때문에 비슷한 관심과 가치를 경험하게 된다(한진주, 2015).

2) 또래관계의 구성요소

또래집단을 형성하는 데 중요한 영향을 미치는 또래관계의 구성요소는 크게 세 가지로 구분된다(박소영, 2019). 첫째, 청소년의 또래관계에서 보여 주는 행동특성을 판단하는 관점으로, 또래관계를 형성하고 지속하는 과정에서 보여 주는 친사회성, 공격성, 위축행동과 관련된 언어 및 비언어 특성에 초점을 두고 있다. 이러한 관점은 또래관계를 두 개인의 행동이 교류되며, 지속되어 가는 과정으로 보고 있다. 이는 청소년이 또래관계를 유지하는 과정에서 발생하는 행동의 원인과 결과에 관심을 가지는 입장으로 청소년들은 또래관계에서 친사회적이고, 공격적이며, 위축적인 행동을 나타내게 되는데, 이에 따른 개인차에 관심을 두는 입장과 또래관계에 적극적으로 참여하는 또래관계에 관심을 두는 입장으로 구분하게 된다.

둘째, 또래관계를 관계적인 측면에서, 또래관계에서 표현되는 행동기능들을 중요시한다. 이것은 또래관계의 기능적인 측면과 관계적인 측면을 강조하는 것을 의미한다.

또래관계는 청소년의 사회적 관계에서 나타나는 지표로서 또래 간의 특성, 반응들이 변동함에 따라 대응하는 기능적인 형태를 의미한다. 즉, 청소년의 행동이 또래관계에서 효율적인 상호작용을 위한 기능이 발휘될 수 있는 여부에 따라 유지되어 온 또래관계의 질이 달라질 수 있기 때문이다.

셋째, 또래관계를 발달적인 측면에서 보는 것으로서, 청소년의 또래관계와 놀이를 접목시킨 것이라 할 수 있다. 이러한 관점은 청소년의 또래관계를 이해하기 위하여 발달적 관점에서 접근하였고, 청소년의 각 발달 시기의 중요한 측면에서 설명하고 있다. 특히 나이가 어린 청소년일수록 또래관계는 놀이에 참여하는 것으로 평가할 수 있다.

3) 또래관계의 의미

청소년발달에서 또래관계의 의미는 또래관계를 바라보는 이론적 관점에 따라 동물행동학적이론, 상징적 상호작용이론, 사회학습이론, 인지발달이론, 사회문화이론으로 구분하여 서술하면 다음과 같다(김명진, 2017).

동물행동학적 이론에서는 특정 형태의 사회적 상호작용이 인간의 생존에 도움을 주기 때문에 진화되었다고 주장하며, 또래관계 또한 이와 같은 상호관계의 하나로 바라본다. 즉, 또래집단에서 볼 수 있는 상호작용의 특정 형태는 성인이 되었을 때에 효율적이고 생산적인 기능을 할 수 있도록 준비하는 데 도움이 되기 때문에 진화과정을 통하여 지속된다는 것이다. 이 이론에서는 청소년이 또래와의 상호작용을 통해 기본적인 사회관계를 습득하며, 또래관계는 장기간에 걸친 사회적 능력의 획득 및 유지에 매우 중요한 영향을 미치는 사회적 관계라고 설명한다.

상징적 상호작용이론에서는 한 개인의 행동이 다른 개인의 행동과 어떠한 의미의 유대를 가질 때 이들 두 행동은 상호의존적 관계를 가지게 된다는 입장으로, 청소년이 또래와의 협동, 경쟁 및 갈등 등과 같은 상호작용을 통해 자아를 이해하게 되고 이러한 자아는 사회집단에서 조직화되고 조정된 개념으로 바뀌어 간다고 하였다. 즉, 개인과 또래집단 간의 상호교환적인 관계가 자기 자신에 관한 개념을 발달시키거나 타인에 대한 개념을 형성하는 데 중요한 영향을 미침을 강조하고 있다.

사회학습이론에서는 개인의 행동은 자극에 대한 반응과 관련되며, 학습자로서 청소년이 자발적으로 모델을 선택하고 이를 통해 관찰된 행동을 사회적 적절성과 부적절성의 판단을 통해 지속적으로 학습하게 됨을 강조하고 있다. 특히 청소년이 또래를 통해 새로운 행동, 상황에 적합한 행동을 배우고 자신의 능력과 성격을 평가할 수 있는 기준을 세우는 방법을 습득한다고 설명하고 있다. 또한 이 과정에서 청소년의 욕구나 충동, 필요는 통제되며 사회적 규범의 습관화를 통한 새로운 도덕적 행동들이 학습된다고 하였다.

인지발달이론은 또래관계가 청소년의 사회인지적 기술 증진을 위한 기회를 제공한다고 주장하며, 인간의 사회화 과정 속에서 또래관계의 중요성을 강조하고 있다. 즉, 청소년은 환경적 요인에 대한 지각과 수용방법, 의미 부여를 통한 개념화 등의 인지발달과정을 거치며 친사회적 행동을 습득하게 되는데, 청소년은 이 과정에서 또래와의 접촉을 통해 지각적 중심화에서 벗어나게 된다고 하였다. 또한 학령기에 이르면서 또래관계를 통해 조망수용능력이 발달하고 도덕적 추론과 판단이 가능해지는데 인지발달이론에서는 청소년의 연령이 증가하고 또래관계 경험이 쌓일수록 사회적 능력과 이와 관련된 인지기능이 정교화된다고 하였다.

사회문화 이론에서는 청소년을 둘러싼 사회적 상호작용의 맥락에서 또래관계를 설명하며, 근접발달영역(ZPD: Zone of Development) 및 비계설정(scaffolding)의 개념을 강조하고 있다. 근접발달영역은 청소년이 혼자 과제를 수행하는 것과 타인의 협력과 도움을 통해 과제를 수행할 수 있는 수준 간의 거리를 의미하는 개념으로, 유능한 또래와의 협력을 통한 사회적 상호작용의 중요성을 강조한다. 비계설정은 청소년의 사회인지적 기술의 획득을 돕는 사회적 협력학습의 형태로, 이 이론에서 또래들은 서로에게 효과적인 비계 설정자가 되어 발달을 자극하는 역할을 한다. 이때 부모 및 교사와 같은 중요한 성인들은 이를 촉진시킬 수 있는 체계로 작용할 수 있다. 즉, 사회문화이론에서는 청소년이 부모와 같은 성인 및 또래들과의 안내, 도움 등을 포함한 상호작용을 통해 그 사회의 구성원으로서의 가치를 습득하고 학습하는 것을 지원받게 됨을 강조한다.

2 또래집단의 특성

1) 또래집단의 기능

청소년들은 정서적 및 인지적으로 성숙함에 따라 타인과의 관계에서 신의, 친밀감, 공감적 이해 등을 더 많이 기대하게 된다. 청소년기가 되면 친구는 단순히 놀이 대상에 머무는 것이 아니라 심리적으로 서로 유사하고, 양립할 수 있으며 개인적인 비밀을 반드시 지켜 주어야 하고, 어려운 상황에서 도움이 되어야 한다고 생각한다. 이처럼 또래집단은 청소년에 생활에 많은 영향을 미치게 되는데 이를 정리하면 다음과 같다(박성미 · 정봉희 · 김소영, 2015).

첫째는 심리적 지원과 안정감의 제공이다. 청소년은 친구관계에서 자신을 노출하고 타인과 가깝고 신뢰할 수 있는 관계를 맺음으로써 심리적인 지원과 안정감을 제공받는다. 청소년은 부모로부터 독립하고 싶어 하는 동시에 부모를 대신해 자신을 지원해 줄 대상을 필요로 하는데, 또래집단은 부모 대신 청소년들을 지원해 주며, 친구들도 자신과 비슷한 느낌과 갈등을 공유한다는 것을 인식함으로써 정서적 지지를 얻는다.

둘째는 동료의식이다. 친구관계는 시간을 함께 할애하고 공동활동을 하는 친구를 갖게 해 준다. 친구관계는 시간과 자원, 도움을 제공하는 관계로 청소년은 친구와 여가 시간을 함께 보내고, 과제나 문제를 해결할 뿐 아니라 오락을 할 수 있는 기회를 제공한다.

셋째는 자아지지 및 자아존중감의 근원으로서의 기능이다. 친구관계는 지지, 격려, 피드백을 제공해 줌으로써 청소년들이 스스로 유능하고, 매력적이며 가치 있는 사람이라고 느낄 수 있도록 돕는다. 청소년은 친구들로부터 자신의 능력과 가치를 평가받으며, 자신을 표현하는 방법과 기술을 습득함으로써 자아지지를 획득하고 자아존중감을 발달시킨다. 또한 친구는 대부분 자신의 있는 그대로의 모습을 지지해 주고, 자신의 선택도 지지해 주므로 청소년들의 경우 친구를 통해 자아를 지지받고 자아존중감을 증진시킨다.

넷째는 모델링과 행동의 표준으로서의 기능이다. 청소년은 친구들의 행동을 비교하거나 관찰하고 때로는 모방하기도 하며, 이를 자신의 행동을 위한 기준으로 삼는다. 특히 청소년기 동안 부모-자녀 관계에 갈등이 있거나 부모가 부재한 경우에는 또래집단의 영향력은 더욱 증가하게 된다.

다섯째는 역할수행의 기회와 피드백의 제공이다. 집단활동의 참여와 구성원들 간의 자유로운 토론은 청소년에게 서로 다른 역할수행의 기회를 제공하고, 성인기에 필요한 기술을 연습할 수 있도록 돕는다. 아울러 청소년 자신의 생각이나 감정 또는 행동이 다른 사람에게 어떠한 영향을 미칠지에 대한 피드백을 제공한다.

여섯째는 정보교환의 기능이다. 또래집단은 구성원에게 흥미 있거나 유용한 정보를 교환하는 역할을 한다. 특히 청소년들은 인터넷 관련 정보, 청소년문화, 이성교제, 게임, 연예 정보 등을 또래집단을 통해 교환한다.

2) 또래집단의 역할

또래집단을 통한 건전한 교우관계는 자신과 교우의 발전을 위하여 상호 좋은 점을 배우는 관계이다. 예로부터 좋은 친구를 사귀어야 한다는 이야기는 좋은 친구와 어울린다면 일탈로 인하여 학업에 부정적인 영향을 끼칠 가능성이 줄어들며, 더욱 원활한 상호작용을 통하여 사회적 관계에 긍정적인 영향을 주며 청소년의 건강한 성장을 돕는다는 의미다. 또한 청소년 시기에 있어 또래집단을 통해 스트레스에 대처하는 정서적, 심리적 안정과 지지를 제공하는 등 고민과 갈등을 이해하고 해결 방향을 이끌어 나가는 중요한 역할을 배우게 한다. 이와 같이 또래집단 안에서 청소년은 또래들과 문화를 공유하면서 사회적인 관계를 통해 집단의 개성과 가치관을 정립하게 된다. 그리고 진취적인 미래를 구상하거나 상상력을 공유하면서 함께하는 또래 간의 문화생활은 올바른 인간관계를 유지하게 되는 중요한 바탕이 된다(김학령 · 김정화 · 정익중, 2011).

이렇게 또래집단은 청소년의 발달에 긍정적인 역할을 하지만 때로는 부정적인 역할을 하기도 한다. 또래집단을 통한 청소년의 부정적인 행동은 대표적으로 비행이나 일탈을 들 수 있다. 최근 비행이나 일탈의 연령이 낮아지고 있으며 이는 과거의 가부장적 의사소통 방식과 세대 간 의사소통의 장애 등의 영향이 맞물려 성장 속도에 맞지 않는 의사소통의 부조화를 나타내 주는 것이기도 하다. 청소년의 비행이나 일탈은 가정으로부터 적절한 애착과 양육방식에 있어서의 애정과 관심과 지지를 필요로 하는 성장과정에서의 결핍으로 인한 것들이 많기에 청소년의 일탈이나 비행의 이면을 자세히 살펴보아야 한다. 청소년기나 청소년기에 또래집단은 부모 외에 강력한 사회화를 촉진하는 사람으로서 집단생활을 하면서 서로 영향을 주고받는 또래의 성향이 행동과 가치관에 중요한 영향을 미칠 수 있다. 따라서 청소년 비행은 소속되어진 또래집단 내의 특성으로 인해 또래집단을 통하여 영향을 주고받으며 확산되고, 청소년의 미숙한 사고로 인하여 상호 위험성이 보다 높아진다고 볼 수 있다(곽미정 외, 2020).

3) 또래관계 형성 전략

청소년들은 흔히 성인처럼 사회적 지위나 경제적, 사회적 영향력에 따라 친구관계를 형성하기보다는 그들 나름의 독특한 요소에 의거해서 또래집단을 형성한다. 청소년들의 부모는 자녀가 학교에서 거두는 학업 성취에 대단한 관심을 가지고 있으나 실제 청소년은 학업 성취를 일부러 우습게 보려는, 그들 나름의 독특한 청소년 집단문화를 만들어 유지한다. 그래서 동료집단 내에서 특별한 매력을 갖고 있지 않고 공부만 잘하는 학생들은 오히려 청소년들 사이에서 소외당하는 경우가 있다.

청소년의 관계 형성에 관한 연구(Coleman, 1961)에서는 청소년 집단에서 영향력을 가지기 위해서 남자의 경우 제일 크게 갖춰야 할 요소가 체육특기, 즉 운동의 소질이고, 다음은 매력적인 외모, 괜찮은 성격이며, 공부를 잘하는 것은 가장 낮게 요구되는 것으로 나타났다. 여자의 경우에는 매력적인 외모가 가장 큰 요소로 나타났으며, 다음은 괜찮은 성격, 체육특기, 학업 성취의 순으로 나타나고 있음을 보고하고 있다. 해당 연구는 1960년대의 청소년을 대상으로 한 연구 결과이지만, 1990년대 들어 재검증한 연구에서도 이러한 결과는 크게 달라지지 않는 것으로 확인되었다. 즉, 청소년은 성인의 중핵문화를 구성하는 건전한 가치판단 기준이나 미래에 대한 비전 등에 대해서는 부정적인 견해를 갖고 있으며, 오히려 다양한 주변문화의 영향을 받아 중핵문화에 대해 대항하는 양상을 나타내고 있음을 알 수 있다(박진규 외, 2019).

이처럼 청소년들이 또래관계를 형성함에 있어서 청소년들 사이에서 높은 가치로 여겨지는 특성들의 보유 정도가 영향을 미칠 수 있는데, 이와 함께 개인적 특성과 관계형성의 행동전략이 중요한 영향을 미칠 수 있다. 이를 구체화시키면 또래관계를 성공적으로 맺는 데 사용할 수 있는 적절한 전략과 부적절한 전략으로 정리할 수 있으며 구체적인 전략에 관한 내용은 〈표 3-1〉과 같다.

〈표 3-1〉 또래관계 형성 전략

구분		주요 내용
적절한 전략	친밀한 상호작용	• 친구에 대해 알기: 이름, 나이, 좋아하는 활동 묻기 • 친사회적인 제안하기: 자기소개, 대화 시작, 같이하자고 초대
	친절	• 친절하고 사려 깊게 대함
	친사회적 행동	• 정직함과 신뢰로움: 진실을 이야기하고 약속 지키기, 너그럽게 공유하며 협조적임 • 다른 사람을 존중하고 예절을 지키기: 공손하고 예의 바르고 다른 사람이 말하는 것을 주의 깊게 들음
	자신과 타인 존중	• 긍정적인 태도와 성격을 가짐: 다른 사람에게 개방적이고 친근하며 재미있음 • 자기 자신의 명성을 높임: 깨끗하고 깔끔하게 옷을 입고 최선을 다하는 행동을 함
	사회적 지지 제공	• 지지적임: 잘 도와주고 충고하며 자신이 배려하고 있음을 보여 줌 • 함께하는 활동에 참여: 공부든 놀이든 함께함. 서로 곁에 앉고 같은 집단에 들어감 • 다른 이를 높여 줌: 다른 사람을 칭찬함
부적절한 전략	심리적 공격성	• 존중하지 않는 매너: 편견을 갖고, 사려 깊지 않으며, 다른 이를 이용함 • 따돌리고 비협조적임: 남을 무시하고 소외시키며, 남과 나누거나 돕지 않음 • 명성과 감정을 해침: 가십과 루머를 퍼뜨리고, 다른 사람을 당혹스럽게 만들고, 비판함
	부정적 자기표현	• 자기중심적인: 잘난 척하고 기만적이며, 질투하고 과시하며, 자신만 생각함 • 비열하고 나쁜 태도나 감정: 비열, 잔인, 적대적, 투덜거리며, 항상 화가 나 있음 • 자기 자신의 명성을 해침: 위선적, 어리석은 행동, 짜증부리고 말썽을 일으킴
	반사회적 행동	• 신체적 공격성: 싸우고 침 뱉고 발 걸고 신체적 상해를 일으킴 • 언어적 공격이나 통제: 다른 사람에게 소리 지르고 놀림. 비난함. 거들먹거림. 정직하지 않음 • 충실하지 않음. 거짓말하고 훔치고 속임. 비밀을 폭로하고 약속을 깨뜨림 • 교칙위반: 무단결석, 음주, 약물 섭취

출처: 박성미 · 정봉희 · 김소영(2015).

4) 또래집단 문화의 특성

청소년 또래집단은 시간이 지날수록 여러 가지 측면에서 비슷한 특성을 보이며, 취미나 운동, 관심사 등의 여러 다양한 분야의 활동을 같이하고 서로의 생각에 대해 강화를 주고받는다. 아울러 또래집단 구성원들은 집단의 영향을 받고 집단은 다시 구성원들에게 영향을 미친다. 그리고 집단 내 지배적인 위치의 리더는 구성원들에게 공식적인 권위를 행사하지는 않지만, 집단의 의사소통과 의사결정권을 지닌다. 또한 또래집단문화의 특성 중 대표적인 것으로 동조현상과 인기와 소외를 들 수 있다(김연서 외, 2021).

① 동조현상

첫째, 또래집단 구성원들은 자신과 유사한 특성을 지닌 상대를 친구로 삼으며, 상대와의 상호작용을 통해 이러한 유사한 특성은 더욱 강화되고 지속적으로 유지된다.

둘째, 상대 친구의 태도와 행동이 자신과 유사하거나 일치하지 않아 불균형 상태가 되면, 또래집단 구성원들은 그 상대와 친구관계를 갖지 않고 다른 상대를 찾거나 아니면 상대와 친구관계를 유지하면서 자신의 행동이나 태도를 변화시키든지, 아니면 상대의 행동과 태도를 변화시켜 균형 상태를 유지하려 한다.

셋째, 동조현상으로 인해 또래집단 구성원들은 친구나 주변의 의미 있는 타인의 평가에 대해 집단적으로 민감하게 반응한다.

넷째, 동조현상은 집단의 특성과 집단에서 추구하는 가치에 따라 긍정적 또는 부정적 영향을 미친다.

다섯째, 또래집단 중 여자 청소년들이 남자 청소년들에 비해 더 높은 동조 경향을 보인다.

② 인기와 소외

첫째, 또래집단에서 인기가 있다는 것은 청소년들에게 매우 중요한 목표가 된다.

둘째, 또래집단 내에서 지적인 청소년은 그렇지 않은 청소년에 비해 인기가 높다.

셋째, 또래집단 내에서의 인기가 청소년들에게는 매우 가치 있고 중요하게 인식되므로 누구나 인기 있는 사람이 되고자 하지만, 또래집단 내에서 한 개인의 인기가 너무 높게 되면 오히려 구성원들로부터 소외될 가능성이 있다.

3 또래집단의 유형

또래집단의 유형은 학자에 따라 분류하는 유형에 차이를 보인다. 여러 유형 중 청소년들의 또래관계 형성에 중요한 영향을 미치는 요인인 인기도와 청소년의 주된 생활공간인 학교에서의 적응 유형에 따라 또래집단의 유형을 구분하여 구체적으로 알아보고자 한다(오윤선 · 황인숙, 2020).

1) 인기도에 따른 유형 구분

인기형은 친구들에게 많은 인기를 얻고 있는 청소년으로 대부분 신체적인 매력이 있고 머리가 좋으며 사교적이고 행동적이며 지도력이 있다. 그들은 자존감이 높고 다양한 친구들과 잘 어울리며, 유머감각이 뛰어나기 때문에 많은 사람들이 그들과 함께 있는 것을 즐거워한다.

보통형은 청소년의 절반 이상, 대부분의 청소년들이 속하는 유형으로 친구들이 특별히 좋아하지도 않고, 특별히 인기 있는 것도 아니지만 그렇다고 친구들이 싫어하는 유형도 아니다. 이들은 집단에서 무난한 보통의 청소년들이라고 할 수 있다.

고립형은 고립되거나 무시당하는 청소년으로 이들은 친구들이 관심 밖에 있기 때문에 좋아하는 친구로 지명되지도 않고 싫어하는 친구로 지명되지도 않는다. 이들은 수줍음을 잘 타고 위축된 성격으로 낮은 자존감, 불안, 우울증 등 내적인 문제가 있는 경우가 많다.

거부형의 청소년들은 청소년들이 가장 싫어하는 유형으로, 신체적 · 언어적 공격을 많이 하고 교실에서 수업 분위기를 망치며 학업성적도 좋지 못하다. 보통 인기가 없는 청소년들과 친구가 되며 자기보다 어린 아이들과 어울린다. 이들 중에는 약물남용, 청소년 비행과 같은 외적인 문제가 있는 경우가 많다.

혼합형은 친한 친구로 뽑히기도 하고 싫은 친구로 뽑히기도 한다. 이들은 공격적이고 파괴적인 면이 있는가 하면 자기 주장이 강하고 지도력이 있다. 이들은 또래집단에서 눈에 띄지만 이들을 좋아하는 사람도 많고 싫어하는 사람도 많아 친구들로부터 복합적인 반응을 유발한다.

2) 학교에서의 적응유형에 따른 구분

순응형은 기존 질서에 순응하는 집단으로 학교 교칙을 잘 지키며 교사에 대해 순응적인 태도를 보인다. 이들은 교칙을 어기거나 일탈적인 행동을 하는 것에 대해 부정적으로 평가하며 학업생활에도 열성을 보인다. 순응적인 태도를 보이면서 공부를 잘하고 매사에 의욕적인 학생이 있는가 하면, 성격이 조용하고 튀는 행동은 하지 않지만 진학에 큰 뜻이 없고 매사에 무기력한 학생들도 있다. 이러한 유형의 집단은 지배문화에 편입되고 종속된 순응적 하위문화로서 기성세대와 조화를 이루고 자신의 일상을 무리 없이 지속시켜 나간다.

중간형은 저항형과 순응형의 특성을 적절히 가지고 있는 또는 양측의 특성을 모두 가지지 않은 집단으로 중간의 성향을 가지는 또래집단이다. 이들은 모두 학교생활과 개인생활 영역에 있어 적당한 태도를 취하는 집단이다. 어느 정도 적정 수준에 교칙을 위반하기도 하나 크게 이탈하지 않는다. 공부와 친구관계에서 적절한 조화를 이루며 원만한 교우관계를 형성한다. 경우에 따라 순응형 쪽으로 좀 더 치우친 경우도 저항형을 추종하는 성향을 가진 학생들도 포함되어 있다.

저항형은 학교의 규범이나 규칙에 적응하지 못하고 일탈하는 집단을 말한다. 학교 내에서는 학업에 관심이 없어 무기력하고 항상 잠에 취해 있는 모습을 보이고 학교의 각종 행사에 비협조적인 태도를 보인다. 교사와 적대적인 관계인 경우가 많으며 학교생활에 불성실한 태도를 보이는 경우가 많다. 학교 밖에서는 오토바이나 자동차를 즐겨 타고 다니면서 폭주를 즐기기도 하고 상습적인 흡연과 음주를 즐겨 하기도 한다. 유흥비를 벌기 위해 아르바이트를 하는 경우도 많으며 돈이 부족할 때는 힘이 약한 친구들에게 돈을 뺏기도 한다.

4 또래집단의 문제: 서열화와 집단따돌림

1) 서열화

자발적으로 형성된 또래관계지만 청소년들 사이에서는 성적이라는 공식적인 서열화가 아닌 그것을 모방하는 다른 서열을 만든다. 또래 사이의 권력(물리적 힘)에 기반하여 짱문화, 일진문화를 만들어 내기도 하고, 성적 등수에 따라 우등생, 열등생으로 서열화하기도 한다. 이러한 서열화는 청소년들의 또래관계 양상에 중요한 영향을 미치며, 학교폭력과도 밀접한 관계를 가진다.

(1) 서열화의 배경 및 실태

청소년의 또래문화에서 볼 수 있는 서열화는 우리나라의 급격한 발전 속에서 나타난 사회문화에 기반한 것으로 보인다. 1960년대 이후 서양을 따라잡겠다는 추격산업화에 매진해 성공하면서 경제적 준선진국, 절대적 풍요의 사회, 근대적인 자본주의의 시장경제로 변화되면서 우리 사회는 더욱 수직서열화 되었다. 경제적 부가 증대되면서 상류층과 하류층이 분화되었고, 거대한 독점재벌과 중소기업, 영세자영업자들, 고소득층과 저소득층, 거대자산가와 빈곤층의 분화로 이어졌다. 그래서 직업, 소득, 자산, 매출, 지역, 계급 계층, 고용 등 모든 측면에서 수직서열화의 사회로 바뀌어 갔다. 사회의 이러한 문화가 고착화되고 세대 간 재생산되어 세대를 넘어 대물림되어, 이제는 가정과 학교 그리고 청소년의 또래관계 안에서도 나타난다(권일남 · 전명순, 2017).

청소년들의 또래관계가 서열화를 통해 패거리로 구분되고, 이러한 패거리가 청소년 놀이문화와 연합되면 청소년들의 또래관계에서 권력으로 작용하기도 한다. 청소년 중

노는 애와 일진은 또래와 무리 짓기를 통해 권력을 갖게 되고 그것은 다른 청소년들에게는 위협으로 다가온다. 여러 명으로 구성된 패거리들은 힘을 발휘해 새로운 서열을 형성하고 또래관계에서의 의사결정을 주도하며 자신들의 패거리 중심의 분위기를 만든다. 이러한 과정에서 나타나는 강압적이고 폭력적인 행동에 다른 청소년들이 위협을 느끼게 되는 것이다. 또한 무리 지어 다니는 청소년들은 서너 명이서 어울려 놀기도 하지만 노는 애들은 친구의 친구들과도 어울려 폭넓은 교제를 한다. 매우 친한 친구가 일정 수준 이상으로 많아지면 친밀한 친구 관계가 갖는 사회적 지지 기능 이외에도 집단적 비행이 나타날 가능성이 높아진다(정지원, 2014).

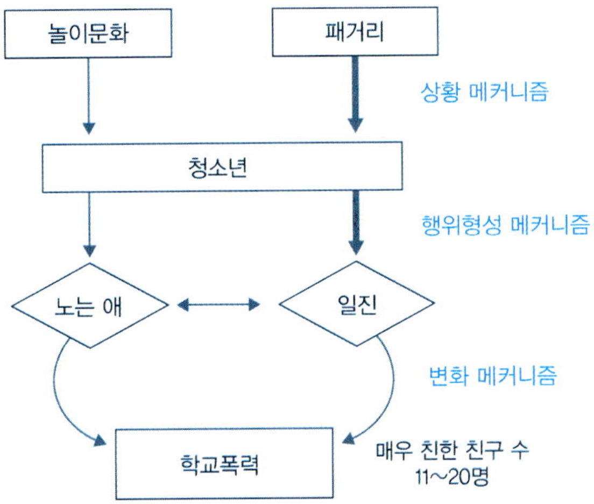

[그림 3-1] 학교폭력을 유발하는 매커니즘 분석

출처: 정지원(2014).

(2) 서열화를 넘어 화합으로

청소년 또래집단이 분리되고 그 분리를 통해 다른 영역의 힘을 발휘하면서 발생하는 여러 가지가 청소년문화의 부정적인 양상을 만들어 내기도 한다. 이러한 상황에서 위협적인 또래집단이 되어 문제를 양산하지 않기 위해서는 공부와 노는 것을 정반대의 의미로 받아들여 각각의 집단이 다른 집단으로 나름의 서열을 가지고 접근하지 않도록 노는 것과 공부가 보완적인 것으로 생각하고 접근하는 노력이 필요하다(이동진, 2003). 학교는 공부만 하는 곳이 아닌 노는 곳이기도 해야 한다. 노는 것도 배움의 한 과정으로 인정하고 노는 애들이 학교 안에서 새로운 정당성을 부여하고 일진문화를 형성하지 않도록 도와야 한다. 이를 위해 학교 안에 동아리 활동을 활성화시키는 것이 좋을 것이다. 비슷한 부류끼리 집단화는 또래문화에 중요한 부분이지만, 그 또래집단을 동아리 안에서 새로운 화합을 할 수 있도록 해야 한다. 노는 것과 공부하는 것의 이분법적인 분리를 통한 서열화가 아닌 관심영역의 활동을 통한 모임으로 진정한 또래문화를 만들어 갈 수 있을 것이다.

2) 집단따돌림

(1) 집단따돌림의 개념

집단따돌림은 신체적, 심리적, 관계적 행위의 복합적인 현상으로 하나의 정의로 설명하기는 어렵다. 집단따돌림이라는 용어는 'mobbing' 또는 'bullying'이라는 용어로 사용되기도 하였다. 우리나라에서 사용되는 '따돌림'이라는 용어는 일본어의 '이지메'(いじめ)에 해당되고, 집단따돌림과 비슷한 용어인 '왕따', '이지메', '괴롭힘', '따돌림' 등으로 혼용되어 사용되고 있다(남순애, 2019).

현재 우리나라의 집단따돌림 개념에 대한 법적 정의를 살펴보면, 「학교폭력예방 및 대책에 관한 법률」 제2조 제1항에는 학교폭력이란 '학교 내 · 외에서 학생 간에 발생한 상해, 폭행, 감금, 협박, 약취 · 유인, 명예훼손 · 모욕, 공갈, 강요 및 성폭력, 따돌림, 정보통신망을 이용한 음란 · 폭력정보 등에 의하여 신체 · 정신 또는 재산상의 피해를 수반하는 행위'로 정의하고 있다(교육부, 2015). 이와 같이 법률에서 집단따돌림이란 학교에서 학생들 간에 발생하는 모든 갈등 및 행동 문제를 포괄하는 학교폭력의 한 유형으로 설명되고 있다.

최근에는 따돌림이 발생하는 장소를 확장시켜 온라인 공간에서 나타나는 따돌림 행동 또한 심각한 문제로 언급하고 있다. '사이버 따돌림'이란 '인터넷 휴대전화 등 정보통신 기기를 이용하여 학생들이 특정 학생들을 대상으로 지속적·반복적으로 심리적 공격을 가하거나 특정학생과 관련된 개인정보 또는 허위사실을 유포하여 상대방이 고통을 느끼도록 하는 일체의 행위'를 말한다. 소셜미디어나 모바일 인터넷 메신저 등을 활용하여 특정 학생을 교묘하게 괴롭히는 방법으로는 '카톡감옥'(단체 채팅방에서 나간 학생을 계속 초대해 빠져나가지 못하게 하는 행위), '떼까'(단체 채팅방에서 피해 학생에게 집단으로 욕설을 하는 행위), '카톡방폭'(단체 채팅방에 피해 학생만 남겨 두고 모두 퇴장해 피해 학생을 온라인에서 따돌리는 행위) 등이 있다(전자배, 2019).

(2) 집단따돌림의 유형과 특징

집단따돌림의 유형은 다양하게 구분될 수 있다. '가해 행동이 표면적인가 심리적인 것인가? 폭력의 유형이 신체적인 것인가 정서적인 것인가? 가해 행동이 개인 독자적인가 혹은 집단으로 행하는가?' 등의 질문들이 구분 기준에 해당한다. 다양한 차원에서 집단따돌림의 유형을 구분하면 다음과 같다.

먼저, 폭력의 형태에 따라 구분할 수 있다. 직접적 따돌림은 직접적으로 때리거나 밀치는 등 신체적 공격과 욕을 하거나 상대가 듣기 싫어하는 별명을 부르며 조롱하는 등의 언어적 공격을 말한다. 관계적 따돌림은 생일 파티나 학급 활동에서 제외시키고 나쁜 소문을 퍼뜨려 친구가 없도록 소외를 시키는 등의 심리적 괴롭힘을 의미한다(홍상황·박혜정, 2013).

다른 형태로는 소외형, 협박형, 놀림 조롱형, 심한 장난형, 강제형으로 구분할 수 있다. 소외형은 무리를 지어 한 사람을 은밀하게 고립시키는 가장 흔한 집단따돌림 유형이다. 협박형은 말로 겁을 주며 빈정거리는 형태를 말하고 조롱형은 신체적 약점이나 집안 형편 등을 놀림으로써 가해 행동을 하는 양태이다. 장난형은 피해 학생의 물건이나 신체를 건드리거나 지나갈 때 발을 거는 등의 크고 작은 장난 형태로 나타나고 강제형은 피해 학생에게 가방을 들게 한다든지, 숙제를 대신 하게 하든지 준비물을 빼앗는 등의 형태를 말한다(이문자, 2003).

보다 구체적으로 따돌림의 형태를 놀림, 언어폭력, 무시하기, 장난을 빙자한 괴롭힘, 약점을 들추어내거나 모함하기, 은근히 혹은 공개적으로 비난하기, 따돌림의 대상을 고립시킬 목적으로 그와 가깝게 지내려는 다른 집단 구성원을 위협하기 등 7가지로 구분하고 있다. 언어형은 언어를 사용하여 조롱하고, 욕을 하고 협박하면서 주로 언어적으로 고통을 주는 유형이다. 신체형은 강제로 심부름을 시키거나 몸을 이용한 장난, 구타 등이 위주가 되는 따돌림 유형이다. 신체적 집단 따돌림은 피해 학생의 신체를 주먹으로 때리거나 발로 차는 등의 피해자의 신체를 공격하는 행동을 말한다. 심리적 집단따돌림은 피해 청소년을 거부하고, 무시하고, 비웃는 행동을 함으로써 피해 청소년에게 좌절감을 주고, 자존감에 손상을 입히는 것이다. 사회적 집단따돌림은 간접적이고 은밀한 따돌림으로 피해자를 집단에서 고립시키며, 친구들이 떨어져 나가게 하는 등의 인간관계에 제동을 거는 것을 포함한다. 물질적 집단따돌림은 피해 학생의 소유물을 강제로 손상하거나 빼앗는 행동을 말한다. 강제적 집단따돌림은 피해자가 하기 싫은 일을 억지로 시키는 것으로서 강제로 심부름 시키는 것, 숙제를 대신 하게 하는 것 등이 이에 속한다(구본용, 1997).

김수진(2016)은 집단따돌림의 유형을 직접적 유형과 간접적 유형으로 구분하였으며, 직접적 유형은 신체적 유형처럼 피해자에게 고통을 주는 행위로 장난형과 물질형, 신체형, 강제형으로 구분하였다. 간접적 유형은 피해자의 마음에 상처를 주고 수치심을 유발하고, 존중감을 떨어뜨리는 소외형과 언어형, 조롱형, 협박형으로 구분하였다. 이를 정리하면 〈표 3-2〉와 같다.

〈표 3-2〉 집단따돌림 유형

구분		주요 내용
직접적 유형	장난형	피해 학생의 물건이나 신체에 가하는 크고 작은 장난 형태
	물질형	피해 학생의 소유물을 강제로 손상하거나 빼앗는 행동
	신체형	강제로 심부름을 시키거나 몸을 이용한 장난, 구타 등
	강제형	피해 학생에게 가방 셔틀, 숙제 셔틀, 준비물을 빼앗는 등의 형태
간접적 유형	소외형	무리 지어 한 사람을 은밀하게 고립시키는 형태
	언어형	언어를 사용하여 조롱하고, 욕을 하고 협박하면서 주로 언어적으로 고통을 주는 형태
	조롱형	신체적 약점이나 집안형편 등을 놀림
	협박형	말로 겁을 주며 빈정거리는 형태

출처: 김수진(2016).

한편, 집단따돌림은 일반적인 학교폭력과는 다른 특성을 가지는데 이는 장기성, 지속성, 불특정 다수의 가해자, 중복성, 예측 불가능성 등으로 구분된다(김수진, 2016). 이에 대한 구체적인 내용은 다음과 같다.

첫째, 장기적으로 나타난다. 장기성은 시간과 관련된 집단따돌림의 '고정성'과 관계된다. 집단따돌림은 일회성으로 끝나는 것이 아니라 일정한 시기에 피해자가 되었던 학생은 몇 년 후에 다시 피해자가 되는 경향이 있다. 최근 들어 2명 이상의 학생이 한 학생을 장기간에 걸쳐 따돌리고 괴롭히는 현상이 두드러지게 나타나고 있다. 집단따돌림을 당한 학생은 학교 가기를 싫어하고, 우울증을 겪기도 하며, 심지어 자살을 시도하기도 한다. 따돌림 가해 학생들이 끈질기게 피해 학생을 소외시키고 괴롭힘으로써 결국에는 자살에 이르게 할 정도로 매우 강한 집요함을 보이고 있다.

둘째, 지속적이다. 집단따돌림은 지속적으로 발생하는 특성이 있어 피해 청소년에게 엄청난 고통을 준다는 점에서 일반적인 학교폭력에 비해 피해자에게 미치는 영향이 심각하다. 피해 경험은 6개월 또는 1년이 지난 후에도 지속되며, 피해자의 약 30~50%는 5년 이상 집단따돌림을 당한 것으로 보고되었다. 집단따돌림은 피해와 피해 사이에 간격이 없이 장기간에 지속되며, 지속되는 기간은 짧아도 한 학기, 긴 경우에는 학교를 졸업할 때까지 계속되는 경우도 있다. 특히 집단따돌림의 피해 경험으로 인한 심리적 위축과 부적응 행동이 집단따돌림 가해 경험으로 인한 부적응에 비해 더욱 장기간 지속되는 경향이 있는 것으로 나타나고 있다.

셋째, 심리적 괴롭힘 형태의 양상을 보인다. 같이 놀지도 않고 물어보아도 무시하고 대답하지 않는 배제와 비가시적인 폭력, 심하게 놀리거나 욕설 등의 모욕을 통해 괴롭히는 양상을 보인다. 또한 집단따돌림은 그 특성상 주관적인 감정에 기초를 하고 있어서 주위 사람들이 뚜렷하게 인식하기가 어렵다. 때문에 피해의 주류를 이루고 있는 정신적인 피해의 경우에는 피해 사실 혹은 피해의 정도를 확인하는 것이 어렵고, 보복에 대한 두려움으로 주위에 호소할 수도 없는 사례가 많다.

넷째, 가해자가 불특정 다수라는 점이다. 집단따돌림은 피해자가 잘 아는 불특정 다수가 가해자이고 항상 불량 학생만은 아니라는 점이다. 따라서 피해 사실을 누구에게도 알리기 힘들 뿐만 아니라 누가 주동자인지도 경우에 따라서는 불확실하고, 교사에게 알렸을 경우 보복을 당할 수 있기 때문에 알리기가 매우 힘들다. 그러나 대체로 가해학생은 일반적으로 더 강한 존재로 인식된다. 따라서 피해 학생은 대응을 못하여 무력해지고 극도로 고통스러울 수 있으며 장기간에 걸쳐 매우 불행한 영향을 받는다. 집단따돌림은 불특정 다수에서 발생하고 대부분의 학생이 방관을 한다는 점에서 거의 모두가 소극적으로 가담하고 있다고 볼 수 있다.

다섯째, 가해자와 피해자의 중복성이다. 집단따돌림의 피해자는 피해 경험으로 인해 무력감에 빠지기 쉽고 결국에는 가해자에게 굴복을 하며 그들이 만들어 놓은 부당한 권력에 동조를 하기도 한다. 이러한 결과로 또한 피해자가 가해자가 되기도 하고 가해자가 피해자가 되기도 한다. 집단따돌림을 당했던 피해자가 자신보다 더 어리거나 약한 다른 학생에게 폭력의 가해자로 변하는 경우가 많아 피해자와 가해자 모두의 역할을 하는 중복 경험자가 많아지고 있다.

여섯째, 예측 불가능하다는 것이다. 집단따돌림은 피해자의 잘못과 관계없이 가해자들의 기분에 따라 발생한다는 특징이 있다. 집단따돌림의 주된 장소는 학교 교실을 비롯한 전체 공간이며 집단따돌림이 언제 어떻게 일어날지에 대해 예측 불가능하기 때문에 피해자는 항상 공포에 시달려야 한다.

(3) 집단따돌림 주변인의 이해

집단따돌림 상황에서 학생들이 모두 어떠한 역할을 한다는 점에 주목할 필요가 있다. 그들은 학급 구성원들의 역할을 여섯 가지 유형으로 나누었다. 여섯 가지 유형은 가해자(bullies), 피해자(victims), 가해조력자(assistants), 강화자(reinforcers), 방어자(defenders), 방관자(outsiders)로 구성된다. 가해조력자는 가해자를 따라 따돌림에 참여하지만 주도적으로 피해자를 괴롭히지 않는다. 강화자는 따돌림 상황을 재미있어하며 웃거나 구경하며 가해 행동을 부추긴다. 방어자는 피해자를 지지하고 위로하며 따돌림을 중단시키고자 노력하며, 방관자는 따돌림 상황에 대해 무관심하거나 상황을 인식하고도 아무런 반응을 하지 않고 피한다(Salmivalli, Lagerspetz, Björkqvist, Österman, & Kaukiainen, 1996). 집단따돌림 주변인 유형별 주요내용을 제시하면 〈표 3-3〉과 같다.

〈표 3-3〉 집단따돌림 주변인 유형

역할 유형	주요 내용
가해자	집단따돌림 행동을 주도적, 적극적으로 주도하는 역할
피해자	집단따돌림을 당하는 역할
가해조력사(동조자)	집단따돌림의 주도성 수준은 낮지만 가해자의 추종자로서 가해자를 적극적 지원하는 역할
강화자	가해자의 공격을 부추기거나 격려하면서 가해자를 자극하는 역할
방관자	집단따돌림에 대해 반응하지 않고 회피함으로써 가해 행동을 소극적으로 강화하는 역할
방어자	집단따돌림의 피해자를 지지하고 가해 행동을 저지함으로써 가해 행동을 차단하는 역할

출처: 오윤선 · 황인숙(2020).

집단따돌림 상황에서 20~30%는 가해조력자 및 강화자로, 20~30%는 방관자, 나머지 20%는 방어자 행동을 수행한다(Salmivalli & Voeten, 2004). 즉, 학급 내에서 80%에 해당하는 상당수의 학생들은 공공연하게 따돌림 행동을 부추기거나 또는 조용하게 상황을 묵인하며 가해자들의 행동을 뒷받침한다. 이러한 과정 속에서 가해자는 자신의 괴롭힘 행위가 용인된다는 메시지를 받게 되고, 따돌림 현상은 점차 심각해진다. 그러므로 집단따돌림 상황을 모른 척하며 지나치는 방관자 역시 따돌림 행동이 지속되는 데 일조했으므로, 침묵하는 조력자라고 볼 수 있을 것이다(전자배, 2019).

(4) 집단따돌림 대처 방안

집단따돌림은 개인의 심리적 · 인지적 · 행동적 부적응 요인과 가정, 또래, 학교 등 환경적 요인이 복합적으로 관련되어 통합적인 접근이 요구된다. 따라서 집단따돌림이 발생한 뒤에 적절한 대처를 하기에는 한계가 많아 어려움이 따르게 되므로, 따돌림을 사전에 예방하는 것이 중요한데 이를 위한 구체적인 방법은 다음과 같다(오윤선 · 황인숙, 2020).

첫째, 가정에서는 부모의 긍정적인 양육을 통해 자녀가 건강하게 성장할 수 있도록 해야 한다. 그리고 부모와 자녀 간 원활한 의사소통을 통해 자녀가 집단따돌림을 경험하게 될 때 부모에게 도움을 청하고, 부모는 자녀의 문제에 대해 민감하고 적절하게 대처하는 가족 분위기를 조성해야 한다. 무엇보다 부모는 자녀가 자신감을 상실하지 않도록 배려하는 것이 중요하다. 부모는 자녀의 심정을 충분히 공감하고 인간의 삶이 자신이 원하는 것처럼 이루어지지 않음을 이해시키고 현실을 수용할 수 있도록 도와주어야 한다. 그리고 자녀와 함께 집단따돌림 피해 및 가해 관련 교육·상담 프로그램에 참여하는 것이 좋다.

둘째, 학교는 집단따돌림이 가장 많이 발생하는 장소인 만큼 더욱 적극적인 역할이 요구된다. 학교는 학생들에게 집단따돌림에 대해 드러내어 토론하게 함으로써 집단따돌림이 바람직하지 않음을 확인할 수 있도록 해야 한다. 그리고 집단따돌림에 참여는 다양한 역할 집단을 역할극을 통해 경험해 보도록 함으로써 서로의 마음을 공감하도록 하는 훈련이 필요하다. 특히 방관자 중심의 집단 프로그램을 통해 이들이 피해 청소년을 돕는 방어자의 역할을 할 수 있도록 역량강화 프로그램을 진행하는 것이 필요하다. 나아가 교사는 집단따돌림에 대한 단호한 의미가 학생들에게 전달될 수 있도록 하여 교사가 방관자가 아님을 주지시켜야 할 것이다.

셋째, 사회에서는 무엇보다도 대중매체에서 방관자를 양성하는 각종 프로그램을 제작하거나 방영하지 않도록 자제를 요구해야 할 것이다. 이는 이기주의를 조장하고, 경쟁과 폭력을 가르치고, 집단따돌림을 미화하거나 희화화하는 부정적인 효과를 낳기 때문이다. 한편 집단따돌림의 근본적인 문제와 대응해 나가는 솔루션을 제시하고 모델링이 되어 주는 많은 프로그램이 제작·방영될 수 있도록 힘써야 할 것이다. 그리고 오늘날 심각한 사회문제가 된 집단따돌림은 학생들을 탓하기 전에 기성세대들이 만들어 놓은 제도와 환경이 낳은 역기능의 하나임을 유념하여 어른들이 먼저 관계를 바로 세우고 모범을 보일 수 있도록 노력해야 한다.

또한 입시 경쟁문화가 개선되어야 할 것이다. 소수의 성공한 자와 다수의 실패자들을 만들어 내는 듯한 분위기의 입시제도에서는 많은 청소년의 정서가 황폐화될 수 있다. 옆의 친구는 나와 더불어 살아가야 하는 벗이 아니라 내가 어떻게든 딛고 일어서야 하는 극복의 대상, 능가의 대상, 성공의 수단 등으로 간주되는 분위기에서는 집단따돌림이 자연스럽게 나타날 수밖에 없다. 청소년들을 탓하기 전에 집단따돌림은 어른들이 만들어 놓은 제도와 환경이 낳은 역기능의 하나임을 유념할 필요가 있다. 어른들의 관계가 바로 설 때 당장 아이들 간의 왕따 상황은 바뀌지 않는다고 하더라도 이를 지도할 수 있는 기성세대의 권위가 서는 것이다(박진규 외, 2019).

CHAPTER 04

청소년 여가문화

청소년 여가문화

1 여가의 이해

1) 여가의 어원과 역사적 관점

여가(Leisure)의 어원은 학자 혹은 학교라는 뜻의 그리스어인 'scole'와 자유롭다, 허락하다의 의미인 라틴어 'lecere'에서 파생된 단어로, 프랑스어로는 'loisir', 영어로는 'licenses'라는 단어로 파생되었는데 이는 '노역의 면제, 공적의무의 면제'를 뜻하며, 이와 유사하게 로마어의 'otium'이라는 단어는 '아무것도 하지 않는 것'을 의미한다. 한자어 여가(餘暇)는 '남을 여'에 '겨를 가'로 이루어진 단어로 '일을 하다가 잠시 쉴 수 있는 겨를'을 의미한다(김영훈, 2007). 즉, 여가는 사람이 해야 하거나 주어진 일로부터 벗어나 한가로운 시간을 활용하여 이루어지는 활동이라고 할 수 있다.

여가를 일하는 시간 외의 휴식이나 자유로운 여유 시간으로 여기는 것은 여가에 대한 소극적인 의미로 산업 사회에서의 여가의 개념이라고 할 수 있다. 그러나 이후 산업

구조의 고도화와 정보화로 인해 여가의 의미는 적극적인 의미로서 자기 교양을 높여 가고 자아를 실현하는 삶의 중심적인 활동이나 상태라는 개념으로 변화되게 되었다. 노동환경의 변화로 업무 자동화 시스템이 인간을 대신하여 노동시간을 단축시켰으며, 이로 인해 인간의 자유시간이 증가하였으며 이것이 여가에 대한 인식의 변화를 초래하였다(조수영, 2012).

이처럼 여가는 시대의 변화에 따른 사람들의 생활 양상에 따라 다르게 인식되는데 대표적인 시대를 중심으로 변화된 여가의 양상을 살펴보면 다음과 같다(오윤선, 황인숙, 2020). 먼저, 고대 그리스 시대에는 소수의 상류층과 귀족층이 이상적인 형태의 여가를 향유하였으나 이것은 다수 노예의 노동에 기반을 두었기 때문에 가능한 일이었다. 아테네인들은 연극, 음악, 시, 정치적 토론, 철학적 토론을 포함하여 여가활동이라 칭하였다. 즉, 여가활동을 지적 수양을 위한 기회로 간주하였다. 그리고 운동경기는 힘과 원기, 용기를 강화시키는 것으로 모든 시민에 의해 수행되어야 하는 의무로 여기며 다소 목적적인 것으로 생각하였다. 고대 로마 시대의 여가는 눈으로 보고 즐기는 향략적이고 퇴폐적인 활동으로 변질되었다. 사람들은 그릇된 여가문화 속에서 더욱 퇴폐적인 행동과 자극적인 행동에 흥미를 보였다.

중세 시대에는 종교적 활동과 관계되었다. 중세 교회의 직업관은 헬라 철학의 영향으로 영적인 것과 육체적인 것을 철저히 구분하였다. 육체는 악한 것이기에 육체로 하는 노동은 생존하기 위해 반드시 해야 하는 필요악으로 인식하였다. 따라서 농업, 상업, 공업에 종사하는 사람들은 미천하고, 군인이나 정치인은 고귀하며, 가장 거룩한 일은 종교에 종사하는 사제직으로 자연스럽게 직업의 귀천이 등급화되었다. 이러한 계급의 구별에 따른 특징은 여가활동에서도 나타났다. 중세 시대의 주된 여가활동은 기도나 묵상으로 신체적이고 활동적인 여가는 찾아보기 어려웠다. 또한 여성의 여가활동은 제한적이었지만 아버지나 남편의 재산에 따라 활동하는 유형의 차이가 컸다.

14세기에서 16세기까지 르네상스 시대는 중세의 금욕적인 종교 중심의 생활문화에서 벗어나 고대 그리스와 로마에 근간을 둔 인간 중심적인 생활문화가 시작되었다. 그러므로 르네상스 시대의 여가는 자아개발과 지적인 욕구를 충족시키는 교양 증진의 수단으로 인식되었다. 또한 중세와 비교하였을 때 극장 및 오페라하우스 등 교양적인 여가시설이 증가하고 문학, 드라마, 음악, 미술, 발레 등이 권장되는 여가의 황금기였다. 하지만 여전히 여가는 소수의 귀족들만 누릴 수 있는 특권이었으며 예술가는 단지 기술자로 취급받았다.

산업화가 시작되면서 사람들의 생활에는 광범위한 변화가 생기기 시작했다. 초기 산업화 시대 노동자들은 주당 72시간 일을 했음에도 불구하고 이를 당연한 일로 받아들였다. 그로 인해 노동자의 가정생활 붕괴, 각종 질병과 신체발육 부진, 나아가 노동자의 평균 수명까지 단축되었다. 이에 따라 노동시간이라는 문제가 사회적 문제로 대두되었고, 노동시간 단축이라는 문제를 두고 노동자와 자본가 사이에 격렬한 투쟁이 발생하게 되었다. 이 시대의 여가 역시 부유층과 귀족층만이 누릴 수 있는 일이었으며, 노동자들의 여가는 그들의 생존을 위한 투쟁의 산물로서 귀족과 같은 유한계급의 여가와는 질적인 차이가 있었다. 이후 1919년 국제노동기구(International Labor Organization, ILO) 제1차 총회에서 노동자의 1일 노동시간을 8시간, 주당 48시간으로 규정하는 조약이 체결되면서 여가는 노동자들의 생활문화를 구성하는 중요한 기준이 되었다.

20세기 현대사회로 들어서면서 사람들의 생활은 '노동 및 생산 중심'에서 '여가 및 소비 중심'으로 변화되었다. 2차 세계대전 이후 공장의 자동화가 본격적으로 추진되고 컴퓨터가 도입되면서 노동생산성이 향상되었으며, 자동차 시대가 도래되면서 여가생활의 범위가 확장되었다. 이에 따라 여가와 관련된 소비지출은 크게 증대되었다. 대도시로 집중되었던 인구가 교외지역으로 분산되고 외식산업이 발달하며, 연극 및 음악회 관람비가 급증하는 등 상업적인 여가산업이 비약적으로 발달하였다. 더불어 대중여가에 혁명적인 영향을 미친 TV가 등장하였고, 청소년을 주된 대중문화의 소비시장으로 편입시킨 미국의 음반산업은 세계시장을 석권하였다. 이렇게 기술의 발전과 정보화 특성을 갖는 20세기에는 대량생산과 근로시간의 감소로 인해 누구나 다른 어느 시대의 귀족층보다 자유와 여가를 누릴 수 있게 되었다.

2) 여가의 개념

앞서 살펴보았듯이 여가는 시대와 문화적 환경에 따라 변화되어 왔으며, 여가활동을 수행하는 개인의 주관적 경험에 따라 다르게 이해되기 때문에 명확한 개념을 제안하기에는 어려움이 따른다. 그러나 보편적인 측면에서 다수의 학자들에 의해 정의되는 여가의 개념은 시간, 활동, 의식의 측면에서 구분된다(김호순, 2008).

(1) 시간적 측면

여가를 개념화하는 가장 일반적인 방법은 여가를 시간의 영역으로 구분하는 것이다. 하루 24시간을 기준으로 구분해 보면 노동시간, 생리시간, 사회적 의무시간, 자유시간 등으로 분류된다. 이러한 분류에서 강제된 노동시간, 필수적인 생리시간, 의무적인 사회활동으로부터 벗어난 즐거움을 목적으로 자유롭게 자신을 해방시키는 삶의 시간을 자유시간이라고 하며 이 자유시간이 여가에 해당된다. 그러나 삶의 영역을 여가와 노동이라는 경계로 완벽히 구분하기는 어려우며 어떤 시간은 때로 노동의 시간이면서 동시에 여기시간이 되기도 하기에 명확한 구분이 어려운 한계가 있다(노용구, 2001).

여가가 이처럼 자유시간으로 개념화된다는 것은 사람들에게 성장과 발전, 행복추구를 위한 가능성의 기회가 주어진다는 것을 뜻하지만, 여가시간을 확보했다는 것은 자신의 삶을 새롭게 만들어 갈 수 있는 기회를 부여받은 것에 지나지 않는다. 이는 자유시간이 곧 여가로 동일하게 취급할 수 없기 때문이다. 과도한 노동시간과 심리적 압박으로 인한 피로의 가중으로 아무것도 추구할 수 없는 무기력한 상태의 자유시간, 무의미하게 소비하는 자유시간, 강제된 자유시간 등은 여가시간이 될 수 없기 때문이다. 그러므로 여가시간은 무엇인가를 추구할 수 있는 에너지가 남아 있거나, 가치 창조적으로 활용된 시간에 한하여 규정된다(김현기, 2007).

(2) 활동적 측면

여가를 활동적 측면에서는 자유시간에 자발적인 선택으로 행해지는 총체적인 활동이라고 할 수 있다. 여가는 개인, 가정, 사회의 의무로부터 벗어났을 때, 휴식을 위해 이익과 관계없이 지식과 능력을 키우고, 자발적으로 자유롭게 창조력을 발휘하는 활동의 총체라고 할 수 있으며(Dumazedier, 1974), 여가를 활동과 기회라는 두 요소의 결합으로 인식하면서 노동 · 사회 · 가족 기타의무가 실현되고 남는 이후에 자신의 의사대로 행할 수 있는 활동일 뿐만 아니라 휴식, 오락, 자기실현, 정신적 재생, 지식향상, 기술개발, 사회활동 참여를 기회라고 볼 수도 있다(Wylson, 1980). 이러한 활동의 관점은 자유시간에 일어나는 활동 중에서 경제적 목적과 각종 의무로부터 벗어난 자유로운 활동만을 여가로 간주한다는 의미이다. 즉, 자유시간이 곧 여가라고 할 수 없으며 자유시간 중에서도 의무와 노동으로부터 자유 · 기분전환 · 재생산의 조건이 갖춰진 활동만을 여가로 규정한다는 것이다(노용구, 2001).

그러나 어떤 인간 활동이 정확하게 여가활동인지, 노동이나 기타 의무활동인지를 구분하는 것이 용이하지 않다. 이러한 점에서 두 가지의 개념적인 혼동이 발생하는데, 첫째는 여가와 노동의 관계를 명확하게 구분하기보다는 주관적인 성향으로 정의할 수 있고, 둘째는 활동적 측면에서의 여가는 자유시간의 개념이 내포된 레크리에이션과 맥락이 유사하다. 그럼에도 불구하고 여가를 활동으로 규정하는 개념은 여가시간의 구체적 표현이며 여가활동을 상징하는 기준이 된다. 즉, 여가활동으로 표출되는 행동양식을 비교함으로써 여가에 대한 사람들의 선호도를 이해할 수 있으며, 시대나 문화적 배경에 따른 여가문화의 변화 추이를 객관화시킬 수 있는 기초가 되기 때문이다(이철원, 2002).

(3) 의식 · 경험적 측면

그리스의 철학자 아리스토텔리스(Aristotles)는 여가를 존재의 상태(state of being)로 보고 여가 그 자체를 위하여 삶을 영위하여야 한다고 하였다. 그리고 여가와 종교의 특징을 통합하고자 노력한 파이퍼(Piper, 1952)는 여가는 정신적 · 영적 태도이고, 단지 외적요인에 따른 불가피한 결과가 아니라 마음자세이며 영적(condition of soul)이라고 하였다. 이와 같이 여가를 즐거움이나 행복을 느끼게 하는 마음의 상태로 규정한다면 그리스 시대에는 명상의 상태, 동양에서는 선(禪)의 상태를 의미한다. 즉, 여가는 시간이나 활동과 무관하게 고요한 상태라고 정의 내릴 수 있는 것이다. 이러한 여가에 대한 개념은 고대 그리스시대부터 내려온 순수한 여가의 개념으로, 여가는 무엇을 달성하고자하는 것이 아니라 그 자체가 목적이 된다는 것이다(김호순, 2008).

그러나 여가를 마음의 상태로 개념화하는 것에도 이견이 있을 수 있다. 의식 · 경험적 측면의 여가는 복잡한 개념이고 사람에 따라 다르게 해석할 수 있기 때문이다. 그럼에도 불구하고 의식 · 경험적 측면에서 개념화하는 것은 여가의 근원에 대한 존재 의미를 강화하는 것이며, 다양한 개인의 호감과 흥미에 그 관심을 집중하는 것으로서 여가의 질적인 측면을 탐색하고 분석하는 데 중요한 바탕이 된다. 이것은 여가활동에 참가한 개인의 인지작용의 결과에 따라 서로 상이한 여가경험이 산출된다는 것을 의미하며, 여가가 이러한 경험의 존재로서 그 의미를 강화시켜 줄 때 비로소 여가행동이 완성된다고 보는 것이다(김현기, 2007).

3) 여가 관련 이론

개념이 어떤 것의 본질적인 것으로 정의한다면, 이론은 기본개념의 상호관계나 하위 개념들을 설명하려는 것이다. 따라서 지금까지 거론되고 있는 여가 관련 이론들을 검토해 보는 것은 여가의 개념들이 인간행동의 다른 측면과 어떻게 부합되고 대조되는지 이해하는 데 의미가 있을 것이다. 여가와 관련된 이론은 크게 여섯 가지로 구분된다(김조은, 2003).

(1) 활동목표로서의 여가행동이론

이 이론은 아리스토텔레스가 주장한 이론으로 여가란 인간활동의 목표이고, 모든 행동이 지향하는 목표이며, 여가활동은 그 자체를 위해 수행되는 활동으로 본다. 따라서 노동을 위한 여가가 아니라, 여가를 위한 노동이라는 여가의 중요성을 강조하고 있다. 그러나 현대는 대중여가시대라 불리고 있고, 대중이 선호하는 여가활동으로는 정적인 여가활동보다는 동적인 여가활동이라는 점을 감안할 때 여가의 계급론적 관점과 여가행동 유형의 분류에 있어서는 큰 차이를 보이고 있다.

(2) 보상이론

여가 이론에서 빈번하게 거론되는 보상이론 개념은 여가는 일과 분리시킬 수 없다는 것에서 출발한다. 일을 인생에서 가장 중요한 것으로 여기고, 여가는 직업으로부터 얻는 권태나 흥분을 보상해 주는 것으로 간주한다. 보상이론에서는 작업대에서 반복적이고 단순한 일을 하는 노동자는 귀가 시 고속도로에서 초고속으로 차를 몰고, 술집에서 소란을 피우며, 타인과 시비를 걸고 아내를 구타하는 행동을 보이는 사례가 많다고 본다. 노동자가 이러한 행동을 하는 이유는 폭력적이고 일탈적인 행동이 힘들었던 노동에 대해 스스로 보상을 주는 행동이라 여긴다는 것이다.

이처럼 보상이론에서 여가는 일상작업을 피할 기회가 부여될 때 하는 반대적인 성향의 활동이라고 할 수 있다. 이러한 관점에서 현대 도시인들은 인위적 환경인 콘크리트 건물의 사무실 또는 공장에서 단순 반복적인 작업을 앉아서 하기 때문에 휴일이나 휴가가 되면 보상행동으로 야외로 나가 하이킹, 등산, 낚시, 골프 등과 같은 여가활동을 추구하게 된다고 생각할 수 있다.

(3) 과잉여가이론

과잉여가이론은 노동자가 일을 마치고 귀가하여 소파에 앉아 먹고 마시고, 지친 채 한 채널의 TV를 보며 하는 일에서 벗어난 것처럼 노동에서 지친 정신적 무능력이 여가로 이어지는 것을 말한다. 이 이론에서 기본적인 가정은 여가는 어느 정도 작업활동과 병행된다는 것이다. 일을 잘하는 사람은 여가를 잘 즐기는 경향이 있는 반면에 재미없는 직업을 갖고 있는 사람들은 본질적으로 보상되거나 단조로운 여가행동을 하게 된다.

(4) 친숙성이론

이 이론에서는 사람은 편하고 친숙한 것을 여가에서 즐기려 하기 때문에 친숙성이 여가행동을 설명한다고 가정한다. 친숙성이론에서는 보상이론이나 과잉이론과는 다르게 같은 장소에 반복해서 여가를 즐김으로써 주변 환경이 낯익고, 믿음직스럽고, 편안하다고 느끼는 것으로 본다. 만일 여가가 개인적으로 최고의 상태를 느끼게 하고 있다면 이러한 상태를 만들어 주는 요인들은 친숙한 주변 환경에 있을 것이다. 유사한 예로, 개인이 상처를 입거나 상실감을 느꼈을 때를 관찰해 보면 부정적인 정서를 해소하기 위하여 과거에 편안한 마음을 갖게 한 장소나 사건에 관심을 갖는다는 것을 알 수 있다. 이러한 친숙성이론은 미래 여가행동을 예측할 수 있는 훌륭한 도구일 뿐만 아니라 여가행동 유형에 관해 설명할 수 있는 유익한 자료가 될 수 있다.

(5) 개인공동체이론

이 이론은 많은 사람들의 여가에 영향을 미치거나 결정하는 개인적 공동사회를 강조하기 위해 앞서 언급한 친숙성의 개념을 더욱 확대하였다. 인간은 어떤 집단에 의해 여가를 즐기는 법을 학습하게 되었으며, 여가 행동에 대한 개념은 특별한 집단과 관계되는 감정에 의해 조정된다. 즉, 여가행동의 대부분은 동일연령이나 동일계층에 의해 영향을 받게 된다는 것이다. 이는 여가행동의 사회화의 문제와 같은 맥락에서 이해될 수 있다. 특히 수상스키, 스키, 행글라이딩과 같은 모험스포츠일수록 경험 있는 동료와 동년배 집단에 의해 영향을 받는다. 개인공동체이론에서 보면 전체 사회문제와 심리적 동기는 직장동료와 가족 그리고 친구의 사회적 모임에 의해 재미있게 걸러지고 재조정된다.

(6) 휴식, 오락, 자기개발로서의 여가이론

이 이론에서 여가란 개인이 휴식, 기분전환, 지식확대를 위한 목적으로 마음대로 바꿀 수 있는 행동이며, 매우 사회적이고 개인의 창조적 능력을 필요로 하는 활동으로 본다. 따라서 여가는 자발적이고 기분전환적이며, 정신적, 대인적 기술을 의미한다. 이론을 주장한 뒤마제디에(Dumazedier, 1974)는 여가 자체가 자주 동시에 일어나는 세 가지 기능, 즉 휴식, 오락, 자기개발을 가지고 있기 때문에 이것을 '3부 분발'이라고 하였다. 그는 산업혁명 이후 고대 그리스, 로마, 르네상스시대에 꿈꾸어 보지 못했던 여가의 기회를 즐기고 있다고 보고 이와 같은 여가는 개인의 성장과 자아를 충족시킬 뿐 아니라 풍요로운 삶을 영위함에 있어 하나의 권리라고 했다. 또한 여가의 기능으로서 인성발달과 관련시켜 개인성장에 가장 중요한 여가를 즐긴다는 것은 인간존재에 가장 중요한 것이며, 그 이외의 것은 종속적인 관심사라는 점을 분명히 하기도 했다.

이상의 여가에 대한 관점, 인간의 생활 패턴, 노동에 대한 인식, 주로 관계 맺는 사람 등 다양한 외부환경에 따라 여가의 개념과 여가활동이 달라질 수 있음을 보여 주고 있다. 이렇듯 여가의 개념이 포괄적이고 주관적이기 때문에 여가 문화를 이해하기 위해서는 다양한 사회적 맥락과 인간에 대한 이해를 토대로 이루어져야 한다.

4) 청소년과 여가

청소년의 여가는 청소년에게 요구되는 학업과 구분되는 것이 아니며 청소년이 삶을 살아가는 방식과 같다. 청소년에게 여가는 기성세대나 성인의 압력에서 벗어나 독자적인 자기세계를 구축하여 자기를 발견하며, 자기를 책임져 나갈 수 있는 기회를 갖기 때문에 매우 중요하다고 할 수 있다. 생활의 대부분을 학교에서 보내는 청소년들은 학업과 관련된 발달과업을 수행하고 또래들과 관계를 맺으며 자신의 정체감을 찾아가게 된다. 그러나 학교에서 스스로를 주체적으로 인정하지 못하고, 학교생활에 만족하지 못하는 청소년들은 여가활동을 통해 주체로 참여하면서 자신의 삶을 스스로 통제해 나갈 수 있는 힘을 기를 수 있다(김재원 · 박종섭, 2019).

또한 청소년의 여가는 공부에서 벗어나 휴식을 취하고 기분을 전환하면서 신체력을 향상하고 심리 · 정신적 갈등과 문제를 해소해 나갈 수 있도록 돕는다. 또한 원만한 인간관계를 형성할 수 있게 하고, 연대감과 공동체 의식을 강화시켜 줄 뿐만 아니라 학교생활에서 받는 스트레스와 피로감 및 정서적 불안을 해소시켜 청소년이 안정을 되찾아 새로운 자신감과 의욕을 가지고 자신의 삶을 살아갈 수 있도록 한다. 무엇보다 청소년이 적극적으로 여가활동에 참여하게 될 때 신체 건강, 정서적 안정, 지적 발달에 도움을 줄 수 있다. 이처럼 여가는 청소년의 성장에 건강한 영향을 미치게 되는데 그에 대한 구체적인 내용은 다음과 같다(권일남 · 전명순, 2021).

첫째, 여가는 청소년기 이후의 삶에 영향을 미치게 된다. 청소년기 흥미와 적성을 토대로 형성된 여가는 이후의 성인기와 노인기까지 이어져 삶에 긍정적이거나 부정적인 영향을 미치게 된다. 그러므로 청소년기에 여가를 경험하고 발전시키며 여가에 대한 건강한 가치관을 형성하는 것이 중요하다고 할 수 있다.

둘째, 여가는 청소년들에게 다양한 학습기회를 제공한다. 청소년기에는 다양한 경험을 통해 균형 잡힌 성장을 도모해야 하는데, 학교에서 이루어지는 교과목 중심의 학습에서 다양한 경험을 얻기란 쉽지 않다. 그러므로 여가를 통해 사회의 많은 부분을 경험할 수 있는 기회를 얻는 것이 중요하다.

셋째, 여가는 청소년들의 건전한 인성 형성을 돕는다. 입시 위주의 교육은 획일화된 것을 추구하며 지적인 부분만을 강조한다. 여가활동은 지적인 부분뿐만 아니라 정서적인 부분, 신체적인 부분까지 모두 아우르며 교육과정에서 받는 스트레스를 해소할 수 있는 여지를 마련해 준다. 또한, 타인과 함께하며 인간관계를 맺는 법을 배우게 된다.

넷째, 여가활동을 통해 소질과 특기를 발견하게 된다. 진정으로 자신이 하고 싶은 것을 하는 것이 여가이므로 자신이 하고 싶은 것에 자율적으로 참여하고, 능동적으로 자신의 욕구를 발견해 나감으로써 창의성을 배양하고 자기 발전을 도모하게 된다. 청소년기에 자신의 욕구를 따라 취미를 계발하여 청소년기 이후에 진로와 연결되는 경우도 있다.

이처럼 건전한 여가를 통해 청소년이 균형적인 성장을 하도록 돕고 규칙을 지키고 공정성을 존중하며 타인과 협동하며 지도력을 발휘하고, 자신을 표현할 기회를 가질 수 있다. 따라서 청소년의 올바른 성장을 위해서 건전한 여가활동이 중요한 의미를 가진다.

2 청소년 여가의 실태와 양상

1) 여가의 유형

여가활동은 서로 비슷한 내면적 특성을 가지고 있기 때문에 각 활동 간에 뚜렷한 기준을 구분하기 어렵지만 여가활동 유형에 대한 분류방법은 크게 개념적인 분류방법과 경험적인 분류방법으로 구분하여 접근한다(김송희, 2006).

(1) 개념적 분류

여가활동 유형을 최초로 연구한 카플란(Kaplan, 1960)은 주관적 관점에서 여가활동을 사교활동, 게임과 운동활동, 예술활동, 동적활동, 비동적 활동의 다섯 범주로 분류하였다. 뒤마제디에(1967)도 다섯 가지로 분류하였는데 신체적 활동, 지적 활동, 예술적 활동, 사회적 활동, 실용적 활동으로 구분하였다.

(2) 경험적 분류

여가활동을 분류하는 경험적 분류방법은 분석을 위한 자료의 형태에 따라 참여분석방법과 태도분석방법으로 구분된다. 그러나 이 분류방법은 포괄적이어서 참여분석방법을 참여목적으로, 태도분석방법을 참여방법으로 분류하여 접근하는 것이 이해하기 용이하다. 첫째, 참여목적에 의한 분류방법으로 이현주(1985)의 연구에서 교제를 위한 활동, 자기개발을 위한 활동, 건강유지 · 향상을 위한 활동, 휴식 · 오락을 위한 활동으로 구분하였다(김호순, 2008 재인용). 둘째, 참여방법에 의한 분류방법으로 리치(Ritchie, 1975)는 조사대상이 여가활동의 성격을 판단하는 데 내재한 인식의 차원에 근거를 두고 여가활동 유형을 능동적 · 수동적, 개인적 · 집단적, 수행이 용이한 · 수행이 난해한, 몰입적 · 시간소비적 네 가지 양극 차원으로 분류하였다.

(3) 시간적 이용가치에 따른 분류

개념과 경험적 측면 외에도 여가활동이 개인과 사회에 영향을 미치는 수준을 중심으로 유형을 비교할 수 있다. 내쉬(Nash, 1960)는 여가활동을 시간의 이용가치에 따라 저차원의 여가에서 고차원의 여가에 이르는 여섯 가지로 분류하였다. 첫째, 여가활동 중 가장 바람직한 활동은 타인을 위한 봉사활동이다. 둘째, 창조 및 창작활동에 직접 참여하는 활동이다. 셋째, 운동, 등산 등 적극적 활동에 참여하는 활동이다. 넷째, 타인의 활동이나 작품을 관람 · 감상을 통하여 자신의 감정이 이입되는 활동이다. 다섯째, 여가활동은 사회나 개인을 위해 가치 있는 활동은 아니며 영화, TV, 라디오 등의 관람의 일부가 여기에 속한다. 여섯째, 가장 저차원의 여가활동은 범죄, 약물남용에 의한 약물중독, 알코올중독, 도박 등의 활동으로 개인과 사회에 파괴적인 영향을 미치는 활동을 말한다.

이처럼 여가의 유형에 대한 구분은 다양한 측면에서 분류할 수 있으며, 여가의 유형은 해당 시대의 분위기나 지향하는 가치에 따라서도 달라진다. 디지털 매체가 발달하게 되면 사람들의 여가에 매체를 활용한 여가의 유형이 생기게 되고, 사회적으로 건강과 체험에 대한 관심이 높아지게 되면 캠핑이나 야외활동에 대한 여가활동에 몰입하는 특징을 보이게 된다. 야외활동에 대한 관심이 높아지고, 평생학습에 대한 중요성이 부각되면서 학습형 여가활동도 나타나게 되었는데 이를 포함한 여가활동 유형을 정리하면 다음과 같다(김현기, 2007).

〈표 4-1〉 여가활동의 유형

유형	여가활동
문화 · 예술활동	문화예술 향유를 중심으로 하는 여가활동
스포츠 · 건강활동	건강과 레크리에이션을 목적으로 직접 참여하는 참여중심의 신체적 여가활동
야외 · 관광활동	야외 자연자원을 활용한 활동과 관광을 목적으로 하는 여가활동
취미 · 오락활동	즐거움을 목적으로 하여 개인적인 취미와 오락으로 행하는 여가활동
사회참여활동	지역사회활동 참여, 자원봉사, 종교활동, 동아리활동 등 사회적 교류와 확장을 목표로 하는 여가활동
사이버활동	컴퓨터를 매개로 하여 실시하는 각종 사이버 중심 여가활동
평생학습활동	새로운 지식을 익히기 위해 참여하거나, 새로운 기능을 익히기 위한 활동 중에서 취업을 목적으로 하지 않는 학습중심의 여가활동
휴식활동	개인의 휴식을 위해 실시되는 휴양중심의 여가활동

출처: 김현기(2007).

2) 청소년 여가의 실태

청소년들의 여가생활에 대한 실태를 알아보기 위하여 한국아동 · 청소년데이터아카이브(2022)의 청소년통계의 자료를 토대로 청소년들의 여가활동 시간, 여가활동 내용에 대해 살펴보았으며 구체적인 내용은 다음과 같다.

(1) 여가활동 시간

한국청소년정책연구원(2019)의 아동청소년인권실태조사에 따르면 초 · 중 · 고등학생의 여가활동 시간은 초등학생의 경우 '2시간 이상~3시간 미만'이 20.9%로 가장 많았으며, 다음은 '1시간 이상~2시간 미만' 20%, '5시간 이상' 17.1%, '3시간 이상~4시간 미만' 15.7%, '1시간 미만' 15.4% 순으로 나타났다. 중학생의 경우에는 '1시간 이상~2시간 미만'이 25.9%로 가장 많았고, 다음은 '2시간 이상~3시간 미만' 23.7%, '3시간 이상~4시간 미만' 16.7%, '5시간 이상' 12.2%, '1시간 미만' 11.7% 순으로 확인되었다. 고등학생은 '1시간 이상~2시간 미만' 34.6%, '2시간 이상~3시간 미만' 21.5%, '1시간 미만' 20.6%, '3시간 이상~4시간 미만' 10.6%, '5시간 이상' 7.1% 순으로 확인되었다. 초·중·고등학생 전체로 볼 때 여가활동 시간이 '1시간 이상~2시간 미만'인 경우가 가장 많은 것으로 확인되었다. 개인이 여가를 어떻게 지각하는가에 따라 응답한 시간에 차이가 있을 수 있지만 하루 중 2시간 남짓한 자유 시간은 여유롭고 넉넉하다고 평가하기에는 어려움이 있을 것이다. 또한 이러한 여가 시간은 고등학생으로 연령이 올라갈수록 짧아지는 경향을 보였는데 이는 학업에 대한 비중이 커짐에 따른 결과로 볼 수 있다.

〈표 4-2〉 청소년의 여가활동 시간

학교급	1시간 미만	1시간 이상 2시간 미만	2시간 이상 3시간 미만	3시간 이상 4시간 미만	4시간 이상 5시간 미만	5시간 이상
초등학교	15.4	20	20.9	14.7	10.8	17.1
중학교	11.7	25.9	23.7	16.7	9.9	12.2
고등학교	20.6	34.6	21.5	10.6	5.5	7.1
평균	12.18	20.38	17.02	11.25	7.55	10.35

출처: 한국아동·청소년데이터아카이브(2022).

(2) 여가활동 내용

통계청(2019)의 사회조사에 따르면 13~24세의 청소년들에게 주중 여가활동 내용 중 가장 많은 비율을 차지한 것은 '컴퓨터 게임 및 인터넷 검색'으로 전체 74.4%를 차지하여 가장 많은 것으로 나타났다. 다음은 '휴식활동' 62%, 'TV 및 DVD 시청' 59.5%, '취미·자기개발 활동' 33.2%, '문화 예술 관람' 19%, '스포츠 활동' 13% 순으로 나타났으며, '스포츠 관람', '사회 및 기타활동', '문화 예술 참여', '관광활동'은 6%를 넘지 않는 것으로 확인되었다. 이를 통해 다수의 청소년들이 컴퓨터나 TV 등 디지털 매체를 활용한 여가활동을 하고 있음을 알 수 있었다.

주말·휴일의 여가활동의 경우에도 '컴퓨터 게임 및 인터넷 검색'(67.3%), '휴식활동'(62.4%), 'TV 및 DVD 시청'(51.1%)이 높은 비율을 차지하는 것으로 나타났다. 반면, 주중에 비해 '문화 예술 관람' 활동은 32.1%로 증가하였으며, '사회 및 기타활동', '관광활동'도 10% 이상 경험하는 것으로 나타나 증가하고 있음을 알 수 있었다. 이는 학교에 등교하지 않는 주말이 비교적 시간적 여유가 있어 보다 다양한 활동을 경험하는 것으로 볼 수 있다.

청소년들의 여가활동은 주로 컴퓨터 게임과 인터넷 검색, TV 및 DVD 시청을 하는 것으로 나타났지만 오히려 이들이 하고 싶어 하는 여가활동은 '관광활동'이 58.5%로 가장 높은 것으로 나타났으며, 다음은 '취미·자기개발 활동' 48.8%, '문화 예술 관람' 48.5% 순으로 나타났다. 물론 '컴퓨터 게임 및 인터넷 검색'도 30.2%로 높은 편에 속하기는 했지만 '관광활동'과 '취미·자기개발 활동'을 하고 싶어 하는 청소년들이 50%에 달하는 데 비해 실제 경험하는 청소년들이 부족한 것으로 나타났다. 이를 통해 청소년들이 바라는 여가활동을 수행하기에 현실적인 어려움이 있음을 알 수 있었다.

〈표 4-3〉 청소년의 여가활동 내용

구분	컴퓨터 게임 인터넷 검색	휴식 활동	TV 및 DVD 시청	취미·자기개발 활동	문화 예술 관람	스포츠 활동	스포츠 관람	사회 및 기타 활동	문화 예술 참여	관광 활동
주중	74.4	62	59.5	33.2	19	13	5.1	5.1	4.5	2.2
주말	67.3	62.4	51.1	26.8	32.1	12.2	6.1	10	4.2	10.7
하고 싶은 여가	30.2	27.2	14.2	48.8	48.5	25.4	14.8	8.5	13.2	58.5

출처: 한국아동·청소년데이터아카이브(2022).

3) 청소년 여가활동 양상

건전한 여가선용이 청소년의 인격형성에 필요한 신체적, 심리적, 지적 발달에 영향을 미치고 삶의 질을 향상시킨다는 것에는 의문의 여지가 없으나 청소년의 여가활동에 대해서는 우려의 시각도 존재한다. 다음은 청소년들의 건강한 여가생활을 위해 비판할 수 있는 여가활동에 대한 내용이다(박성미 · 김소영 · 정봉희, 2020).

(1) 부족한 여가시간

우리나라의 청소년들에게는 현실적으로 여가시간이 존재하지 않는다고 볼 수 있다. 국민생활시간조사를 토대로 청소년의 생활시간은 생활필수시간, 노동시간, 학업시간, 여가시간, 이동시간으로 구분된다(이용교, 1998). 이 중 청소년들의 생활시간은 학업시간에 과도하게 치우쳐 있다. 학업시간의 과도함으로 말미암아 생활필수시간이라고 할 수 있는 수면, 식사, 신변잡사를 하는 시간조차도 최소한에 그치고, 여가시간도 크게 제약받고 있으며, '일의 세계'에서도 추방당하고 있다는 것이다. 인간이 일을 통해서 삶을 배운다고 할 때, 청소년은 수입을 위한 일은 물론이거니와 '가사'조차 거의 분담하지 않는 것으로 나타나 일상생활을 통한 학습이 거의 이루어지지 않음을 알 수 있다. 즉, 청소년이 여가로 활용할 수 있는 시간이 매우 짧다는 것이다. 여가를 구성하는 가장 중요한 요소를 예산과 자유 시간으로 볼 때 비노동인구인 청소년에게는 두 요소의 충족이 매우 미흡하다.

(2) 여가활동으로서의 대중매체

여기시간의 부족은 여가활동의 질에 직접적인 영향을 미치게 된다. 시간이 부족하다 보니 개인의 인격형성에 긍정적인 작용을 하거나 사회적으로 권장되는 가치를 실현할 수 있는 활동들을 탐색하고 선택할 수 있는 여건이 되지 않는다. 따라서 청소년들은 짧은 시간 동안 쉽게 접근이 가능한 선택을 하게 되며, 그것이 바로 대중매체이다. 대중매체는 청소년문화에 깊숙이 관여하고 있는데 청소년들이 대중매체에 몰입하는 이유는 가장 쉽게 접근할 수 있고 가장 용이하게 그들의 긴장을 해소할 수 있는 가장 보편적인 방식이기 때문이다(최원기, 2006). 여가의 속성 중 하나가 여가를 즐기는 개인의 주체적 태도라는 점에서 대중매체의 이용은 주체적이라기보다는 이용자를 객체화하는 경향이 있으므로 진정한 의미의 여가활동이라고 보기는 어렵다.

(3) 소비지향적 여가활동

청소년들의 여가활동은 소비지향적이다. 여가의 주체로서 건강한 여가문화를 탐색하고 즐기기보다는 소비적이고 감각적인 놀이에 쉽게 노출되고 있다. 여가에 대한 올바른 지식과 태도를 갖추지 못한 것이 청소년의 책임이라고 할 수는 없으나 청소년은 현실적으로 비노동인구로 경제적 소득이 없음에도 불구하고 성인의 놀이 문화에 편승하고 있는 것이다. 청소년들의 여가활동은 주로 TV 시청, 영화 관람, PC방이나 인터넷으로 게임하기 등으로, 쇼핑이나 술 마시기 등을 여가활동이라고 지각하는 경우도 있다(조아미, 2004). 이것은 우리 청소년들의 여가 실상이 오락 위주의 소비지향적이라는 것을 보여 주는 결과이다.

(4) 문제행동으로서 여가생활

청소년들의 여가시간은 대체로 방과 후 시간과 휴일로 구성되어 있다. 현실적으로 청소년의 여가활동을 위한 제도나 시설, 프로그램이 정립되지 않은 상황에서 청소년에게 주어진 여가시간은 대부분 학교 밖에서 무방비상태로 놓이게 된다. 청소년들이 학교 밖에서 보내는 시간이 많게 되면 문제가 발생할 확률이 높다. 청소년 비행이 주로 여가시간에 일어나고 여가시간이 많을수록 청소년의 비행이 많이 발생할 수 있다는 것이다(김정주, 2002). 이는 청소년의 여가활동에 대한 사회적 관심과 여가교육에 대한 필요성을 잘 보여 주고 있다.

청소년의 바람직한 여가활용은 그들의 인격형성은 물론이고 신체적으로나 정신적 건강, 그리고 공부나 일의 능률 향상을 위한 에너지 축적에 도움을 준다. 그러나 올바른 가치관을 정립하지 못한 상태에서 사회적 관심을 벗어난 여가문화의 확산은 청소년을 노동의욕의 상실과 한탕주의 등 타락된 대중문화로 유인하여 청소년 비행을 야기하는 부정적인 영향을 주기도 한다. 따라서 청소년의 여가활동에 대한 올바른 이해와 지도, 그리고 여가생활 환경에 대한 적극적인 개입이 필요할 것으로 보인다.

3 청소년 여가문화의 과제

앞서 살펴보았듯이 현재 청소년들의 여가생활은 건강한 가치관을 형성하고, 스트레스를 해소하며 주체적인 삶을 살아가는 기회를 제공하기에 많은 한계점들을 가지고 있다. 부족한 여가시간, 대중매체에 의존하고 소비지향적인 여가생활, 일탈적인 문제행동으로 이루어진 여가활동 등 이러한 청소년의 부정적인 여가생활 양상을 개선하기 위한 과제는 다음과 같다(노자은 · 김정민 · 조영미, 2020).

첫째, 적극적인 여가문화 향유 기회를 확대하는 것이다. 여가란 틈나는 시간이 아닌, 인간의 성장과 발달을 지향하는 자유 및 창조적인 시간을 의미한다. 그러나 청소년 여가문화의 실태를 통해 알 수 있듯이 청소년 여가문화에 대한 인식이 확대되지 못하고 있고 여가문화 활동도 TV 시청, 라디오 청취, 게임하기, 영화 관람 등 소극적이고 수동적으로 이루어지고 있다는 것이 현실이다. 이는 가정과 학교 그리고 사회에서 청소년의 여가문화에 대한 모델이나 건전한 여가를 체험할 수 있는 기회가 부족했기 때문으로 보인다. 여가는 청소년의 진로발달과 인지적 · 정의적 학습의 기회가 되며, 다양한 인간관계의 경험을 통해 주체성과 정체성을 확립하는 데 긍정적인 효과가 있으므로 획일적이고 단순한 형태의 여가에서 적극적으로 참여하고 만들어 나가는 여가문화를 향유할 수 있도록 기회를 제공해야 한다. 따라서 청소년이 건전하고 다양하게 여가를 보낼 수 있는 방법 등에 관한 구체적인 정보를 제공하고 여가와 관련한 프로그램을 개발하고 보급할 필요가 있다.

둘째, 가정 내 여가선용의 문화를 개선하는 것이다. 여가를 선용하는 방법을 배우는 기회는 가정에서부터 제공되어야 한다. 여가는 삶의 면면과 분리되어 있지 않으므로 긍정적이고 건전한 여가선용의 문화를 가정생활에서부터 배워야 한다. 그러나 부모나 보호자들은 청소년 여가를 시간을 낭비하는 것으로 인식하기도 한다. 따라서 청소년의 여가를 바라보는 부모나 보호자의 태도가 변화될 필요가 있다. 청소년 시기에 여가가 주는 가치를 이해하고 학업과 학교 밖 활동에 대한 균형을 맞추는 것이 중요하다. 더 나아가 부모가 여가시간을 어떻게 보내느냐에 따라서 자녀의 여가선용 및 그 문화가 긍정적 또는 부정적으로 형성되는 데 영향을 미친다. 따라서 가정 내 여가문화에 대한 지원과 더불어 가족 중심의 여가문화를 향유할 수 있는 기회를 확대해야 한다.

셋째, 진로와 적성에 따른 여가활동 프로그램 운영이 필요하다. 학업이 중시되는 우리나라의 교육풍토로 인해 학교 안에서의 여가활동은 여러 가지 제약이 있으나 방과 후 교육 프로그램 외에도 청소년 스스로 개인의 진로와 적성에 따른 여가 프로그램이 연계될 수 있도록 정책적 지원을 강화할 필요가 있다. 특히 당사자인 청소년의 의견과 생활양식을 고려하여 여가활동이 이루어질 수 있는 토대를 마련해야 한다. 더욱이 여가활동은 정신적 · 신체적 피로를 풀어 주고 새로운 힘을 가지고 생활할 수 있도록 해주기 때문에 학업에서 받는 스트레스와 갈등, 불안 등을 해소할 수 있도록 다양한 학교 여가활동 프로그램이 운영될 필요가 있다.

넷째, 청소년동아리를 활성화할 필요가 있다. 「청소년활동진흥법」에서는 청소년문화활동을 "청소년이 예술 · 스포츠 · 동아리 · 봉사활동 등을 통하여 문화적 감성과 더불어 살아가는 능력을 함양하는 체험활동"으로 정의하고 있다. 이 중 청소년동아리활동은 다양한 영역에서 건전한 또래관계 형성 및 자신의 특기와 소질을 개발할 수 있는 자율적 활동으로 취미나 소질, 가치관 등을 공유하는 청소년 소집단활동이다. 그리고 청소년동아리활동은 구성원 간의 상호작용을 기본으로 하기 때문에 청소년의 여가활동 및 발달에도 큰 도움이 될 수 있다. 청소년들도 개개인의 개별적 차원보다는 청소년들이 좋아하고 공통적으로 공유할 수 있는 것들을 선호한다. 따라서 청소년들이 여가활동을 건강하게 보내기 위한 청소년동아리활동에 대해 보다 확대된 지원책이 마련될 필요가 있으며 학교, 청소년 시설 및 단체 등 지역사회 네트워크를 활용한 동아리활동이 활성화될 수 있도록 노력할 필요가 있다.

다섯째, 청소년의 의견수렴과 여가문화 연구를 확대하는 것이다. 청소년의 건강한 여가문화 확대를 위해서는 청소년 스스로가 자신의 목소리를 내어 청소년의 여가정책에 반영될 수 있도록 해야 한다. 따라서 여가 시설 및 프로그램 수립 시에 청소년이 의견을 개진할 수 있는 공식적인 통로를 제공하고, 청소년 여가문화를 위한 시설도 중요하지만 청소년이 참여할 수 있는 여가문화에 대한 정책적 방향과 내용을 실제적으로 고민하는 청소년 여가문화에 대한 연구가 확대될 필요가 있다.

CHAPTER 05

청소년 소비문화

Chapter 05

청소년 소비문화

1 소비문화의 이해

1) 소비문화의 개념

소비문화의 개념은 매우 복잡하다. 대량생산 시스템의 확산으로 소비사회에도 획기적인 변화가 일어났다. 체계적인 분업 시스템을 갖춘 대규모 공장의 생산 라인에서 대량으로 생산된 제품의 판로를 확장하기 위해 공장에 고용되어 생산에 참여한 노동계급에도 높은 수준의 임금이 지급되었다. 이에 따라 노동자들이 구매력을 갖추게 되었으며 소비의 주체가 신흥부유층에 국한되지 않고 노동자 계급으로 확산되어 자본가뿐 아니라 피고용자들도 소비시장에 편입된 것이다. 대량생산은 대중소비의 발달에 따라 대량유통 시스템이 갖춰지고, 저렴한 가격으로 판매하는 대형 상점과 대형할인매장이 급격하게 증가하였으며, 일반 대중이 소비사회의 주체가 되는 소비사회가 도래했다(천경희 외, 2019)

일반적인 대중의 소득 수준이 높아지고 소비활동을 이끌어 가는 중요한 가치는 물질적으로 풍요로운 삶을 향유하는 것이 되었다. 각종 생활의 편리를 가져다주는 가전제품, 자동차 등을 구비하여 안락한 삶을 영위하고, 더 많이 소유하는 것이 소비생활에 있어서 중요한 가치가 되었다.

소비문화에서 신분제도는 완전히 사라졌으나 소비하는 제품과 서비스는 여전히 사회적 성공을 드러내는 상징이자 사회적 지위의 징표로 작용한다. 현대소비문화는 사회적 소속감을 드러내는 차이로서 소비를 통해 표출되는 생활양식은 자신이 소속된 사회계층이나 사회집단의 사회적 정체성을 나타낸다. 이는 사회적 정체성뿐 아니라 자신의 개성을 드러내고 타인과 자신을 구별 짓는 자기의 정체성을 드러내는 데 있어서도 소비문화를 통해 개성을 표현하고, 자신이 소비하는 소비제품을 통해 적극적으로 구성해낼 수 있다(한성희 · 강이주, 2009).

소비의 선택이 있어서 기능적인 가치보다 사회적 정체성과 자아정체성을 표출하고 구성하는 상징과 기호로서의 사회문화적 가치가 중요해지면서 제품을 구매하는 이유가 그런 것이 없거나 망가지거나 사용가치가 떨어져서가 아니라 서로 다른 상징과 기호의 욕구에 따라 상품에 대한 욕구는 더욱 강렬해지고 소비제품의 교환과 구입은 일상적으로 빈번하게 이루어진다.

소비문화에서 광고는 소비제품의 기호를 부여해 주는 매우 중요한 기재이다. 드라마, 영화에서 간접광고를 포함하여 오늘날 여러 가지 형태의 광고는 제품이 사용되고 소비되는 맥락과 분위기를 연출하여 화려하고, 즐겁고, 행복하거나, 우월하고, 고급스러우면서도, 재미있고, 현대인들의 소비문화를 추구하는 가치를 담아낸다. 이러한 간접광고의 방식은 상품에 스토리를 담아 재미있는 상징과 기호를 입혀서 소비자들에게 소비욕구를 불러일으키고 구매하도록 설득한다. 이에 소비자들이 구매하는 것은 상품 자체라기보다는 광고가 보여 주는 상품의 상징과 스토리라고 할 수 있다. 상징이나 스토리에 대한 소비욕구는 계속 생겨나기 때문에 궁극적으로 소비욕구를 만족시키기에는 불가능하고 결핍감에서 벗어나기 어려운 불안정한 상태에 놓이게 되는 역설이 반복되고 있다(이성림, 2006).

오늘날 우리는 대량생산과 대량소비 시대를 넘어서는 과잉생산, 과잉소비가 일상화된 소비문화에 살고 있다. 이러한 과잉소비문화에서 과시적인 물질주의, 자신의 지위를 나타내는 상징성, 소비문화의 사회적인 가치가 중요하지만, 편리성과 안락함, 자유롭고 쾌락적인 삶을 추구하는 개인주의적 소비가치가 더욱 우세하다. 심리적 안정이나 주관적 행복감과 같은 자신의 내면적인 가치가 소비를 이끌어 간다는 점에서 소비문화가 이전 시기와 다른 새로운 양상으로 전개되고 있다.

다양해지고 풍부해진 공급으로 사회적인 계층과 상관없이 누구나 안락한 생활과 편안한 여가활동을 즐기고 신상품을 구매할 수 있는 고도소비문화에서는 개인적 구매동기가 사회적 지위나 과시보다 중요하게 작용한다는 것이다. 물질을 소유함으로써 사회적 우월감을 드러내고 개인의 사회적 · 경제적 정체성을 보여 주던 과거의 소비방식과는 달리, 다양한 경험과 감각을 느끼고 삶의 질을 향상시키며 젊음과 건강을 유지하는 등 개인의 기대와 취향에 바탕을 둔 자신을 위한 소비, 자신만의 고유한 감각과 행복을 추구하는 것이 선택의 바탕이 되고 있다. 사회적 과시보다 정신적, 감각적이고 관계를 중시하며 재미있고 기분을 전환해 주는 상품에 소비자들은 열광한다. 이제 소비는 즐기고 일상의 생활공간에 작은 기쁨을 느끼며, 스스로에게 보상을 주는 하나의 놀이로서 개인의 삶에 깊숙이 들어와 있다. 이제는 물질적 소비의 일차적인 만족감에서 벗어나 서비스 소비를 포함하여 상징의 소비, 기호의 소비문화로서 소비 자체가 의식과 행동양식을 규정하는 요인이 되었다(한성희 · 강이주, 2009)

2) 소비문화의 특성

소비문화의 특성으로 살펴보면 소비의 목적이 단순한 필요물품이 아니라 자신을 표현하는 자유로운 선택과 물질의 소유로 사회에서의 성공을 나타내는 척도로 인식되는 소비사회(consumer society)로 정의하고 있다(박명희, 2006). 소비는 물질적 소비의 일차적 만족을 벗어나 정신적 소비와 서비스 소비를 포함하며 소비 자체가 의식과 행동양식을 규정하는 요인이 되는 것이다(심영, 2009). 소비문화는 변화하는 사회의 문화적 가치관, 제도, 생산양식, 사용방법 등과 관련되는 사회문화적 행위로 인식될 수 있다(오윤선 · 황인숙, 2016). 소비자는 경제와 사회문화 방식의 발전에 따라 변해 나간다. 따라서 소비문화의 변화는 개별 소비자의 소비행동으로 출발하며 그 변화의 방법도 다양하다.

골목 상권 깊숙이 파고드는 패스트푸드점을 비롯한 커피점이 늘어나고 있고 인터넷 쇼핑몰은 팽창하고 있다. 소비자가 소비하는 장소가 다양화되면서 소비는 한없이 증가한다. 이러한 소비수단이 장소의 의미를 벗어난 인터넷 또는 홈쇼핑 등은 스마트폰 같은 미디어를 이용해 시간과 장소에 구애받지 않는 소비의 특성을 지닌다. 소비자들은 소비주의로 물질주의에 바탕을 두고 있으며, 상징성이 강조되는 측면에서 더 강화된 물질주의라고 할 수 있다. 이러한 소비사회의 소비문화는 '소비를 위한 소비'라고 표현할 수 있다(박선정, 2006).

한편 소비문화 특성의 문제점으로는 소비의 욕망과 관련된 욕구, 욕구의 불만족, 자아정체성, 환경문제 등이 있다.

(1) 욕구

미디어광고에서 흘러나오는 끝없는 선전 등에 의해 소비자들은 새로운 구매 욕구를 가지게 된다. 이러한 욕구는 자신 또는 타인이 가지고 있는 상품을 꼭 구매해야 되는 강력한 욕구이다. 이러한 욕구는 충동구매로 이어지고 구매를 하지 않아도 되는 상품을 구매함으로써 자주적인 욕구로 구매하기보다 타인에 의한 구매로 이어진다. 이러한 구매는 생산자의 선전, 광고로 인해 조작되고 왜곡된 욕구라고 할 수 있다.

(2) 욕구 불만족

선전 또는 광고로 조작된 욕구는 상품의 이미지로서만 경험되고, 충족되기 때문에 여기에는 우리가 당연히 여기는 상품에 대한 욕구, 상품이 제공하는 만족은 허구적인 욕구만족이라는 것이다(Baudrillard, 1991: 천경희 외, 2019)

행복함을 극대화한 연출의 광고는 소비자가 단순한 물품구매의 소비 형태에서 상품의 소비를 통해 행복이라는 이미지를 함께 소비할 수 있다. 그러나 광고가 보여 주는 아름다움에 이끌려 상품을 소비한다 하더라도, 소비자의 입장에서는 원하는 것과 실제 상황, 상상과 현실, 기대와 불일치되는 결과를 낳게 된다. 다른 하나의 욕구가 생겨나고 결핍감을 느끼게 되어 욕구의 불만족으로 남게 된다.

(3) 자아정체성

소비의 중요한 기능은 개인의 소비재의 이미지나 상징을 사용하여 개성과 자아정체성을 표현하는 것이다. 즐기고, 먹고, 입고, 여행하는 것 등의 소비는 자신의 존재를 구성하는 요소이다. 대중매체에서 나타나는 다양한 재능, 매력 등은 실제가 아닌 허구의 모습이지만 이러한 광고문화로 자신의 정체성과 나를 표현하는 수단이 가능해짐으로써 자아는 실제의 나와 동떨어진 다른 자신으로 꾸며지는 자아로 조작화되어 버렸다(이성림, 2006). 현실에서의 자아와 이미지, 광고 등에 연출을 통해서 만들어 가는 과정에서 대중매체가 보여 주고 칭찬하는 기준이 강력하게 작용하는 현실에서 자기 자신에 대한 불만족이 팽배해질 우려가 있다.

(4) 환경문제

인간의 끊임없는 소비의 욕구에서 과도한 생산과 소비를 유도한 만들어지는 이미지와 과도한 생산은 물질적인 낭비를 초래한다. 이러한 과소비는 무분별한 생산과 소비를 부축이며 결국은 환경을 오염시키며 지구온난화를 촉진하는 심각한 환경문제를 유발한다. 지금과 같은 속도로 소비와 생산이 지속된다면 지구상에 존재하는 화석연료는 급속히 고갈되고 생태계가 미래 세대의 요구를 충족시킬 여력이 충분하지 못할 정도로 환경문제가 심각하게 진행되고 있다.

2 청소년의 소비문화

1) 청소년 소비문화의 개념

대중소비사회의 진전과 더불어 청소년이 소비의 주요 주체로 등장하고 있다. 청소년들은 자아에 대한 기대와 실제 자아와의 차이, 미래에 대한 불확실한 전망 등을 인지하고 정서적으로 불안감을 느끼게 된다. 이러한 특징은 소비문화에 반영되어 미숙하고 충동적인 비합리적인 소비행동을 하기 쉽다. 또한 디지털문화에 익숙한 세대인 청소년은 텍스트보다 이미지에 익숙하고 시각적 표현으로 자신의 감정을 표현하기도 한다(노용오, 2005)

청소년 시기는 소비문화가 가장 활발하게 이루어지는 시기이므로 이 시기의 정상적인 소비자역할이 성인기까지 이어진다는 점에서 청소년의 바람직한 소비자 교육은 중요한 의미를 가진다. 특히 소득수준이 향상되면서 청소년 소비자의 자유재량소비액이 증가하게 되었고 부모로부터 독립하여 독자적인 소비자행동을 하는 경향이 증가되고 있다는 점에서 과거에 비해 그 중요성이 크게 되었다(이은희 · 남수정, 2004).

오늘날 청소년은 기성세대와 달리 출생 직후부터 물질적 경제적 풍요를 향유하며 성장하는 세대이다. 특히 우리나라 청소년들은 유년시절부터 인터넷문화를 더 쉽게 접하며 더 많은 정보와 문화를 빠르게 습득하여 자신을 표현하는 개성적인 소비형태를 보인다. 청소년들의 생활양식은 물질적인 것에 강하게 집착하며 높은 가치를 부여하고 연예인이나 광고에 나오는 상류계층의 과시소비문화를 모방하는 경향을 보이며 즉흥적이고 충동적이다. 청소년기에 있는 이들은 시공간을 벽이 없는 인터넷이나 스마트폰 등으로 소통하며 대중매체의 영향을 강하게 받고 있다. 이런 청소년 소비자는 대중매체에서 나오는 광고를 바르게 이해하고 식별할 수 있는 광고 판별능력이 낮다. 소비자의 측면에서는 혁신적인 성향이 강하며 인기 연예인이나 부유한 기성세대를 무작정 따라 하고 또래친구들이 갖고 있는 최신 유행의 신발, 옷, 가방, 휴대폰 등을 가지고 싶어 하는 욕망이 강하게 내재되어 있다(이은희 · 남수정, 2004).

2) 청소년 소비문화의 특성

청소년 소비문화는 성인 소비문화와 다르게 무분별하고 무계획적인 특성을 보인다. 또한 화폐의 가치에 대한 이해 부족과 개인적인 용돈 사용 등, 소비와 자신의 선호에 대한 이해 부족으로 바람직하지 못한 소비형태를 보이고 있다. 이 시기의 소비자는 정서적으로 불안정한 자아개념의 미확립으로 인해 상품의 실용적 가치를 고려한 구매보다 충동적인 구매를 하기 쉽고 자신을 과시하는 소비성향을 나타낸다. 성인 또한 일상적 삶 속에서 과시적으로 살아가는 모습을 쉽게 찾아볼 수 있다. 과시적 여가, 과시적 여행, 과시적 소비를 비난하면서도 남에게 보이기 위한 과시적 행태로부터 자유로울 수 없다.

청소년기에는 자신의 외모와 패션에 대한 관심으로 또래집단, 대중매체, 광고의 영향을 쉽게 받는다. 따라서 상품을 선택할 때 또래집단이 선호하는 제품이거나 대중매체에서 연예인이 입고 있는 것과 같은 옷을 구매하려는 성향이 높다. 이러한 형태의 청소년 소비문화의 특성은 동조소비, 모방소비, 경쟁적 소비문화를 촉진하는 계기로 나타난다. 물질적으로 풍요로워진 소비문화 속에서 과거와 다른 소비문화를 갖게 되었다. 자신이 선호하는 제품이나 서비스를 소비할 수 있는 자유재량 소득규모가 과거에 비해 증가하였고 용돈의 규모가 증가함에 따라 소비영역이 보다 확대되었다. 뿐만 아니라 자녀 수의 감소와 핵가족화로 청소년의 소비에 대한 의사결정과정에서도 지위와 영향력이 높아졌다. 청소년의 소비문화의 특성을 반영하여 기업에서도 이러한 청소년의 선호도에 따라 생산의 방향을 결정할 정도로 청소년이 형성하는 시장에 상당한 관심을 가지고 있다(오태희, 2006).

현대소비문화를 특징짓는 물질주의는 재화의 소유, 축적, 쾌락적 소비에 대한 강한 욕망, 행복과 성공을 위한 물질의 소유와 화폐의 가치, 물질적 소유가 삶의 중심이 되며 삶의 만족과 불만족을 초래하는 가장 큰 원천이라는 믿음으로 정의할 수 있다(최순종, 2004).

이러한 물질주의의 특성은 청소년 소비문화의 특성으로 연결되어 있다. 자신의 삶의 가치를 물질로 보고 물질의 획득 자체가 중요한 의미를 지니며, 삶을 구성하고 행동을 결정짓는다. 물질의 획득을 통해 행복을 추구(happiness)하고 물질의 소유를 통하여 삶의 성공(success) 여부를 판단한다. 청소년 스스로가 자신의 물질획득과 소비수준이 또래와 자신을 비교해 주관적 행복을 판단하는 기준이 된다. 즉, 물질주의는 물질적 소유를 통해 삶이 행복해질 수 있다는 믿음이라고 할 수 있다. 그러나 여러 연구에 따르면 물질주의 성향이 높을수록 주관적 행복감이 낮을 뿐 아니라 자존감이 낮고 외로움과 불안 수준이 높다는 일관된 연구결과를 보고하고 있다.

우리는 일상생활에서 많은 것을 구매하여 소비한다. 물건뿐 아니라 영화, 음악, 병원 서비스, 배달 서비스, 교통 서비스, 메타버스를 통한 구매 등 상품의 형태로 구매되어 소비되고 있다. 물질적인 상품이라 하더라도 우리는 이를 물질적인 목적(예: 영양을 공급하기 위해 음식을 먹는 것이나 몸을 보호하기 위해 옷을 입는 것 등)으로만 소비하는 것이 아니고 상품에 내재하여 있는 의미를 동시에 소비한다. 소비는 자신의 세계관을 인지하고 표현하는 매개 역할을 한다. 이러한 의미를 지닌 재화를 통해 청소년은 자기를 표현하고 상호 간에 의미를 전달하기도 한다. 청소년 소비자들은 재화의 기능적 사용을 넘어 자아정체성의 전달 수단 및 의사소통 수단으로서의 소비를 하며 이러한 소비문화를 상징적 소비라고 한다. 현대 청소년 소비문화의 특성은 소비 자체의 필요성 보다 어떤 상징성을 가지고 있는 상징적 소비가 높게 나타나고 있다.

한편 소비주의는 제품 구입을 통해 만족을 추구하고 소비욕구의 만족을 목적이나 의무처럼 생각하는 태도를 의미한다. 소비주의는 삶의 목표로 재화의 소유와 소비가 중요하게 인식되는 배경에서 가능하다고 지적하고 있다. 청소년들은 소비를 통해 자신들의 개성이나 사회적 지위를 보여 줄 수 있고 또한 자신이 갖고 있던 욕망이나 꿈을 실현하기도 한다(손성희, 1997). 대량생산의 발달과 빠른 운송수단 및 매체의 발달, 그리고 인터넷의 발달로 인해 이제 세계는 하나의 거대한 시장으로 변해 가고 있다. 또한 가상세계의 메타버스 발달은 청소년의 또 다른 소비문화로 떠오르고 있다.

3) 청소년 소비문화의 요인

(1) 기성세대의 소비형태

청소년들의 소비생활은 부모 등의 소비형태에 가장 큰 영향을 받고 있기 때문에 이들의 지나친 소비풍조도 부모를 포함한 기성세대의 무분별한 소비를 그대로 답습한 결과라 볼 수 있다. 무분별한 외제품의 선호는 부모를 비롯한 기성세대들이 궁핍한 시대를 살면서 외제품에 대한 환상이 여전히 존재하고 있는 것으로 볼 수 있고, 그 영향이 청소년들에게 부자들 식견이 이식된 것으로 볼 수 있다.

청소년들의 용돈관리가 부실하거나 절약정신이 부족한 것도 부모 등 기성세대의 관심 부족에 연유하고 있다. 입시위주의 교육 풍토하에서 청소년들의 충동 · 과시 · 모방적 소비행태에 대하여 기성세대의 적절한 체계가 없기 때문이다. 더욱이 핵가족화를 넘어 맞벌이 세대가 보편화되고 있는 여건에 비추어 볼 때 이들의 소비행태가 크게 바뀌고 있으며, 자라나는 청소년들에게 직 · 간접적인 영향을 미칠 것으로 전망된다.

(2) 미디어의 영향

TV를 통해 방영되는 자극적인 광고가 청소년들의 충동적이고 과시적인 소비형태를 조장하고 있다. 예능프로는 물론이고 드라마, 토크 쇼에 이르기까지 대부분 청소년 취향에 맞춰 제작된다고 한다. 따라서 10대의 감각에 맞춰 유행의 첨단을 달리는 화려한 의상, 호화스러운 외제 승용차, 최고급 실내장식 등으로 10대를 자극한다.

대중문화에서 소비성향이 강한 나이 어린 학생들은 모방심이 강하기 때문에 광고에 나오는 어설픈 말씨를 흉내 내거나 비교육적 행위 등을 무의식중에 그대로 받아들여 학생들의 정서발달에도 부정적인 영향을 끼칠 수 있음을 경계해야 한다. 또한 자극적인 광고는 사고 싶은 것은 다 가져야 하는 이기적이고 자제력이 부족한 아이로 성장기를 보내게 한다. 심지어 부모가 경제력이 있으면서도 사 주지 않는 것을 자신에 대한 사랑 부족으로 오해하는 학생마저 생기고 있다.

(3) 청소년 생활주변 환경

학교 주변에 산재해 있는 문방구, 슈퍼마켓 등 상점들은 수익이 높은 고가품과 외제품을 전시 · 판매함으로써 학생들의 불필요한 구매 욕구를 충동질하고 있다. 또한 교육 및 보건위생에 유해한 학교 주변의 불량업소들도 청소년들의 건전치 못한 소비를 조장하고 있다. 게다가 건전한 소비문화를 만들어 갈 공간도 크게 부족하다.

「학교보건법 및 시행령」 규정에 의하면 학교 출입문에서 직선거리로 200m 이내의 정화구역에서는 학생들에게 유해한 업소의 설치가 금지되어 있다. 그러나 정화구역 내 여전히 많은 유해업소가 존재하고 있어 불건전한 소비의 온상이 되고 있음을 지적하고 있다. 맞벌이 부부가 늘고 여성의 사회활동이 점차 확대되면서 학교 주변의 이 학원 저 학원을 옮겨 다니는 어린 학생들이 많아지고 있다. 이들은 학교 주변의 불건전한 환경에 그만큼 노출될 가능성이 커졌음을 의미한다.

(4) 또래집단

청소년 소비자는 또래집단의 영향을 받는다. 청소년 소비자는 부모와 의사소통보다 또래집단의 소통이 상대적으로 증가함으로 물품 구매에 있어서 부모의 영향보다 또래집단의 영향을 많이 받는다. 이러한 소비의 형태는 또래집단으로부터 물질주의적이고 현시적인 소비성향을 학습하는 것이다. 청소년기에 중요한 또래집단의 영향은 헤어스타일부터 의복, 액세서리를 모방한 소비행동을 하게 된다. 이처럼 청소년 소비자에게 또래집단은 그들의 소비에 상당한 영향을 미치는 중요한 준거집단이 된다. 소비에 영향을 미치는 또 다른 준거 집단은 연예인으로, 대중매체 속의 스타 모습을 보고 유행의 정보를 얻고 모방한다.

3 청소년의 윤리적 소비

현대의 소비문화는 자신의 존재나 이상에 투자함으로써 행복을 추구하고 있다. 경제적으로 풍요로워질수록 개인의 소비욕구도 커지고, 또한 한 가지 욕구가 충족되면 다시 새로운 욕구가 이어서 생겨나기 때문에 소비욕구는 소비를 하면 할수록 더 증가하는 성질이 있다. 결국 풍요로운 시대에 지속적으로 생성되는 소비욕구를 충족시키는 것은 불가능하다고 할 수 있다. 소비의 획득의 기쁨은 또 다른 소비의 욕구로 이어져 결국은 좌절과 결핍감을 안겨 주고 욕구가 커질수록 실망과 불만족이 깊어질 수밖에 없다. 이러한 소비문화의 욕구에 대한 비판과 문제점은 소비욕망과 획득한 상품의 상징성에 의존하는 자아에 대한 성찰에 기반을 두고 있다.

1) 책임 있는 소비

끝없는 소비욕망과 관련된 문제점은 상품을 획득해야만 된다는 욕구인데, 상품에 대한 욕망은 매체의 마케팅을 포함한 여러 가지 상업적인 기획을 통해 인위적으로 창출된다. 광고와 매체가 지속적으로 새로운 구매욕을 자극하는 현실에서 청소년 소비자의 자주적이고 실존적인 욕망에 따른 것이 아니라 상품의 광고, 매체 등에 의해 이루어진 왜곡된 욕망이라고 할 수 있다. 하지만 불안정한 시기의 청소년 소비자는 이러한 조작된 매체 속에서 타인과 자신을 비교하며 상품을 획득하기 위한 과한 욕망을 위해 자신을 비관하거나 범죄에 노출되기도 한다.

소비욕망은 상품이 가지고 있는 이미지로서만 경험되고, 충족되기 때문에 소비문화

비판론자들에 따르면 우리가 당연히 여기는 상품에 대한 욕구, 상품에 제공하는 만족은 허구적인 욕구 만족이라는 것이다(이성림, 2006).

물질적으로 풍부한 상품을 획득했다고 해서 행복해지는 것은 아니다. 청소년기에는 타인과 비교하고 집단에서 같은 상품 획득을 통해 가지는 또래문화가 소비문화에 영향을 미친다. 이러한 청소년 소비문화에 대한 교육을 보면 시민의 권리, 민주시민으로서의 소비자, 환경문제와 소비생활 등 7차 교육과정에서도 다양한 소비교육이 이루어지고 있음을 알 수 있다.

〈표 5-1〉 7차 교육과정에서 다루어진 소비자교육 내용

중학교	자발적 참여와 종사에서 시민단체의 소개, 경제성장과 소비문화, 합리적인 소비문화, 깨끗한 부의 추구	도덕	신소비문화창조 및 소비자 시민성에 관련된 내용
	청소년기의 특성과 청소년문화, 공동체와 시민의 권리와, 민주시민으로서의 소비자, 시장경제의 이해, 지구촌과 국제협력	사회	시장경제의 이해 및 소비자 시민성
	의복 마련과 관리, 자원의 관리와 활용, 나의 소비생활, 가족의 식품구입과 평가	기술 · 가정	합리적 구매, 소비생활 전반에 대한 부분 포함
고등학교	청소년 문제와 청소년문화	도덕	신소비문화
	경제발전과 경제윤리, 삶의 설계와 직업선택	시민윤리	시장경제의 이해
	환경문제와 소비생활, 나의 생활설계	사회	시장경제의 이해
	가정생활과 소비생활, 나의 생활설계	기술 · 가정	전반적인 종합
	경제생활의 이해와 경제문제 해결, 시장과 경제활동, 경제주체의 합리적 선택, 세계와 한국경제	경제 (심화선택)	시장경제의 이해
	가정자원 관리, 가정경제의 설계, 정보화 사회의 소비자주권과 책임, 식생활, 의생활, 주생활	가정과학 (심화선택)	전반적인 종합

출처: 백순영 · 이은희 · 김시월(2008: 23).

중학교 과정에서는 합리적인 소비문화와 깨끗한 부의 추구로 신소비문화를 창조하고 소비자 시민성에 관련된 교육을 하고 있다. 또한 합리적인 구매, 소비 생활전반에 대한 자원 관리와 활용 등에 관한 교육이 7차 교육과정에 명시되어 있다. 고등학교 교육과정에서도 시장경제의 이해와 소비자의 책임, 정보와 소비자의 주권에 관한 내용을 담고 있다. 청소년기에 잘못 인식된 소비교육은 성인이 되어 과시소비, 물질주의, 상징소비, 소비주의로 끊임없는 소비를 요구하여 과도한 생산과 소비를 유도할 수 있다. 이러한 소비의 형태는 물질적인 낭비를 초래하고, 결국은 환경을 오염시키며 지구온난화를 촉진하는 심각한 환경문제를 유발한다. 지금과 같은 속도로 소비를 지속한다면 지구상에 존재하는 화석연료는 급속히 고갈되고 생태계가 미래 세대의 요구를 충족시킬 여력이 충분하지 못할 정도로 환경문제가 심각하게 진행되고 있다. 이러한 소비문화는 청소년에게도 심각한 물질과 자본주의에 대한 사회적인 문제로, 건전하고 책임있는 착한 소비문화의 공감대가 필요하다.

시장경제가 전 세계로 확장된 상황에서 기업은 지속적으로 이윤을 증가시키고 생산비용을 절감하기 위하여 개도국으로 생산 기반을 옮기면서까지 생산에 투입되는 노동력 비용을 최소한으로 낮추도록 하는 한편, 기꺼이 높은 임금을 지불하며 혁신을 이끌어 낼 능력 있는 인재를 끌어오는 데 주력한다. 이러한 환경 속에 소득의 불균형이 심각한 상황을 초래하는 한편, 소득과 부의 불평등의 심화는 오늘날 매우 심각한 사회경제문제로 대두되고 있으며 청소년의 소비문화에도 영향을 미친다(소영하 · 한유진, 2013).

한편 모바일 통신과 디지털의 지속적인 혁신은 공유경제와 같은 새로운 경제모델을 등장시키고 있다. 운전이 필요한 사람과 운전을 해 줄 수 있는 사람을 연결시키는 우버는 차가 없는 택시회사이며, 사람들 사이를 연결하여 생각과 정보를 생산하고 공유할 수 있는 장을 제공하는 페이스북은 풍부한 미디어를 보유하고 있지만 아무런 콘텐츠를 만들지 않는다. 사고자 하는 사람과 팔고자 하는 사람 사이를 중계해 주는 세계규모의 소매업체인 알리바바는 재고 물품이 없다(김건우, 2016).

이와 같은 공유경제모델을 통해 소비자는 사업을 운영하는 자본이나 인력이 풍부하지 않아도 수익과 가치를 창출하는 생산에 참여할 수 있게 되었고, 소비자의 역할에도 변화가 일어나고 있다. 공유경제모델은 청소년 중심의 사회적 협동조합에서도 나타나고 있다. 학교매점을 운영하며 의사결정권을 가지고 물품에 대한 가치를 나누고 착한 소비를 위한 지역에 있는 생산품, 친환경 로컬푸드 등 구매부터 판매까지 착한소비문화 경험은 청년이 되고 성인이 되어서도 꼼꼼한 소비, 똑똑한 소비로 이어질 것이다.

2) 윤리적 소비

2007년 2월 발표된 유엔정부간기후변화위원회(IPCC) 4차 과학분화보고서에서 현재 기후변화는 지구온난화로 진행되고 있음을 확인하였다. 현재의 기후변화는 지난 만 년에 걸쳐 나타나는 변화의 속도보다는 빠를 뿐만 아니라, 시간이 지날수록 더욱 급속도로 진전될 것으로 예상된다. 지구온난화의 주요 요인은 소비와 연관이 있는데, 모든 생산과 소비에 동반되는 화석연료의 사용에 따른 이산화탄소 배출이 주된 원인이기 때문이다. 지구온난화는 전 세계 모두에게 심각한 문제를 초래한다. 해마다 일어나는 태풍의 위력은 점점 더 강해져 수많은 인명과 재산을 앗아 가고 있는 반면에 이와 상반된 가뭄이 다발적으로 일어나는 현상들은 지구온난화에 따른 기후변화와 관련이 있다. 지구온난화에 따른 문제를 정리하면 다음과 같다(한국대기환경학회, 2011).

첫째, 기온 상승과 더불어 폭우, 폭설, 가뭄, 한파, 폭염과 같은 이상 기상현상이 더 빈번해지고 더욱 강력해진다. 둘째, 온도 상승에 따라 물이 팽창하고, 육지의 빙하, 만년설, 그린란드와 남극지방의 빙상 등이 녹아 해수면이 상승하게 되는데, 해수면이 상승하면 고도가 낮은 태평양 섬과 항구, 해안 농경지와 주택 등이 침수되어 세계적으로

8천만 명 이상이 삶의 터전을 잃고 이주해야 할 것으로 예측되고 있다. 셋째, 기온 상승은 산림분포지역과 생태계의 변화를 초래한다. 세계의 곡창지대로 알려진 지역에서 강수량이 감소하고 병충해가 증가하여 식량 생산이 감소하는 한편, 기후변화는 인간, 가축, 농작물 등에 전염병이 쉽게 발생하고 세계로 확산되어 인류의 생명을 위협하는 피해가 증가할 것으로 예상되고 있다. 과학계에서는 조류독감, 메르스, 현재 일어나고 있는 코로나19 같은 전염병이 발생하고 전파되는 빈도가 잦아지는 현상도 기후변화 때문이라고 설명하고 있다.

이러한 기후변화는 상품을 판매하기 위해 이동하면서 생겨나는 이산화탄소 배출과 모든 소비형태의 수단과 생산에 활용되는 화석연료가 주요 원인이 된다. 이산화탄소 배출을 줄이고 회복할 수 있는 지구를 만들기 위해 이제 소비문화는 새로운 패러다임으로 전환해야 되는 시점이다. 지역상품과 지역의 상권을 살리는 착한소비문화를 형성하고 이제 내가 구매하는 상품의 기업에 대한 윤리적 가치를 생각해야 된다. 기업의 윤리적 가치는 기업 경영에 있어 추구하는 가치와 노동자에 대한 처우, 최저임금 수준을 고려한 윤리경영을 실천하고 있는 기업을 선택하는 윤리적 소비문화를 실천해야 한다. 세계화로 인해 소비생활의 사회적 · 정치적 · 문화적 환경이 변화되었으며, 대량생산과 대량소비로 인한 자원 고갈과 환경오염, 지구온난화로 자연생태환경이 변화하고 있다. 이러한 환경 변화로 인해 소비자 개개인은 자신의 만족을 추구하는 선택만이 아니라 자신의 선택이 전 지구촌의 사회, 경제, 문화, 정치, 자원생태 등에 어떠한 영향을 주는지를 인식하는 책임 있는 행동을 하도록 요구받고 있다. 즉, 현대사회의 지속가능한 발전(Sustainable Development)을 실현하기 위한 지속가능한 소비(Sustainable Consumption)는 인간의 욕구 충족을 수용하고 자원 이용을 최소화하거나 환경파괴를 최소화할 것을 인식하여, 미래 세대의 욕구충족을 저해하지 않는 소비를 추구하는 것이 요구되고 있다(송인숙 · 천경희, 2016).

한편 청소년의 윤리적 소비문화에는 크게 두 가지 영역으로 설명 할 수 있다. 지구적 관점으로 구매하기 위한 구매운동과 불매운동으로 선택적 소비를 해야 한다.

① 구매운동

구매운동이란 소비자들이 윤리적 제품, 즉 사람과 동물, 환경에 해를 끼치지 않고 만들어 낸 물건을 적극적으로 구매함으로써 윤리적 소비를 하는 것이다. 친환경 제품이나 공정무역 제품, 로컬상품, 사회적 기업이나 사회적 경제기업의 제품을 적극적으로 사서 쓰고자 하는 것으로 소비의 화폐로 제품을 생산하는 기업을 선택하는 것이다. 이러한 구매운동은 기업의 사회적 책임에 대한 소비자들의 인식이 높아지고, 기업의 활동이 다른 사람들과 지구환경에 어떤 영향을 미치는지 관심을 갖게 되었기 때문이다. 또한 블로그, 카페, SNS 등 소셜미디어를 통해 사회적 이슈에 대한 문제제기 및 정보공유와 해결을 촉구하는 사회적 · 공동체적 시민의식이 한층 강화되고 있기 때문이다.

② 불매운동

불매운동이란 소비자가 경제문제, 정치적 · 윤리적 문제 등을 해결하기 위해서 특정한 제품이나 기업, 정부 등에 대하여 자발적으로 구매를 포기하거나, 다른 제품을 구매하는 사적 행동, 그리고 타인으로 하여금 동참하도록 홍보 · 호소 · 설득하는 공적 행동을 포함한 총체적 행위라고 정의할 수 있다(천경희 외, 2019).

불매운동은 단순히 소비자가 소비행위를 할 때 개인의 경제적 이익을 위해 가격과 품질을 고려하여 소비하는 행위일 수 있지만, 넓은 의미에서 보면 환경적 · 사회적 · 정치적 이유에서 불매운동을 하는 경우 윤리적인 소비의 범주에 포함될 수 있다. 윤리적 소비는 개인의 편익보다는 윤리적 가치판단으로 상품이나 서비스를 구매 또는 비구매하는 행위이므로 불매운동은 윤리적 소비의 한 형태가 될 수 있다.

4 청소년의 소비성장

오늘날 소비문화에 대해 다양한 개인의 취향, 매체에 의한 타인과의 비교에서 자신의 우월성을 나타내는 획득의 이미, 삶의 안락함과 편안함을 위한 도구이며 좀 더 풍요로움을 누리기 위한 인간의 욕구의 만족 등 다양한 개념들을 살펴보았다. 우리는 어떤 소비문화를 미래 세대에게 물려줘야 되는가? 기업의 도덕성은 바닥에 떨어져 있고 이윤만 추구하는 기업이라 할지라도 편안함과 안락함만 생각하며 구매를 하게 된다면 그것은 자신의 욕구만 만족하면 된다는 이기심에서 비롯된다(이은희 · 남수정, 2004).

바람직하고 건전한 소비문화를 만들기 위해서는 자신의 욕구를 정확하게 파악하고 구매하려는 상품의 정보를 충분히 알아본 뒤 주어진 예산 범위 내에서 계획을 짜서 가장 효용 높은 제품을 구매하는 것이며 이러한 소비문화를 합리적인 소비라고 정의해왔다. 하지만 오늘날 기후변화로 심각한 환경문제가 대두되고 있는 상황에서 소비자가 사회와 환경에 미치는 영향을 고려한 소비문화가 요구되고 있다. 국제네트워크(Global Footprint Network, GFN)는 "지속가능한 생태환경을 위해서는 우리가 지구에서 살아가는 방식을 완전히 고쳐야만 가능하다"고 강조하고 있다(천경희 외, 2019).

1) 녹색소비

녹색소비는 대중들에게 가장 많이 알려지고 실천되는 소비문화이며 윤리적 소비의 일부이다. 윤리적 소비의 범위로 볼 때 녹색소비는 미래 세대를 위한 자원의 분배를 할 수 있는 지속가능한 소비의 책임을 실천하는 행동으로 인간과 자연이 조화롭게 살아가자는 것이다. 지구온난화와 무분별한 개발로 인한 자연 파괴, 각종 환경오염과 같은 환경문제가 심각해지면서 생산자와 소비자도 책임 있는 소비가 요구되는 실정이다. 환경오염에 대한 문제인식과 환경에 대한 중요성에 많은 사람들의 동의를 얻으면서 녹색소비는 세계 여러 나라에서 관심을 가지고 실천하고 있다(심영, 2009).

녹색소비는 기후변화와 생태계에 대한 소비자로서의 이해와 인식을 증폭시키고 그것을 실천으로 이어져 소비문화를 변화시키는 데 그 목적이 있다. 나아가 이를 통해 정부와 기업이 친환경 생산과 정책변화를 촉진하도록 유도하고자 하는 것이다. 청소년의 소비문화를 친환경적 녹색소비로 변화한다면 다음과 같은 성과를 이룰 수 있을 것이다.

① 시장 중심적 소비문화에서 친환경적 소비문화를 지향하는 사회를 조성할 수 있다. 청소년 한 명이 구매한 녹색소비의 실천은 함께하는 이웃과 지역사회와의 상호 존중, 신뢰 회복을 통해 지속가능한 소비문화로 사회적 가치를 공유하고 협력할 수 있다.

② 청소년들의 녹색소비는 정부와 기업의 변화를 이끌어 올 수 있다. 현대 청소년들은 기업의 소비 마케팅에서 빼놓을 수 없는 우수한 고객이다. 이러한 고객인 청소년이 실천하는 녹색소비문화는 친환경을 지향하는 기업으로 녹색환경에 투자하고 환경적 기업을 운영하고자 노력하게 될 것이다. 정부의 정책변화 또한 기업의 경영에 대한 전반적인 변화를 이끌어 올 수 있다.

③ 청소년들의 욕구를 충족할 수 있는 보다 친환경적이고 지속가능한 환경으로 변화하게 될 것이다. 소비는 개인의 욕구에서 시작되는 행동이지만 그 행동의 결과는 개인에 머물지 않고 생산, 환경 등 사회 전반에 영향을 미치게 된다.

2) 로컬소비

로컬소비란 세계화와 시장자유화로 인해 나타나는 다양한 문제를 극복하기 위한 소비문화를 통해 삶의 양식의 변화를 도모한 소비문화활동이다. 로컬소비는 지역의 제품을 그 지역의 주민이 소비하는 것이며, 지역공동체와 함께 연대하여 지역의 재화와 서비스를 구입함으로써 지역경제를 발전시킨다. 또한 생산품의 이동을 최소화하면서 이산화탄소 발생을 줄여 지구 환경 개선에 기여하고 지역의 생산품을 통한 안정을 높이는 역할을 한다. 따라서 로컬소비문화는 환경적이며 사회적인 경제적 측면에서 지속가능성을 증진하는 윤리적 소비문화라고 볼 수 있다.

로컬소비는 1단계부터 지역에 있는 소비자와 로컬생산자와의 만남으로 이루어진다. 2단계에는 로컬생산자–로컬유통업자–로컬소비자와의 만남, 3단계는 다양한 로컬생산자–로컬유통업자–로컬시장(로컬소비자, 관광객)등으로 이루어진다(천경희 외, 2019). 예를 들어, 지역 내 유통을 생각해 보면 지역의 생산품을 거래하는 유통센터에서 소비자가 직접 구매하는 방법으로, 도시농업을 하고 있는 생산자, 농민 등 다양한 지역 내에 있는 생산자들이 참여하고 지역 주민들이 구매하는 소비자가 된다. 청소년들의 소비문화는 심리적으로 다양하게 표출되고 있지만 이러한 소비문화를 지역상품으로 해결할 수 있는 시장의 확장도 필요하다.

로컬소비문화는 왜 해야 하는가? 그 지역의 제품을 그 지역 주민이 소비함으로써 지역의 자립과 경제 활성화에 기여한다. 또한 생산자와 소비자의 사이에 '관계의 확대', 이동거리의 축소, 지역에서의 생산으로 신뢰의 확산으로 이루어지는 로컬소비는 지역기반으로 지역에 일자리를 창출하는 효과가 있다. 마지막으로, 가장 중요한 것은 가까운 거리에 있다는 것이다. 상품의 운송 거리를 단축함으로써 운송 중에 발생하는 온실가스의 양을 줄이고 환경보존에 이바지한다.

이처럼 로컬소비를 해야 되는 이유는 많다. 청소년의 소비문화에 로컬소비가 중요한 이유는 애향심을 길러 내는 효과도 있다. 지역의 상품을 구매하고 지역의 상품을 알리고 지역에 있는 생산자와 기업에 대한 관심으로 작은 소비부터 로컬소비를 하는 실천이 이루어져야 한다.

3) 공정무역

세계화와 자유무역을 기본으로 하는 시장경제 시스템은 제3세계의 자원과 노동을 헐값으로 착취하여 그들의 삶의 환경을 파괴하고 있다. 이러한 문제를 극복하기 위해 여러 대안적 실천들이 대두되었으며 그중 한 가지가 공정무역이다. 공정무역의 시작은 1946년 미국의 시민단체에서 푸에르토리코의 수공예품 판매를 시작으로 1950년 후반부에 영구 옥스팜 상점에서 중국 난민들이 만든 수공예품 판매로 시작되었다. 우리나라에서는 2002년 '아름다운 가게'에서 아시아 지역에서 수입한 수공예품을 판매함으로써 처음 시작되었다(서정희, 2011).

공정무역은 무역거래에 있어 불평등을 해소하고, 생산과정에 있어 환경을 파괴하지 않는 새로운 형태의 대안 무역으로 주목받기 시작했다. 공정무역(fair trade)에서 말하는 공정(fair)은 생산자와 소비자의 거래가 아닌 무역 협상에서의 상대방에 대한 존중과 공정한 거래를 의미한다. 공정무역은 생산자와 소비자 간의 직접거래를 요구하고 역사적으로 불리한 생산자들에게 시장정보와 흐름을 제공함으로써 시장의 실패를 교정하려고 한다. 공정무역 제품을 구매한다는 것은 소비자 자신이 필요한 제품도 구매하고 동시에 제3세계의 빈곤과 노동문제 해결에 도움을 줄 수 있는 행동이다. 청소년 소비문화에서 공정무역 소비문화가 중요한 이유는 자신의 소비로 인해 세계의 지속가능한 발전과 빈곤과 가난에 허덕이는 제3세계에 원조할 수 있다는 것이다.

청소년들이 쉽게 구매하는 카카오 같은 농산물이나 공산품 외에 서비스 품목에서도 공정무역을 실천하는 문화가 확산되어야 한다. 공정무역 제품의 대표 상품인 커피, 초콜렛 외에도 마스코바도 설탕, 올리브유 등의 식품류, 의류 및 패션소품, 축구공 등 다양한 상품이 취급되고 있다. 최근 소비자의 의식과 행동이 변화하고 윤리적 구매가 늘어나면서 공정무역 판매도 급증하는 추세이지만 공정무역은 전 세계 교역규모의 0.01%에 불과하다.

공정무역에 관한 소비자교육은 교육을 받는 청소년들의 공정무역에 관한 인식과 실천을 제고시키는 동시에 청소년들을 통해 교육을 받지 못하는 부모에게도 공정무역을 알리는 역사회적 효과까지도 기대할 수 있다는 점에서 의미를 갖는다. 공정무역이 발달한 영국에서도 학교를 지정하여 공정무역을 가르치고 있다. 예를 들면, 영국의 지리교과서에서는 커피의 불공정한 분배구조, 커피 재배 농민들의 고단한 생활 모습을 사진 또는 읽기 자료로 제시하고, 커피생산 농민들이 생계를 유지하도록 하기 위한 방법으로 공정무역을 소개하고 있다. 공정무역은 단순한 제3국을 도와주는 의미보다 지속가능한 지구의 자원순환, 환경보호, 빈곤종식, 책임 있는 소비와 생산 등 환경에 대한 원리를 제시하고 세계시민성의 실천으로 확대되어야 한다. 우리나라에서도 다양한 방법으로 교과과정에 공정무역에 대한 다양한 사례를 제시하고 청소년들이 실천 할 수 있는 방안을 확대하고 있다(서정희, 2011).

5 청소년의 윤리적 소비문화 제언

청소년 소비문화는 청소년기의 특성과 그들을 둘러싼 환경으로 인해 자신의 위치와 역할에 대해 심한 갈등을 겪게 되며 이러한 갈등을 과시소시, 모방소비, 충동구매, 과

소비 등의 바람직하지 않는 형태의 소비문화로 표출되는 경우가 있다. 남에게 보여주기 위한 과시소비문화는 유명 상표 및 외제상품을 선호하는 행동, 고가품을 구매하는 행동으로 구분할 수 있다.

기업의 무분별한 마케팅과 광고 홍보, 매체 등에서는 끝없는 충동구매를 자극하고 있으며 아직까지 가치관이 확실하게 정립되지 못하고 합리적인 판단을 내리기 어려운 청소년들은 이러한 충동적인 구매 욕구를 억제하기 어렵다. 청소년기의 소비습관은 성인으로 이어지기 때문에 건전한 소비문화는 매우 중요하다. 합리적인 소비의 다양한 역할과 합리적인 소비문화를 위해 자신의 행동을 성찰하고 자신이 하고 있는 소비의 행동이 환경과 사회에 어떤 영향을 미치는지 생각하는 소비문화를 위해 몇 가지 제언하고자 한다.

첫째, 교과과정에서부터 윤리적인 소비문화 교육이 필요하다. “세 살 버릇 여든까지 간다”는 속담처럼 부모로부터 올바른 소비문화 형성에 대한 배움으로부터 시작해 유아교육, 초등, 중증, 고등 교육까지 자신이 구매하는 물품과 그 구매물품의 기업은 어떤 가치로 기업을 운영하는지 구매하는 상품의 필요성과 가치를 구분할 수 있는 교육이 필요하다.

둘째, 학교급식부터 매점까지 물품구매 과정이 투명하게 청소년들에게 공개되어야 한다. 청소년들의 대부분의 시간은 학교에서 이루어진다. 이러한 점을 감안해 볼 때 학교에서 일어나는 청소년들의 소비부터 챙기는 습관은 매우 중요하다. 예를 들어, 자신들이 먹는 급식의 식재는 어떤 기업에서 들어오는 것이며 그 기업은 어떤 가치를 가지고 운영되고 있는지 농산물은 어떤 과정으로 지어지는지 소비자의 입장에서 내가 먹는 급식 식자재부터 농부의 고마움과 기업의 윤리적인 가치를 생각하고 급식을 먹는다면 작은 밥상에서부터 착한소비, 윤리적인 소비, 합리적인 소비를 경험하게 될 것이다. 이러한 경험은 성인으로 이어질 것이며 미래 세대에게 또한 윤리적인 소비문화가 조성될 것이다.

셋째, 청소년 어울림마당 또는 청소년 축제에서부터 청소년의 구매 또는 서비스를 청소년이 결정할 수 있는 의사결정권이 보장되어야 한다. 예를 들어, 청소년 어울림마당을 위해 준비한 무대, 음향, 조명, 외부에 설치되는 체험부스 등은 대부분 기관에서 바로 집행한다. 청소년들은 어울림마당에 참여해서 공연, 부스 운영의 경험만을 하게 된다. 기획부터 예산의 운영 흐름도, 예산의 범위에서 합리적인 소비와 윤리적인 소비를 할 수 있는 참여하는 기업의 가치 여부를 판단할 수 있는 자료를 제시해 청소년 스스로 판단할 수 있는 기회를 제공해야 한다.

넷째, 정기적인 청소년 소비자경연대회 개최를 제시하고자 한다. 청소년 소비자경연대회는 청소년의 합리적인 소비문화와 윤리적인 소비 경험과 사례를 또래친구들에 알리는 목적과 대회 참여를 통해 소비의 원칙과 시장 경제의 원리를 알 수 있는 친환경제품 소개, 윤리적인 경영을 하고 있는 기업 소개 등 다양한 소비문화의 경험을 체험할 수 있는 기회가 될 수 있으며 자신의 소비를 한번 더 점검하는 계기가 될 수 있다.

다섯째, 청소년의 정기적인 프리마켓을 할 수 있는 공간을 제시하고자 한다. 프리마켓 운영이라고는 하나 형태는 나에게 필요 없는 물건이 친구에게는 소중한 보물이 될 수 있는 중고 장터의 형태로 청소년들이 정기적으로 운영할 수 있는 공간과 예산을 통해 적극적으로 윤리적인 소비문화를 형성할 수 있는 경험을 할 수 있는 기회를 제공해야 한다.

CHAPTER 06

청소년 뷰티 문화

Chapter 06

청소년 뷰티 문화

1 청소년 뷰티 문화의 이해

뷰티 문화는 아름다움, 미(美)를 뜻하는 뷰티(beauty)와 문화(culture)의 합성어로 용모를 아름답게 단장하는 것을 공유하며 하나의 양식으로 만들어 가는 것을 의미한다. 청소년 뷰티 문화는 다양한 하위영역으로 구성되어 있는 청소년문화에서 자기표현의 수단이 된다. 청소년기는 외모에 관심이 높아지는 시기로, 자신의 신체의 결점을 감추고 싶어 할 뿐만 아니라 동료집단에서 자신의 외모를 돋보이게 하거나 매력적으로 보이고 싶어 한다. 또한 청소년들은 자신이 소속한 집단에 동조하려고 하는 열망이 가장 강한 시기적 특징을 갖는다는 점에서 친구들과 비슷한 옷을 입고 화장을 하는 일을 매우 중요한 일로 여기는 것이다.

화장과 패션은 인류의 역사와 함께하는 오래되고 친숙한 문화적 대상이며, 의식적 또는 무의식적으로 많은 사람들의 삶에 있어서 중요한 자리를 차지하고 있다. 특히 청소년은 자신의 외모와 의복을 타인으로부터 인정과 승인의 수단으로 사용함으로써 자신의 외모와 착용한 의복에 대한 만족여부에 따라 자신감 또는 열등감 및 소외감을 느끼기도 한다. 즉, 청소년기의 뷰티 문화는 사회적 상황에 대한 안정감 및 자신감에 중요한 영향을 미친다는 것이다.

청소년은 주변 환경과 계속적인 상호작용에 의해 사회성이 발달하게 되며, 청소년의 외모에 영향을 주는 중요한 사회문화적 요인으로 미디어를 들 수 있다. 대부분의 여가 시간을 미디어와 함께하고 있는 청소년의 경우, 문화 형성에 미디어가 가지는 영향은 다른 연령층에 비해 매우 큰 편이다. 미디어는 외모에 대한 고정관념을 사람들에게 사회화시키고, 미디어의 모델과 자신을 비교하게 함으로 자신과 타인에 대한 외모평가를 저하시키는 요인으로 작용함으로써 청소년기의 자아에 대한 인식과 정신건강에 영향을 준다(정은혜 · 박경, 2009). 긍정적인 신체상이 형성된 청소년은 자신을 긍정적으로 지각하지만, 부정적인 신체상이 형성된 청소년은 자신에 대한 불만족으로 우울, 불안 등의 심리적 문제와 대인관계 문제 등의 부적응 행동을 보이기도 한다(정영남, 2000).

이처럼 미디어는 개인의 외모에 대한 인식에 다양한 영향력을 행사해 왔으며, 『트렌드 MZ 2019(2018)』에서는 최근 새로운 세대로 떠오른 Z세대가 TV에서 소개하는 전형적으로 아름다운 연예인을 모방하는 행위 대신, 독특한 개성과 매력으로 무장한 일반인을 롤모델로 삼으며 '개인의 아름다움'을 추구한다고 하였다. 최근 새로운 세대로 주목받기 시작한 Z세대는 1995년에서 2005년 사이에 태어난 세대를 지칭하며, Y세대와 X세대에 이어 알파벳의 마지막 순서에 해당하는 세대이자 신인류라는 의미에서 'Z세대'라고 호명되기 시작했다(박정훈, 2019. 06. 01.). 이들은 '디지털 원주민(Digital native)'이라고 불리기도 하는데, 이는 청소년기 때부터 디지털을 경험한 밀레니얼 세대와 달리 태어날 때부터 디지털을 경험한 최초의 세대로 정의된다(조해진, 2018. 11. 06.). 이러한 의미의 Z세대는 자신에게 어울리는 헤어, 메이크업과 관련된 정보를 소셜 미디어에서 수집하고 지식을 쌓으며, 자신의 신체를 보완하는 패션 아이템을 구매하거나 퍼스널 컬러에 맞게 옷을 고르는 등 자신을 꾸미기 위해서라면 시간적 · 금전적 투자를 가감 없이 한다. 더 이상 남성의 시선이나 사회가 만든 이상적인 미에 속박되지 않고 자신이 원하는 메이크업에 도전하거나 꾸미지 않을 권리를 몸소 실천하는 유명 뷰티 크리에이터들을 신뢰한다는 것이다(박주하, 2019). 여성스러운 치마 대신 자신의 체형에 맞는 바지를 입고, 몸에 달라붙는 원피스 대신 인체를 구속하지 않는 편안한 티셔츠를 착용하며, 불편한 하이힐이 아닌 스니커즈를 신는다. 뿐만 아니라 머리를 짧게 자른 사진이나 진한 색조 화장품을 폐기한 사진을 소셜 미디어에 업로드하여 대중의 공감과 지지를 얻는 등 다양한 방식으로 개인의 '꾸미지 않을 권리'를 주장하고 있으며, 이러한 행위들은 최근 국내의 탈(脫)코르셋 운동과 함께 실현되고 있다. 일부 청소년들의 소셜 미디어 인스타그램(Instagram) 계정에는 '#탈 코르셋, #학생이 겪는 탈 코르셋'이라는 해시태그를 생성하여 기초화장을 하고 등교를 하는 학생부터 무리한 다이어트로 인해 섭식장애를 겪는 학생들의 토로와 고발이 이어졌다. 이처럼 Z세대는 '꾸미는 행위'와 '꾸미지 않을 권리' 사이에서 자신이 추구하는 가치관에 따라 행동하는 특성을 보이고 있다(박주하, 2019).

2 청소년 화장 문화

1) 화장의 이해

청소년기는 아동기에서 성인기에 이르는 과도기이며 신체적, 생리적, 심리적으로 매우 빠르게 급성장하는 시기로 성인이 되기 위한 준비 단계이다. 특히 신체상의 많은 변화가 일어나는 청소년들이 외모에 대한 관심을 갖는 것은 자연스러운 현상이며, 자신이 원하는 방향으로 외모를 가꾸는 데 다양한 행동으로 노력한다(송연화 · 오정화, 2011). 그중에서도 얼굴을 화장하는 것에 많은 영향을 미치고 있다(설현진, 2010). 화장(化粧)이란 여러 가지 화장품을 기교적 · 예술적으로 사용함으로써 피부를 미화시키고, 용모를 다듬어서 매력을 북돋아 주기 위해 행하는 미용술을 의미하며, 화장의 목적은 아름다운 부분은 돋보이도록 하고 약점이나 추한 부분은 감추거나 위장하기 위함에 있다(오윤선 · 황인숙, 2016). 과거 화장의 목적은 신체를 자연의 위험으로부터 지키기 위해 기름 또는 기름에 흙이나 식물성분을 섞어 바름으로써 신체에 보온효과를 주었고 강한 빛이나 벌레로부터 신체를 보호할 수 있는 것에 목적을 두었다. 또한 신체에 색을 칠하여 재난을 막는다는 것과 향나무 등을 가열하여 향과 연기를 쬠으로써 더러움을 씻어 내는 종교적인 행사에도 이용되었다. 오늘날의 화장은 신체를 청결하게 유지하고 매력을 표현하려는 것과 자외선 등의 외부환경으로부터 신체를 보호하고 더 나아가서는 자신을 매력 있고 아름답게 표현함으로써 심리적인 만족감과 매력을 발산하는 표현의 수단으로 여겨지기도 한다(김주덕 · 신정은, 2016).

화장 행동이란 자기를 표현하는 방법의 하나로 미적 가치를 부여하여 만족스러운 자신을 경험하는 일환이자 자기 개성을 표현하는 방식이 되며 사회심리학적 관점에서 타인과의 관계 시 의사전달의 수단이 되고 있다. 즉, 화장 행동은 인간이 자신의 외모를 가꾸기 위해 경험하게 되는 일련의 다양한 행동들을 의미한다.

2) 청소년 화장 행동의 실태

최근 들어 화장품매장에서는 쉽게 제품들을 테스트해 보고 경험해 볼 수 있는 기회를 제공하여 10대 청소년의 화장품 사용에 흥미를 유발하였고 더 쉽게 구매하고 사용할 수 있게 함으로써 화장에 대한 거리감을 좁혔으며, 나이가 어린 중고생들의 관심을 끌어내는 데 결정적 역할을 하였다.

박정연(2017)의 연구에 따르면 초·중·고등학생은 화장의 기능에 대해 예뻐지고 자신감이 생겨서 자기만족도가 커진다(40.0%)고 생각하였고 화장을 전혀 하지 않은 친구에 대해서는 '친구로는 좋지만 따라 하고 싶지는 않다(26.6%), 자기 개성을 연출할 줄 모르고 유행에 뒤쳐진 답답한 학생이라고 생각한다(17.7%)'고 생각하였다. 녹색소비자연대의 어린이·청소년 화장품 사용실태(2017)에서는 초·중·고교생의 30.5%가 매일 색조화장을 하며, 65.4%가 색조화장을 주 1회 이상 하는 것으로 나타났으며, 김세은과 김주덕(2019)은 대부분의 여중생들이 색조 화장품을 사용하며(73.4%), 학년이 높은 학생, 이성 친구가 있는 학생이 다른 학생들보다 색조 화장품을 많이 사용한다고 하였다. 또한 여중생들은 화장 행위가 자신의 모습을 더욱 예쁘게 꾸며 준다는 인식(40.9%)을 갖고 있으며, 메이크업을 통해 자신의 외모에 대한 만족감을 얻고 자신감을 갖는 것으로 보았다. 송윤경과 위은하(2020)는 여학생의 46.7%가 초등학생 때 색조화장을 처음 시작한다고 하였으며, 염나경과 신규옥(2020)은 여고생의 73.6%가 색조 화장품을 사용하고, 41.5%가 중학생 시기부터, 16.8%가 초등학생 시기부터 사용하기 시작하는 것으로 나타났으며, 월평균 9.47일 동안 색조 화장을 한다고 하였다. 또한 외모 관리에 신경을 쓰고 화장하는 남학생들도 늘고 있다. 화장을 한 남자 아이돌과 남성 유튜버들의 화장 동영상 등이 보편화되면서 남자의 화장에 대한 거부감이 줄어들었고 자신을 가꾸는 남성이 증가하게 된 것이다.

이제 청소년들에게 있어서 화장은 자신을 표현하는 매우 중요한 수단이며 화장품은 일상생활에서 필수품처럼 자연스럽게 사용되고 있다. 청소년들의 화장행동은 더 이상 특별한 행동이 아니라 일반화되고 보편화된 문화 행위로 자리 잡고 있다.

3) 청소년 화장 행동의 특징

청소년기는 다른 시기보다 신체적 자아에 더욱 중점을 두는 시기로 화장 및 화장품 소비와 같은 화제는 또래관계를 결속시키는 중요한 매개체가 되기도 한다. 청소년의 화장 시작 연령은 더욱 빨라지고 있으며, 이미 화장은 청소년에게 하나의 문화로 자리매김하고 있다. 이러한 청소년들의 화장 행동은 다양한 특징을 나타낸다.

첫째, 청소년들의 화장 행동은 공유하며 즐기는 문화이다. 청소년들은 스마트폰을 통해 유튜브나 페이스북 등 SNS에 게시되는 뷰티영상을 접하고 따라 하며, 또래 친구들과 상호작용하여 화장기법이나 사용해 본 제품들을 함께 공유한다(김민경, 2020). 청소년에게 SNS는 부정적인 측면이 우려되는 것도 사실이나 청소년에게 뷰티 콘텐츠를 선보이는 새로운 시장이 되기도 한다. 청소년의 화장 행동 역시 자신의 아름다움을 가꾸고 다양한 뷰티 콘텐츠로 자기 정체성을 표현하는 보편적 행동양식이 되었다.

둘째, 청소년들의 화장 행동은 자아존중감에 영향을 미친다. 남녀 청소년에게 공통적으로 외모만족도가 자아존중감에 영향을 미치는 요인으로 나타나며, 자기 외모에 만족하는 사람은 자기개념에 대해 안정감을 갖게 되어 확실한 자아개념을 지니게 된다(김선형, 2019; 조민경 · 이은경, 2020). 외모만족도가 낮은 학생은 화장을 통해 변화된 자신의 모습에서 만족감을 얻게 되고, 화장에 대해 적극적이고 긍정적으로 인식하는 것이다(배은희, 2015). 즉, 청소년의 화장 행동은 자아존중감을 상승시키기 위한 수단으로 사용되고 있으며, 긍정적 자아가 높을수록 화장여부, 외모관리, 화장관심도는 낮아진다. 이는 자신에 대해 긍정적인 자아를 갖고 있기 때문에 외모에 대한 관심 대신 다른 방향으로 에너지를 사용한다는 것이다. 화장행동을 통한 긍정적인 변화는 자기만족감과 자아존중감을 증가시키고 결과적으로 또래관계 향상 및 심리적 안정감이 높아진다고 볼 수 있다.

셋째, 청소년들의 화장 행동은 학교적응에 긍정적인 영향을 미친다. 청소년의 원활하고 행복한 학교생활을 위해서는 공부를 잘하는 것과 친구들과 좋은 관계를 유지하는 것 모두가 중요한 요소인데, 청소년들의 화장과 외모에 대한 만족은 학업 성취와 원활한 교우 관계를 포괄하는 학교적응에 긍정적인 영향을 미치는 것으로 나타났다(김선형, 2019; 김선우, 2020). 이는 청소년의 화장 행동이 또래 문화로 부상했음을 시사하며, 청소년의 화장 행동은 더 이상 일탈 행동이 아니며 오히려 이들의 학교적응에 긍정적인 영향을 미친다는 것이 밝혀진 것이다.

넷째, 청소년들의 화장 행동은 젠더리스 문화이다. 젠더리스 화장 문화는 단순히 서로의 성이 바뀐 제품을 사용하는 것이 아니라, 기존의 성별 강박에서부터 벗어나 개인의 취향이나 외모에 맞는 제품을 자신이 직접 고르고 꾸미고 바르는 행위에서부터 자신의 명확한 캐릭터와 개성을 살리는 것이 젠더리스의 화장 문화이자 정의이다. 유명 아이돌 그룹의 멤버들이 메이크업 색조 모델로 발탁되면서 남학생들의 화장에 대한 거부감이 낮아지고 있으며, 미디어의 발달 및 노출과 사회적 분위기로 인해 셀럽이나 아이돌들의 스타일을 동경하고 모방하고자 하는 분위기가 확산되고 있다. 전통적 성별 고정관념에서 등장한 젠더리스는 남성과 여성이라는 성의 개념을 파괴하고 개성을 중시하는 현재 세대들에 의해서 진화되고 있으며 성별에 대한 역할이 애매해지면서 다양한 사회문화 속에서 등장하여 성 정체성을 표현한 새로운 개념의 문화 코드로 볼 수 있다(안광숙, 2018).

4) 화장품 소비자로서의 청소년

청소년기는 외모에 관한 관심과 이와 관련된 소비가 확대되는 시기이다. 소비자로서의 청소년은 부모의 의존에서 벗어나 자신의 구매 의사 결정권이 향상되어 청소년 스스로가 소비자로서의 역할을 담당하는 비율이 높아지기 시작하며, 가족보다 친구나 동료집단과의 동일시에 초점을 둔다(오윤선 · 황인숙, 2016). 청소년들의 화장품 구매는 또래집단과 대중 스타들의 영향을 많이 받으며, 자신의 개성을 표현하기 위해 과시적으로 소비하는 성향을 보이기도 한다. 즉, 화장품 소비자로서의 청소년은 대중매체, 학교생활, 친구와의 관계 등 주변의 환경적 요인에 따라 화장품 구매에 영향을 받는다(오윤선 · 황인숙, 2016). 연구에 따르면 많은 청소년들이 월 1~2회 정도 화장품을 구매하고 화장품 구매와 관련된 정보는 온라인을 활용해서 습득하지만 구매는 오프라인 화장품 매장을 통해 구매하는 양분화된 형태를 보였다. 또한 화장품을 구매할 때 고려하는 것은 자신의 피부상태와 브랜드이며, 기존 사용하는 제품에서 다른 제품으로 교체를 하는 경우 친구의 의견과 제품 광고에 영향을 받는 것으로 나타났다(심상희 · 이근광, 2021).

청소년의 화장이 그들의 일반적인 문화가 되었으며, 화장 행동을 시작하는 연령층은 점점 낮아지고 있지만 올바른 화장과 화장품 사용법, 화장품 구입법 등에 대한 교육은 매우 미흡한 편이다. 또한 청소년용 화장품과 성인용 화장품의 구분이 모호하며, 청소년들이 사용하는 화장품에 대한 안전기준은 마련되지 않고 있다. 이로 인해 청소년들은 화장 및 화장품 구매와 관련된 정보를 주로 온라인을 통해 습득하고 있으며, 넘쳐나는 온라인 정보 속에서 잘못된 정보도 그대로 받아들이고 모방함으로써 충동구매를 하거나 부작용이 나타나기도 한다. 화장품 소비자로서의 청소년에 대한 특징을 살펴보면 다음과 같다(오윤선 · 황인숙, 2016).

첫째, 청소년들은 화장품 시장의 초기 진입자이다. 청소년은 성인에 비해 구매력과 소비력은 많이 뒤떨어지지만 향후 이들이 주요 성인 소비자층으로 성장할 수 있다는 점에서 매우 중요한 소비자층으로 간주되고 있다. 즉, 시장의 초기 진입자인 이들에게 익숙해진 브랜드가 향후 성인 화장품 시장에서도 우위를 선점할 수 있기 때문에 각 화장품 회사마다 청소년 신규 소비자층을 유치하기 위하여 다양한 제품 출시와 판촉 경쟁을 벌이고 있다.

둘째, 청소년들은 경제 상황과 관계없는 소비력이 있다. 우리 사회의 물질적인 풍요 속에서 풍부한 소비생활을 누리고 있는 오늘날의 청소년들은 다양한 영역에서 소비의 주역이 되고 있고 화장품 시장에서도 잠재력이 큰 소비자군으로 자리매김하고 있다. 또한, 우리나라 부모들의 경제력이 향상되고 자녀의 수가 적어지면서 자녀에 대해 아낌없이 투자하고 지원하고 있음으로 경기의 여파에 민감하지 않으며 꾸준하고 지속적인 증가세를 보이는 소비력을 가진 집단이라고 말할 수 있다.

셋째, 청소년들은 열정적이고 적극적인 소비자이다. 이들은 주변과 사물에 호기심과 관심이 많으며, 변화에 민감하고 적응력이 우수하고 늘 새로운 것을 꿈꾸는 집단이다. 인터넷이나 미디어 환경에 일찍부터 노출되어 정보 습득이 빠르고 정보의 확산과 공유에도 매우 능숙하다. 샘플 사용이나 이벤트 행사 등에도 적극적으로 참여하며 제품에 대한 구전 효과가 매우 큰 집단이다.

넷째, 청소년들은 동조와 차별화의 이중적 태도를 지닌다. 또래집단과의 동화를 원하여 남을 따라 하려는 성향도 강하지만, 나만의 개성을 추구하는 경향도 강해서 모방과 차별화라는 이중적 소비지향적 태도를 보인다. 이들은 또래와 달라도 불안해하지만 동시에 집단 속에서 나만의 개성과 외모로 주목받고 싶어 하는 이중적 성향을 보인다.

3 청소년 패션 문화

1) 패션의 이해

패션이란 특정한 시기에 유행하는 복식이나 두발의 일정한 형식으로 청소년들의 자기 표현 수단으로서 가장 용이하게 사용되는 패션을 통해 청소년들의 다양한 문화적 특징들을 쉽게 엿볼 수 있다. 즉, 청소년 시기에 그들이 추구하는 다양한 스타일이 패션 문화 안에 나타난다는 것이다. 청소년 패션 문화는 청소년이 특정한 시기에 유행하는 복식이나 두발의 일정한 형식을 따라 하는 그들만의 문화이다. 청소년들은 적극적이고 능동적인 성향을 가지며, 자신만의 개성을 중요시하고 자기 중심적이며 끊임없이 변화를 추구하고 있다. 또한 청소년들의 구매와 소비행동은 사회가 풍요로워짐에 따라 매우 자유로워지고 있으며 강력한 구매력을 가진 소비집단이자 새로운 경제소비의 주체로 패션 분야에 있어서도 큰 영향력을 발휘하고 있다.

패션의 어원은 행위, 제작이라는 의미의 라틴어 '팍티오(factio)'에서 유래된 것으로 '만드는 일', '행위 활동', '유행' 등의 의미를 지니고 있다. 즉, 패션이란 일정한 기간 안에 특정 장소에서 확립된 복식 스타일과 행동이 많은 사람들에게 받아들여져 널리 유행하고 변화해 가는 일련의 과정적 현상을 일컫는다. 이로써 '패션은 주어진 시간에 유행하고 있는 스타일이다' 혹은 '패션은 자신을 위해 색다름을 추구하는 것이다'라는 단순한 정의에서부터 '패션은 상업이 발달함에 따라 소비자에 의해 채택되었던 새로운 스타일이나 제품들에 의한 사회적 접촉과정', '패션은 사회적으로 타당한 것으로 지각된 이유로 인해서 사회 구성원들에 의해 채택된 행동의 한 방법' 등에 이르기까지 패션에 대한 정의가 다양하게 제기되었다. 또한 패션은 끊임없이 요동치며 변화하고 전통의 답습보다는 혁신의 모방에 의해 진행되며, 개인적인 차이와 자유를 새겨 넣기 위한 도구적 역할을 하고 과시적 소비경향성에 의해서 생성된다는 특징을 갖고 있다(오윤선 · 황인숙, 2016).

2) 청소년 패션 행동의 특징

패션은 신체를 보호하는 원초적인 역할에서 나아가 여러 가지 형태로 시대적 흐름을 반영하며 변화되어 가고 있으며, 패션 행동은 단순히 자신의 결점을 가리는 것이 아니라 신체적 장점을 최대한 살려서 돋보이게 하며 단점을 보완하는 표현 방법이다. 청소년기는 신체적 · 심리적으로 과도기적인 성격을 가지고 있으며, 자신의 외모에 대하여 높은 관심을 갖는다. 외모나 신체변화에 민감한 청소년들이 자신의 신체적 결점을 보완하거나 매력적으로 돋보이게 하기 위해 패션을 활용한다. 청소년기에 있어서 패션은 정서적인 만족과 사회적 요구가 동기화되어 자신을 표현하는 하나의 수단이라고 여길 수 있다. 청소년들은 자신의 행동이나 심리상태에서 일어나는 많은 변화들을 패션을 통해 표현하기도 하며, 말로 표현되지 않는 감정이나 무의식적인 욕구까지도 의복에서 표현해 낸다. 청소년 패션 행동은 외모만족도를 향상시키기 위한 수단이고, 동조행동의 표현이며, 자신의 정체성을 표현하는 도구가 된다.

(1) 외모만족도 향상을 위한 수단

현대사회에 전반에 걸쳐 영향을 미치는 외모지상주의는 청소년에게도 영향을 미치고 있다. 인터넷과 각종 미디어는 외모와 관련된 내용의 프로그램을 끊임없이 노출하고 있으며, 외모에 대한 평가가 많은 사람들의 삶에 상당 부분 영향을 미친다. 최근에는 외모가 하나의 경쟁력으로 인식되면서 사회적으로 외모에 대한 관심이 더욱 증폭되는 양상을 보인다. 이러한 사회적 현상은 청소년 시기에 갖는 고민에도 영향을 미친다. 2019년과 2021년에 발표된 청소년 통계에 따르면 2016년에서 2020년까지의 청소년이 경험하는 고민의 1위와 2위는 공부와 직업이며 3위가 외모인 것으로 나타났다. 청소년에게 외모는 공부와 직업에 이어 중요한 관심의 대상인 것이다.

패션에 민감하고 적극적이며, 감각적인 사고방식을 소유하고 있는 청소년들은 외모를 관리하기 위한 수단으로 패션 제품을 구입하며, 그들의 패션을 통해 외모를 판단하게 된다. 청소년들의 패션은 친구들 간에 인기를 좌우하는 요인이 되기도 하며, 자신의 패션에 대한 만족이 높았을 때 자신감 있는 행동으로 표출되기도 한다.

〈표 6-1〉 청소년이 고민하는 문제

(단위: %)

	공부 (성적, 적성)	직업	외모	신체적 건강	용돈 부족	가계경제 어려움	친구 (우정)	연애 상대와의 관계	가정 환경	기타
2016	32.9	28.9	10.7	4.8	4.2	5.8	2.2	1.6	2.0	1.7
2018	29.6	30.2	10.9	5.4	4.9	4.8	2.5	1.8	1.7	1.8
2020	29.7	28.1	10.2	8.2	4.5	4.4	1.9	0.7	1.9	1.9

* 출처: 통계청(2019, 2021).

(2) 동조행동의 표현

청소년기의 패션 행동은 자신에게 영향을 주는 사람과 동질감을 느끼려는 욕구, 즉 동일시에서 시작된다. 동일시는 어떤 집단이나 사람이 매력적으로 보이면 그들과 비슷한 태도나 가치를 표시하기 위하여 외모를 비슷하게 함으로써 그들과 심리적인 거리를 좁히려고 하는 것으로 청소년기는 또래집단이나 유명 연예인의 행동, 다른 사람의 반응에 일치하도록 행동하는 동조행동이 강하게 나타나는 시기이다.

동조행동은 집단문화나 소속감을 중시하는 청소년의 특성상 자연스러운 현상이며, 또래집단이 인정하는 브랜드나 제품을 구매하고 소비하는 경향으로 나타난다. 이는 친구가 구입한 제품은 자신도 구입을 해야 한다는 심리가 작용하여 경쟁적인 모방소비, 타인 의식적인 의복소비 형태가 나타나기도 하며, 집단 내에서의 규범적 동조로 나타나 동조하지 않는 구성원들을 따돌리거나 동조에 대한 심리적 압력을 가하는 형태로 이어지기도 한다. 그 예로, 청소년들 사이에 유행한 해외 유명 아웃도어 브랜드 제품을 입는 학생들에게 가격대별로 계급을 나누며 '등골 브레이커'라는 신조어까지 만들어 내는 등 극심한 사회 현상의 하나로 나타났다. 최근에는 명품 선호현상이 나타나며 명품을 구매하지 않은 청소년들은 같은 또래집단에서 소외감을 느끼기도 한다.

(3) 자신의 정체성 표현

청소년들의 패션 문화는 동일시와 모방심리, 동조행동 등의 특징이 나타나는 반면, 차별화된 개인만의 스타일을 선호하는 문화가 나타나기도 한다. 현대 소비주의 문화를 향유하고 있는 청소년들에게 패션은 차별성을 추구하는 중요한 기제로 작용한다. 청소년들은 자신의 개성 및 개인의 특성에 적합한 의복과 패션 아이템을 착용하는 것을 선호하며 다른 사람들과 구별되는 차별화 욕구에 의해 패션 상품을 소비한다. 이는 자신만의 특성과 이미지를 타인과 구별되는 디자인의 의복을 비롯한 패션 제품을 통해 표현하고자 하는 것이다.

현대는 전통적인 성 역할이 변화하고 개인의 가치를 중시하는 태도로 패션에 있어 취향, 새로운 시도를 즐기는 특징을 보이는 시대이며, 다양한 변화를 나타내고 있는 여성의 패션뿐만 아니라 남성들도 자신의 성향을 패션으로 섬세하고 민감하게 표현하는 추세이다(허예은 · 하지수, 2016). 남녀성별에 대한 기존의 고정관념에서 벗어나 패션에서도 개인의 개성과 선택이 더욱 중요해지고 있음을 의미한다. 국제적으로 성별을 지칭하는 용어로 권장되고 있는 젠더에서 파생된 젠더리스(Genderless)는 '성의 구별이 없는' 또는 '중성적인'이라는 뜻을 지니고 있으며, 남녀를 구분하지 않고 입을 수 있는 유니섹스 패션과는 다르게 자신의 선택에 의한 젠더리스 패션을 추구하는 것이다(박선욱 · 엄기준, 2017). 그 예로 여성들의 전유물이었던 짧은 반바지, 핑크 컬러, 시스루, 레이스, 스커트가 남성복에 등장하였고 여성복에서는 남성복 슈트 재킷처럼 두툼한 패드를 넣은 각진 재킷과 어깨를 부풀린 퍼프소매 등 남성의 체형을 연상시키는 과장된 스타일의 패션을 보여 주고 있다(박선욱 · 엄기준, 2017; 안광숙, 2018). 청소년들의 패션 문화에서도 젠더리스는 하나의 문화코드를 자리 잡아 가고 있다. 학생들의 하절기 교복은 남녀 구분 없이 입는 반바지와 짧은 티셔츠로 바뀌고 동절기 교복으로는 후드 티셔츠와 집업 점퍼가 생활 교복으로 등장하였으며, 학교는 교복에 대하여 치마와 바지, 반바지와 긴바지 등의 선택권을 학생들에게 주기도 한다. 특정한 젠더 고정관념에서 벗어나 신체적 활동성뿐만 아니라 폭넓은 선택권을 토대로 편리함을 추구하며, 자기 표현적 특성을 보인다.

3) 청소년기의 패션 소비행동

현재의 청소년 세대는 다른 세대보다 풍요롭고 소비 경험이 많은 세대로 풍요로운 교육 및 문화 혜택을 누리고 있다. 자유재량 소비액 증가, 가치관과 가족 구조의 변화, 가정의 경제적 능력 향상 등으로 청소년 소비자의 소비지출이 전체 경제에서 차지하는 비중이 커졌고, 그 결과 청소년들이 영향력 있는 소비자 집단으로 여겨지고 있다(문정미, 2003). 청소년들의 패션 문화는 소비문화와 연결된다. 청소년들은 패션의 중추적인 세대로 인식되고 있으며, 온라인에서 살펴본 패션 상품을 오프라인 매장에서 비교해 보며 계획적으로 구매하기도 하지만 대중매체의 영향을 크게 받고, 모방행동이 높은 특징이 있다.

(1) 비합리적 소비행동

청소년들은 빠른 속도로 변화하는 환경적 자극을 접하고, 이와 동시에 전통적 가치관과 새로운 가치관 사이에서 자신의 위치나 역할, 능력에 대한 갈등을 겪게 된다. 이러한 과정에서 청소년들이 경험하게 되는 문제와 갈등은 소비행동의 경험 부족으로 인해 비합리적인 소비행동으로 표출되기도 한다.

청소년기의 패션 소비행동은 여러 가지 복합적인 요인에 의해 영향을 받아 형성된다. 청소년은 소비생활에 관한 지식 및 경험이 부족하고 또래 및 주변환경의 영향에 민감하므로 필요에 의한 구매보다는 새로운 스타일을 추구하고자 하는 욕구로 인해 충동적이고 비합리적인 소비를 하기 쉽다. 또한 청소년기의 발달상의 특징의 하나로서 자신의 외모에 관심을 갖게 되고, 자신의 개성을 표현하기 위해 패션에 민감한 반응을 보이며, 또래집단으로부터 영향을 받아 감정에 치우친 소비를 하거나 유행에 민감한 소비를 하기도 한다(정은경, 2016). 청소년들의 유행을 중요시하는 경향은 옷, 신발 등의 패션 제품들을 쉽게 버리고 새것을 구입하고자 하며, 새로운 패션 제품을 구입할 때에는 그와 어울리는 옷과 신발, 가방, 헤어스타일을 함께 소비하고자 하는 등의 비합리적인 소비행동을 보이기 쉽다.

(2) 과시적 소비행동

과시적 소비행동이란 다른 사람에게 보이기 위한 모든 소비를 지칭하는 것으로 청소년기에는 타인의 인정과 호감을 얻기 위해 의복을 착용하는 경향이 있으며, 청소년들에게 패션은 행동과 심리에 크게 영향을 미친다. 따라서 청소년들은 자신의 외모관리와 패션에 많은 시간과 노력을 기울이며, 패션 상품의 상징성을 통해 자신을 드러내고자 한다.

또래관계는 청소년들의 과시적 소비행동에 영향을 미친다. 또래집단으로부터 수용되기 위해 패션 유행을 따르고, 청소년들에게 인지도가 있는 상표나 브랜드 제품을 구매하며, 값비싼 상품과 명품 등을 구매하고자 하는 소비행동이 나타난다. 이는 또래집단에서 상대적 우월감을 느끼고 자신의 부유함을 과시하고자 하는 경향이며, 또래관계에서 소외를 당하지 않기 위한 소비행동으로 볼 수 있다.

최근 힙합이라는 문화가 대중화를 이루며 래퍼들이 명품으로 부를 과시하고, 동영상 플랫폼에서는 명품 및 값비싼 패션 상품을 구매하여 개봉하는 모습을 쉽게 접할 수 있다. 정체성을 형성하는 시기를 살아가는 청소년들은 이러한 문화에 쉽게 영향을 받으며 올바른 소비행동 습득에 어려움을 겪는다. 청소년의 과시적 소비행동은 경제교육을 통해 올바른 소비행동을 습득할 수 있도록 해야 할 것이며, 패션 브랜드와 언론매체는 PPL에 대한 세심한 주의가 필요하다.

(3) 패스트 패션과 윤리적 소비행동

패스트 패션이란 최신 유행을 즉각 반영한 디자인, 비교적 저렴한 가격, 빠른 상품 회전율로 승부하는 패션 또는 패션 사업을 뜻하는 말로, 유행에 따라서 빨리 바꾸어 내놓는 옷을 통틀어 이르기도 한다. 패스트 패션은 다른 용어로 SPA라고 일컬어지는데 이는 'Specialty store retailer of Private label Apparel'의 앞 글자를 조합하여 만든 단어로, 자사의 오리지널 기획브랜드를 직접 제조하여 유통 및 판매하는 전문점을 의미한다. 기획, 생산, 유통 과정의 수직적인 통합으로 비용의 비효율성을 제거하는 전략을 취하고 있다. 패스트 패션은 빠른 속도로 제품을 회전시키고 짧은 리뉴얼 사이클로 제품을 자주 업데이트함으로써 최신 패션 트렌드에 반응하기 위한 마케팅 접근이라고 정의할 수 있다(Byun & Stenqurst, 2008).

현대사회에서 유행은 획일적인 하나의 스타일로 규정되기보다 다양한 스타일이 공존하고 있으며, 변화의 속도도 매우 빠르다. 패스트 패션은 간단한 구매의사 결정과정을 거쳐 구매되고 단기간에 소비되어 쉽게 폐기 처분될 수 있는 제품으로 저렴하면서도 빠르게 바뀌는 유행을 즉각 반영한 상품이다. 이는 최신 유행하는 제품을 부담 없는 가격으로 적당히 입고 즐길 수 있어 특히 청소년들이 높은 관심을 보이고 있다(박은희 · 조현주, 2015).

기술의 발전에 따른 대량 생산으로 물질적 풍요로움과 패스트 패션이 등장하게 되었지만 환경오염과 자원고갈, 과잉소비라는 부작용도 일으켰다. 패션산업은 많은 양의 쓰레기를 배출한다. 패션 제품의 착용 수명은 점차 짧아지게 되고, 심지어 착용하지 않은 새 제품이 버려지는 일도 비일비재하다. 캠브리지 대학의 보고서(as cited in Lee, 2008)에서는 패스트 패션을 폐기물을 양산하는 환경의 적으로 규정하였고, 일부 학자는 티셔츠와 스웨터의 값이 샌드위치 값보다 더 싸게 판매되고 있는 심각한 실정이라고 주장하였다(이현지, 2015). 이에 지속가능한 생활을 위한 윤리적 소비행동의 필요성이 제기되고 있다. 즉, 패션의 중추적인 세대로 인식되고 있는 청소년들이 주체적인 소비, 타인을 배려하는 소비, 지속가능한 소비, 절제하는 소비로 환경과 사회에 대한 관심 및 책임을 가지고 긍정적인 영향을 미칠 수 있는 소비행동을 배우고 윤리적 소비행동을 실천하여야 할 것이다.

4) 변화하는 청소년 패션 문화: 유튜브

유튜브는 동영상 콘텐츠를 공유하는 사이트로서, 영상 업로드와 시청, 그리고 타인과의 영상 공유가 가능하도록 제작된 미디어 플랫폼이다. 2005년 설립되어 급속히 발전하고 있는 유튜브는 컴퓨터를 비롯하여 모바일을 통해 검색 및 동영상 시청이 가능하며, 세계적으로는 구글에 이어 2위의 정보 검색 서비스 이용률을 보이고 있다(박주하, 2019).

청소년들은 유튜브라는 온라인 매체를 통해 자아 정체감을 표출하고, 또래관계를 형성해 가고 있으며, 패션을 포함한 뷰티에 대한 관심인 높아지면서, 관련 유튜브의 조회수도 증가하고 있다. 또래들 사이에서 유튜브 속 인물이나 패션 제품이 일상의 대화 주제가 되거나, 유튜버의 팬으로 활동하며 유사 시청자 간의 경험 공유를 통해 또래들 간 유대감 형성과 관계 유지에 중요한 역할을 하고 있음이 나타났다(박주하, 2019). 또한 패션 유튜브를 통해 학습한 내용을 일상에서 이행하는 것이 본인의 정체성을 확인받고 집단 내에서 인정을 얻기 위한 목적이며, 유튜브를 활용하여 또래들보다 유행 정보를 먼저 파악하고 있거나, 새로운 패션 스타일을 먼저 시도해 보고 집단 속에서 주목을 받으면서 유행의 선도자가 되는 것에 뿌듯함과 우월감을 느끼고 있었다. 청소년들은 패션 유튜버들의 다이어트나 성형수술 후기와 같은 영상에 쉽게 자극받으며 모방심리를 느끼고, 일상에서 즉각적으로 모방해 보거나 영상 속에 소개되는 화장품, 다이어트 제품, 패션 아이템을 구매하여 사용해 보는 데 적극적이다. 패션 행동에서도 본인의 취향을 반영한 패션 제품을 탐색하여 이를 본인만의 패션 스타일로 다시 재구성하는 특징을 가진다(박주하, 2019).

(1) 패션 유튜브 영상의 종류

유튜브 내 다양한 장르 중, 특히 젊은 층을 중심으로 패션 유튜브 장르가 인기를 얻고 있으며, 유튜브 속 패션 영상은 제작 주체에 따라 다양하게 나뉠 수 있다. 첫째, 패션 유튜브는 상업적인 목적으로 거의 모든 매체에서 주요하게 다루는 패션광고와 관련된 영상이다. 패션 기업이나 명품 브랜드들이 자체적으로 새로운 시즌 콘셉이나 유명인을 기용하여 특정 상품을 홍보하는 영상을 의미하며, 제품 소개나 튜토리얼에 관한 마케팅이 일반적이다. 짧은 분량의 동영상 형태로 광고를 제작하여 핵심적인 내용을 위주로 홍보한다.

둘째, 패션 · 뷰티와 관련된 TV 채널이나 매거진, 전문가들의 외모관리에 관한 정보 전달이나 토크쇼, 방영 프로그램의 부분 편집, 화보 메이킹 영상은 주로 TV 프로그램에서 녹화된 내용을 압축 편집하여 유튜브에서 다시 시청할 수 있도록 제작된 콘텐츠이다.

셋째, 국내에서는 접하기 어려운 해외의 패션 컬렉션 중계, 해외 트렌드 정보 및 이슈와 관련된 기사, 국외의 유명인을 영상으로 담아낸 것으로, 글이나 이미지를 위주로 제공되는 자료들과 달리 유튜브에서는 해외에 직접 가지 않고도 생생하게 정보를 전달받을 수 있다는 이점을 지닌다.

넷째, 패션 유튜버인 1인 미디어가 제작하는 영상이다. 패션 유튜버는 새로운 패션 제품의 소개 및 제품 후기, 패션 코디네이션, 패션 하울 영상, 패션 트렌드 및 노하우, 그리고 패션과 관련된 일상적인 내용까지 광범위하게 다루고 있다.

〈표 6-2〉 제작 주체에 따른 패션 유튜브 분류

제작 주체		영상 콘텐츠 유형	대표 채널
패션 브랜드		• 스토리형 브랜드 CF • 시즌 콘셉 소개 • 신제품의 소개	Beanpoleblog, SPAO KOREA, 에잇세컨즈, FILA KOREA, 코리아 유니클로, Adidas Korea, Nbkorea, KOLON YOUTUBE
전통매체	TV	• 외모관리 토크쇼 • 외모관리 정보제공 • 연예인 패션/인터뷰 • 녹화 프로그램 영상	Beanpoleblog, SPAO KOREA, 에잇세컨즈, FILA KOREA, 코리아 유니클로, Adidas Korea, Nbkorea, KOLON YOUTUBE
	잡지	• 화보 스틸컷 • 화보 메이킹 • 패션 트렌드 • 신제품의 소개	VOGUE KOREA, GQ KOREA, ELLE KOREA, Marie Claire Korea, Cosmopolitan Korea, Harper's BAZAAR Korea
1인 미디어		• 패션 제품 소개/평가 • 패션 코디네이션 • 패션 제품 하울 • 패션 트렌드 및 • 노하우 • 패션 일상	패션TV 쩡대, 스타일 가이드 최겨울, 한별, 혜인, 오후니, 디렉터 짱구대디, 류스펜나, 준콩, JAELIMIZE재림, 청담언니 치유, 김무비 등

* 출처: 박주하(2019).

(2) 패션 유튜브 영상의 특성

패션 유튜브 영상의 특성으로는, 첫째, 대부분의 유튜브 콘텐츠는 다수에게 인기 있는 이슈 영상이나 공통 관심사, 그리고 취미 활동과 같이 주류의 사람들이 알고자 하는 사실에 기반을 둔 정보 전달의 형태를 취한다. 반면 패션 영상은 시청자의 패션 취향과 개인의 스타일을 중심으로 구독자가 형성되기에, 영상의 내용과 더불어 유튜브 내의 시각적 효과와 유튜버의 매력성이 중요한 요소가 된다. 유튜버마다 각기 다른 외모, 말투, 목소리, 행동표현과 다양한 이미지, 영상효과, 상황에 적합한 음향효과들은 패션 제품 자체와는 별개로 대중에게 생동감을 주고 유튜버에 대한 직접적인 친근감이나 호감을 느끼게 하는 요인이 된다.

둘째, 패션 유튜버가 다루는 대부분의 패션 제품들은 일상생활의 소비재로서, 자신을 더욱 돋보이게 하는 도구나 미적 욕구를 충족시켜 줄 수 있는 대상이 주를 이룬다. 패션 제품은 자동차나 전자제품과 같이 기능적으로 발달된 성능을 요구하지 않으며, 시청자들은 제품의 영속성보다는 패션과 유행을 지속적으로 소비하며 새로움을 추구하는 데서 즐거움을 찾는다. 이에 시청자는 쇼핑이나 제품 구매의 즐거운 감정을 직접 체험하는 것이 물리적으로 불가능한 경우, 패션영상을 시청하며 재미를 느낄 뿐만 아니라 시청을 통한 대리만족이나 향후 패션 제품의 구매라는 잠재적 소비로 이어지게 된다. 유튜버가 영상 내에서 소개하는 여러 종류의 패션 아이템 중, 시청자들은 유튜버의 홍보 의도와 관계없이 개인에게 소개되는 특정 제품에 더욱 관심을 가지며, 이는 사적인 일상생활에서 자신의 패션 스타일을 구현하는 데 영상을 참고하거나 유사한 제품을 찾게 되는 등 실천 차원의 외모 관리행동으로 이어질 수 있다.

셋째, 영상 내 등장하는 인물, 옷, 액세서리 등 패션을 설명하기 위해 등장하는 모든 요소에 대한 미적 가치판단이 이루어진다. 유튜버는 특정 대상에 대해 '예쁘다', '고급스럽다'. '안 어울린다', '못생겼다' 와 같은 형용사적 표현부터 유튜버의 취향이 반영된 주관적 평가까지 다양한 의견을 내놓으며, 영상에 등장하는 패션 제품과 타인들은 놓여 있는 객체로서 유튜버와 시청자의 주관적 판단의 대상이 된다. 특히 유튜버들의 의견과 반응들은 재미있고 명료할수록 구독자 수와 인지도 상승에 중요한 역할을 하기에, 유튜버들은 재미에 치중하여 영상 내에서 비속어를 사용하거나 자극적인 발언을 하는 등 시청자에게 외모에 대한 왜곡된 이미지나 편향된 가치관을 심어 줄 수 있는 위험성을 내포하는 경우가 발생하기도 한다.

CHAPTER 07

청소년 성문화

청소년 성문화

1 성의 이해

성(Sex)의 어원은 라틴어 'Sexus'에서 유래된 것으로 'Seco'라는 동사의 파생어이다. 이 단어는 모성으로부터 탯줄을 자름으로써 완전한 성이 된다는 뜻으로 남성과 여성으로 탄생한 독립된 인간을 의미한다. 또한 성(性)이란 한자는 심방 변(心)에 날 생(生)자를 붙여 만들어진 합성어로 마음과 몸의 양면을 나타내는 것이며, 인간 그 자체를 말하는 것이다. 이러한 성은 어떤 의미를 함축하는가에 따라 3가지 개념으로 구분할 수 있다(이희경, 2007).

우선, 섹스(sex)는 염색체, 호르몬, 성기구조 및 모양 등 생물학적인 차이에 기인하는 신체적인 차이로서의 여성과 남성의 구분이다. 섹스는 눈에 보이는 성기 모양의 차이나 재생산 능력에 관계된 생물학적인 차이에 기인한 여성과 남성으로, 생물학적 성별을 나타내는 것을 의미한다. 성별은 남녀를 신체구조, 즉 남성과 여성의 생식기를 기반으로 구분하는 의미인데 우리는 남녀 간의 성관계를 의미하는 말로 통용해 오기도 했다. 이러한 성별은 태어남과 동시에 남성과 여성으로 구별되고 특별한 경우가 아니면

변하지 않는다. 이를 다른 말로 생물학적 성이라고 한다(오윤선 · 황인숙, 2020).

둘째, 젠더(gender)는 문화적인 측면에서 바라본 성의 개념이다. 이는 생물학적인 성을 기반으로 사회문화적으로 구성된 성정체성으로서의 여성과 남성으로 이해된다. 젠더는 여성성, 남성성이나 사회적 요구에 따라 길러진 성역할을 의미한다. 젠더에 의해 규정된 남성성과 여성성은 인간이 삶을 살아가면서 학습한 결과물로, 사회 내에서도 사회적인 특성과 구조에 따라 변화된다. 따라서 젠더는 특정 사회를 지배하고 있는 가치, 규범, 성역할 기대 등에 의해 학습되고 내재화된 사회적으로 구성된 것이다(김연서 외, 2021).

셋째, 섹슈얼리티(sexuality)는 성적인 것들을 총칭하는 말로 정의한다. 생물학적 성(sex)과 사회문화적 성(gender)을 모두 포함하는 개념으로서 인간의 성행동뿐만 아니라 성에 대한 태도, 문화, 가치관 등을 포함하는 포괄적인 성을 말하며 남성과 여성이라는 인격체의 모든 행동을 포함한다. 따라서 인격적 성(sexulaity)은 선천적 · 생물학적으로 결정된 내면의 특성과 후천적 또는 사회문화적으로 학습된 성역할과 성정체성을 인격체로 통합시킨 개념이다(김은정, 2016).

앞서 서술한 3가지 성의 개념을 종합하면, 인간의 성(性)이란 남녀 간의 성행위을 의미하는 단순한 개념을 넘어 보다 폭넓은 의미의 성(sexuality)으로 정의할 수 있다. 성에 대한 신념, 태도, 가치관, 지식, 그리고 개인의 성 행태까지 모두 포함하는 개념이다. 좀 더 구체적으로 말하자면 남녀의 성 기관과 성반응의 해부학적, 생리학적, 생화학적 이해를 포함하여 성적인 발달과정, 남성 또는 여성으로서의 역할, 성 성향, 성에 대한 생각, 느낌, 태도, 가치관, 그리고 인간관계까지 모두 포괄하는 개념이라고 할 수 있다(김연서 외, 2021).

2 성에 대한 관점

성에 관하여 다수의 사람들이 제한적인 견해를 가지고 있기는 하지만 인간이 성을 바라보는 관점을 정리하는 것은 포괄적인 측면에서 성을 이해하는 데 도움을 줄 수 있다. 그러므로 성에 관한 심리적, 문화적, 윤리적, 생물학적 관점에서의 입장을 정리해보고자 한다(박진규 외, 2019).

첫째, 심리적 관점은 성에 대한 학습된 측면을 이해하는 분명한 관점이 될 것이다. 성과 관련된 의식적인 부분들은 자신과 다른 사람의 반응으로부터 학습된 태도와 감정으로 인생의 초기부터 학습된다. 태어날 때부터 개인은 자신과 관련된 중요한 타인으로부터 어떻게 생각하고 행동해야 하는가 신호를 받는다. 이러한 과정을 통해 개인은 성에 대하여 '틀리거나', '더러운 것'이나, '만지지 말아야' 하고, '말하지 말아야' 하는 가치들을 가지게 된다. 자신의 경험이 긍정적 또는 부정적이든 상관없이 개인의 학습된 반응은 심리적인 측면에서의 성으로 통합되어 간다.

둘째, 문화적 관점은 역사적으로나 현대적으로 우리의 사고와 행동에 영향을 끼치는 모든 문화적 영향의 총합이다. 역사적 영향은 관습뿐만 아니라 남성과 여성의 역할을 생각할 때 분명해진다. 최근 성에 대한 우리의 사고와 행동에 영향을 미칠 수 있는 것으로는 라디오, 텔레비전, 영화, 인터넷, 인쇄매체가 있다. 매체의 영향은 매우 강력하게 작용한다. 매체 속에서 보이는 '남성답다', '여성답다'라는 이미지는 사회에 고정된 성역할을 만들기도 한다.

셋째, 윤리적 관점은 성에 관한 결정으로 옳고 그름, 해야 하는 것과 하지 말아야 하는 것을 결정짓는 관점이다. 윤리적 관점은 특정한 종교 철학에 근거가 될 수 있고, 인문적이고 실용적인 것에 근거를 가질 수도 있다. 개인의 윤리적 태도의 근원이 무엇이든, 개인이 가진 성의 개념에 의해 영향을 주고받는 결정을 하게 된다.

넷째, 생물학적 관점은 외모, 성적 자극에 대한 반응, 생각, 일반적 성장과 발달에 따른 성에 대한 관점을 말한다. 성의 생물학적 관점은 사람들이 일반적으로 가장 먼저 떠올리는 것으로 외모, 신체적 · 성적특성, 성적 자극에 대한 반응, 생식 혹은 출산 제한에 대한 능력, 인간의 일반적인 성장과 발달을 포함한다. 사람의 생식적인 기능이 사춘기 이전에는 많이 드러나지 않는다 하더라도 사람의 성적 기능은 출생부터 일생 동안 지속된다. 그렇기에 삶에서 생물학적 관점이 자연스러운 기능의 일부라는 것을 아는 것이 매우 중요하다. 성에 대한 관점은 논의를 명확하게 하기 위해 분리된 실체처럼 설명하였으나 모든 관점은 우리의 성을 만드는 데 있어서 서로 결합되어 있고, 우리의 성은 성격의 한 부분이라는 것을 기억해야 한다.

3 청소년기 성 발달

1) 청소년 성 발달 이론

성(性)은 인간의 삶과 관련된 다양한 영역을 포괄하는 개념으로써 성과 관련된 이론들도 생식, 사랑, 권력 등 세부적인 주제에 따라 다양하게 구분되어 있다. 성과 관련된 여러 가지 이론 중 청소년 성문화에 있어 중요하게 살펴봐야 할 것은 성의식 발달 이론이 될 것이다. 이는 청소년들이 현대 문화 속에서 경험하는 다양한 사건들을 토대로 성을 지각하는 과정에 대한 이해를 도울 수 있으며, 청소년기의 발달과업과 함께 형성되어 가는 성의식을 유추하는 데 도움을 줄 수 있을 것이다. 성의식 발달과 관련된 주요 이론가는 프로이트(Frued)와 헐록(Hurlock)으로 두 학자가 주장한 이론을 구체적으로 살펴보면 다음과 같다.

프로이트(1910)는 인간에게 모양과 형태는 변해도 총량은 달라지지 않는 에너지가 있다고 주장하였으며 그 성적 에너지를 리비도(libido)라고 칭하였다. 그리고 이 리비도는 성장에 따라 특정 신체부위에 집중되어 인간의 발달과정에서 중요한 영향을 미친다고 하였다. 프로이트는 중요하게 집중되는 신체부위를 중심으로 5개의 단계로 구분하였는데 이는 구강기, 항문기, 남근기, 잠복기, 생식기로 구분된다.

1단계인 구강기(0~1세)는 유아의 성적인 에너지가 입 주변에 집중되는 시기로 빨고, 깨물고, 먹는 행동을 통해 성적 욕구를 충족한다. 그리고 이러한 욕구를 충족시켜 주는 어머니에 대해 애착을 형성하게 된다. 이때 적절한 보살핌을 받지 못하거나 과잉 충족되게 되면 다음 발달로 이어지지 못하고 고착되게 되며, 이 시기의 고착 경험은 이후 성격 발달에 지속적인 영향을 미치게 된다.

2단계는 항문기(2~3세)로 유아의 성적인 에너지가 구강에서 항문으로 이동하는 시기로 배설물을 보유하거나 방출하는 데 관심을 보이게 된다. 이 시기에 부모의 배변훈련이 성공적일 경우에는 유아의 자아존중감과 성취감의 경험에 긍정적인 영향을 주지만, 지나치게 엄격하거나 억압적일 경우 수치심, 결벽, 고집 등의 고착 행동을 보일 수 있다.

3단계인 남근기(3~5세)는 성적 에너지가 항문에서 생식기로 이동하게 된다. 이 시기에 유아는 남녀의 생식기와 성별의 차이를 구별하는 의식을 가지며, 생식기의 자극을 통한 만족을 얻으려고 노력한다. 따라서 이전과는 다르게 성적 행동으로 성기를 만지는 등 성유희를 즐기게 된다. 남근기의 유아는 이성의 부모에 대해 애정을 느끼며 그로 인해 동성의 부모에게 적대감을 갖는 상황에 처하게 된다. 이러한 갈등을 해결하기 위한 방법이 동일시이며, 이를 통해 도덕성과 관련된 초자아와 자신의 성역할에 대한 습득이 이루어진다.

4단계인 잠복기(6~12세)는 성적 에너지가 잠재되는 상태에 있다. 이 시기의 아동은 성적 충동과 환상이 무의식에 잠재되어 주위환경과 지적인 탐색과 관련된 행동에 집중한다. 이러한 잠복기에 고착되게 되면 이후 성인이 되었을 때 이성과 안정감을 느끼지 못하고 성관계를 회피할 수 있고, 정서적으로 고립되거나 공격적인 태도로 성적 관계를 가질 수 있다.

5단계인 생식기(12세 이후)는 호르몬의 변화가 일어나 성 기능이 발달하고 성적 호기심이 커져 사춘기 시기라고 명명된다. 이 시기는 자기 이외의 성적 대상을 상대로 하여 성적 목적을 달성하는 데 필요한 체제를 형성하게 된다. 이때 아동에게서 나타나는 신체적 호르몬의 변화는 성충동을 갖게 만들고, 성인에 버금가는 신체적, 생리적 능력도 갖추게 만들며, 성적인 매력과 이성과의 집단 활동에 관심을 갖게 한다. 생식기에 순조로운 발달을 성취하게 되면 타인에 대한 관심과 협동의 자세를 가지고 이타적이고 원숙한 성격을 가지게 된다.

헐록(1970)은 이성에 대한 의식의 변화를 단계별로 정리하였다.

초기 성적단계인 만 1~5세의 시기는 자기 자신에 대한 사랑 외에는 애정을 표현하지 않는다. 그러나 얼마 뒤 자신을 돌보는 사람이나 장난감 등 자신 주변의 것들에 애정을 표현한다. 처음에는 연장자를 선택해서 놀이를 즐기며 4~5세에 이르면 또래 아이들과 남녀 구분 없이 성인이나 이성으로부터 신체적인 애정표현을 받더라도 놀라지 않게 된다.

성적 대항기는 만 6~12세 시기로 이 시기의 아동은 남성과 여성의 다름을 의식하며 동성끼리만 어울리는데, 이는 성별에 따른 신체적 차이를 인식하게 됨에 따른 결과로 일부는 이성 간 대립상태가 유지되기도 한다. 이러한 현상은 생리적 원인보다는 사회적 원인 때문에 일어나게 된다. 즉, 부모나 다른 성인들이 아동들의 놀이나 생활에서 남·여를 구별하여 취급하고 평가하여 남·여가 서로 자기 성의 특징을 취하려고 하는 데서 이런 현상이 나타난다고 볼 수 있다.

성적 혐오기는 만 12~13세 시기로 사춘기 직전에 시작되어 비교적 단기간에 걸쳐서 나타난다. 이 시기에는 이성에 대한 강렬한 증오나 배타적인 반감이 나타나는데, 이러한 성적 혐오는 성별에 따라 나타나는 생리적인 차이에서 오는 것이라 볼 수 있다. 2차 성징을 통해 나타나는 자신의 신체 변화에 대해서 잘 알지 못하기 때문에 나타나는 불안, 자신의 성적 변화에 대한 타인들의 부정적인 평가에서 느낀 수치심이나 공포감, 사회적으로 학습된 성에 대한 부정적인 관념들이 원인이 되어 나타난다.

성적 애착기는 만 13~15세 시기로 동성에 대하여 강한 성적 애착을 느끼거나 자기보다 훨씬 나이 많은 이성의 연장자에 애착을 느끼는 시기이다. 이 시기에 연상의 이성에 대한 애착은 전 단계에서 이성을 혐오했던 배후에 숨어 있는 이성에 대한 호기심, 관계 형성에서 나타나는 감정적 불안을 연장자에 의하여 안정시키고자 하는 욕구에 기초를 두고 있다.

이성애 단계로 만 15~20세의 고등학생 시기에 해당된다. 이 시기는 이성에 대한 애착관계가 형성되는데 이는 3가지 단계로 세분화된다. 첫 단계는 송아지 사랑 단계로 15~16세 정도에 나타난다. 이때는 이성에게 접촉할 용기가 없어 연장자인 이성의 외형적이고 일시적인 가치에 매력을 느끼게 되며, 그 대상은 선배, 연예인, 운동 선수, 교사 등이 될 수 있다. 두 번째 단계는 강아지 사랑 단계로 16~18세에 해당한다. 이 시기에는 이성에 대한 관심이 연장자에서 또래의 이성으로 바뀌면서 이성의 전반에게 애정을 가지게 되며, 일대일의 교제보다는 다른 사람들과 함께 집단으로 만나 주의를 끌기 위해 노력하는 경우가 많다. 세 번째 단계는 연애 단계로 19~20세에 나타나며 이 시기에는 한 사람의 이성에게 관심이 집중되고 두 사람만 만나서 행동을 같이 하려고 한다.

2) 2차 성징의 발달과 신체상

사춘기에 나타나는 2차 성징은 청소년기의 가장 특징적인 부분이라고 할 수 있다. 사춘기가 되면 뇌하수체의 기능이 활발해져서 성호르몬과 성장호르몬이 많이 분비되고 이를 통해 성장 급등과 성적 성숙이 일어난다. 남자 청소년들의 경우, 고환과 음경이 커지고, 정자생산이 증가하며 몽정을 경험하고 턱수염이 나며 목소리의 변화가 일어난다. 여자 청소년의 경우에는 초경이 시작되고 유방이 발달하며 자궁과 질이 커지고 골반이 확대된다. 이때 남자와 여자 모두에게서 음모가 나타난다(정옥분, 2008).

이와 같은 신체 · 생리적 변화는 청소년들의 신체조건을 특징짓게 되며 결과적으로 이 시기 청소년들의 신체상(body image)에도 영향을 미치게 된다. 신체상이란 자신의 신체크기, 능력 및 운동능력에 대한 전반적인 느낌, 생각, 태도 등을 말하는데, 즉 청소년들은 자신에게서 일어나고 있는 신체 · 생리적 변화에 관심을 갖게 되고, 변화상태에 대해 만족 혹은 불만족을 느끼게 된다. 이들은 또한 어떤 신체적인 조건이 더 매력적이며, 특히 이성에게 더 매력적인 신체조건은 무엇인지에 대해 관심을 갖게 된다. 그러나 대부분의 청소년들은 자신의 신체조건에 대해 만족하지 못하는데, 얼굴에 여드름이 나거나, 키가 작거나 혹은 너무 크거나, 뚱뚱하거나 너무 마르거나, 얼굴이 못생겼다고 생각하거나, 근육이 없고(남자) 몸매에 굴곡이(여자) 나타나지 않으면, 굉장한 스트레스를 받고 심리적으로 불안정한 상태에 이를 수 있다. 일반적으로 여자 청소년이 남자 청소년보다 자신의 외모를 더 부정적으로 지각하는 경향이 있는데, 이와 같은 외모와 신체적 조건은 청소년들에겐 매우 예민한 사항으로서 그들 사이에 인기를 얻는 것도 외모와 신체조건에 대한 청소년들의 심리를 반영하는 것이다(이영미 · 민하영, 2009).

그러나 신체상은 한번 형성되면 고정되는 것이 아니라 성장과 발달과정에서 변화될 수 있다. 특히 청소년이 속한 사회환경이 여성과 남성의 신체조건에 대해 어떤 관점과 평가를 하느냐에 따라 많은 영향을 받게 되며, 청소년의 자아가 긍정적이냐 부정적이냐에 따라서도 영향을 많이 받는다. 즉, 자신에 대해 긍정적인 청소년은 대부분 긍정적인 신체상을, 부정적인 청소년은 일반적으로 부정적인 신체상을 갖는다(김정순 · 김영남, 2009).

3) 청소년기의 성심리

헐록(1975)은 사춘기의 급격한 신체 · 생리적 변화가 청소년들의 심리적 변화에 커다란 영향을 미친다고 주장하였다. 혼자 있고 싶어 하는 고립의 욕구가 증가하여 프라이버시를 중요시하고 가족과 떨어져 혼자 있는 것을 즐기는 것과 정서성이 증가하여 감정이 예민해지고 화를 잘 내는 것도 신체 · 생리적 변화에 의해 나타나는 청소년들의 심리적 변화라고 하였다. 또한 지나치게 수줍어 하고 자신의 신체 변화에 민감한 것과 불안감이 증가하여 자신감이 감소하는 것도 바로 급격한 신체 · 생리적 변화에 의해 나타나는 것이라고 하였다.

이러한 심리적 변화는 청소년들의 일상생활에서 흔히 발견되는데, 하루 종일 혼자서 방안에 있어도 지루해하지 않고, 스마트폰으로 거울을 보며, 사이버 공간에서 자기만의 세상을 만들고 비밀상자나 비밀노트를 갖는 것, 혹은 유난히 부끄러움을 타고, 조그만 일에도 화를 잘 내며 당황하는 것 등, 이전과는 다른 모습들을 보여 준다.

청소년들의 이러한 민감하고 격렬한 정서는 성에 대한 그들의 태도에서 그대로 나타난다. 청소년들은 자신이 성적으로 매력이 있는지에 대해 관심을 갖게 되고 외모에 대해 매우 민감하게 반응한다. 방 안에서나 길을 가다가도 거울만 있으면 들여다보고, 옷이나 머리 모양에 무척 신경을 쓴다. 또한 이성 앞에서 부끄러움을 잘 타면서도 때로는 지나치게 호들갑을 떨기도 하며, 짝사랑을 잘하고, 그리워하는 대상에 대해 가슴앓이를 많이 한다. 이들은 이성을 보더라도 외모에 크게 반하는데, 겉으로 드러나는 모습이 멋있으면 금방 반해 버리고 겉모습을 그 사람의 인격과 동일시한다. 또한 자신이 좋아하는 사람에 대해서는 맹목적으로 추종하면서 반대로 싫어하는 대상에 대해서는 무조건 배척하는 양상 등도 청소년들에게서 많이 발견되는 특성들이다. 이와 같은 양상들은 모두 청소년들의 성심리를 반영하는 것이라고 할 수 있는데, 이들이 경험하는 이성 혹은 성에 대한 감정상태는 변화와 강도가 매우 커서, 때로는 청소년 스스로도 자신의 감정을 통제하지 못하는 경우가 종종 발생하게 된다(한국청소년정책연구원, 2018).

그러나 이 시기 모든 청소년들이 이성에 대해 관심을 갖고 성에 대해 매력을 느끼는 것은 아니다. 일부 청소년들은 오히려 성에 대해 두려움이나 지나친 혐오감을 갖고 부정적인 감정과 태도를 갖기도 한다. 이들은 대부분 이성에 대해 무관심하려 하고, 이로 인한 갈등이나 혼란을 가치 없는 것으로 여기며 성적 활동에 참여하기를 거부하며, 정치나 도덕 혹은 사회 현상과 같은 문제에 몰입하여 토론하는 것을 즐기는 등 지적인 활동을 통해 자신의 성에 대한 욕구나 감정을 통제하기도 한다.

4) 청소년과 성역할

청소년기에는 성역할(gender role) 집중화 현상(centralization)이 일어난다. 성역할 집중화 현상이란 성역할에 대한 고정관념이 증가하는 것을 말한다. 우리 사회의 보편적인 성역할 고정관념 속에는 여자의 경우, 부드럽다, 따뜻하다, 수동적이다, 의존적이다, 얌전하다, 나약하다 등이 있으며, 남자의 경우, 딱딱하다, 냉정하다, 공격적이다, 독립적이다, 강하다 등이 지배적이다.

청소년기에 성역할 집중화 현상이 일어나는 이유는 청소년기의 발달적 특성 때문이라고 볼 수 있는데, 사춘기 동안 남성적 · 여성적 외모와 신체적 조건을 갖게 된 청소년들은 부모와 사회가 요구하는 성역할에 대한 기대를 갖게 되고, 이성에 대한 관심이 증가하면서 보다 고정적인 성역할에 충실하게 된다. 또한 이 시기에는 자기중심적 사고로 인해 다른 사람들이 나를 주시하고 있다는 생각을 많이 하게 되므로, 사람들이 기대하는 성역할을 하려고 노력하게 된다(허혜경 · 김혜수, 2002).

그러나 모든 청소년들이 성역할 집중화 현상을 보이는 것은 아니다. 특히 현대사회가 양성성의 개념을 높이 평가하면서 남녀의 성역할을 구별할 수 없는 모델을 자주 노출시키기 때문에, 청소년들 사이에 성역할 고정관념이 지배적인 모습은 점차 줄어들고 있다. 특히 가정에서 자녀의 수가 하나 혹은 둘로 줄어들면서, 자녀들도 대부분 양성적인 역할을 하도록 고무되어지고, 이들의 주 생활 공간인 온라인에서도 서로의 성을 노출시키지 않은 채 교류하는 경우가 많기 때문에 양성적인 성역할을 경험하는 경우가 자연스럽게 증가하게 된다.

일반적으로 성역할은 사회화 과정을 통해 형성되는 사회문화적 특질로 설명되고 있다. 그러므로 성역할을 형성하는 데에는 개인이 일생을 통해 경험하는 가정과 사회환경이 매우 중요한 요소로 등장한다. 이와 같은 맥락에서 부모의 기대, 양육환경, 교육매체, 인터넷 환경 등은 오늘날 청소년들이 성역할을 형성하는 데 결정적인 역할을 한다고 볼 수 있다. 그렇다면, 오늘날의 청소년들이 성역할 고정 관념에 대해 여전히 부담을 안고 있다는 것은 이들을 둘러싼 환경이 청소년들에게 성역할 고정관념을 전달하고 있다는 것을 의미한다고 할 수 있을 것이다(김혜경 · 이해경, 2002).

실제로 대부분의 부모들은 현대사회에 들어서면서 아들과 딸에게 과거와는 다른 방식으로 서로 다른 성역할을 기대하고 있는데, 아들에게는 전통적인 성역할을, 딸에게는 보다 양성적인 성역할을 갖도록 기대하는 경향이 있다. 이것은 부모가 자녀의 성역할에서 남성이 지닌 고정관념에 보다 가치를 두고 있기 때문에 남성의 역할은 그대로 유지하되, 자신의 딸은 보다 강하고 진취적인 사람이 되기를 기대한다는 것이다. 그러나 이러한 부모들도 대부분 타인에 대해서는 또 다른 입장을 취하게 된다. 즉, 자신의 딸에게는 양성적인 사람이 되기를 희망하지만, 가정 밖의 여자들에겐 전통적인 성역할을 기대한다는 것이다. 특히 이러한 입장은 어머니보다 아버지에게서 더 많이 나타난다. 따라서 여자 청소년들은 성장하는 동안 가정에서는 양성적인 사람이 되도록 자극을 받다가 사회에 나가서는 보다 전형적인 성역할을 강요받기 때문에 많은 갈등을 겪게 된다(한국청소년정책연구원, 2018).

그러나 남자 청소년에게도 이와 비슷한 현상은 일어나고 있다. 대부분의 가정에서 부모들은 아들에게 전통적인 성역할을 기대하지만 사회에서는 남자에게 보다 양성적인 성역할을 기대하기 때문에 남자 청소년 역시 성장하면서 성역할에 대한 많은 혼란과 갈등을 경험하게 된다. 그러므로 남녀 청소년들은 모두 아동기와 청소년기 동안 가정에서 학습하였던 성역할과 사회에서 기대하는 성역할 사이의 괴리를 느끼게 되고 성역할에 대한 부담을 경험하게 되는 것이다.

5) 성의식 발달 특성

성의식이란 성에 대한 가치관으로서 성에 대한 신념, 선호의 형태나 정도를 말한다. 성의식의 형태나 정도를 설명하기 위해 학자들마다 다양한 기준을 제시하고 있지만 종합해 보면 성의식은 성에 대한 가치관으로서 성에 대한 신념, 선호의 형태나 정도를 말한다. 이러한 성의식을 향상시켜 올바른 성 태도를 갖게 하는 것은 본인과 타인의 성에 대한 소중함을 인지하는 데 있어 중요한 요소이다(한국여성정책연구원, 2012).

건강한 성의식에 대한 입장은 당시의 시대적 상황과 사회적 맥락에 따라 다를 수 있다. 우리나라에서는 대체로 전통적인 성의식에 가까울수록, 즉 성관계에 있어 결혼을 하거나 성인이 되어서 애정을 전제로 상호 합의하여 성행동을 해야 한다는 입장을 가질수록 건강하고 바람직한 성의식으로 본다(백혜정 · 김은정, 2008). 그러나 이러한 성의식을 청소년에게 무조건적으로 받아들이고 따르도록 강요하는 것은 오히려 개인이 선택해야 하는 성행동에서 주도성을 상실하는 결과로 받아들일 수 있다. 그러므로 청소년들이 사회적으로 지향하는 성의식에 대한 주체적인 판단을 통한 건강한 성행동을 할 수 있도록 돕는 교육이 필요하다.

이처럼 청소년의 건강한 성의식과 성행동의 발달을 위해서는 적절한 성교육이 중요하다. 청소년이 성에 대한 건강한 가치관을 발달시키고 책임질 수 있는 긍정적인 성행동을 수행하기를 원할 때 부모나 교사 성교육 지도자는 다음과 같은 사항을 고려해야 한다. 첫째, 청소년은 성숙해 가는 자기 몸의 생김새, 크기, 매력성 등에 대해 편안함을 느껴야 한다. 둘째, 청소년기에 성적 욕구가 생기는 것에 대해 죄의식을 느낄 것이 아니라 정상적인 현상으로 받아들여야 한다. 셋째, 성행동은 일방적이어서는 안 되고 자신과 상대방이 모두 원할 때 가능하다는 것을 알아야 한다. 넷째, 안전한 성행동, 예를 들어 피임법, 성병 등에 감염을 피하는 방법 등에 대해 구체적으로 알아야 한다(김재원 · 박종섭, 2019).

4 청소년 성행동 실태

1) 성관계 경험

질병관리청(2021)에서 발표한 제16차(2020년) 청소년건강행태조사 통계에 따르면 전국의 약 5만 명 이상의 중 · 고등학생을 대상으로 이들의 성관계 경험에 대해서 조사한 결과 2015년 5%, 2016년 4.6%, 2017년 5.2%, 2018년 5.7%, 2019년 5.9%, 2020년

4.6%로 100명의 청소년 중 약 5명 정도가 성관계를 경험한 것으로 나타났다. 이를 통해 100명의 청소년 중 약 6명의 청소년이 성관계를 경험하고 있음을 알 수 있다. 또한 조사결과 중학생과 고등학생의 학교급에 따라 성관계 경험에서 차이를 보이는 것으로 나타났다. 중학생의 경우에는 최근 6년간 1.8~2.9%가 성관계를 경험한 것으로 나타났으며, 고등학생의 경우에는 6.4~7.3%가 성관계를 경험한 것으로 확인되었다. 중학생과 고등학생의 이러한 차이는 적게는 약 2배에서 많게는 약 4배의 차이를 보이고 있어 성관계와 관련하여 고등학생의 경험이 훨씬 많은 것을 알 수 있다.

〈표 7-1〉 청소년 성관계 경험률

(단위: %(표준오차))

구분	2015	2016	2017	2018	2019	2020
중학생 (중1~중3)	2.9(0.1)	2.5(0.1)	2.8(0.1)	2.6(0.1)	2.9(0.1)	1.8(0.1)
고등학생 (고1~고3)	6.8(0.2)	6.4(0.2)	7.1(0.3)	8.5(0.3)	8.6(0.3)	7.3(0.2)
계	5.0(0.1)	4.6(0.1)	5.2(0.2)	5.7(0.2)	5.9(0.2)	4.6(0.1)

출처: 질병관리청(2021).

반면 EVE(2019) 기업에서 조사한 청소년들의 피임, 섹스, 성교육 관련 실태조사에서는 위의 건강행태조사에 비해 다수의 청소년들이 성관계를 경험하는 것으로 보고되었다. 17~19세 1,348명을 중심으로 성관계 경험을 조사한 결과 54.7%가 경험한 적이 있고, 45.3%는 경험한 적 없다고 응답하였다. 이러한 결과는 앞서 건강행태조사에서 고등학생의 6.8~7.3%가 성관계를 경험한 적 있다고 답변한 조사결과와는 상당한 차이를 보이는 결과라고 할 수 있다. 두 조사의 이러한 차이는 조사를 수행한 기관의 성격 차이에 따라 조사대상의 일반적 특성의 차이로 발생한 결과로 보인다. 따라서 두 조사에서 나타난 결과를 종합적인 차원에서 해석하는 것이 옳을 것이다.

두 기관에서 조사한 청소년 성관계 경험에 대한 결과는 청소년 집단 내에서 청소년 성관계 경험에 대한 큰 차이가 있음을 의미한다. 이는 청소년 집단 중 특정된 일부의 집단에서는 성관계를 다소 허용하는 문화가 존재하며 그 집단에 속한 청소년들의 성경험은 다른 청소년들에 비해 월등히 높을 수 있다는 것을 보여 주고 있다. 이처럼 청소년들의 성문화는 집단에 따라 큰 차이를 보이고 있으며 그에 따른 성경험에 있어서도 많은 차이를 보이기 때문에 다양한 집단을 고려하여 포괄적인 측면에서 이해되어야 할 것이다.

EVE(2019)에서 조사한 자료에서는 성관계와 관련된 의미 있는 보고들이 있었는데, 청소년들이 성관계를 하게 된 이유는 "서로 원해서"가 74.5%로 대부분을 차지하는 것으로 나타났으며, 성관계를 경험하는 장소는 "집"이 53.3%, "그 외(룸카페, 모텔, 멀티방, 공공장소 등)"가 46.7%로 나타났다. 이들 중 64%가 성관계 장소가 불편했다고 보고하였으며, 39.8%가 "주위 사람들의 시선이 부담스러워서"라고 응답하였다. 그리고 성관계 경험이 있는 응답자 중 82%가 "성관계 후 불안감을 느꼈다"고 응답하였으며, 불안의 이유는 임신에 대한 불안감이 84.4%를 차지하였다. 이러한 결과들을 통해서 볼 때 청소년 중 일부의 집단에서는 다소 허용된 성문화 속에서 성관계를 경험하고 있으며, 이들은 자신들의 성행동이 허용되지 않은 사회적 여건 속에서 안전하지 않은 장소에서 성관계를 하기도 하며, 성관계에 따른 임신의 불안함을 경험하는 것으로 확인되었다.

2) 성 표현물 접촉 경험

청소년들의 성 표현물에 대한 접촉 경험을 알아보기 위하여 아하청소년성문화센터(2013)에서 조사한 2013서울시청소년성문화연구조사의 결과를 토대로 처음 접한 성 표현물 분야, 처음 접한 시기, 이용 빈도, 접한 후 느낌으로 구분하여 정리하였다.

(1) 처음 접한 성표현물 분야

중·고등학생 2,246명을 대상으로 이들이 최초 접했던 성 표현물의 분야를 확인한 결과 "야동"이 25.6%로 가장 많은 비중을 차지하고 있었으며, 다음은 "야사" 18.7%, "야설" 11.5%, "팬픽/야오이" 9.4%, "모바일" 7.4%, "망가/야애니" 4.9%, "기타" 3.3%, "야갬" 1.0% 순으로 확인되었다. 반면, "없음"으로 보고한 청소년들은 18.2%로 2순위의 "야사"보다 조금 적은 수준에 있는 것으로 나타났다. 이를 통해 다수의 청소년들이 접하는 성 표현물 분야는 "야동"이라는 것을 알 수 있다. 또한 남학생과 여학생의 경우에는 최초로 접한 분야의 차이가 있었는데 남학생은 "야동"과 "야사"가 1, 2순위를 차지하고 있었던 반면, 여학생의 경우에는 "팬픽/야오이", "야설"이 1, 2순위를 차지하고 있었다. 이처럼 남학생은 시각적으로 표현되는 동영상이나 사진을 최초 접촉하는 반면, 여학생은 성적 상상을 유도하는 소설을 먼저 접하고 있었다. 한편, 중학생과 고등학생의 경우 최초 접했던 분야는 큰 차이를 보이지 않았지만 "없음"이라고 답한 청소년의 경우 중학생(28.6%)이 고등학생(9.1%)보다 더 높은 것으로 나타나 고등학생의 성 표현물에 대한 접촉이 더 많음을 예상할 수 있다.

〈표 7-2〉 처음 접했던 성 표현물 분야

(단위: 명)

구분	중등		고등		합계		
	남	여	남	여	남	여	계
야동	130 25.3%	45 8.3%	269 44.0%	130 22.4%	399 35.5%	175 15.6%	574 25.6%
야사	118 23.0%	43 8.0%	185 30.2%	75 12.9%	303 26.9%	118 10.5%	421 18.7%
야설	36 7.0%	104 19.3%	23 3.8%	96 16.5%	59 5.2%	200 17.8%	259 11.5%
팬픽/야오이	2 0.4%	95 17.6%	1 0.2%	113 19.4%	3 0.3%	208 18.6%	211 9.4%

구분	중등		고등		합계		
	남	여	남	여	남	여	계
망가/야애니	24 4.7%	17 3.1%	48 7.8%	20 3.4%	72 6.4%	37 3.3%	109 4.9%
야겜	8 1.6%	5 0.9%	10 1.6%	0 0%	18 1.6%	5 0.4%	23 1.0%
모바일	62 12.1%	31 5.7%	42 6.9%	31 5.3%	104 9.2%	62 5.5%	166 7.4%
기타	9 1.8%	22 4.1%	14 2.3%	30 5.2%	23 2.0%	52 4.6%	75 3.3%
없음	124 24.2%	178 33.0%	20 3.3%	86 14.8%	144 12.8%	264 23.6%	408 18.2%
총계	513	540	612	581	1,125	1,121	2,246

출처: 아하청소년성문화센터(2013).

(2) 성 표현물을 처음 접한 시기

성 표현물을 처음 접한 시기에 대해서 알아본 결과 중학생과 고등학생 모두를 기준으로 보았을 때 "초6"이 19.8%로 가장 많은 것으로 나타났으며, 다음은 "중1" 19.7%, "초5" 12.8%, "중2" 10.5%, "초4" 7.8%, "초3" 4.2%, "중3" 3.4%, "초2" 2.2%, "미취학" 1.4%, "고1" 1.1%, "초1" 0.6%, "고2" 0.5% 순으로 확인되었으며, "접한적 없음"이라고 응답한 청소년들은 15.9%로 확인되었다. 이상의 결과들을 통해서 봤을 때 청소년들이 음란물을 처음 접하는 시기는 "초5~중2" 4년 간 62.8%로 다소 집중되어 있다는 것을 확인할 수 있다. 이는 남녀의 성별과 중 · 고등의 학교급에 따른 차이 없이 공통적인 결과로 나타났다. 그러므로 청소년들의 성 표현물 접촉과 예방에 관한 교육적 접근은 초등 3, 4 이전 시기에 개입하는 것이 효과적이라는 것을 알 수 있다.

(3) 성 표현물의 이용 빈도

청소년들의 성 표현물의 사용 실태를 확인한 결과 중 · 고등의 학교급에 따른 차이와 성별에 있어 차이를 보이는 것으로 나타났다. 중학생의 경우에는 "거의 안 봄", "접한적 없음"에 응답한 청소년이 남학생은 47.8%로 약 절반을 차지하고 있었으며, 여학생은 68% 절반 이상으로 나타났다. 반면 고등학생의 경우에는 남학생은 18.1%, 여학생은 65.5%로 나타났다. 즉, 중학생은 남녀 모두 절반 정도가 성 표현물의 이용 빈도가 미미한 것으로 나타났지만, 고등학생의 경우에는 여학생의 빈도는 낮지만 남학생의 높은 것으로 확인되었다. 성 표현물을 이용하는 남자 고등학생의 경우 "주 1~2회" 이용한다는 응답이 35.2%로 가장 많았으며, 다음은 "주 3회 이상" 19.5%, "월 1회" 16.2%, "매일" 6.4%, "분기별 1회" 4.6% 순으로 많은 것으로 나타났다. "주 1~2회" 이용이 가장 높은 것으로 나타난 결과는 남자 중학생에게서도 동일하였다. 반면, 성 표현물을 이용한 경험이 있다고 응답한 여자 중 · 고등학생의 경우에는 "월 1회"가 11%와 13.6%로 가장 많은 것으로 나타났다. 이상의 결과들을 통해 남학생이 여학생에 비해 성 표현물의 이용 빈도가 높음을 알 수 있으며, 여학생의 경우에는 오히려 이용하지 않은 청소년들이 더 많음을 알 수 있었다.

(4) 성 표현물을 본 후 느낌

청소년들이 성 표현물을 본 후 느끼는 느낌에 대해서 알아본 결과 학교급과 성별 모두에서 차이를 보이고 있었다. 중학생의 경우 남학생과 여학생 모두 "접한 적 없음"이 22.7%, 28.1%로 가장 많은 것으로 나타났으며, 다음은 "느낌 없음"으로 21.7%, 26.5%를 차지하고 있었다. 3순위에서는 남학생과 여학생이 차이를 보이고 있었는데 남학생은 "성충동 해소"가 3순위로 17.6%로 나타났고, 여학생은 "더럽고 추함"이 15.6%로 3순위를 차지하고 있었다. 고등학생의 경우에는 남녀의 차이가 더욱 분명하게 나타났는데 남자 고등학생은 "성충동 해소"가 40.1%로 가장 높은 것으로 나타났으며, 다음은 "느낌 없음" 17.2%, "성충동 자극" 10.1%, "스트레스 해소" 8.1% 등으로 높게 나타났다. 반면, 여학생의 경우에는 "느낌 없음"이 32.3%로 가장 높게 나타났으며, 다음은 "더럽고 추함" 19.4%, "접한 적 없음" 17.9%, "신기했다" 11.9% 등의 순으로 높게 나타났다. 이상의 결과들을 종합해 보면 중학생의 경우에는 남녀 모두 접한 적이 없거나 특별한 느낌을 받지 않는 경우가 다수를 차지하고 있었다. 그러나 고등학생은 남자의 경우에는 성충동을 해소하거나 자극을 받는 등의 성적 반응과 관련된 느낌을 주로 받았고, 여자의 경우에는 별다른 느낌을 받지 않거나 더럽고 추하다는 부정적인 반응을 많이 보였으며 성적 느낌과 관련해서는 경험이 적은 것으로 나타났다. 이를 통해 남자 청소년이 자신의 성적 충동을 해소하기 위해 성 표현물을 주로 사용한다는 것을 예상할 수 있다.

3) 성매매 경험

청소년들의 성매매 실태를 알아보기 위하여 여성가족부(2019)에서 발표한 2019 성매매 실태조사 자료를 살펴보았다. 해당 자료에서는 성매매 피해 경험을 포괄한 위기청소년들을 대상으로 조사를 실시하였다. 조사결과 확인된 성매매 경험 유무, 성매매 시기, 성매매 이유 및 경로에 대한 구체적인 내용들은 다음과 같다.

(1) 성매매 경험

위기청소년들을 대상으로 이들의 성매매 경험에 대해 알아본 결과 전체 중 47.6%가 성매매를 경험한 것으로 나타났다. 이는 위기청소년의 절반에 달하는 수치로 가출 등의 위기를 경험한 청소년들이 다수 성매매를 경험하는 것으로 확인되었다. 2019년 "경험 있음"으로 응답한 수치는 2016년에 비하여 14.2% 감소한 것으로 나타났지만 2019년 조사대상의 범주에 새롭게 추가된 대상이 있는 관계로 연도별 추세의 비교는 유의미하지 않은 것으로 보고되었다.

(2) 가출 후 성매매 시기

다음은 위기청소년들의 성매매 시기를 확인한 결과이다. 이를 위해서 가출과 성매매(조건만남)을 모두 경험한 응답자에게 가출 후 시간의 경과에 따른 성매매의 경험을 확인하였다. 조사 결과 2016년에서 "1주일 후"가 34.3%로 가장 많았고, 다음은 "가출 당일", "1개월 후", "7개월 이상", "3개월 후", "6개월 후" 순으로 높은 것으로 확인되었다. 2019년에도 이와 유사하게 "가출 당일", "1주일 후", "1개월 후", "3개월 후", "6개월 후", "7개월 이상" 순으로 높은 것으로 확인되었다. 이상의 결과를 통해서 볼 때 가출 청소년들은 가출 당일을 기점으로 1주일 동안 성매매를 가장 많이 경험한다는 것을 알 수 있었다. 이러한 결과는 가출에 따른 당면 문제인 의식주를 해결하기 위한 방법으로 부득이하게 성매매를 선택함에 따라 나타난 결과로 볼 수 있다.

〈표 7-3〉 가출 후 성매매 시기 (단위: 명)

구분	가출 당일	1주일 후	1개월 후	3개월 후	6개월 후	7개월 이상	기타	모름/무응답	합계
2016	– (25.7)	– (34.3)	– (14.3)	– (5.7)	– (1.4)	– (11.4)	– (4.3)	– (2.9)	70 (100)
2019	11 (21.6)	11 (21.6)	9 (17.6)	8 (15.7)	6 (11.8)	5 (9.8)	–	1 (2)	51 (100)

출처: 여성가족부(2019).

* 2016년도는 비율만 조사함

(3) 가출 후 성매매 이유

가출 청소년들이 성매매를 선택하는 이유에 대해서 확인한 결과 2016년에는 “갈 곳 없음” 29%로 가장 높았고, 다음은 “친구 권유” 16.8%, “타인의 강요” 13.1%, “필요한 것 구매” 10.3% 등의 순으로 확인되었으며, 5순위 이하의 항목들에서는 그 차이가 미미한 것으로 나타났다. 2019년의 경우에는 “많은 돈을 빨리 벌 수 있어서”가 26.9%로 가장 높게 나타났으며, 다음은 “타인의 강요” 16.7%, “갈 곳 없음” 15.4%, “친구 권유” 10.3% 순으로 나타났고 나머지 유형의 차이는 미미하였다. 이상의 결과를 통해서 볼 때 가출 청소년들은 갈 곳을 마련하거나, 생활비를 벌기 위해 성매매를 선택하는 경우가 많았으며, 친구의 권유나 타인의 강요에 의해 성매매를 선택한 경우에도 안전하고 편안한 가출 후 생활을 유지하기 위해 어쩔 수 없이 선택한다는 것을 알 수 있었다.

〈표 7-4〉 성매매 이유 (단위: 명)

구분	갈 곳 없음	친구 권유	타인의 강요	필요한 것 구매	유흥비 마련	많은 돈을 빨리 벌 수 있어서	호기심	사람 만나고 싶음	자포 자기의 심정	기타	합계
2016	– (29)	– (16.8)	– (13.1)	– (10.3)	– (7.5)	– (7.5)	– (6.5)	– (5.6)	– (3.7)	– (–)	107 (100)
2019	12 (15.4)	8 (10.3)	13 (16.7)	7 (9)	2 (2.6)	21 (26.9)	3 (3.8)	3 (3.8)	3 (3.8)	6 (7.7)	78 (100)

출처: 여성가족부(2019).

* 2016년도는 비율만 조사함

(4) 가출 후 성매매 경로

가출 청소년들의 성매매가 이루어진 경로를 확인한 결과 2016년과 2019년 모두 1순위가 “채팅앱” 37.4%, 46.2%, 2순위가 “랜덤 채팅앱” 23.4%, 33.3%로 나타났다. 이처럼 60~80%에 달하는 다수의 청소년들이 성매매를 위해 스마트폰을 이용한 채팅 관련 어플을 이용하는 것으로 확인되었다. 이러한 결과를 통해서 볼 때 청소년들의 성매매를 예방하기 위해서는 가출과 관련된 위기 상황에서 벗어날 수 있는 사회적 지원이 우선적으로 필요할 것이다. 그러나 위기 상황에 처했다고 하더라도 성매매와 같은 다른 위험에 노출되지 않기 위해서는 스마트폰을 활용한 성매매 알선 또는 구인 활동에 대한 강력한 규제 이루어져야 할 것이며 채팅앱에 있어 청소년들의 이용을 제한하는 것도 효과적일 수 있을 것이다.

〈표 7-5〉 성매매 경로 (단위: 명)

구분	채팅 사이트	채팅앱	랜덤 채팅앱	아는 사람	모르는 사람	기타	합계
2016	– (14)	– (37.4)	– (23.4)	– (20.6)	– (3.7)	– (0.9)	107
2019	6 (7.7)	36 (46.2)	26 (33.3)	5 (6.4)	1 (1.3)	4 (5.1)	78

출처: 여성가족부(2019).

* 2016년도는 비율만 조사함

5 바람직한 청소년 성문화의 정착을 위한 개선 방향

급속하게 변화하고 있는 현대사회는 새로운 삶과 문화의 흐름을 읽는 것이 중요하다. 특히 청소년들의 성문화는 변화되는 성인지 및 성평등과 같은 긍정적인 시대적 변화에 영향을 많이 받으면서도 남성 혐오나 여성 혐오와 같이 성별을 이분화하는 부정적인 변화들에도 함께 영향을 받고 있다. 또한 대중매체에서 부각하는 성 상품화

광고들과 무분별하게 양산되는 성표현물로 인해 과도한 성행동과 성매매 등의 부정적인 문화도 확산되고 있는 경향이 있다. 이러한 환경에서 건강하고 바람직한 청소년 성문화를 형성하기 위해서는 단편적인 접근에서 벗어나 다양한 측면에서의 포괄적인 접근이 이루어져야 할 것으로 보인다.

1) 건강한 이성교제 활성화

청소년기의 이성교제는 청소년기뿐만 아니라 이후 이성과의 관계에 영향을 미치며 다양한 발달 관계와도 관계되기 때문에 매우 중요하다고 할 수 있다. 특히 일부의 청소년 집단에서는 주체적인 선택에 따른 성관계도 이루어지고 있어 향후 원치 않는 임신과 낙태 등의 문제를 경험할 우려가 있다. 또한 이성교제 과정에서 일어나는 데이트 성폭력은 심각한 심리적 후유증을 경험하게 함으로써 적응상에 어려움을 만들 수 있다. 그러므로 청소년의 건강한 이성교제를 위한 효과적인 방안들이 제안되어야 할 것이다. 이를 위해서는 먼저, 성적 행동에 대한 의사결정 능력을 강화해야 한다. 다수의 청소년들 사이에서 성관계에 허용적인 분위기가 조성될 때 청소년들은 자신의 성적 충동과 교제 관계에서 오는 압력으로 인해 스스로가 원치 않은 성행동에 대한 의사결정을 할 수 있다. 그러므로 이성교제 과정에서 자신이 할 수 있는 성적 행동과 그 행동이 자신에게 어떤 결과를 미칠 수 있는지 그리고 그 행동에는 어떤 책임이 따르는지 알고 원하지 않는 상황에서의 의사결정 능력을 기를 수 있도록 해야 할 것이다. 다음으로, 교제 관계에서 나타날 수 있는 갈등 해결을 위한 의사소통 기술과 자기주장 훈련이 필요하다. 이는 이성교제 관계에서 나타나는 갈등 상황을 원만하게 해결할 수 있는 소통기술을 강화하고, 원치 않은 성적 접촉 상황에서 자신을 보호하고 성 건강을 유지하는 데 중요한 역할을 할 수 있을 것이다(김연서 외, 2021).

2) 성 표현물 노출 환경 개선

현재의 청소년들은 스마트폰을 이용하여 다양한 정보에 자유롭게 접근하고 있으며 이러한 환경은 사이버 공간이 주는 편리하고 윤택한 긍정적인 환경뿐만 아니라 어린 시절부터 다양한 성 표현물에 노출될 수 있는 부정적인 환경까지 조성하였다. 과도한 성 표현물에 노출된 청소년들은 성 인권과 관련된 존중은 사라지고 이성을 성적 대상으로 보는 왜곡 현상이 나타나게 된다(장현희, 2018). 특히 동의 없이 촬영된 불법촬영물들이 음란사이트에 급격하게 퍼지고 있어 의도치 않게 범죄에 가담하는 결과를 초래할 수 있으며, 성 표현물에 나타난 영상을 따라 하는 모방 행동으로 인해 성범죄로 이어질 수 있다. 이러한 문제들을 예방하기 위해서는 먼저, 성 표현물들이 무분별하게 제공되는 온라인 사이트 및 SNS에 대한 규제가 강화되어야 할 것이다. 성인 인증 절차 없이 이루어지는 사이트는 즉각 폐쇄할 수 있도록 조치하고, 성 표현물이 게시된 SNS의 개정을 삭제하는 노력이 이루어져야 할 것이다. 특히 출처가 분명하지 않은 불법촬영물의 경우에는 게시가 불가능하도록 하는 방안도 마련되어야 할 것이다. 다음으로, 청소년들에게 성 표현물을 소비하는 사회문화는 부정적인 성문화를 형성하는 데 매우 큰 영향을 미친다는 것을 알림으로써 주체적으로 성 표현물의 소비를 통제할 수 있도록 해야 할 것이다. 성 표현물에 대한 지나친 의존으로 스스로의 조절이 어려운 청소년의 경우에는 자기통제력을 높일 수 있는 개입도 이루어져야 할 것이다.

3) 청소년 성매매 예방 및 지원

청소년들의 성매매는 가출과 같이 위기 상황에서 발생하는 경우가 많다. 성매매 피해청소년 대부분은 가족폭력 피해와 가족해체의 경험으로 인해 부모로부터 기본적인 보호와 관심을 받지 못한 채 성장하였으며, 이러한 배경으로 인해 성매매 환경에서 벗어난 뒤 가정 복귀를 희망하지만 여전히 해결되지 않은 가족 문제와 갈등으로 다시 재가출과 성매매에 재유입하는 악순환이 반복되고 있다(최은지, 2021). 그러므로 성매매의 예방과 지원에 있어 가족 문제를 해결하여 청소년의 가출을 예방함으로써 성매매의 유입환경에 노출되지 않도록 하는 것이 우선적으로 필요하다는 것을 알 수 있다. 또한 성매매 피해자라는 낙인은 사회적응에 어려움을 줄 뿐만 아니라 가정 복귀에 어려움을 주고 있어 성매매 피해자에 대한 사회적 인식도 변화되어야 할 것이다. 그리고 손쉽고 빈번하게 성매매가 이루어지는 채팅앱과 사이트에 대한 규제도 강화되어야 할 것이다. 무엇보다 성매매에서 벗어나고자 하는 청소년이 삶의 재적응 과정에서 힘을 얻고 자립할 수 있도록 사회적 지지체계를 강화해야 할 것이며, 이들에게 지지가 되는 후견인을 채택하여 지속적인 모니터링과 사회적 지원을 통해 사회 구성원으로 자리잡을 수 있도록 도와야 할 것이다.

CHAPTER 08

청소년 참여문화

청소년 참여문화

1 청소년 참여에 대한 이해

1) 청소년 참여의 개념

일반적으로 참여(participation)는 활동에의 개입, 즉 어떤 활동에 참가하는 것을 의미하는 것으로 청소년의 참여는 청소년들이 자신의 삶과 지역공동체, 넓게는 사회생활에 영향을 끼치는 의사결정 과정에 관여하거나 영향력을 행사하는 것이다(천정웅, 2011). 청소년 참여는 의사결정에 있어서 청소년의 직접적인 관여를 의미한다. 청소년 참여는 청소년들이 능동적으로 자신의 생활환경에 참여하는 기회이며(Winter, 1997), 자신의 삶과 자신이 살고 있는 지역사회에 영향을 주는 의사결정을 공유하는 과정이다(Hart, 1997). 청소년 참여는 책임과 의무를 갖고 스스로 의사결정을 할 수 있도록 포함하고, 허용되고, 조장되어야 할 청소년의 권리라 할 수 있다(Council of Europe, 1993).

국내에서도 청소년 참여는 다양하게 정의되고 있다. 참여는 청소년들이 자신의 삶의 조건과 환경에 영향을 미치는 국가정책의 결정과정, 지역사회의 각종 결정, 학교 혹은 가정의 여러 결정과정에 자신의 생각과 주장을 가지고 참여하여 정책결정에 영향을 미치려고 노력하는 것으로(박세일, 2003), 성인들이 책임을 포기하고 청소년 스스로 의사결정을 하는 것이라기보다는 청소년이 궁극적인 권위를 지닌 성인의 지지와 지도를 통해 의사결정 과정에 적극적으로 관여하는 것이다(문성호, 2006). 청소년이 의사결정에 참여하는 것은 일상에서부터 하나의 특별한 이벤트까지 각기 다른 수준에서 참여하는 다층적인 것으로(Clark & Percy-Smith, 2006), 이는 청소년 스스로의 참여권 행사이며 청소년을 사회의 주변인이나 이방인이 아닌 책임과 의무를 가진 우리 사회의 당당한 시민으로서 성장하게 하는 발판이 된다.

참여의 유사용어로 관여, 개입, 권한부여 등이 있으며 연구자들마다 다른 특성과 관점으로 정의하고 있다(정건희, 2013). 예를 들면, 청소년 개입(youth involvement)은 청소년 참여(youth participation)의 한 형태로서 청소년 서비스 제공기관이나 행정기관 등에서 청소년 참여의 과정을 주도하는 경우를 의미한다. 또한 청소년 권한부여(youth empowerment)는 일반적으로 고도로 구조화된 경험을 통하여 청소년들이 특정한 문제를 통하여 사고하는 능력을 개발하고 그러한 문제에 대해 개인으로서뿐만 아니라 집단의식을 갖고 대응할 수 있도록 개인을 개발하는 데 중심을 두고 있다(천정웅, 2011). 청소년 참여와 관여, 권한부여 등을 규정하는 데에는 차이가 존재하며 이들이 복합되어 사용되어지기도 한다.

2) 청소년 참여의 모형

청소년 참여의 유형은 크게 하트(Hart), 샤이어(Shier), 체코웨이(Checkoway) 등의 사다리 모형으로 대표되는 단계적 계층화 모형과 피츠패트릭(Fitzpatrick), 레이드로(Laidlaw), 파운데이션(Foundation), 프리티(Pretty) 등이 제시한 비계층적인 연속형 모델의 두 가지로 구분할 수 있다(천정웅, 2011). 단계적 계층화 모형은 이해하기는 쉬우나, 최고 수준의 단계로 도달해야 하는 하나의 수직적 구조라는 특징이 있으며, 비계층적 모형은 모호하고 각 수준 간 차이가 크다는 단점이 있다(천정웅, 2011).

각 모형의 구체적인 내용을 살펴보면, 먼저, 단계적 계층화 모형에 속하는 하트(1997)의 경우 14세 이하 청소년이 정책 또는 의사결정에 참여하는 수준을 8가지로 구분하여 제시하였다. 직접적인 참여를 통해서만 청소년은 진정한 민주주의 가치와 자신의 유능감, 책임감을 개발할 수 있다고 보고, 청소년 참여 정도를 설명하기 위해 은유적인 기법으로 사다리 모양을 활용하였다. 하트의 8단계는 ① 성인들이 이용하는 조작(manipulation) 단계 → ② 장식(decoration)처럼 동원되는 단계 → ③ 명목상(tokenism)으로 참여하는 단계 → ④ 성인들이 지시하지만 정보를 제공하는(assigned but informed) 역할부과와 정보제공 단계 → ⑤ 성인들이 정보를 제공하고 협의하는(consulted and informed) 자문과 정보제공 단계 → ⑥ 성인 주도로 청소년과 의사결정을 공유하는(adult-initiated, shared decision with children) 단계 → ⑦ 청소년이 주도하고 감독하는(child-initiated and directed) 단계 → ⑧ 청소년 주도로 성인과 의사결정을 공유하는(child initiated, shared decisions with adults) 단계 등이다.

샤이어(2001)는 하트의 모델을 참고하여 참여의 통로(pathways to participation)모델을 제안했다. 실천가들이 참여과정의 각기 다른 측면을 이해하도록 돕기 위해 다음과 같은 5개의 단계를 제시하였다. 즉, ① 아동의 의견이 경청된다(경청), ② 아동이 자신의 견해를 표현하는 것이 지원된다(견해 표현), ③ 아동의 견해가 중요하게 고려된다(견해 고려), ④ 아동이 의사결정 과정에 포함된다(의사결정), ⑤ 아동이 의사결정에 대한 권력과 책임을 공유한다는 것(권력과 책임 공유) 등이다.

이상의 모형이 수직적인 단계적 계층화의 형태를 가진다면 피츠패트릭 등(Fitzpatrick, Hastings & Kintrea, 1998)은 청소년 참여를 저위수준의 참여(low level of participation)와 고위수준의 참여(high level of participation)의 연속선상에서 이루어지는 하나의 형태 또는 종류를 의미하는 것으로 이해하였다. 이들은 청소년 참여 수준을 자문(consultation), 공동관리(joint management), 통제(control) 등의 세 가지로 구분하면서 수평적 연속체상에 위치하는 비계층적 연속형 모형을 제시하였다. 저위수준에는 자문이 포함되고, 고위수준에는 통제가 포함되면서 그 중간에 공동관리유형이 있는 것으로 보았다.

플래처와 바브러스(Flecher & Vavrus, 2006)는 청소년 참여가 원형 서클(circle)형태의 다섯 단계의 순환적 과정을 통해 이루어지는 것으로 보고, 청소년들의 의견을 듣는 단계(listen)로 첫 번째 단계를 설명하고 있다. 사회변화에서 성공적인 청소년 참여는 청소년들의 의견을 듣는 것이 필수적으로 요구된다. 두 번째는 청소년들의 의견에 타당성을 부여하는 것이다(validate). 여기에서는 청소년들의 의견에 신중하게 반응하고 비판하고 피드백을 주는 것이 중요하다. 세 번째는 청소년들에게 권한을 주는 단계이다(authorize). 이는 청소년들이 변화에 영향을 줄 수 있도록 청소년을 훈련시키고, 지위를 만들어 주고, 공간을 허용해 주는 것을 말한다. 네 번째는 청소년이 실천하는 것이다(act). 수동적인 참여자에서 능동적인 변화촉진자나 지도자로 전환시키는 것은 청소년 스스로가 변화를 창출하기 위한 실천에 참여하는 것을 말한다. 다섯 번째는 청소년 참여를 통한 사회변화에 대한 반성적 사고이다(reflect). 청소년 참여로 이루어진 변화의 가정, 반응, 산출, 변화 등에 대해서 청소년과 성인이 함께 신중하게 검토하고 그것을 통해서 배우려는 책임감을 가져야 한다.

2 청소년 참여문화의 영역

청소년의 참여는 청소년들이 생활하고 있는 학교, 가정, 소비문화 공간, 다양한 문화 공간 등 청소년이 활동가능한 모든 곳에 편재해 있으며 학교 수업과 입시 교육으로 인해 상대적으로 제약이 많은 대중문화 영역이나 온라인 인터넷 영역에도 청소년의 참여는 활발하게 이루어지고 있다. 이러한 청소년 참여문화의 형태는 과거 청소년의 새로운 문화로 자리 잡았던 두발자유화나 교복자율화와 같이 청소년에게 청소년다워야 한다는 점을 가르쳤던 의식화 교육의 범주를 벗어나게 하는 사회분위기에서 찾아볼 수 있다. 1980년대 교복자율화로 인해 빚어진 자율과 획일성 타파에 대한 실험은 청소년에게 시각의 다원성, 계급 구조의 획일성 타파, 그리고 청소년이라는 대상끼리도 서로의 다름을 인정하고 다름 속에서 공동체의 다양성을 추구하게 하는 시각의 혁신을 보여 주는 계기가 되었다. 1991년 UN아동권리협약(1989년)에 비준하면서 청소년의 참여를 위한 제도적 발판을 마련하게 되었고 「청소년기본법」에 기초한 청소년정책기본계획을 통하여 지속적인 발전을 이루게 되었다.

1) 정책적 참여

청소년의 정책참여는 정부기관이나 지방자치단체의 위원회 활동, 청소년단체 · 시설 위원회 활동, 국제기구 및 국제 교류활동에의 참여 등 다양하다. 청소년의 정책참여를 보장하기 위한 시도는 크게 공적인 영역과 사적인 부분에서 성장, 발전해 왔으며 「청소년기본법」을 통한 제도화를 거쳐 〈표 8-1〉과 같이 청소년수련시설을 중심으로 하는 청소년운영위원회를 비롯하여 여러 청소년 참여기구들이 각 기능과 역할을 달리하며 변화해 왔다. 현재 공적인 영역인 제도적 참여기구로 청소년특별회의, 청소년 참여위원회, 청소년운영위원회 등이 여성가족부 소속으로 예산과 행정적 지원을 받아 운영되고 있다. 청소년특별회의는 전국적이며 범부처적인 성격을 갖는 청소년 참여기구이고 청소년 참여위원회는 정부 및 지방자치단체의 청소년정책에 대한 의견을 개진하는 청소년 참여기구이며 청소년운영위원회는 청소년수련시설의 운영 및 프로그램을 모니터링하고 의견을 개진하는 참여기구이다(최창욱 외, 2013).

비제도적 참여기구의 범주에 속하는 민간단체(NGO) 청소년 참여기구의 경우 개념에 대한 정의가 쉽지 않은데 이는 현실적으로 수많은 조직과 단체가 다양한 형태로 다양한 기능을 수행하고 있다는 점에 기인한다(김상수, 1999). 청소년과 관련 NGO는 주로 대도시에 편중이 되어 있으며 한국보이스카우트연맹, 한국걸스카우트연맹, 한국청소년연맹 등과 같은 청소년단체가 시 · 도 단위로 지부 또는 지방연맹을 갖고 있어서 각 지역의 고유한 성격을 갖고 활동하고 있는 단체는 매우 드물다. 전국적 조직으로 인해 지역적 특성이 약한 경우를 제외하고 비교적 지역의 특성을 갖고 운영되면서 공공과 시장으로부터 독립적, 비영리목적으로 청소년 사업을 진행하고 있다. 민간기구의 사업들을 보면, 청소년 인권교육, 문화예술, 학교활동지원, 체험활동, 소모임 및 동아리활동 등으로 유사하게 나타난다. 또한 민간기구들은 인권, 정치적 이슈에 대한 캠페인, 역사인식, 정책제안 등의 활동을 하고 있으며 정책토론회 같은 경우 몇 개의 기구가 서로 연합활동을 펼치기도 한다(김수완, 2014).

〈표 8-1〉 청소년 참여기구

구분	청소년특별회의	청소년 참여위원회	청소년운영위원회
주관	• 여성가족부 • 한국청소년활동진흥원 총괄	• 여성가족부 • 지방자치단체	• 청소년수련시설

구분	청소년특별회의	청소년 참여위원회	청소년운영위원회
구성	• 전국 17개 시도 청소년위원과 청소년전문가로 구성 • 약 250명 참여	• 9~24세 청소년 10~30명 • 공개모집과 추천으로 선발 • 189개 지역 3,446명 참여(2016년 기준, 서울은 6개)	• 시설당 9~24세 청소년 10~20명 • 305개 기관 5,168명 참여(2016년 기준, 서울은 52개 기관 853명)
기능	• 정부 청소년정책 제언 및 모니터링 활동	• 지자체 청소년 정책에 청소년 제안 및 모니터링	• 청소년수련시설의 사업, 프로그램 운영과 관련된 자문과 모니터링
목적	• 청소년정책과제에 대한 사회적 공감대 확산	• 청소년의 권리신장과 건전한 민주시민으로 육성	• 청소년수련시설을 이용하는 청소년의 의견과 욕구를 반영하여 청소년 중심으로 시설 운영
역할	• 매년 선정된 정책의제에 따른 세부 정책과제 발굴 및 본회의를 통해 의제를 각 부처에 제안, 특별회의 활동 홍보, 토론회 · 캠페인 개회 및 참여 등	• 청소년 관련 정책 모니터링 • 청소년의견 제안과 정책자문 • 각종 토론회, 워크숍 개최, 리더십 훈련프로그램 참여 등	• 청소년수련시설의 심의, 평가 등 • 시설 운영 전반에 참여, 프로그램 직접 기획 · 운영, 각종 지역사회 청소년 관련 행사 참여 등
연혁 및 법적 근거	• UN 등 권고를 배경으로 2004년 참여정부 공약사항으로 대통령 청소년특별회의란 이름의 자문위원회로 시작 • 2004년 시범사업을 거쳐 2005년 「청소년기본법」 제2조에 근거규정 마련	• 1998년 11월 문화관광부 내 청소년위원회 설치 이후 전국으로 확산 • 2012년 2월 청소년자치권 확대 근거법령을 「청소년복지지원법」에서 「청소년기본법」으로 이관 • 「청소년기본법」 제5조의2항에 근거규정 마련	• 2000년부터 전국 청소년수련시설 설치 운영을 사업지침에 담아 권장형으로써 운영 • 2004년 「청소년활동진흥법」 제2조에 법적 근거 마련

출처: 여성가족부(2018).

2) 사회적 참여

사회적 참여는 국가 기능과 직접적인 관련성을 갖지는 않지만 다수의 삶과 관련한 사회공동체의 기능과 관련되어 있다. 즉, 국가 영역 외의 공적인 영역으로서 시민사회, 지역사회 등의 의사결정이나 일에 관여하는 것이다. 사회적 참여는 비정치적 영역의 참여라고 볼 수 있으며, 청소년 자원봉사활동 등의 개인 차원의 활동뿐 아니라 환경, 공동체, 동아리, 그리고 최근에는 사이버 공동체에서 활성화되는 각종 참여활동 등을 들 수 있을 것이다. 사회적 참여는 시민사회 단체를 통한 참여활동, 정기적 또는 비정기적 자원봉사활동, 사이버 공동체 참여활동, 가정에서의 참여, 진로탐색 · 체험 등 직업능력 개발, 문화활동 참여 등으로 유형을 구분할 수도 있으며, 지역사회에서의 청소년 참여 유형을 강조하기도 한다(천정웅, 2021).

청소년 자원봉사활동은 미시적으로는 참여하는 청소년 개인의 심리적 만족과 사회적 성장과 발달을 위해 필요하며, 거시적으로는 속해 있는 사회에 대한 참여와 그로 인한 올바른 사회의식 형성과 그의 실천이라는 관점에서 중요하다(김주현, 김보혜, 2011). 청소년 자원봉사활동은 체험학습을 통해서 청소년 자신이 만족감을 느낄 수 있을 뿐만 아니라 사회에 참여해 볼 수 있는 기회와 그동안 학습한 사회적 책임을 실천해 볼 기회를 가질 수 있다. 자원봉사활동은 청소년들의 주체성 · 자발성이 중심이 되어 전개되어야 하고 단순히 보조적 노력봉사가 아닌 창의력과 기술양성이 이루어질 수 있는 활동일 때 스스로 봉사활동을 경험하게 되는 것으로 이해될 수 있다.

3) 정치적 참여

청소년들은 인터넷을 통한 정치활동, 정치집회 참여, 인터넷 · 언론매체 등에 정치관련 의견 투고, 정당 활동, 1인 시위활동 등의 정치 참여활동을 펼치고 있다. 그동안 촛불집회, 인터넷에서의 다양한 결사체 형성과 온라인상에서의 다양한 카페 활동, 토론 등의 과정을 통해 특정 주제에 대한 청소년의 정치적 참여가 이루어져 왔음을 볼 수 있다. 예를 들어, 지난 2008년 5월 초 미국의 광우병 쇠고기 수입 반대시위를 계기로 서울 청계광장에서 시작돼 전국으로 확산됐던 촛불문화제는 10대 청소년에서부터 대학생, 일반직장인, 학계, 노동계 등 광범위한 계층이 자발적으로 참여한 것으로 쇠고기 수입 반대 차원을 넘어 정부의 한반도 대운하, 교육정책, 의료민영화 등 다양한 이슈로까지 번져 범국민적 저항운동으로 확산되었다.

청소년들의 정치참여는 인터넷이 활성화된 2000년 이후 부쩍 늘었다(모상현, 이창호, 2012). 인터넷과 같은 커뮤니케이션 기술의 발전은 다양한 경로를 통해 상시적으로 네트워크에 접속할 수 있는 적절한 환경을 제공하며, 시간과 장소에 구애받지 않고 사회적 연결망 서비스의 이용을 가능케 해 주고 있다. 스마트폰 등 모바일 기술의 발전을 통한 트위터와 페이스북과 같은 SNS의 보급이 활발히 이루어지고 있으며 디지털 세대인 청소년들은 인터넷을 통해 문제의식을 공유한다. 패러디물의 범람, 항의메일, 리플달기, 글 나르기, 사이버촛불시위 등은 온라인과 오프라인의 상호작용을 통한 사이버 네트워크 시대의 새로운 정치참여로 나타나고 있다.

참정권 확보를 위한 한국 YMCA낭랑포럼은 2005년 6월 만 18세 참정권 확보를 위해 청소년YMCA 회원들이 연대하여 진행한 포럼으로 정치개혁특별위원회에 드리는 글, 국회의원들께 드리는 글 등을 발표하고 만 18세 참정권의 정당성과 필요성을 주장한 것이다. 낭랑포럼으로 시작한 청소년참정권운동은 2020년 18세로 선거권 연령이 하향 조정되기까지 14년 동안 이어져 왔으며, 청소년의 선거권 행사라는 사회적 변화는 다시 청소년의 정치적 태도에 영향을 미치고 있다(남성희, 2020).

4) 경제적 참여

청소년기는 발달단계상 교육에 전념하며 경제적으로 보장받아야 하는 시기로 인식되어 왔으나 산업화와 사회적 환경의 변화, 직업체험프로그램 등 일 중심 학습(work-based learning)의 중요성 강조, 그리고 무엇보다 청소년을 더 이상 사회의 보호가 필요한 대상이 아니라 사회발전의 원동력으로 파악하는 인적자원개발이라는 관점으로 전환되면서 청소년의 경제적 참여를 장려하는 움직임이 활발해지고 있으며 청소년의 일에 대한 재조명이 이루어지고 있는 현실이다(김기헌, 2006). 국가가 청소년들의 경제적 참여를 활성화하는 정책을 모색하는 가운데 우리 사회의 노동현장에 참여하는 청소년의 수는 꾸준히 증가하고 있으며 청소년의 노동유형은 다음과 같이 노동의 목적과 참여형태에 따라 다양하게 나타나고 있다(이자영 외, 2017; 전명숙, 2003).

(1) 직업으로서의 노동활동

성인과 마찬가지로 생계와 관련된 삶의 계속적인 활동으로서의 노동에 해당한다. 중등교육을 마치거나 고등학교 중퇴를 하고 직업선택을 통해 노동을 하는 경우이다. 노동 환경이 청소년의 적성에 맞으며, 적절한 직업교육을 제공받는지가 중요하며 특히 성인의 입장과 동일하게 바라보아야 하며 임금과 근로 대우에 있어서도 유사한 조치가 이루어지는 것이 필요하다.

(2) 가족의 생계를 유지하기 위한 노동활동

부모의 실직, 가정의 빈곤, 부모의 이혼 등으로 조부모에게 맡겨지거나 소년 · 소녀가장으로 가정의 생계를 책임지기 위해 당장 노동에 참여하여 생계를 유지하는 생계형 근로를 하는 것이다. 생활이 어려운 청소년들이므로 학업을 하는 과정이나 중도에 학업을 포기하더라도 노동활동을 해야만 한다.

(3) 가출청소년의 생활유지를 위한 노동활동

가정문제 및 가족구성원들과의 갈등 등으로 가출청소년이 되면 당장의 숙식문제 해결이 절대적인 당면문제이므로 생계를 위해 아르바이트를 한다. 청소년들의 방임현상이 늘고 있는 상황에서 돌아갈 가정이 없는 청소년들은 숙식에 대한 필요성과 생활을 위한 자본이 절실하기 때문에 사용자의 무리한 요구도 거절할 수 없는 위치에 놓여 있다.

(4) 소비활동을 위해 필요한 용돈벌이형 노동활동

청소년은 원하는 각종 물건을 사거나 하고 싶은 일을 하기 위해 노동활동에 참여하는 경향성을 띤다. 이러한 노동활동은 가정의 경제적 수준과 무관하며 개인의 취향에 따라 나타나고 있다. 소비문화의 영향으로 많은 수의 청소년들이 용돈벌이형 노동활동에 참여하고 있다.

이 외에도 청소년이 노동활동에 참여하는 이유는 자신의 진로 선택에 도움을 받기 위해서, 사회경험을 쌓기 위해서, 친구들과 어울리기 위해서, 또는 여가를 보람 있게 보내기 위해서, 노동의 가치를 알기 위해서 등으로 나타난다.

아르바이트를 한 경험이 있는 청소년을 대상으로 아르바이트를 하는 주된 이유를 조사한 결과를 보면 '부모님(보호자)께서 용돈을 주시지만, 내가 원하는 것을 하기에는 돈이 부족해서'(54.4%)가 가장 많고 스스로 사회 경험을 해 보고 싶어서, 부모님(보호자)께 용돈을 받을 형편이 아니라서, 재미있을 것 같아서 등 다양하며 대다수의 청소년들이 자신의 소비욕구를 충족하기 위해 아르바이트를 하고 있는 것으로 분석되고 있다

(김지경 외, 2018). 청소년의 이러한 자발적 경제참여는 학생들로 하여금 직업세계를 체험할 수 있는 기회를 제공하고 미래에 본인이 희망하는 직업을 얻는 데 있어서 요구되는 가치나 지식, 태도 등을 습득할 수 있다는 점에서 긍정적인 영향을 미친다(Hamilton & Stewart, 1980). 반면, 아르바이트 참여가 학업 성적에 부정적인 영향을 미치며, 하는 일이 무엇이냐, 고용주의 처우가 어떠한가에 따라서 기본권을 침해받거나 담배 · 흡연 등 일탈 행동을 시작하는 계기가 된다는 부정적인 입장도 함께 지적되고 있다(Marsh, 1991).

전통적으로 청소년은 노동과 경제활동의 현장에서 사회적 약자로 인식되어 왔으며, 현재도 노동시장에서 상대적으로 취약한 청소년들은 최저임금이 인상되었으나 인상된 임금을 충분히 받지 못하고 있는 상황이다. 청소년이 경제활동을 통해 사회에 참여하고 자신의 역량을 개발하는 경험을 할 수 있도록 건전한 일자리로 청소년을 유도하고 경제적 참여를 복지차원에서 다루는 다양한 프로그램이 마련될 필요가 있다.

5) 문화적 참여

오늘날 청소년들은 새로운 문화를 누구보다 적극적으로 수용하고, 때로는 비판적으로 대응하는 주체적 참여의 모습을 보이고 있다. 김미윤(2006)은 청소년들의 문화적 실천을 '문화참여'라고 규정하면서, 다양한 문화 실천의 사례들을 통해 문화참여의 개념 및 유형을 이론적으로 분석하였다. 그에 따르면 청소년문화참여의 범주는 문화적 개입과 실천에 있어서 그 시작과 과정, 지향점이 개인적 차원에 있는 개인적 참여와 사회 공공적 차원에서 문화적 실천이 진행되는 사회적 참여로 나누어진다. 또한 청소년의 문화참여는 일상이나 어떤 문화적 사안, 이면의 구조 등에 대한 문제제기보다는 긍정적 수용을 기반으로 참여하는 수용적 참여와 기존 인식과 시스템에 대한 비판의식을 바탕으로 문화적 실천을 시작하거나 대안을 마련하기 위해 문화참여를 하는 비판적 문화참여로 구분할 수 있는가 하면, 이 외에도 제도적(정책적) 문화참여와 비제도적 문화참여 등으로 나누어지기도 한다.

청소년이 어떤 모습으로 문화참여를 실현하고 구체화하는가 하는 것은 참여의 유형을 살펴보면 좀 더 세분화되고 표면화된 실제 모습을 알 수 있다. 청소년 참여의 유형은 문화참여의 태도에 따라 '소비적 문화참여', '관조적 문화참여', '향유적 문화참여', '창조적 문화참여' 등으로 나누거나, 문화참여가 이루어지는 공간에 따라 '오프라인 문화참여'와 '온라인 문화참여', 그리고 '학교중심 문화참여'와 '지역중심 문화참여' 등으로 나눌 수 있으며, 시간에 따라 '단기적 문화참여'와 '장기적 문화참여', 시간 및 진행의 연속성에 따라 '단속적 문화참여'와 '연속적 문화참여'로 분류하거나, 문화참여의 주체에 따라서는 '청소년 주도 문화참여'와, '성인 주도 문화참여'로 구분이 가능하다.

또한 '개인단위'로 이루어지거나, '새로운 집단(조직)을 형성'하여 이루어지거나, '이미 마련된(제도화된) 조직을 활용'하는 등의 방식으로 구분하기도 한다. 즉, 블로그 운영과 같이 개인의 범주에서 크게 벗어나지 않는 문화참여의 형태가 있는가 하면, 대통령 청소년 특별회의와 같이 정책적, 제도적으로 지원을 받는 형식의 문화참여가 있다. 주제 면에서 '청소년의 특수성과 연관된 주제를 다루는 문화참여'와 '사회 일반의 주제를 다루는 문화참여'가 있을 수 있으며, 두발자유화나 특정 학교의 체벌문제, 청소년 노동권 확보와 같이 청소년의 생활에서 비롯되는 이슈에 참여하는 경우가 전자의 경우라면, 지역의 개발과 같은 환경문제나, 정치적 외교의 문제와 같은 사회 일반의 주제와 연관된 이슈에 청소년이 참여하는 경우는 후자에 해당한다. 이 밖에도 문화참여의 방향에 따라 '일상 수렴적 문화참여', '장르 수렴적 문화참여', '사회이슈 수렴적 문화참여'로, 목적 면에서 '여론(담론)화 및 인식 전환을 목적으로 하는 문화참여'와 '법적 · 제도적 변화를 목적으로 하는 문화참여', '재미(놀이)를 위한 문화참여', '관계의 형성을 위한 문화참여' 등 청소년의 문화참여는 여러 유형으로 구분이 가능하다.

3 사회적 기여문화

1) 기부와 청소년 참여

청소년기의 기부는 사회적인 측면에서는 사회발전과 건강한 사회유지를 돕는 요인이 되는 동시에 사회적 결속력을 강화시킬 수 있는 기제가 되며, 청소년의 인성발달과 사회적 성장을 촉진시키는 데 도움을 준다(이고은, 손원준, 2019). 기부는 개인의 이익보다는 타인이나 공공의 목적을 위해서 자신이 소유한 물적 자원을 제공하는 것을 의미하는 말로 시민의식을 표현할 수 있는 통로이며 사회문제와 사회변화에 개입하고 참여하는 수단이 될 수 있다(한지선, 2005). 청소년의 기부행위는 청소년 자신의 정신적, 육체적 자원을 활용하여 자발적인 의도로 타인이나 사회를 위하여 계획을 가지고 어떠한 대가를 요구하지 않으면서 일정한 기간 동안 지속적으로 수행하는 것을 말한다(김보경, 2015).

기부는 협의적 의미의 기부행동으로 정의될 수 있지만, 기부행동을 광의적 의미로 정의할 때는 보다 다양한 의미들을 포함할 수 있다. 즉, 넓은 의미의 기부행동은 친사회적 행동의 하나로서, 타인이나 타 집단의 복지증진을 위한 자발적 행동으로 이타적 행동과 같은 의미로 사용된다. 이는 도와주기, 나눠 주기, 협동하기, 기부하기 등의 행동유형으로 나타난다(정영호, 2018). 2015년 한 조사에 따르면 전체 청소년의 반 이상(51.8%)이 기부활동에 참여한 경험이 있는 것으로 나타나, 도움 주기, 나누기, 기부 등에 많은 청소년들이 참여하고 있음을 알 수 있다(한국청소년정책연구원, 2016).

기부는 현금, 금품, 부동산, 용역, 신체의 일부 등을 기부하는 '유형의 기부'와 시간과 재능, 기술을 나누는 자원봉사 성격의 '무형의 기부'로 분류된다(김수진, 2012). 먼저,

유형의 기부는 물질적 기부로 현금과 현물을 포함하는 기부형태이다. 개인기부자는 일정한 금액 또는 물품을 비영리기관에 정기적 혹은 일시적으로 지원해 주는 사람이나 단체를 의미하며, 이러한 후원자의 형태를 나누면 일시적인 행사를 통해 참여하는 공동모금 후원자, 정기적으로 후원금을 제공하는 결연후원자, 일시적인 후원금을 제공하는 기부자로 구분할 수 있다(김성기, 2007).

둘째, 무형의 기부로 시간적 기부에 해당하는 자원봉사활동이 있다. 자원봉사활동은 개인 자신이 선택한 자원봉사기관을 통하여 활동하고 창조하고 실험하며, 새로운 목표를 달성하려고 노력하는 과정에서 자유와 민주적 과정에 독특한 역할을 하고, 공익을 증진시키기 위하여 자발적으로 노력하는 활동이다. 우리들이 살고 있는 지역에서 일어나는 모든 문제들을 예방하고 해결하는 데 그 대가를 바라지 않고 자신이 가지고 있는 시간을 제공하는 활동이라 할 수 있다(배사학, 2001; 백인엽, 2011). 또한 재능기부 역시 무형의 기부 중 하나로 단순 노동력을 제공하는 자원봉사가 아닌 개인이 갖고 있는 재능을 개인의 이익이나 기술개발에만 사용하지 않고 이를 활용해 사회에 기여하는 새로운 형태의 기부라고 할 수 있다. 재능기부는 기부를 받아야 할 대상이 다양한 만큼 기부할 수 있는 재능도 다양하다(박소현, 2011). 재능기부는 금전적 기부나 자원봉사활동에 부담을 느꼈던 기부자에게 또 다른 사회참여의 방법을 제공하는 것이 되며, 기부자 자신의 성장 및 발전을 경험함으로써 자신의 재능을 살릴 수 있는 기회를 가지게 한다(김보경, 2015).

조사에 따르면, 전체 기부 시장에서 10대의 기부 비율이 다른 연령대에 비해 가장 적은 비중을 차지하는 반면(강철희, 2012), 온라인 기부에 참여하는 청소년의 수는 꾸준히 증가하고 있다(해피빈, 2014). 온라인 모금은 아동과 청소년의 자선적 기부참여를 확대하는 데 중요한 역할을 할 것으로 기대되고 있다(Aldridge & Fowles, 2013). 청소년 시기의 자선적 기부는 성인기의 기부행위로 이어진다(이상철 외, 2010; Hart et al., 2007). 청소년의 기부나 자원봉사와 같은 이타적 행위는 자신의 역할정체성을 형성하는 데 영향을 주고 아동 · 청소년기의 자선적 기부 경험이 자선적 역할에 대한 내재화를 도와 성인기에도 지속적으로 기부활동에 참여하게 된다고 보는 것이다.

국내 온라인 기부 플랫폼은 포털사이트 네이버(Naver)에서 운영 중인 '해피빈(Happybean)', 다음(Daum)에서 운영 중인 '카카오같이가치'가 대표적이다. 국내 1세대 기부 플랫폼인 해피빈은 다양한 경로를 통해 주어지는 '콩'을 사용하여 지원이 필요한 다양한 기관과 개인을 지원할 수 있도록 하는 온라인 기부 플랫폼으로 기업이 제공하는 무료 '콩'을 사용하여 청소년들이 기부를 경험할 수 있는 플랫폼을 제공하며, 지원을 받고자 하는 다양한 단체와 개인에 대한 정보를 공유 · 제공함으로써 이를 접한 청소년들이 사회의 취약계층과 소외계층의 복지욕구와, 사회불평등과 빈곤과 같은 사회문제를 이해하도록 돕는 방식으로 운영된다(최상미 외, 2015). 청소년들은 팬클럽에서 온라인 모금을 통한 기부활동에 적극적으로 참여하고 있다. 팬클럽 '시스터스'의 경우 팬들의 적극적인 참여로 해피빈을 통하여 2009년 1월부터 '소녀시대' 혹은 '소녀시대' 맴버의 이름으로 기부활동을 하고 있다. 팬들이 모은 사이버머니 콩이 해피빈에서 소개되는 사회복지시설에 기부되고 있다. 팬클럽 '시스터스'는 온라인 모금 외에도 헌혈증 기부, 도서기증, 장학금 기부 등의 활동도 하고 있는 것으로 나타난다(최준용, 2011).

청소년의 기부문화는 급격하게 성장한 유튜브의 선한 영향력도 있다. 사회복지공동모금회에서 발간한 '2020 기부 트렌드 보고서'에 따르면 소비자 행동 특성의 변화에 따라 '착한 소비' 열풍이 소비의 강력한 기준으로 자리 잡고 있다. '착한 소비'란 개인이 무언가를 구매할 때, 타인과 사회에 미치는 선한 영향력을 고려한다는 것으로, 사회적 참여 또는 기부와 소비가 결합된 형태로 나타난다. 디지털 환경을 통해 Z세대와 밀레니얼 세대가 주도해 온 '착한 소비' 열풍은 이제 세대를 넘어 기부문화의 새로운 패러다임을 만들어 내고 있다.

이는 유튜브 내 형성된 '착한 콘텐츠' 열풍과 그 흐름을 같이 하는데, 자극적이고 선정적인 콘텐츠와 상반된 나눔과 기부를 주제로 하는 '착한 콘텐츠'는 개인 유튜버가 수익을 기부하거나 특정 기관과 함께 캠페인을 진행하는 등 다양한 형태를 띠고 있다. 비영리단체에서는 모금 플랫폼으로서 유튜브를 활용하고 있으며, 개인 유튜버의 자체적인 기부 활동 외에도 구독자와 함께 나눔을 실천하는 영상의 수가 증가하고 있다. 구독자와의 팬미팅을 팬과 함께하는 봉사활동으로 구성하는 것이 유튜브 내 하나의 유행으로 자리 잡고 있음을 볼 수 있다(김명은, 최규리, 2020).

2) 사회적 위기와 청소년 참여

(1) IMF 시대 청소년

① 생활의 변화

1980년대 말 이후 국민들의 근로의욕 저하와 함께 성장률의 급격한 하락, 물가불안, 국제수지적자 등을 경험한 한국은 1997년 11월 국제통화기금(IMF: International Monetary Fund) 관리체제하에 놓이게 되었다. IMF 금융지원을 받기로 결정된 이후 우리나라는 정치, 경제, 사회의 모든 면에서 커다란 변화를 요구받았다. 이 변화는 스스로 시작한 변화와 개혁이기보다는 강요된 변화와 개혁이었다. 당시 한 연구기관의 조사에 따르면 IMF 위기하에서 국민들의 라이프스타일(life-style)은, ① '우리'의 개념 변화, ② 현실도피, ③ 경제우선의 합리적 사고, ④ 복고주의로서 잊었던 정체성의 회복, ⑤ 계층 간의 갈등 증대, ⑥ 한탕주의, ⑦ global standard의 이중적 대응, ⑧ 투명 · 공정성의 새로운 가치 등장, ⑨ 따뜻함 추구, ⑩ 애국심 증대 등의 의식의 변화를 가져온 것으로 보고하고 있다(삼성경제연구소, 1998). 사회상황이 변화했고 변화된 상황들이 사람들의 의식을 바꾸고, 그 결과 의식주, 가족, 직장, 정치, 경제, 교육, 문화, 사회 등 모든 부문에서 인간의 행동을 바꿔 놓았다고 해석하였다.

IMF 금융지원 이전과 이후의 청소년들의 생활을 보면 전반적으로 씀씀이는 줄지 않았으나 필수품 중심의 구매로 결과적으로 신용카드 사용액이 줄었다. 식생활의 양과 빈도에는 차이가 없으나 외식이 줄었으며 대중교통수단 이용이 증가하였다. 금전 사용 변화에서는 기본생활에 타격을 받지는 않으나 용돈이 줄어들고 아르바이트 자리를 구하기가 어려워 수입이 감소되었다(이순형, 1998). 여가생활과 소비행태, 공부방법도 달라져 학원수강이나 과외, 여가 및 오락 활동이 줄었고 돈이 드는 청소년활동이나 여가문화 프로그램보다는 공공기관의 무료강좌나 실속 있는 방과후 교실 프로그램에 참여하는 청소년이 늘어났다. 한편으로 오랜만에 학원에서 해방되어 친구들과 즐기면서 새로운 친구를 사귀거나 공공도서관을 찾는 청소년도 부쩍 늘어난 것으로 나타났다(한계레신문, 1998. 03. 07.). 즉, 가정경제가 변하고 이에 따라 청소년들의 생활 방식도 많은 영향을 받음으로써 어려움과 문제들이 늘어난 것과 함께 여러 가지 생활양태들이 바뀌었다고 볼 수 있을 것이다.

② 의식의 변화

청소년의 의식조사 결과를 보면, 청소년들은 IMF가 무엇인지, 그 원인은 무엇인지, 그 속에서 자신이 해야 할 일은 무엇인지 등에 대해 그들 나름의 시각으로 인식하고 생각하고 판단하고 있음을 알 수 있다. 설문조사에 따르면 IMF 위기를 해결할 주체가 누구냐는 질문에 청소년 응답자의 81.9%가 온 국민으로 응답하여 청소년들 스스로가 위기를 해결하는 데 일조를 할 수 있다고 생각하였으며, 위기단축의 기여 정도에서는 기여할 수 있다는 것에 82.3%의 청소년이 응답하여 기여도에 대한 긍정적인 반응을 보였다. 또한 IMF 위기 단축을 위한 기여방법으로 국산품 애용하기(57.1%)가 가장 많은 응답으로 나타났고, 물건 아껴쓰기(24.2%), 저축하기(18.7%) 등으로 응답하였다(최충옥, 강운선, 1998).

청소년들은 금전이 필수불가결의 요소라고 생각하면서도 금전에 치우쳐 사람을 평가하는 극단적 금전 만능주의적 인식을 하지는 않았고 빈자와 부자를 능력이나 도덕으로 간주하는 데에 동의하지 않고 개인의 특성으로 보는 균형 잡힌 인식자의 면모를 보여 주었다. 돈의 사용처도 중요하지만 돈을 번 과정의 정당성을 중시하였고, 소비의 여러 가지 기능을 익히 알고 인정하였으며, 일류대학에 진학하는 것이나 열심히 일하는 동기는 대체로 보다 나은 보수를 원하기 때문으로 인식하면서도 감사하는 마음이 반드시 물질로 표현될 필요는 없다는 물질주의적 가치관에 대한 비일관적인 태도를 가지고 있는 것으로 조사되었다(이순형, 1998).

청소년들은 마치 자신이 외제 학용품 하나 사용해서, 전기 한 등 안 꺼서 우리 부모님이, 이 나라가 한숨을 내쉬게 된 것처럼 자신의 생활을 반성하며 앞으로의 실천사항들을 다지는 모습을 보여 주었다. 물자 절약운동, 자원 재활용운동, 대중교통 이용하기, 에너지 절약 운동, 국산품 애용하기, 아나바다운동 참여하기, 건전한 소비생활 운동 등 자신들이 할 수 있는 최선의 방법으로 실천을 하였다. 이들은 오히려 부모의 실직 걱정을 하고, 자신의 용돈을 스스로 벌어 볼 생각도 했으며, 가정에서 가정소비경제의 감시자 역할을 톡톡히 해내는 경제파수꾼의 역할을 담당했다(천정웅, 1998). 시대적 변화에 따라 새로운 방향과 내용을 찾는 청소년 프로그램도 찾아볼 수 있는데, 그중에서도 알뜰시장, 우수 중소기업 견학, 우리 경제살리기 캠페인, 용돈기입장 기록운동, 사회문제를 주제로 한 토론활동 등 물자절약과 건전한 소비생활을 유도하기 위한 내용들이 마련된 것을 확인할 수 있다.

한편으로 청소년들이 현재적 시점에서 어른들과 함께 사회를 이끌어 나갈 협력자이자 동반자이면서, 동시에 우리 사회의 미래를 책임져 나갈 주체라는 점을 인식하는 발상의 전환이 강력하게 제안되기도 하였다(천정웅, 1998). IMF라는 사회적 위기에 직면하여 우리 사회는 청소년들을 참여적 시각으로 바라보고 청소년들이 국가적 어려움을 올바로 인식하고 그 속에서 자신들의 역할을 고민하는 과정, 그리고 스스로의 판단을 통해 자신들이 해야 할 일을 찾아 나가고 결정하는 과정, 가정과 학교, 사회에서 자신의 역할을 스스로 규정하고 실천하는 과정이 될 수 있도록 진정한 배움의 과정으로 만들기 위해 고심했으며, 청소년들이 이 시기를 어떻게 의미 있는 자신들의 삶의 경험으로 위치 짓게 하고 그 극복과정을 통해 자질과 능력을 가진 시민으로 성장할 수 있게 할 것인지를 다양하게 논의하였다.

(2) 코로나19와 청소년

① 코로나19로 인한 변화

코로나19(COVID-19)의 공식적 정의는 'SARS CoV-2 감염에 의한 호흡기 증후군'이다. 발열, 권태감, 기침, 호흡곤란 및 폐렴 등 경증에서 중증까지 다양한 호흡기감염증상을 특징으로 하며 수액 보충, 해열제 등 보존적 치료만 있을 뿐 정확한 치료제는 아직 없는 상태이다(질병관리본부, 2020. 04. 02.). 2019년 말에 중국 후난성 우한시에서 최초 감염자가 발생한 후, 코로나19는 한국을 포함한 아시아 국가는 물론, 유럽, 북미 등 전 세계 대부분의 국가로 빠르게 확산되었고, 이에 따라 세계보건기구(WHO: World Health Organization)는 2020년 3월 11일 코로나19의 대유행(pandemic)을 선언하였다(WHO, 2020. 3. 11.). 2020년 5월 30일 현재까지 전 세계 200개국 이상에서 5,840,804명이 코로나19 확진 판정을 받았고, 그중 362,131명이 사망할 정도이니 말 그대로 전 세계적인 대유행이 아닐 수 없다(WHO, 2020).

오늘날 코로나19는 청소년의 삶에도 많은 변화를 가져왔다. 코로나19 위기 중 청소년 체험에 대한 인식을 살펴보면, 학교 폐쇄와 온라인 개학 등 일상생활의 변화가 학업 및 진로에 직접적으로 영향을 미쳐 이에 민감한 고등학생의 심리적 어려움은 다른 연령대와 비교해 상대적으로 높은 것으로 나타난다(한국청소년상담복지개발원, 2020). 온라인 화상 모임으로 인한 피로감, 진로 및 자기개발 체험활동에 있어서의 성취도 저하, 그리고 대대적인 원격시행 확대에 따른 격차에 대한 우려, 학생 활동에 대한 즉각적인 피드백의 부재, 원격 수혜의 사각지대가 존재하였다(김형수, 2021), 활동 공간

격리에 따른 사회적 격리는 그 자체로 청소년들에게 여러 심리적 스트레스를 야기하였다(Brooks, et al., 2020).

또한 코로나 블루는 청소년들에게도 심각한 문제이다. 코로나 블루란 코로나19로 인해 일상에 큰 변화가 생기면서 겪는 우울감이나 불안, 무기력증을 말한다. 아동인권보고대회의 자료에 의하면, 최근 1년간 스트레스를 받거나 불안한 적이 있었다는 청소년은 69.9%로 상당히 높은 수준을 보였으며 코로나19 이전에 비해 스트레스나 불안을 더욱 느끼고 있다고 응답한 청소년 또한 43.2%로 나타나 그 심각성을 확인할 수 있다(국가인권위원회, 2020). 코로나 블루를 겪는 청소년의 수가 증가하면서 상담서비스의 이용률도 함께 높아졌는데 2020년 청소년의 사이버상담 이용률은 2019년에 비해 31.6%로 늘었으며, 이 중에서도 가족문제와 정신건강 문제가 전년도와 대비해 눈에 띄게 증가하였다(여성가족부, 2020).

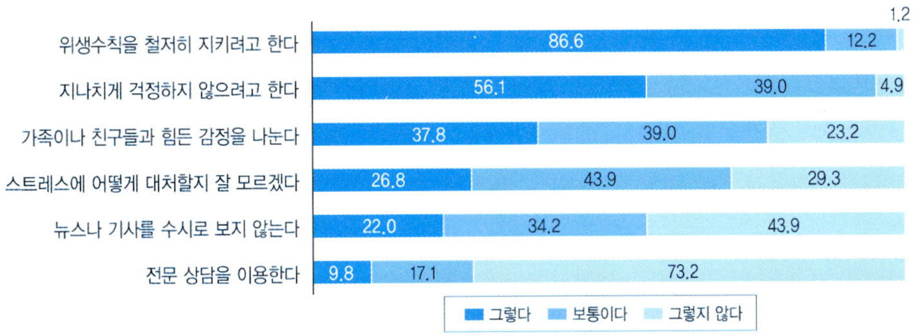

[그림 8-1] 청소년의 COVID-19 스트레스 대처

출처: 한국청소년상담복지개발원(2020: 8).

WHO(2021)는 아동의 코로나19 감염 감수성이 낮다고 발표하였는데, 감염 감수성이 낮다는 것은 같은 바이러스 노출에도 감염 가능성이 적다는 것을 말한다. 실제로 2021년 2월 기준, 우리나라 확진자 중 18세 이하는 6,718명으로 전체 환자의 8.9%에 해당하는 수준이지만, 반대로 연령이 증가할수록 발생률이 증가하였다(질병관리청, 2021). 학원 등 교육시설(학교 및 학원, 교습시설)에서의 감염 비율에서도 7~12세(5.8%), 13~15세(10%), 16~18세(10.8%)로 연령대가 증가할수록 함께 증가하였다. 학원 등의 교육기관을 중심으로 방역의 사각지대가 발견되지 않도록 지속적인 주의가 요청되고 있으며(질병관리청, 2021) 강화되는 방역수칙으로 인하여 일상에 많은 불편함이 계속되고 있으나, 그럼에도 불구하고 청소년들은 불만을 토로하기보다 적극적으로 동참하는 모습을 보여 주고 있다. 경기도교육연구원(2020)이 실시한 조사에 의하면, 조사대상 청소년의 93%가 개인과 공동체의 감염병 예방과 안전을 위해 방역수칙을 잘 준수하고 있다고 응답하였다.

② 비대면 온라인 참여의 확대

코로나19 이후 청소년들은 밖에서 친구를 만나는 시간, PC방 및 동전 노래방과 같은 놀이문화 공간을 방문하는 시간이 줄어든 반면, 인터넷과 미디어 매체 이용 시간은 늘었다(경기도교육연구원, 2020). 야외활동 시간은 크게 줄고 인터넷과 미디어를 이용하는 시간이 증가하고 있다는 점은 청소년 일상의 중요한 변화 중 하나이다. 학교 중심의 교실수업이 온라인 플랫폼 중심의 학습자 주도적인 학습으로 바뀌었으며, 오프라인 중심의 청소년활동이 멈춰진 상황에서 온라인 플랫폼 공간을 활용한 청소년활동의 활성화에 대한 의견들이 제기되는 상황을 마주하고 있다.

우리나라 청소년의 온라인 환경에서의 디지털 매체 활용 능력을 보면, 청소년들 중 약 80%를 상회하는 많은 수가 컴퓨터 및 스마트 기기를 통해 학습하고 있으며, 콘텐츠 제작과 편집, 정보공유 등을 능숙하게 할 수 있는 역량을 갖추고 있음을 알 수 있다(이윤주 외, 2020). 비대면 시대의 변화에 따른 다양한 학습 및 활동의 변화된 형태를 받아들일 수 있는 역량이 있는 것으로 나타나 앞으로 다가올 비대면 사회에서 변화된 정보 생산과 습득, 활동의 참여 등 전반적인 환경적 변화에 청소년들이 충분히 대응할 수 있으리라는 것을 예상하고 있다. 향후 온라인 기기에 대한 접근성에 있어 청소년 간 격차를 줄이기 위한 정책적 지원과 함께 기술적 측면뿐 아니라 온라인 환경에 잘 적응할 수 있도록 디지털 시민성 등의 태도·가치 차원의 교육적 접근이 준비될 필요가 있다(Sintema, 2020).

기존 오프라인 중심으로 운영된 청소년활동의 경우, 청소년이 활동 프로그램을 알고 참여할 수 있는 기회는 부족하지만, COVID-19로 인한 급격한 사회 변화가 초래한 비대면 온라인 참여 방식의 전환은 참여의 한계를 극복할 수 있는 기회를 마련해 주고 있다. 청소년 참여 공간이 온라인 플랫폼으로 확장하는 가운데 온라인(비대면) 환경에서 청소년들의 참여활동이 활발히 이루어지고 있음을 확인할 수 있다. 청소년활동시설에서는 유튜브, SNS, 화상회의 플랫폼 등을 활용한 활동을 진행하고 있으며, 청소년이 직접 미디어를 제작하도록 지원하거나 활동 키트를 미리 청소년에게 보낸 후 온라인으로 활동을 수행하는 방식으로 참여를 이끌어 내고 있다. 그리고 대한민국 청소년박람회와 청소년 축제 및 대회 등의 경우 참여 인원을 최소로 제한하고 비대면으로 참여할 수 있도록 온라인으로 지원하기도 하였다(문성호 외, 2021).

지역사회에서 기존에 오프라인으로 진행하던 아동·청소년 토론회를 온라인으로 진행한 사례에서는 특히 COVID-19 상황에 따라 온라인 공간에서 100명의 참여자가 모여서 '정기적인 청소년권리 현황조사'와 '청소년친화도시 조성전략 수립'을 위한 지역사회 청소년과 구민이 함께 참여하는 원탁토론회가 이루어졌는가 하면(강동구청, 2020), 청소년을 대상으로 열린 10대 청소년 목소리 포럼에서는 새로운 청소년 참여제도를 만들어 가기 위해 청소년 스스로가 참여의 문제와 해결방안들을 제안하기도 하였다. 청소년들은 포럼을 통해 현재 청소년의회의 문제점으로 참여시스템 구축 정도, 참여기구 간 역할의 모호함, 참여활동 저해요인, 참여기구 위원 간 연령차이로 인한 소통의 부재, 중앙컨트롤타워의 부재 등을 제시하였고 그 해결방안으로서 청소년 참여제도 운영의 내실화, 청소년 참여에 관한 사회적 인식 개선, 청소년 참여권 홍보 강화, 청소년

참여기구에 대한 지원 확대 및 주도적 예산 운영, 중앙컨트롤타워 구축 등을 제안하였다. 또한 청소년문화의집 청소년봉사단의 살기 좋은 지역사회 환경 만들기, 집콕 봉사활동, 아동인권 조례 인식확대를 위한 활동 등의 다양한 활동들이 꾸준히 실천되는 모습도 확인할 수 있다(한국청소년정책연구원, 2020).

CHAPTER 09

청소년 사이버문화

Chapter 09 청소년 사이버문화

1 가상공간과 사이버문화

인터넷의 대두는 일상생활 전반에 걸쳐 커다란 변화를 가져오기 시작했다. 이 중 가장 본질적인 변화를 가상공간의 활성화로 인해 사람들의 의식 및 가치관이 조합주의적인 방향으로 나아가기 시작했다는 점과 행위에 있어서는 가치의 절대적 기준이 무너지고 어떠한 행위든지 가능하다고 하는 방향으로 전환되어지고 있는 특징을 들 수 있다(김문조, 1999). 인터넷으로 인해 사람들의 의식에는 시간과 공간의 차이가 극복되어진 새로운 형태의 가치관이 자리 잡게 되었고, 이로 인하여 국가와 문화적 경계선이 약화되어 사람들의 의식은 과거에 비해 보다 상대적이고 모든 것이 조합되어지는 방향으로 재형성되고 있다. 더불어, 사이버 공간을 통해 사람들의 정보 수준은 무한한 공유의 장으로 나아가게 됨으로써 이전에는 불가능하다거나 부도덕하다고 판단되어졌던 행위들이 새롭게 평가되어져, 당당히 사회적 공간을 통해 연출되어지고 있는 상황이 더욱 강화되고 있기도 하다.

가상공간으로 인한 특징은 일상을 변화시킴과 동시에 변화의 토대라고 할 수 있는 새로운 문화 욕구의 광범위한 발현을 가능하게 하고 있는데, 이는 표출주의, 탈제약성, 관여주의 등으로 요약될 수 있다(한국청소년개발원, 2008).

표출주의란 자기 자신을 무작위 익명적 사람들에게 나타내 보이고자 하는 특징을 말하는데, 과거 전통 및 현대사회에서 강조되었던 중요한 가치인 사회경제적 지위나 권력 관계 등이 아닌 개인의 독특한 의상, 취미 활동, 행위 양식 등과 같이 극히 새로운 차원에서의 자기 표현을 통해 사람들에게 무엇인가를 나타내 보이고자 하는 문화적 욕구를 말한다.

탈제약성이란 기존의 규범이나 관례 등으로부터 벗어나고자 하는 욕구를 말하는데, 결혼 및 가족양식의 다양화, 여가 양식의 다양화, 집단에 얽매이지 않는 극단적 개인주의 확산 등과 같은 탈일상적 행위의 강화가 대표적이다.

관여주의란 간접적 체험보다는 직접적 체험을 강조하는 행위로써 탈주체화 시대의 주체 확인 방안의 하나인데, 다양한 동호회 참여를 통한 각종 매니아 층의 확산을 대표적으로 들 수 있다.

결국, 이와 같은 특징들로 표상될 수 있는 가상공간의 특징은 오늘날의 사회를 보다 윤택하게 하는 기준점이 되고 있기도 한데, 그렇다고 해서 이들 특징이 언제나 긍정적인 모습으로 사회를 통해 외현화되는 것은 아니다. 이들 특징으로부터 기인하고 있는 사이버 사회의 긍정성과 부정성을 요약하면 다음의 〈표 9-1〉와 같다.

〈표 9-1〉에서 볼 수 있는 내용 중 사회문화적 차원에서 보면 컴퓨터를 사용한 다양한 게임과 그로 인한 긍정적 · 부정적 측면들에 대한 대략적인 윤곽이 그려질 수 있는데, 개인이 강조될 수 있고 무엇인가 자유로워지며, 지적 수준이 향상될 수 있다는 측면에서는 긍정성이 추론될 수 있지만, 반면 공동체로부터의 개인적 고립, 탈인간화 및 향락성의 강화, 세대 및 계층 간 갈등 등은 부정적 현상이라고 볼 수 있다.

우리 사회의 이러한 변화는 청소년들의 생활에 있어서도 많은 부분을 변화시켜 주었으며, 그로 인해 청소년문화의 형성에 있어서도 큰 변화를 가져다주었다. 가장 대표적인 것이 사이버문화라고 할 수 있으며, 그중에서도 게임과 SNS 사용이 대표적이라고 할 수 있다.

〈표 9-1〉 정보화의 긍정적, 부정적 단면

구분	긍정적 단면	부정적 단면
산업경제적 측면	• 생산성 향상 • 공정 합리화 • 노동의 질 향상 • 소비자 중심의 경제 • 새로운 직업의 창출 • 창의성과 자율성의 중시 • 친환경적 기술 개발	• 불확실성의 증대 • 불안정성의 심화 • 대량실업 • 소비주의의 확산 • 수많은 직업의 소멸 • 스트레스의 심화 • 새로운 유형의 환경파괴
정치권력적 측면	• 참여의 확대 • 자유의 확대 • 수직적 위계질서의 파괴 • 전자 민주주의의 확산	• 보이지 않은 손에 의한 통제 • 프라이버시 침해 • 정보 권력의 강화 • 지식 정보 엘리트의 영향력 강화
사회문화적 측면	• 개성의 강조 • 사회적 협력의 증대 • 의사소통적인 사회 • 정보의 자유로운 접근 • 지적 수준의 향상 • 정보의 보편적 이용	• 코드화된 인간 • 개인의 고립화 • 생활의 탈인간화 • 정보의 홍수 • 문화의 향락화 • 세대 또는 계층 간 불평등 심화

출처: 김문조(1999).

2 사이버 공간의 개념과 특성

1) 사이버 공간의 개념

사이버 공간이라는 용어는 사이버(cyber)와 공간(space)이 합쳐진 가상의 공간이라는 의미로 깁슨(Gibson, 1984)의 소설인 「뉴로맨서(Neuromancer)」에서 처음 사용되었다. 처음에는 두뇌와 컴퓨터－통신의 정보처리장치 사이에서의 연결과 새로운 세계라는 개념에서 출발하였으나, 이후 인터넷이 대중화되고 보급화되면서 컴퓨터 간 네트워크의 열린 공간을 지칭하는 개념으로 변화하였다. 즉, 사이버 공간은 컴퓨터 테크놀로지를 매개로 정보교환이 이루어지는 네트워크화된 사회적 공간이라고 할 수 있다(박진규 외, 2019).

2) 사이버 공간 및 사이버문화의 특성

사이버 공간은 컴퓨터 내에 번져 나가는 정보세계이며, 정보화 사회를 상징하는 개념으로 물질적인 실체와 떨어진 가상공간으로 정의된다. 구체적으로는 네트워크에 연결된 컴퓨터와 커뮤니케이션 기간산업, 그리고 여기에서 생산되는 데이터베이스와 각종 활용프로그램을 포함하는 글로벌 정보네트워크로서 인터넷으로 통칭되는 네트워크 공간을 의미한다. 이러한 사이버 공간에서 인터넷 사용자들이 컴퓨터를 매개로 하여 상호 간 커뮤니테이션 하는 상호작용 속에서 형성되는 문화를 사이버문화라고 한다(이정주, 2014). 사이버 공간 및 사이버문화가 가지는 특성을 정리하면 다음과 같다(김연서 외, 2021; 오윤선 · 황인숙, 2018).

(1) 사이버 공간의 특성

① 탈체현성과 비가시성

사이버 공간의 탈체현성과 비가시성은 익명성과 연결되어 현실공간에서 신체적 제약 때문에 수행할 수 없는 다양한 행위를 사이버 공간에서 할 수 있다는 측면에서 이점을 갖는다. 상대방뿐만 아니라 자신의 정체가 드러나지 않는 상태가 익명성이며, 개인의 실체를 드러내지 않음으로써 사회적 차별이나 정치적 보복에 대한 두려움 없이 행동할 수 있다는 긍정적인 측면으로 볼 수 있다. 반면, 익명성으로 인해 말과 행위에 대한 책임의 소재가 불분명해진다는 부정적인 측면도 있다.

② 시공간의 축약과 확장성

사이버 공간에서는 멀리 떨어진 사람과 실시간으로 의사소통할 수 있다. 인터넷에만 접속할 수 있다면 언어나 국경, 시간에 구애받지 않고 원하는 행동을 할 수 있다. 그리고 이러한 환경에서 형성된 사이버 공동체는 자신의 독특한 관심이나 욕구의 소유자들이 만나 단체를 형성하고 문제를 도우면서 극복해 가는 긍정적인 측면이 있는가 하면, 반사회적인 동기를 가진 사람들이 모여 사회 일탈행위를 형성하는 토대로서의 부정적 공동체 형성도 가능한 양면성을 갖는다.

③ 양방향성과 멀티미디어적 특성

사이버 공간은 시간, 공간, 인종, 성별, 나이에 구애받지 않으며, 누구나 정보를 생성하고 유통하며 교환할 수 있다. 이는 정보를 생산하는 자와 그것을 소비하는 자로 구분되던 이전 공간과는 달리 사이버 공간에서는 모두가 정보를 생산하고 유통시키고 소비한다. 이러한 사이버 공간의 기술은 양방향적인 커뮤니케이션을 가능하게 하여 상호간에 활발한 피드백을 할 수 있게 해 준다. 또한 사이버 공간의 기술은 문자, 음성,

화상을 통합하는 멀티미디어의 활용을 가능하게 함으로써 상호작용성을 돕는다.

④ 디지털자료의 기록과 보존성

사이버 공간 기술은 개인들의 활동에 대한 지속성이 있는 전자기록을 남기고 정보의 전파를 쉽게 한다. 사이버 공간에 저장된 정보는 무한정 복제가 가능하므로 영원히 사라지지 않는다. 이러한 사이버 공간의 기록과 전파의 용이성은 익명적인 행위자들에 대한 비평을 가능하게 하고 그 과정에서 사이버 공간의 신뢰가 나타날 수 있게 해 준다는 긍정적인 측면이 있다. 그러나 개인 활동에 대한 기록이 개인에 대한 정보 유출이나 프라이버시가 침해되기 쉽고 개인의 대한 권력집단의 감시가 쉬워진다는 부정적인 측면도 있다.

(2) 사이버문화의 특성

① 익명성과 탈금제의 문화

사이버 공간은 누구나 제약받지 않고 자유롭게 다니며 정보를 교환하고 의사소통을 하는 곳이기 때문에 익명적 관계를 존중한다. 이러한 관계는 사이버 공간에서 자유로운 의견 표현을 가능하게 해 주지만 무책임성과 무절제를 조장할 수 있다. 따라서 개인의 실체를 드러내지 않음으로써 사회적 차별이나 정치적 보복에 대한 두려움이 없이 행위할 수 있다는 긍정적 측명과 익명성으로 인해 말과 행위에 대한 책임의 소재가 부정적인 측면이 공존하고 있다. 탈금제는 사이버 공간에서의 익명성으로 인하여 대면에서는 함부로 말하지 못하는 내용을 표현하고 구속감을 덜 느끼며 개방적인 태도를 가지게 되는 현상을 말한다.

② 개방성과 다양성의 문화

성별, 나이, 개인적 지위 등에 관계없이 누구나 자유롭게 들어와 정보를 공유할 수 있다. 인터넷에 자유롭게 글을 올림으로써 수많은 사람들과 의견을 공유할 수도 있고 자신과 비슷한 관심 영역을 가진 사람이나 집단과 공동체를 형성할 수도 있다. 그리고 자신에게 필요한 정보를 검색하고 불필요한 정보를 걸러 내는 것에도 용이하다. 또한 사회적 지위, 권력, 권위에 관계없이 모든 사람들이 참여하여 자신의 목소리를 낼 수 있다. 그러나 정보의 무분별한 생산으로 신뢰도가 하락하거나 집단규범의 영향력이 약화되어 일탈적·반사회적 행위가 나타날 수 있다.

③ 초월성과 가상성의 문화

사이버 공간은 현실의 장벽을 극복하게 해 주고 자유로운 사고의 실험을 가능하게 하지만 현실감각의 약화와 현실도피 경향을 초래할 수 있다. 현실에서는 경험할 수 없는 상상의 세계와 이상세계를 탐험해 볼 수 있으나 이는 현실감을 떨어뜨리고, 복잡하고 어려움이 많은 현실로부터 회피성을 강화시키는 문제점도 내포하고 있다. 이러한 가상세계를 지나치게 의존하다 보면 현실감각이 떨어져 불안정한 심리상태를 야기할 수 있고 사이버 중독을 경험할 수 있다.

④ 연결성과 전파성의 문화

연결성은 사이버 공간에서 비슷한 생각과 관심을 바탕으로 새로운 관계를 쉽게 형성할 수 있다. 전파성은 시공간을 초월한 관계형성을 통해 다양한 정보나 메시지가 신속하게 전달될 수 있다는 것을 말한다. 연결성과 전파성의 특징은 시간적, 공간적 제약을 완화시켜 줌으로써 방대한 지역으로 신속하게 정보를 전파시킬 수 있으나 검증되지 않은 정보와 반사회적 행위를 쉽게 확산시킬 수도 있다.

⑤ 선명성과 극단성의 문화

사이버문화는 다양한 사회적 역할을 이해하는 틀을 제공해 줄 수도 있지만 고정관념에 기초한 왜곡된 현실인식과 비정상적인 행위를 조장할 수도 있다. 사이버 공간에서는 행위의 발생이 전형적인 유형을 중심으로 수렴되는 선명성과 비정상적인 극단 적 사고나 행위가 빈번하게 발생되는 극단성이 나타난다.

3 사이버문화의 유형

1) SNS의 이해

(1) SNS의 개념

SNS는 Social Network Service 또는 Social Network Site의 줄임말로 일종의 인터넷 서비스라고 할 수 있다. Social은 사회를 뜻하는 말로 공동체를 의미하며, Network는 일련의 과정을 통해 연결된 관계망을, Service는 이러한 것들이 가능할 수 있도록 기반을 만들어 주는 것을 의미한다. 즉, SNS란 인간이 인터넷을 기반으로 온라인을 통해 사회적 관계망을 형성·가능하게 하는 오프라인과는 또 다른 새로운 가상 사회이다(차승봉, 2011).

SNS는 포괄적인 의미에서 소셜 미디어(social media)의 한 유형으로 볼 수 있다. 소셜 미디어란 소셜 네트워크의 기반에서 개인의 생각이나 의견, 경험, 정보 등을 서로 공유하고 타인과의 관계를 생성 또는 확장시킬 수 있는 개방화된 온라인 플랫폼을 의미한다. 소셜 미디어는 그 자체가 일종의 유기체와 같이 성장하기 때문에 정보를 생산하고 소비하는 일반적인 메커니즘이 적용되지 않고, 양방향성을 활용하여 이용자들이 자발적으로 참여하고 정보를 공유하며 콘텐츠를 만들어 나간다(김세희, 2013).

이러한 SNS의 개념에 대해서 연구자마다 다양하게 정의하고 있다. SNS를 웹 기반 서비스로 정의하며 개인이 특정 시스템 내에 자신의 정보를 공개 또는 준 공개적으로 구성하여, 연계망을 공유 또는 형성하는 다른 이용자들의 목록을 제시하며, 시스템 내의 다른 사람들이 맺고 있는 연계망의 리스트를 탐색이 가능한 서비스를 기반으로 하는 활동으로 보았다(Boyd & Ellison, 2007). 반면, 온라인 기반의 인맥관리 서비스를 의미하는 것으로 사람 간의 상호작용을 촉진하고 지원하는 정도로 보기도 하였다(심성욱 · 김운한, 2011). 이러한 정의는 대부분 개인의 프로필을 기반으로 관계 형성을 중요하게 인지하고 있음을 알 수 있다. 또한 SNS에 대한 정의를 콘텐츠 생성과정에 대한 참여와 공통의 커뮤니티 구축의 용이성, 폭넓은 연결망을 토대로 적은 비용으로 광범위한 표적 층에 도달이 가능한 효과적인 구전 마케팅 수단이라 칭하기도 하였다(조형오, 2018). 이러한 정의를 토대로 SNS는 온라인 공간에서 사람들 간에 자신의 개인정보를 기반으로 공통의 관심이나 활동을 드러내고 상호 간에 정보 교환을 수행하여 사회적 대인 관계망을 형성하는 웹 기반의 온라인 서비스라 정의할 수 있다(김효진, 2020).

(2) SNS의 구성요소와 특징

① SNS의 구성요소

SNS를 구성하는 요소로 정체성(identity), 존재(existence), 관계(relationship), 대화(conversation), 그룹(group)이 예전부터 거론되어 왔으나, 최근 연구(윤해성 · 박성훈, 2014)에서 2가지 구성요소 평판(reputation), 공유(sharing)가 추가되었다. 즉, SNS의 구성요소는 정체성, 존재, 관계, 대화, 그룹, 평판, 공유의 7가지로 구체적인 내용은 〈표 9-1〉과 같다.

〈표 9-2〉 SNS의 구성요소

구성요소	내용
정체성	• 사용자가 다른 사용자들에게 어떤 모습으로 표현되고 인식되는가? • 사용자 명, 아바타, 프로필, 사진, 홍보할 수 있는 자아 또는 성격
존재	• 다른 사람과 동일 사이트를 공유하는 회원들의 관심(awareness) • 활동적, 바쁨, 나태함, 사이트에서 제공하는 다른 신분
관계	• SNS를 통해 다른 사람과 어떻게 관련되는지에 관한 모습으로 사용자의 접촉을 시각화하는 일반적인 아이디어를 갖는다. • 친구, 버디, 접촉과 같이 불릴 수 있는 명칭을 붙임
대화	• 서로 의사소통할 수 있는 수단 • 인스턴트 메시지, 이메일, 비디오, 목소리 채팅 등
그룹	• SNS 내의 다른 사람들과 공통적인 목적을 위해 하나의 유닛에 가입하거나 부분이 될 수 있도록 하는 것 • 커뮤니티 내에서 소속감 형성
평판	• 경고 레벨, 유명도 용어, 등급 레벨 등을 통해 사람들의 지위를 파악할 수 있는 능력 • “좋아요”, 순위와 같은 옵션 제공
공유	• SNS에서 사용자들의 콘텐츠 교환, 배포, 획득 수단 • 개인적 생각, 의견, 아이디어, 질문, 느낌, 링크, 비디오, 사진, 그림 등 공유

출처: 홍희경(2016).

② SNS의 특성

SNS는 유형, 활용목적, 서비스 형태와 기능에 따라 다양한 특징을 갖게 되는데 크게 공개, 참여, 대화, 커뮤니터, 연계성 등 다양하게 구분될 수 있으며, 사회성과 다양성 및 관계성 측면에서 살펴본 SNS 특성은 〈표 9-2〉와 같다.

〈표 9-3〉 SNS의 특성

특징	특징별 해석
문화적 다양성	• 동질의 특징을 갖는 집단끼리 커뮤니티 구성 • 국가별로 상이
새로운 인간관계	• SNS에서 인맥 구성을 통해 새로운 인간관계 형성 • 현실의 친구 관계와는 다른 새로운 자아 형성
사교 활동	• 오프라인과 같은 사교활동 공간 • 매체환경의 영향을 많이 받음
개인화 및 관계성	• 정보 제공자는 개인 • SNS는 조직원으로서의 정체성보다 개별사용자의 자격을 회복함
새로운 허브	• 인적 네트워킹의 새로운 허브 역할
진정성	• 대체적으로 사용자들의 실명과 개인정보를 바탕으로 실존함 • SNS활동은 신뢰하는 관계를 기초로 이루어짐
개방성	• 서로 공통된 관심사를 가진 사람들이 정보 공유 및 지식 공동체 형성을 위한 자연스러운 플랫폼 제공
주관성	• 정보제공자와 수용자 모두 동등한 관계 형성 • 사용자는 자신의 개인정보수준을 스스로 조정하고 활동범위를 통제할 수 있음 • 기본적으로 SNS는 사용자의 자발성을 기반으로 이루어짐

출처: 홍희경(2016).

(3) SNS의 종류

디지털 기기의 보급으로 인해 SNS는 사람들에게 현실세계의 인간관계를 연결하는 것을 넘어 새로운 관계형성의 장을 형성해 주었다. 그러나 시간이 지나며 이용자들의 적극성도 줄고 SNS에 대한 피로도가 높아지기 시작하면서 새로운 형태의 콘텐츠가 등장하기 시작했는데 이러한 콘텐츠는 개방형 SNS, 폐쇄형 SNS, 버티컬 SNS로 구분된다. 이에 대한 구체적인 내용은 다음과 같다(금충기, 2016).

① 개방형 SNS

개방형 SNS는 제1세대 SNS라고 할 수 있다. 개방형 SNS에서는 전체공개 또는 친구공개, 비공개 등 3가지 설정으로 자신의 SNS 게시글의 공개범위를 설정할 수 있다. SNS 친구도 원하는 만큼 신청하고 수락할 수 있으며, 사용자들은 자신의 일상이나 관심분야를 구분하지 않고 올림으로써 많은 사람들과 이를 공유하는 형태의 SNS형태를 의미한다. 개방형 SNS의 게시글은 확산 속도나 파급력이 높으며, 이러한 장점 때문에 기업들의 브랜드 인지도를 높이는 마케팅에 활용되기도 했다. 최근 사생활 침해나 개인정보 유출 염려, 콘텐츠 도용 등의 문제로 이탈이 확산되고 있지만 다양한 사람들과 소통하고 빠르게 콘텐츠를 확산할 수 있다는 장점 때문에 계속 사랑받고 있다. 대표적인 개방형 SNS로는 블로그, 페이스북, 트위터 등을 들 수 있다.

② 폐쇄형 SNS

개방형 SNS는 사용자의 통제에서 벗어날 정도로 게시글이 급격히 확산되는 파급력을 가지고 있으며, 불특정 다수와 친구를 쉽게 맺을 수 있다는 점, 그리고 대부분의 게시글이 공개 상태라는 점 때문에 사생활 노출이나 개인적 사진 등의 개인정보가 도용되는 등의 문제들이 발생하기도 한다. 이런 문제점들을 보완하기 위해 등장한 새로운 형태가 폐쇄형 SNS이다.

폐쇄형 SNS는 자신이 쓴 글을 모두에게 공개하는 것이 아니라 사용자와 밀접한 친분이 있는 소규모 인원과 친구관계를 맺고 그들과만 일상이나 관심을 공유하는 서비스를 말한다. 대표적인 서비스로는 밴드, 카카오그룹, 패스(Path)를 들 수 있다. 내가 원하는 소규모 사람들에게만 사생활이나 일상의 경험들을 편안하게 공유할 수 있는 폐쇄형 SNS는 이용자가 원하는 사람끼리만 소통하고 추억을 공유해 관계의 질을 높일 수 있다는 면에서 강점이 있다. 기존 개방형 SNS에 대한 피로감의 누적과 사생활 침해를 염려하는 이용자가 증가할수록 폐쇄형 SNS에 대한 수요가 높아질 것이다.

③ 버티컬 SNS

폐쇄형 SNS가 많은 관계 때문에 나타나는 문제를 해결해 준다면, 버티컬 SNS는 많은 정보 때문에 발생하는 문제를 해결하기 위한 서비스를 말한다. 버티컬 SNS는 일상과 관심사를 종합적으로 공유하고 공개하는 개방형 SNS와는 다르게 특정 관심사에 대해 집중적으로 사용자들과 공유할 수 있으며, 소규모 친구들과 관계를 맺는 폐쇄형 SNS와는 다른 관심사(취미, 운동 등)가 같은 친구라면 누구나 자유롭게 친구 관계를 맺을 수 있는 특징을 가지고 있다. 버티컬 SNS 중에서도 특히 사진 중심의 SNS가 국내에서도 많은 관심을 받고 있다.

사진은 언어의 제약 없이 세계적으로 소통할 수 있는 대표 수단 중 하나이다. 문자나 동영상과는 달리 이미지 하나로 소통하고 공감할 수 있기 때문이다. 사진은 누구나 쉽게 찍을 수 있고 때로는 글로는 표현할 수 없는 감정을 담아내기도 한다. 이렇게 모인 사진은 해시태그라는 기능으로 키워드를 구분할 수 있는데, 이를 통해 사용자들은 자신의 관심분야를 핀터레스트(pinterest)에서 검색함으로써 관심사가 같은 사용자들과 정보를 공유할 수 있다.

특히 버티컬 SNS는 기존의 SNS처럼 인맥 위주의 서비스가 아니라 특정 관심사 위주로 운영되기 때문에 취향이 뚜렷하고 개성이 강한 현대 사용자들에게 큰 인기를 얻고 있다. 이러한 버티컬 SNS로는 카카오스토리, 인스타그램 같은 서비스들이 강세를 보이고 있다.

(4) SNS에 대한 긍정적 인식과 부정적 인식

앞서 살펴본 것과 같이 우리는 다양한 유형의 SNS를 통해 콘텐츠를 생산하는 것뿐만 아니라 네트워크를 통하여 인맥과 공유하며 콘텐츠를 확산한다. SNS는 자신과 연결된 인맥 관계에서 자신의 생각, 사상, 심리를 표현하고 일상이나 정보를 공유하는 방식으로 소통한다. SNS를 사용하는 사람들은 이러한 소통을 통해 만족을 느끼고 삶의 질이 향상된다는 점에서 SNS 사용을 긍정적으로 평가한다(김형지 · 김민성 · 오대규 · 김성태, 2014).

SNS는 다양한 콘텐츠를 통해 자기표현의 욕구와 기존 인맥을 유지하고 새로운 사회적 관계를 형성시키는 데 매우 효율적이며 즉각적인 수단이다. 따라서 SNS는 사회적 관계 확대와 지속적인 상호교류 촉진을 위해 긍정적인 유대관계를 형성하고 강화하는 데 유용한 수단이 될 수 있다(Brandtzaeg, 2012). 또한, SNS가 상호작용을 통해 사회적 관계를 확장시키도록 한다는 면에서 SNS의 연결과 소통은 개인에게뿐만 아니라 사회자본 형성에도 영향을 준다(Ellison, Steinfield, & Lampe, 2007). 이렇듯 SNS는 다양한 측면에서 이용자에게 유용함과 즐거움을 제시하고 지인들과 지속적이고 긍정적인 유대감을 형성하거나 강화하는 데 효과적인 도구이다.

반면, SNS 사용이 일상화된 요즘 무분별한 연결로 과도한 정보에 노출되고 개인정보 노출 및 사회적 압박 우려 등으로 이용을 중지하는 이용자도 늘고 있다. 대표적인 SNS 페이스북에서 친구가 354명이 넘으면 페이스북 생활을 통해 느끼는 행복감이 떨어지기 시작한다는 결과가 보고되었다(홍희경, 2016). 조사 결과 페이스북 친구가 많은 사람이 친구가 적은 사람에 비해 자신에게 더 낮은 점수를 준 것으로 나타났다. 이는 좋게 여겨지는 타인의 모습에 계속 노출될수록 상대적으로 자신이 느끼는 행복감은 떨어진다는 것이다.

실시간으로 업로드되는 SNS는 오프라인 환경보다 더 빈번한 상호작용을 일으키며 대부분 긍정적으로 과장된 측면을 가지고 있다(차경진 · 이경목, 2014). SNS 이용자들은 SNS에서 자신의 가장 행복하고 좋은 모습만 보여 주려는 경향이 있어 이를 읽은 사람들은 상대적으로 자신이 불행하다고 느낄 수 있다. SNS상에서는 직접 얼굴을 대면하고 상호작용을 하는 것이 아니므로 사람들은 자신의 좋은 측면을 보여 주거나 자신에게 유리한 이미지를 형성하고자 한다(Ellison, Heine, & Gibbs, 2006). 따라서 SNS상에 올라오는 정보 중 일부는 이용자에 의해 과장되거나 선별되고 각색된 포장된 정보일 수 있다. 이러한 정보로 사용자는 자신의 현실과 타인의 포장된 정보와의 격차를 비교하며 상대적 박탈감을 느끼고 SNS 이용에 대한 부정적인 인식을 가질 수 있다.

또한 프라이버시 침해에 대한 불안감이 SNS에 대한 부정적인 감정을 느끼게 하여 SNS에 대한 부정적인 인식을 가질 수 있다. 자신의 개인적인 프라이버시가 침해될 수 있다는 불안은 SNS의 지속적인 이용을 저해시키는 요인이 된다. 그리고 SNS 제공업체의 개인정보 수집과 데이터의 저장과 관리 과정에서 나타날 수 있는 정보노출의 잠재적인 위험은 프라이버시 침해에 대한 염려로 스트레스를 유발함으로써 부정적인 인식을 심어 주게 된다(Ku, Chen, & Zhang, 2013).

2) 게임의 이해

(1) 게임의 개념

일반적으로 게임이라 하면 여가시간에 즐기는 유희의 수단 정도로 알고 있다. 즉, 게임은 일(생업)과는 반대되는 개념으로 남는 여가시간을 소비하기 위한 오락 정도가 가장 일반적인 설명이라고 볼 수 있다. 게임(game)의 어원은 인도 유러피언 계통의 단어 'ghem'과 순수 옛 영어의 'gamen'에서 나왔다. 'ghem'은 '흥겹게 뛰다'라는 의미이며 'gamen' 역시 '즐거움으로 하는 것, 오락'의 의미를 가지고 있어 두 가지 모두 다양한 놀이 문화를 지칭하는 단어라고 볼 수 있다. 현재 사용되고 있는 'game'은 '놀이', '유희', '경기', '사냥감'이라는 의미를 가진다. 최근에 정보화와 기술 자동화로 인해 노동시간이 점점 단축되고 여가 혹은 자유시간이 증가되면서 삶의 질 향상과 자아실현을 추구하려는 경향이 높아 가고 있다. 이에 개인의 여가생활 역시 과거에 소수 특권층만이 누릴 수 있었지만 최근에 보편화되어 누구든지 즐길 수 있는 일상이 되었다. 이에 따라 게임도 우리의 삶의 방식으로 자리 잡아 가고 있다. 일상 곳곳에 존재하는 게임, 그중에서 컴퓨터의 발달에 따라 발생한 컴퓨터 게임, 그리고 네트워크를 기반으로 발생한 온라인 게임은 청소년 일상에 깊숙이 침투하여 청소년 여가의 대표적 수단으로서 존재하고 있다(조민식, 2012).

(2) 온라인 게임의 특성

온라인 게임은 인터넷이나 무선 네트워크에 접속하여 컴퓨터나 스마트 기기를 활용한 게임을 말한다. 즉, 인터넷 환경에서 플레이가 가능한 게임이 온라인 게임이다. 다수의 사람들이 온라인 게임을 온라인 환경에서 PC로 즐기는 게임이라는 인식을 가지고 있다. 그러나 이는 과거 스타크래프트나 리니지 등 사회적 이슈를 불러 일으킨 게임에 인한 것으로, 현재는 네트워크 플레이가 가능한 스마트폰 게임들이 등장하면서 온라인 게임의 범위가 확대되고 있다(최문희, 2005).

이러한 온라인 게임은 크게 3가지로 분류될 수 있다(김기석, 2016). 첫째, 다중 이용자 온라인 게임이다. 이는 게임 제작 업체가 콘텐츠 공급업자가 되어 통신서버에 게임을 가동시켜 놓고 이용자들이 그 사이트에 접속하여 게임을 이용하는 형태로서 동시 접속자가 매우 많은 다수의 이용자를 갖는다. 대표적인 게임으로는 리니지, 뮤, A3, 아이온, WOW 등이 있다. 둘째, 네트워크 게임(Network game)이다. 이는 기존의 PC에서 혼자 하는 게임에 기반을 두고 온라인 기능을 지원하는 게임으로 동시 접속자 수가 비교적 소수인 멀티플레이 기능을 갖춘 게임을 의미한다. 배틀넷(Battle net)이 가장 대표적인 네트워크 게임의 이용방식이다. 대표적인 게임으로는 스타크래프트, 워크래프트, 녹스 등이 있다. 셋째, 웹보드 게임이다. 이는 인터넷에 접속해 PC 화면에 하나의 보드를 만들어 놓고 진행하는 게임 방식이다. 이용자가 간편하게 즉시 게임을 즐길 수 있다는 장점과 전용 게임 엔진의 설치 없이 게임을 이용하기 때문에 실행속도나 데이터 처리 양이 많지 않은 게임에 주로 이용된다.

이러한 온라인 게임은 보상(Reward), 도전감(Challenge), 재미(Fun), 상호작용(Interactive)이라는 4가지 특성이 있다. 첫째, '보상'이란 게임에서 사용자가 게임행위에 대한 적절한 보상을 얻는 것을 의미한다. 구체적으로 아이템 획득, 레벨 상승과 같은 적절한 반응을 얻는 것으로 정의된다. 게임에서 보상은 게임을 지속적으로 할 수 있는 요소이다. 적절한 보상이 이루어질 때 게임이용자는 온라인 게임에 대한 재미를 경험할 수 있게 된다(김기석, 2016). 둘째, '도전감'은 게임 내에서의 과제 수행, 기록 갱신, 타인과의 경쟁 등에서 나타난다. 도전감은 각자의 숙련도에 따라 게임을 이용하는 게이머들을 이김으로써 만족감과 기록갱신 등을 목적으로 온라인 게임을 이용하는 것이라고 정의한다(이상철 · 김남희 · 서영호, 2003). 온라인 게임 내에서 다양한 목표를 설정하여 단계별 도전을 유도하며, 낮은 레벨에서부터 높은 레벨까지 과정을 통해 지속적으로 게임을 플레이할 수 있도록 유도한다. 셋째, '재미'는 온라인 게임을 지속적으로 이용하게 만드는 아주 중요한 요인이다. 온라인 게임은 혼자만이 느끼는 개인적 재미를, 상호작용이라는 촉진 도구를 활용하여 여러 사람을 만나고 교제할 수 있다(엄명용 · 이우현 · 오준환, 2006). 재미는 타인과의 관계 형성 및 확장을 통해 만족, 호감, 매력을 경험하는 것으로 정의한다. 넷째, '상호작용'은 온라인 게임을 이용하는 개인과 개인 간의 원활한 커뮤니케이션을 통해 동시에 많은 사용자들과 게임을 즐기는 것을 말한다(박승민, 2005).

(3) 온라인 게임의 영향

① 온라인 게임의 긍정적인 영향

우리 사회에서 온라인 게임은 청소년들에게 부정적인 영향을 나타낸다는 주장들이 다수이지만 최근에는 온라인 게임이 게임이용자에게 미치는 영향을 긍정적이고 친사회적 관점에서 분석하려는 시도들이 나타나고 있다(Peng, Lee & Heeter, 2010). 온라인 게임에 빠진 이용자들이 모두 게임중독자가 아니며 일부의 사람들은 게임을 삶의 일부분으로 자연스럽게 받아들이고, 적극적으로 게임 세계에 들어가 그 안에서 또 다른 하나의 삶을 만들어 갈 수 있다. 그리고 게임 속의 삶은 현실세계와 밀접하게 연결되어 있고 서로 영향을 주고받게 된다. 그러므로 게임 세계에서 얻어진 경험이나 기술은 실제 세계로 확장되며, 게임을 통해 현실 사회에서 필요한 기술을 습득할 수도 있게 되는 것이다(Taylor, 2006). 이처럼 온라인 게임은 청소년들의 발달에 긍정적인 영향을 미칠 수 있으며 구체적인 기능은 다음과 같다(김연서 외, 2021).

- **스트레스 완화, 휴식, 여가(온라인 게임의 본질적 순기능)**

인터넷 게임은 학교에서의 제도적 틀에 대한 탈출구 역할을 할 수 있다. 스포츠, 아케이드, 군사, 전략 시뮬레이션 등 다양한 종류의 게임을 하면서 그동안 쌓여 온 긴장이 완화되고, 더불어 익명의 타자와 선의의 경쟁을 시도하면서 학업성적에 의한 스트레스가 해소될 수 있다.

- **다양한 정체성 체험, 긍정적 사회화 경험**

가상세계의 게임에서는 본인이 희망하는 모든 사회적 역할을 경험할 수 있으며, 가정과 학교, 매체 등을 통해 제한적으로 이루어지는 현실에서의 사회화와 비교될 수 없는 다양하고 광범위한 긍정적인 사회화를 경험할 수 있다. 이는 곧 개인 내적으로 잠재되어 있는 다양한 정체성의 간접적 발현으로 연계되어, 성인이 된 이후에도 사회적 활동에 있어 원만하고 포용적인 태도를 발휘할 수 있는 기반으로 작용한다.

- **자아존중감 강화, 이상형적 자아실현**

평상시 자신에 대한 존중감이 미약했던 청소년의 경우 게임을 통해 본인이 희망했던 이상적인 모습을 시행해 봄으로써 개인적 자존감을 회복할 수 있으며, 미래의 본인 모습도 예상해 볼 수 있는 등 자신에 대한 긍정적 가치와 태도를 강화시키는 계기가 될 수 있다. 현실에서 불만족스러웠던 자신을 게임 속 또 다른 나를 통해 변화의 기회로 삼을 수 있는 것이 게임이 지니고 있는 긍정적 기능 중 하나이다.

- **독립적 사고 및 문제해결 능력 강화**

게임의 구체적인 실행은 그것이 집단이든 개별이든 관계없이 혼자이며, 결국 모든 문제의 해결은 자신의 몫이다. 현실세계에서 부모에게 의지하며 살아가고 있는 청소년들에게는 게임이란 스스로의 독립적 능력을 시험하고, 발휘하며 과시하기도 하는 중요한 장이 될 수 있다.

- **기술문명에 대한 친숙감 증가**

정보통신이 발달하고 인터넷 사용이 보편화되면서 누구에게나 인터넷 사용은 긍정적이고 생활에 유익한 도구이다. 청소년의 경우도 흥미로운 게임을 통한 디지털 문명에 대한 호기심은 기술문명에 가까워지게 되는 긍정적 결과를 가질 수 있다.

- **다양성에 기반한 개성 강화**

인터넷 문화의 특성은 다양성 자체에 기반을 두고 있으며, 게임 또한 마찬가지이다. 게임에서의 청소년들의 행위는 개인주의적이라고 할 만큼 개성이 강하다. 게임세계에서 만나는 다양성은 개성의 다른 이름으로 개성 있는 삶을 살아가고자 하는 청소년의 일면을 반영하고 있다.

② 온라인 게임의 부정적인 영향

우리나라의 온라인 게임에 대한 인식은 게임을 어린아이들이 하는 오락으로 치부하여 하찮은 것으로 여겼고, 매스컴을 통해 폭력성이 높은 게임의 부정적인 측면이 부각되어 학계에서도 온라인 게임이 게임이용자에게 미치는 부정적 영향에 초점을 둔 연구를 중심으로 발전되었다(유지아, 2020). 일반적으로 게임이 미치는 부정적 영향은 게임에 대한 통제력을 완전히 잃고, 게임으로 인해 삶의 모든 측면에서 치명적인 영향을 받는 것을 말한다. 통제력의 손상과 해로운 결과가 게임에 대한 중독으로 이어지게 되고 게임에 중독되면, 게임이 삶의 가장 중요한 활동이 되어서 사고, 감정, 행동을 지배하고, 게임을 하지 않을 때도 게임에 대해 계속 생각하고 게임을 기대하면서 계획하게 된다. 또한 게임으로 인해 극도의 희열로 인해 들떠 있을 뿐 아니라 신체생리적 흥분제 혹은 안정제로 게임을 하기도 하며 게임을 갑자기 그만두거나 줄일 경우 혐오적인 기분상태 혹은 신체적인 영향을 가지게 된다. 그리고 과도한 게임으로 인해 게임 이용자와 다른 사람(가족, 친구)과의 갈등, 다른 활동(직업, 학교, 사회적 삶, 취미, 관심)과의 갈등을 경험하게 된다(Charlton, 2002). 이처럼 온라인 게임은 청소년들의 성장과 발달에 부정적인 영향을 미칠 수 있는데 이에 대한 구체적인 역기능은 다음과 같다(김연서 외, 2021).

- **가상과 현실의 혼동**

인터넷 게임에서 가상의 세계는 현실적 세계와는 달리 물리적 공간이 존재하지 않는다. 이는 가상세계와 현실세계와의 차이점이라고 할 수 있다. 만약 게임에 중독이 되면 가상과 현실을 구분 못하고 혼동하는 경우가 생긴다. 이러한 상태라면 대단히 위험한 상태가 된다. 오늘날의 현실은 가상과 현실 간의 혼동이 심각한 문제로 나타나고 있기 때문에 문제이며, 더욱 심각한 점은 그것이 집단적 유행의 특성으로 전이되어질 수 있다는 데 있다.

- **폭력 및 공격성향 조장**

장기간 게임을 반복해서 하게 되고 중독성의 차원으로 들어간 경우 게임과 현실을 구분하는 못하는 경우가 나타나게 되며 그 결과 현실에서의 폭력적 행위가 아무렇지 않게 발생되어지기도 한다. 비이성적으로 학습된 폭력과 공격성이 표출되는 것이다.

최근 인터넷 게임에 폭력적인 장면이 자주 등장하는 것은 가상세계에서만 가능해야 하며, 현실과 혼동에 빠져들게 되면 사회적으로 큰 문제가 될 수 있다.

- **매체 의존성 강화, 물질주의 가치 강화 등에 의한 탈인간화**

게임이나 인터넷 접속 등은 오늘날 청소년들에게는 필수적인 일상생활이며, 게임에 중독된 청소년의 경우 게임을 할 수 있는 물질적 도구들에 의해 좌우되어 인간화에 역행하는 모습으로 변해 간다.

- **충동적 행동**

게임에 중독되는 경우, 게임과의 관계가 다른 사회적 관계보다 강하고 또 대부분을 차지하기 때문에 자아 간의 적절한 조화 관계의 형성에 문제가 발생하게 되며 결국 본능적 행위가 보다 많은 작용을 하게 되어 행위의 충동성이 높아질 수 있다고 볼 수 있다. 인터넷 중독은 이성적 판단을 하기보다 감정적 충동에 의한 행동이 우선하여 문제를 일으킬 가능성이 크다.

4 청소년 사이버문화의 과제

청소년의 일상생활에서 디지털 매체(스마트폰, pc)는 단순한 의사소통의 도구나 정보를 주고받는 수단 그 이상이다. 청소년들은 디지털 기기를 매개로 자기 자신을 표현하고, 또래 친구들과의 관계를 만들고 유지하며, 게임과 동영상을 즐기고, 가상 및 현실의 캐릭터를 통해 대리만족과 그들만의 새로운 이야기를 만들어 간다. 또한 자기표현과 관계적 소통, 유희적 · 창의적 문화 향유, 그리고 청소년문화의 생산은 별개로 구분되는 것이 아니다. 사이버 공간에서 만남을 통해 친구들과 친밀감을 도모하고 자기들만의 경험과 가치를 공유하는 과정은 자기정체성을 형성하는 데 중요한 영향을 미치기도 한다(이승형, 2018). 그러므로 기성세대는 미래사회를 이끌 청소년들이 사이버문화가 만드는 단점을 최소화시키고 건전한 문화를 형성할 수 있도록 적극적으로 도와야 할 것이다. 이를 위한 구체적인 대안을 서술하면 다음과 같다(오윤선 · 황인숙, 2020; 차연실, 2019).

첫째, 건전하고 건강한 청소년 메신저 사용에 대한 적극적인 교육이 필요하다. 건전하고 올바른 채팅 용어 사용이나 온라인 커뮤니케이션 매너 등 캠페인적 측면에서의 통상적이거나 일반적인 교육이 아닌 가족관계, 교우관계, 신체 및 정신적 영향 관계를 모두 고려한 사회적 윤리와 인성 관점에서의 메신저 사용에 대한 학교 차원에서의 적극적인 교육이 필요하다. 더 나아가서 메신저를 통한 청소년의 언어폭력 및 사이버불링과 같은 사회적 문제의 심각성을 고려한다면 중 · 고등학교의 관련 교양과목 신설을 통한 전문적 교육도 고려할 수 있을 것이다.

둘째, 청소년들이 소셜 미디어를 잘 활용할 수 있는 환경 조성이 요구된다. 청소년들이 소셜 미디어를 좋아하고 오랜 시간 사용한다고 해서 그들이 디지털 기술을 능숙하게 사용하는 것은 아니다. 청소년들은 포털사이트에서 질 좋은 정보를 얻기 위해 질의어를 설정하는 방법이나 개인정보 유출을 방지하기 위해 사이트의 보안을 설정하는 일 등에서는 미숙한 부분이 많다. 따라서 스마트미디어를 통한 유용한 정보를 찾을 수 있는 능력을 함양해 주고 스스로 스마트폰 사용을 통제할 수 있는 절제력을 기르기 위한 리터러시 교육을 강화할 필요가 있다. 즉, 청소년들이 미디어에 내재되어 있는 문화의 의미와 가치를 읽어 내고 자신의 삶과 연결할 수 있도록 역량을 강화할 필요가 있다는 것이다.

셋째, 디지털 매체를 통한 중독문제를 심각하게 생각하고 그 예방과 대처에 주의를 기울어야 한다. SNS와 게임의 즐거움은 뇌를 자극하여 지속적인 이용을 유도한다. 그러므로 인터넷 및 스마트폰 사용시간과 이용하는 콘텐츠에 주의를 기울이고, 청소년 스스로 디지털 기기의 중독자가 아닌지 냉정하게 성찰할 수 있도록 지도해야 한다. 그리고 과도한 기기사용으로 인한 후유장애 등을 교육함으로써 신체적 피해를 경험하지 않도록 해야 한다.

넷째, 사이버문화와 관련한 청소년지도사의 역량을 강화해야 한다. 청소년들의 문화 트렌드를 읽고, 변화를 민감하게 예측하여 건전한 문화 형성을 위한 프로그램을 개발·운영하기 위해서는 청소년들과 현장에서 몸소 부딪히며 그들을 리드하는 청소년 지도사들의 역량 강화 과정이 필요할 것이다.

인터넷과 스마트폰이 지배하는 현재의 디지털 사회에서 사이버문화는 세대와 관계없이 누구나 애용할 수 있는 생활공간이며 또 다른 문화공간이다. 그러므로 청소년 및 기성세대들은 사이버 공간에서 법과 도덕, 사이버 윤리와 네티켓, 디지털 문화, 디지털 문화를 구성하는 요소들이 전개되는 맥락과 상호작용, 특정 이념과 진영논리에서 벗어나 균형감각과 올바른 가치관에 대한 정상적 수준의 소양을 갖춘 사람들이 주목받는 사이버 공간이 될 수 있도록 모두 노력해야 할 것이다.

CHAPTER 10

웹툰과 인터넷 1인 방송

웹툰과 인터넷 1인 방송

인터넷이 발달하고 다양한 디지털 매체가 보급화되면서 현대인들은 다양한 미디어를 접하게 되었으며, 그로 인해 일상과 여가 속에서 끊임없이 생산되는 콘텐츠를 이용하며 살아가고 있다. 과거와 현재의 미디어를 비교해 보았을 때 확연하게 다른 차이를 보이는 문화적 콘텐츠는 웹툰과 1인 방송으로, 이러한 콘텐츠들은 특히 청소년들에게서 많은 인기를 끌고 있다. 학업으로 인한 바쁜 일상 속에 생기는 자투리 시간을 소비하기에 웹툰과 1인 방송은 손 안에 있는 스마트폰으로 어디서든 손쉽게 접할 수 있으며, 자신의 흥미를 끄는 주제들을 자유롭게 시청할 수 있다는 점에서 청소년들에게 인기를 얻을 수밖에 없을 것이다. 따라서 이번 장에서는 현재 청소년들에게 각광받고 있는 웹툰과 1인 방송의 개념과 특성에 대해서 그리고 문화적으로 나타나는 특징들에 대해서 알아보고자 한다.

1 웹툰 문화의 이해

1) 웹툰의 개념

웹툰(Webtoon)은 'Web'과 만화의 'Cartoon'이 결합된 합성어로 인터넷이 보급된 현대사회의 웹 속성에 적합하게 디지털화하여 창작함으로써 온라인상에서 감상할 수 있는 만화를 의미한다. 웹툰은 넓은 의미에서는 디지털 만화, 인터넷 만화가 포함된 온라인 만화로 구분할 수 있지만 각 만화의 특징에는 차이가 있다(김성필, 2016).

출판 만화는 만화 단행본, 만화 잡지, 신문 만화 등 인쇄물로 출판된 유형의 만화를 의미하며, 디지털 만화는 기존 출판 만화를 스캔하여 PDF로 변형한 후 컴퓨터 CD롬 등의 매체에 이미지 파일로 저장하여 감상하는 유형의 만화로 기존의 만화책을 디지털화한 만화로 이해할 수 있다. 이에 반해 웹툰은 만화의 기획과 제작단계에서부터 웹의 속성을 고려하여 창작된 만화를 말한다. 즉, 웹툰은 제작－유통－소비의 모든 과정이 디지털 방식으로 진행되어 웹브라우저에 최적화된 콘텐츠로 이해할 수 있다. 예를 들어, 웹툰은 기존의 출판 만화의 특징인 칸의 경계 및 가로의 전개 방식을 벗어나 경계를 명확하게 처리하지 않고 세로로 내용을 전개함으로써 컷에 대한 집중도를 높이고 역동적인 이미지를 연출하는 기법의 효과를 극대화할 수 있다(최민음, 2015).

2) 웹툰의 발전

웹툰의 발전과 관련된 맥락을 이해하기 위하여 최민음과 전범수(2014)가 작성한 내용을 정리하여 서술하면 다음과 같다. 웹툰이라는 용어는 2000년 PC통신 천리안이 '웹툰'이라는 만화사이트를 개설하면서 시작되었다. 당시 '웹툰' 사이트에 게재된 만화의 형식은 출판 만화의 형식을 띄고 있어 지금의 웹툰과는 차이가 있다. 제작 형식에 있어서 진정한 의미의 웹툰의 등장은 2003년 '다음'과 2005년 '네이버'에서 만화서비스를 시작하는 것과 함께 이루어졌다고 할 수 있다. 다음에서는 '만화 속 세상'을 네이버에서는 '네이버 웹툰'을 통해 웹의 속성을 맞춰 디지털 방식으로 제작한 웹툰을 정기적으로 연재하기 시작하였다. 높은 인지도와 다수의 유저들이 사용하는 대표 포털사이트에서 웹툰을 무료로 이용하게 되면서 웹툰의 소비가 본격적으로 이루어졌다. 현재 네이버 웹툰의 경우에는 평균 이용자 수가 하루 620만 명에 달하는 만큼 활성화되었다. 웹툰은 이러한 양적 증가 외에도 다른 문화콘텐츠에서도 활용된다는 점에서 질적인 발전도 이루어지고 있다. 대표적으로 다음의 '만화 속 세상'에서 강풀의 웹툰 〈순정만화〉는 웹툰 자체로서도 큰 인기를 얻었지만 게재 이후 출판 만화(2004년)와 연극(2005년), 무빙 카툰(2005), 영화(2008년) 등에서 다시 제작되어 인기를 이어 나간 바 있다. 또한 Hun의 〈은밀하게 위대하게〉는 영화로 제작되어 700만 명의 관객을 동원하며 1,000억 원 이상의 경제 효과를 거두었다. 이 외에도 강풀의 〈아파트〉와 〈바보〉가 영화로 제작되었고, 윤태호 〈이끼〉, 강풀 〈26년〉, 〈이웃사람〉, 정연식 〈더 파이브〉 등이 영화로 개봉하였다. 이처럼 웹툰은 인터넷과 결합되어 이전의 출판 만화의 한계를 극복하여 발전하고 있으며, 그 파급력이 다른 콘텐츠로 확대되어 재생산되는 등 현대사회의 대표적인 문화콘텐츠로 자리매김하고 있다.

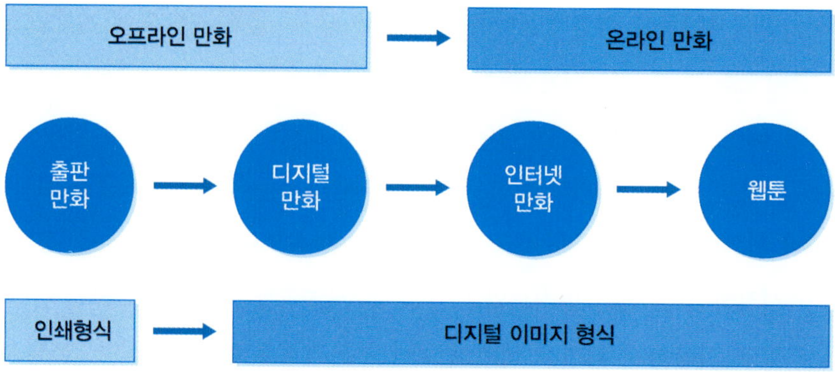

[그림 10-1] 웹툰의 등장 과정

출처: 최민음(2015).

3) 웹툰의 특징과 유형

(1) 웹툰의 특징

웹툰은 인터넷과 컴퓨터 등의 디지털 매체와 결합하게 되면서 이전의 만화와는 다른 특징을 갖게 되었는데 이에 대한 구체적인 내용은 다음과 같다(김명희, 2019).

첫째, 웹툰은 만화와 디지털 매체의 결합으로 이루어져 있어 흑백에서 컬러로의 전환이 용이하다. 출판 만화의 경우 일부의 내용만 컬러로 제시되는 경우가 많다. 미국에서 출판하는 코믹스처럼 전체가 컬러인 만화책도 있지만, 대부분은 원가의 절감을 위해 흑백으로 처리된다. 하지만 웹툰은 디지털화되어 처리됨에 따라 독자들은 높은 해상도의 컬러 원고를 감상할 수 있게 됐다.

둘째, 웹툰에서는 글과 그림 외 특수 효과 사용이 용이하다. 웹툰에서는 효과음, 배경음악, 사진, 플래시, 동영상 등의 효과가 가능한데 호랑 작가의 〈옥수역 귀신〉, 〈봉천동 귀신〉의 경우, 효과음과 플래시를 활용해서 공포감을 극대화시켰다. 또한 하일권의 〈마주쳤다〉는 게임을 진행하듯 스마트폰 터치, 애니메이션, 카메라 기능, 이름 입력 등의 기능을 사용하여 독자가 마치 만화 속에 있는 것과 같은 몰입감을 유도했다. 이러한 특수효과는 만화의 한계를 넘어 영화적 연출을 가능하게 함으로써 독자들의 집중과 흥미를 유발하는데 큰 역할을 할 수 있다.

셋째, 웹툰은 내용의 전개에 있어 출판 만화와는 다른 구조적 차이가 있다. 웹툰도 출판 만화와 같이 이미지와 텍스트로 구성되어 있지만, 컷분할이 자유롭고 프레임이 연속되는 특징을 보인다. 웹툰은 계속해서 밑으로 스크롤을 내리는 방식을 사용하고 있기 때문에 프레임이 연속된다. 이러한 특징 때문에 깊은 바닷속, 땅속, 산의 위아래를 훑듯이 보여 줄 수 있는 것이다. 즉, 웹툰은 시간의 흐름 연출과 공간 확장 연출이 가능하다. 이러한 구조적 특징에 의해 웹툰은 '종스크롤 방식'과 '횡터치 방식'을 사용해 서사 흐름을 구현할 수 있다. 컴퓨터로 볼 때는 주로 마우스로 스크롤을 아래로 내리는 '종스크롤 방식'을 사용하고, 휴대전화로 볼 때는 화면의 오른쪽을 터치하여 화면을 넘기는 '횡터치 방식'을 활용할 수 있다.

넷째, 웹툰은 온라인상에서 쌍방향 의사소통이 가능하다. 작가와 독자, 독자와 독자 간의 소통이 가능하다는 것이다. 보통 웹툰 밑에는 댓글을 달 수 있도록 되어 있는데 이를 통해 작가는 독자에게, 독자는 작가에게 의사소통하고 이를 통해 웹툰의 스토리 전개에 의사가 반영되기도 한다. 또한 독자들끼리 작품 내용에 대한 추측이나 토론을 하며 정보를 교환하기도 한다.

다섯째, 웹툰에서 작가의 활동은 기존의 출판 만화에 비해 진입 장벽이 낮다. 자신의 블로그나 SNS, 네이버의 '도전만화'나 다음의 '웹툰리그' 같은 온라인 플랫폼을 이용하여 작품을 올릴 수 있으며, 전문적인 작가 활동뿐만 아니라 취미 생활로도 가능하다.

(2) 웹툰의 구성요소

웹툰의 구성요소는 미술, 만화, 웹툰에 대한 개념을 어떻게 정의하는가에 따라 다양한 차이를 보일 수 있다. 그러나 웹툰의 개념을 이해하는 차원에서 웹툰을 구성하고 있는 요소들은 구체적이고 포괄적인 것이 좋을 것이다. 따라서 웹툰의 가치측정에 있어 기준이 되는 구성요소를 중심으로 웹툰의 구성을 알아보고자 한다. 웹툰의 구성요소는 크게 시각적 요소와 문학적 요소로 구분되며 두 기준을 토대로 세부적으로 구분하면 다음과 같이 구분할 수 있다.

〈표 10-1〉 웹툰의 구성요소

구분	요인	항목
시각적 요소	디자인	캐릭터 디자인
		배경 디자인
	그림체	인물의 그림체
		회화적 기법
		운동감
	색체	색체
	글자와 기호	텍스트
		상징 기호와 집중선
	연출	페이지 구성
		장면 연출
		시간의 설정
		텍스트 연출
	디지털 효과	디지털 활용
문학적 요소	인물	인물 설정
		인물 연출
	사건	스토리의 구조
		스토리의 발상
		스토리 연출
	배경	공감성
	기타	디지털의 활용

출처: 이승진(2013).

(3) 웹툰의 유형

웹툰의 종류는 분류 기준에 따라 다양하게 나뉠 수 있으나 내용의 구성상 크게 스토리, 에피소드, 옴니버스 유형으로 분류할 수 있다(신록, 2019). 스토리 웹툰은 무한 캔버스의 영역으로 비교적 긴 만화의 구성을 가지며, 매회 기승전결의 서사성이 있는 것이 일반적이다. 스토리 웹툰이 가장 활발하게 제작되고 있는데 그 시작은 강풀 작가의 〈순정만화〉가 대표적이다. 에피소드 웹툰은 짧은 이야기로 이뤄져 있으며, 이야기가 다음 화와 이어지지 않고 한 편으로 끝나는 것이 특징이다. 에피소드 웹툰은 고정된 캐릭터가 매회 다른 에피소드에 등장하는 시트콤과 비슷한 성격을 갖는다. 대표적인 웹툰으로 〈대학일기〉 등이 있다. 옴니버스 웹툰은 동일한 주제를 가진 여러 편의 단편이 하나의 작품으로 구성된 것이다. 대표적인 웹툰으로 〈닥터 프로스트〉 등이 있으며, 작품 속에서 하나의 사건을 여러 편으로 구성한 것이 특징이다.

(4) 웹툰의 장르

출판 만화의 제작 및 유통 시스템은 형식 및 내러티브(이야기)의 특징을 공유하는 장르 만화를 낳았고, 독자들은 장르의 관습을 통해 만화를 소비했다. 소비를 통한 독자의 평가는 다시 장르 만화의 제작과 유통을 규정했다. 그래서 상업 만화에서 장르 만화는 만화 제작자, 독자, 작가의 사회적 · 미적 감수성을 반영한다. 웹툰에서도 이러한 형태의 장르가 구분되어 있는데 국내의 대표적인 플랫폼인 '네이버 웹툰'에서 제시하는 장르는 다음과 같다(김세종, 2019).

〈표 10-2〉 웹툰의 장르

순위	요일	작품	장르
1	월	신의탑	판타지/액션
2		뷰티풀 군바리	드라마
3		윈드브레이커	드라마
4		소녀의 세계	순정/드라마
5		평범한 8반	개그/드라마
1	화	여신강림	순정/드라마
2		마음의 소리	에피소드/일상/개그
3		랜덤채팅의 그녀	일상/개그/드라마
4		덴마	판타지/액션
5		타인은 지옥이다(재)	스토리/스릴러
1	수	유미의 세포들	순정
2		복학왕	드라마
3		연놈	순정/일상/드라마
4		헬퍼2	액션
5		개장수	액션/판타지
1	목	연애혁명	드라마/개그
2		타인은 지옥이다(재)	스토리/스릴러
3		최강전설 강해효	액션/드라마
4		이두나	스토리/개그/드라마/순정
5		좀비딸	스토리/개그/판타지/감성
1	금	외모지상주의	판타지/드라마
2		갓 오브 하이스쿨	판타지/액션
3		스위트 홈	스릴러/액션/드라마
4		이제 곧 죽습니다	판타지/드라마
5		덴마	옴니버스/판타지
1	토	용이 산다	판타지/일상
2		호랑이 형님	판타지/액션/시대극
3		프리드로우	드라마
4		유미의 세포들	순정
5		부활남	액션
1	일	열렙전사	판타지/액션
2		약한영웅	액션
3		덴마	판타지/액션
4		맘마미안	스토리/판타지/드라마/감성
5		타인은 지옥이다(재)	스토리/스릴러

출처: 김세종(2019).

4) 청소년과 웹툰 문화

지금의 청소년들은 태어나면서부터 자연스럽게 인터넷과 스마트폰을 사용하는 생활에 익숙해지고 학교에서도 컴퓨터와 인터넷을 활용한 수업이 활발하게 이루어지고 있다. 청소년들이 경험하는 시각적인 자료들도 디지털 기기 속의 그림이나 영상인 경우가 대부분이며 최근에는 모든 정보를 스마트폰과 인터넷에 의지하고 있다. 이러한 환경에서 웹툰은 바쁜 과업을 중심으로 살아가는 청소년들에게 접근성이 높은 디지털 기기로 시각적인 그림과 흥미진진한 스토리를 통해 자투리 시간을 즐겁게 보내게 해주는 여가 수단이 된다(장수한, 2020).

웹툰이 이처럼 현대의 청소년들에게 인기 있고 대중적인 문화콘텐츠가 될 수 있는 것은 웹툰과 청소년이 지닌 일상성의 특징에 따른 것으로 볼 수 있는데 구체적인 내용은 다음과 같다(김영숙, 2016).

첫째, 개인화 추세이다. 현대사회는 점점 개인화 추세이고, 웹툰은 보통 1인 기기를 사용한다. 그러므로 웹툰을 사용하고 즐기는 방식은 기본적으로 개인적인 일상이 될 수 있다. 물론 사용자가 웹툰을 읽고 별점을 준다든지 댓글에 감상평이나 요구사항 등을 기재한다는 점, 작가가 그 결과들을 작품에 반영하여 창작한다는 점에서는 소통을 전제로 한다고 볼 수 있다. 그러나 그것 역시 디지털미디어를 매개로 개인적으로 이루어진다는 점으로 인해 기본적인 아날로그적 소통방식이라고는 볼 수 없다.

둘째, 편의성과 접근성이다. 웹툰은 휴대용 기기를 통해 감상할 수 있다는 편의성과 접근성 때문에 웹툰을 사용하는 형식 자체가 지극히 개인적인 일상성의 특징을 가지고 출발한다고 볼 수 있다. 영화의 경우에는 동일한 공간 속에서 관객들과 함께 관람해야 하지만 웹툰은 오직 홀로 콘텐츠를 즐길 수 있다.

셋째, 일상적인 소재를 다루고 있다. 웹툰 장르 중 '일상툰'은 일상적인 소재를 다루고 있다. 바쁘고 급박하게 변화하는 시대의 삶을 살아가는 청소년들에게 다른 사람의 일상을 엿볼 수 있는 웹툰은 독자들의 관심거리가 된다. 그러므로 웹툰은 우리 주변의 일상적인 소재를 다루어 반복적 과업과 학습활동에 지친 청소년들에게 관심과 인기를 얻게 된다.

넷째, 시각 커뮤니케이션 속성이 강하다. 웹툰은 표현 욕구를 디지털미디어를 통해 즉시 적용하도록 하는 시각 커뮤니케이션 속성이 강하여 신속하고, 편리하게 정보를 전달할 수 있게 해 준다. 그로 인해 글보다 시각적 자료에 친숙한 청소년들에게 접근성이 높다고 할 수 있다.

다섯째, 인간적이고 감성적인 활발한 쌍방향 커뮤니케이션을 하게 된다. 웹툰을 통해 여러 유형의 표현 욕구를 만족시킬 수 있게 되면서 웹툰은 감성콘텐츠 영역으로 확장되었다. 독자들은 새로운 게시물을 보고 자기 동일성과 대리만족을 경험하게 되었으며, 적극적으로 댓글을 달고 작가와 수용자 간의 솔직하고 신속하며 활발한 쌍방향 커뮤니케이션을 하게 된다. 다양한 디지털미디어를 이용하면서 인간적이고 감성적인 요소에 목말라 하던 네티즌들은 이러한 웹툰의 매력을 느끼게 된다.

여섯째, 스트레스를 풀 수 있는 기회를 제공한다. 청소년들은 개인 중심적이고 이기적 사고가 팽배해 있으며, 인내심이 부족하고 사소한 일에도 쉽게 화를 내고 급우 간에 다툼이 잦다. 또한 다른 사람에게 혹은 기성세대에게 배타적인 행동을 하는 모습을 자주 보이고, 지적 수준의 개인별 격차가 심화되어 열등의식, 정신적 소외감으로 자신의 내면세계를 절제하거나 다른 사람을 돕거나 보살피는 것에 어려움을 느낀다. 이러한 요인으로 인해 청소년들이 스트레스를 풀 수 있는 기회가 부족한 상황에서 웹툰은 그 해결책 역할을 하고 있다.

이처럼 웹툰은 청소년들이 흥미를 가질 수 있는 속성과 쉽게 즐길 수 있는 특성을 가지고 있기에 많은 청소년들이 웹툰을 이용하고 있으며, 웹툰과 관련된 그들만의 문화를 만들어 가고 있다. 청소년들의 웹툰 문화는 '웹툰을 그 자체로 즐기는 웹툰 문화', '웹툰과 관련된 댓글문화'로 구분할 수 있다(김영숙, 2018).

웹툰을 그 자체로 즐기는 웹툰 문화는 청소년들이 웹툰을 통해 즐거움을 얻는 양상을 의미한다. 웹툰은 청소년들이 활자와 그림으로 이야기를 접하며 언제라도 다시 볼 수 있어 접근성이 높다는 특징을 가진다. 또한, 상호작용이 가능한 특징을 통해 작가와 독자의 교류가 활발하게 이루어지게 되었다. 웹툰을 이용하는 청소년들은 잡지나 책을 보는 것처럼 웹툰을 보기보다는 좀 더 가볍고 일상적으로 웹툰을 소비하고, 웹툰에서 나타나는 캐릭터를 자신과 동일시하여 삶의 다양한 욕망을 해소한다. 그리고 이러한 주제들을 다른 사람들과 소통하면서 다양한 방식으로 이야기를 즐긴다.

웹툰과 관련된 댓글 문화는 청소년이 게시판에 댓글을 달고, 별점을 주면서 작품에 직접적으로 반응하여, 적극적으로 웹툰의 이야기 전개에 영향을 끼치는 문화라고 할 수 있다. 이러한 문화의 특징은 독자와 독자, 독자와 작가와의 상호작용 속에서 새로운 이야기를 이끌어 나갈 수 있다는 것이다. 게시판이나 댓글란의 등장은 사회에 대해 비판할 공간이 없던 많은 사람들에게 자신의 의견이나 주장을 마음껏 펼 수 있는 공간을 제공해 주었다. 웹툰에서도 작가의 스토리 전개나 그림 스타일에 대해 청소년 독자들은 댓글을 통하여 적극적으로 의사표현을 할 수 있게 되었고, 서로의 의견에 대해 공감하거나 비공감 의사를 자유롭게 표출할 수 있게 되었다. 대중예술의 즐거움은 '다시보기'와 '소통'의 즐거움이라고 할 수 있는데, 다시보기와 소통은 하나의 콘텐츠를 감상하는 청소년 입장에서 느끼는 즐거움을 뜻한다. 그리고 청소년들은 그것을 다시 재생산하는 의미화 과정에 돌입하고 그것을 자신의 공동체와 공유하고 소통하는 것에서 대중예술을 누리는 즐거움을 느낀다.

웹툰 그 자체를 즐기는 웹툰 문화의 양상을 보면 현실과는 다른 허구의 세계로 청소년을 인도한다. 웹툰 속 공간은 현실의 규칙이 구속력을 발휘하지 못하고 전혀 다른 원칙이 존재하는 특수한 세계다. 웹툰을 읽는 독자는 작가가 설정한 세계관 아래 정지된 이미지를 통해 자의적인 연출을 하며 스토리를 완성해 나간다. 아무리 기이하고 기묘한 사건이 벌어져도 만화이기에 별다른 의문 없이 넘어가기도 한다. 이런 특징들은 웹툰 이미지의 스타일이 사실적이든 그렇지 않든 관계없이 그것이 손으로 그린 이미지이기에 가능하다. 청소년은 웹툰을 시각적으로 가상이라는 것을 인식하고 있기에 현실의 제약에서 자유로운 상상이 가능하고 작품에 따라 새로운 규칙을 만들어 내는 일탈의 즐거움도 느끼기도 한다(이승진, 2018).

이렇게 웹툰은 그 자체로 현실의 규칙에서 벗어나 일탈의 즐거움이 보장된 콘텐츠다. 일탈의 즐거움은 반응이 즉각적이고 빠른 인터넷 공간과 네트워크와 참여가 가능한 게시판 형식의 웹툰 보기 시스템을 통해 강화된다. 이처럼 청소년이 웹툰을 그 자체로 즐기는 경우도 있지만 앞서 나타난 청소년 웹툰 문화의 댓글 문화처럼 타인과의 상호작용을 통해 이야기를 만들어 나가고 그것을 즐기기도 한다.

2 인터넷 1인 방송 문화의 이해

1) 1인 미디어의 개념

1인 미디어는 “개인이 정보를 전달할 뿐만 아니라, 다양한 콘텐츠를 직접 생산하고 공유할 수 있는 새로운 형태의 커뮤니케이션 플랫폼”이다. 과거에는 불특정 다수에게 한 방향으로 정보를 전달하는 TV, 신문, 라디오, 잡지가 주를 이루었으나, 정보통신 기술의 발전과 인터넷, 스마트폰의 활용으로 쌍방향 소통을 할 수 있는 뉴미디어가 등장하면서 1인 미디어 발전은 가속화되었다(김광현, 2020).

1인 미디어 콘텐츠란, 1인 크리에이터가 다양한 주제의 콘텐츠를 직접 생산하여 온라인 플랫폼을 통해 다수의 시청자와 공유하는 것을 일컫는데, 현재의 1인 미디어 콘텐츠는 개인 또는 팀으로 구성된 제작자가 독창적으로 미디어 콘텐츠를 제작하는 것을 의미한다(이주희 · 고경아 · 하대권, 2018). 1인 미디어 콘텐츠가 확산된 것은 스마트폰의 대중화와 소비자들의 콘텐츠 소비방식이 이전과는 다른 행태로 진행되고 있기 때문이다. 스마트폰의 빠른 보급은 1인 미디어 콘텐츠 확산에 큰 영향을 주었다. 스마트폰의 고해상도 카메라를 이용해 동영상을 쉽게 제작하고 편집과 공유가 용이하며, 적은 비용으로도 품질이 좋은 영상을 제작할 수 있기 때문이다. 특히, 무료 편집 프로그램이나 관련 어플리케이션 등이 보급되면서 기술적인 진입장벽도 낮아졌다. 유튜브, 아프리카TV, 틱톡 등과 같은 미디어 공유 플랫폼들은 편리하게 미디어를 제작하고 송출할 수 있는 환경을 조성하였고 시간과 공간의 제약 없이 1인 미디어를 시청하고 제작하는 문화를 양산했다. 이러한 변화는 언제, 어디서나 정보 및 의견을 교류할 수 있도록 환경을 제공하고 있기 때문에 고전적인 방법으로만 이루어졌던 방송영상 콘텐츠 소비성향에도 큰 영향을 주었다(권미경, 2020).

2) 인터넷 1인 방송 플렛폼

인터넷 개인방송 및 동영상 서비스를 제공하는 미디어 플랫폼은 크게 3가지로 유형을 나눌 수 있다. 이들은 메인이 되는 서비스가 무엇이냐에 따라 '실시간 방송형', 'VOD형', '복합형'으로 구분한다. 첫 번째, '실시간 방송형'은 방송진행자가 실시간으로 시청자와 채팅 등으로 소통하며 방송을 진행할 수 있도록 서비스를 제공하는 플랫폼으로 아프리카 TV, 트위치 TV 등이 있다. 두 번째, 'VOD형'은 이미 제작된 방송, 다양한 동영상 콘텐츠의 유통 위주로 서비스를 제공하는 플랫폼이다. 그 예로 네이버 TV가 대표적이다. 세 번째, '복합형'은 실시간 방송 서비스와 VOD유통 서비스를 종합적으로 제공하는 플랫폼이다. 복합형 예로는 유튜브, 카카오 TV, V라이브, 판도라 TV 등이 있다. 이러한 플랫폼은 실상 대부분 복합형으로 존재하고 있다. 대부분 실시간 스트리밍 서비스를 가능하게 하면서, 실시간 방송이 아니더라도 개인 방송 영상 및 동영상이 이용자에게 언제나 유통될 수 있도록 만들기 때문이다. 즉, 어떤 서비스를 더 주력해서 제공하느냐가 그 플랫폼의 유형 및 성격을 결정하는 데 중요한 요인이 된다(최화영 · 하승태, 2021). 이러한 형태로 구분되는 인터넷 1인 방송 플렛폼의 특징은 다음과 같다(윤영석 · 이현우, 2016).

(1) 아프리카 TV

아프리카 TV(Afreeca TV)는 “Any FREE broadCAsting TV”의 약어로 자유로운 무료 방송을 의미하며, 2006년 3월 개인 방송을 표방하며 출범한 개인 방송 서비스이다. 아프리카 TV 시청자는 모바일 단말 또는 PC를 통해 BJ(Broadcasting Jokey)가 진행하는 개인 방송을 시청할 수 있으며, BJ와 시청자는 채팅을 통해 소통한다. 필요에 따라 채팅뿐 아니라 시청자와 BJ는 마이크와 웹캠을 통해 음성, 영상으로 대화를 하기도 한다. 아프리카 TV의 방송 콘텐츠는 크게 4가지로 분류될 수 있다. BJ의 PC 화면 방송, 화상캠 방송, 동영상 파일 방송, 지상파 및 케이블 TV 방송 콘텐츠가 아프리카 TV 스튜디오라는 플랫폼을 통해 전달된다. 녹화 방송뿐 아니라 실시간 방송도 가능하다. 이용자 관점에서의 아프리카 TV 화면은 일반적으로 시청화면, 채팅화면, 메타정보로 구성된다. 시청화면은 BJ가 전송하는 콘텐츠 정보가 화면에 나타나는 화면이다. 채팅화면은 BJ와 시청자들이 자신의 생각과 느낌을 교환하는 커뮤니케이션을 위한 공간이다. 메타정보는 시청화면 아래에 위치해 있고 BJ 이름, 방송 이름, 실시간 시청자 수, 즐겨 찾기 수 등을 알려 준다.

(2) 유튜브

유튜브는 셀 수 없을 만큼 다양한 UGC(사용자제작콘텐츠) 콘텐츠의 생산과 소비가 접점을 이루는 동영상 유통 플랫폼을 말한다. 유튜브라이브(YouTube live)는 2012년 출시한 라이브 스트리밍 서비스로 실시간 개인 방송을 직접 겨냥하고 있는 서비스이다. 비실시간 개인 생성 동영상(동영상 클립)을 재생하는 유튜브의 일반적인 화면 구성은 상단 중앙에 실시간 전송되는 콘텐츠가 재생되고, 우측 최상단에 광고가 노출된다. 그 아래로 연관성이 높은 콘텐츠가 노출된다. 재생 중인 동영상 하단에는 동영상 업로더, 재생횟수, 채널 구독 버튼, 게시일자, 간단한 설명이 표시되고 그 아래에는 사용자 댓글이 이어진다. 동영상 정보 우측에 보면 좋아요, 싫어요 버튼이 있고 간단한 통계 정보가 보인다. 유튜브의 방송 콘텐츠–시청자 매칭은 추천을 통해 이루어진다. 유튜브 사용자의 시청 행태는 크게 링크를 통한 유입, 목적 지향적 콘텐츠 검색, 특별한 이유 없는 동영상 시청으로 구분된다. 링크 및 검색어를 통해 특정 콘텐츠를 시청하는 경우 이 영상을 시청한 다른 시청자가 시청한 콘텐츠가 추천된다. 이 경우에는 구체적인 목적을 가지고 동영상을 검색하였으므로 유사한 주제를 다루고 있는 동영상 콘텐츠를 추천한다. 추천하는 알고리즘은 기본적으로 나와 유사한 주제에 관심이 있는 사람들이 시청한 동영상을 추천하는 방식으로, 계산된 연관성에 근거하여 화면에 표시된다.

(3) 기타 1인 방송 플랫폼

아프리카 TV와 유튜브 외에도 다양한 사업자들이 1인 방송을 제공하고 있다. 곰 TV, 네이버 TV, 카카오 TV, 판도라 TV, 유스트림, 미어캣 등 다양한 국내외 사업자들이 개인 방송을 겨냥하고 있다. 이용자 관점에서 이들이 제공하는 콘텐츠가 개인 방송 아프리카 TV나 유튜브와 큰 차이가 있는 것은 아니며 기술적으로도 큰 차별성은 없다.

다만, 사업자의 전략적 위치와 규모에 따라 문제의 범위와 깊이가 조금씩 차이가 있을 뿐이다.

일례로 네이버 TV의 경우 포털 사업자의 지위를 가지고 있기 때문에 개인 방송 콘텐츠 제공이 포털 지배력 유지와 트래픽 유입에 직결된다. 유사한 맥락으로 카카오 TV는 다음 TV팟에서 이미 개인 방송 콘텐츠가 유통되고 있고, 최근 카카오 TV 출시를 통해 카톡방에서 실시간 영상을 보면서 대화에 참여할 수 있는 서비스를 출시하였다. 카카오 TV는 다른 개인 방송 플랫폼과 달리 자사가 가진 개인 메시징 서비스에 TV를 포함하는 전략을 취하고 있다. 유스트림(www.Ustream.tv)은 미국판 아프리카 TV로 실시간 동영상 스트리밍 서비스를 제공하는 사업자이다. 유스트림은 PC, 모바일 기기, TV, 게임 콘솔 등 다양한 단말에서 전 세계 실시간 개인 방송 및 아리랑 TV, 한국경제 TV 등 케이블 방송 콘텐츠를 시청할 수 있다. 유스트림은 국내의 경우 시청자 수가 많지 않지만 전 세계 개인 방송을 선도하고 있는 서비스이다.

3) 인터넷 1인 방송 콘텐츠 유형

다양한 플랫폼을 통해 제공되는 인터넷 1인 방송의 콘텐츠는 게임, 먹방(먹는 방송), 뷰티, 연예, 스포츠, 토크, 음악 등 다양하게 구분되어 있다. 이들 중 대표적으로 제시되는 것은 게임, 먹방, 뷰티로 이에 대한 구체적인 내용은 다음과 같다(김민서, 2019).

(1) 게임

게임 방송은 크리에이터가 게임을 직접 플레이하며 시청자들을 대상으로 자신의 게임 실력에 대한 전문성을 보여 주거나 게임을 어떻게 플레이하면 더 잘할 수 있는지 팁과 노하우 등을 전달한다. 또는 시청자들과 소통하며 최근에 이슈가 되고 있는 게임이나 대중들에게 잘 알려지지 않은 게임 등을 소개하거나, 시청자와 플레이를 같이 하면서 오락성에 초점을 맞추는 등의 방식으로 진행되는 방송이다(이재국, 2018). 컴퓨터 온라인 게임부터 모바일 게임 등 남녀노소 게임을 여가로 즐기는 이용자들이 늘어나고 있으며, 이용자가 많은 인기 있는 게임을 주제로 하는 방송일수록 시청자의 관심을 받게 된다. 그렇기 때문에 게임 방송은 10대 청소년부터 기성세대까지 나이를 불문하고 인터넷 1인 방송 중에서 가장 많이 시청하는 방송 콘텐츠이며, 인터넷 1인 미디어 콘텐츠에서 주요 아이템으로 자리 잡고 있다.

(2) 먹방

먹방(먹는 방송)은 크리에이터가 다양한 음식을 먹거나 소개하면서 자신이 음식을 먹는 모습을 방송한다. 2008년 전후 아프리카TV에서 먹는 모습을 방송하는 문화가 생겨나면서 화제가 되었지만, 대중화는 TV를 통해서 이루어졌다. 이후 유명 크리에이터들이 빨리 먹기, 많이 먹기, 맛있게 먹기 등을 지향하며 꾸준히 먹는 방송을 진행하게 되었고, 그 콘텐츠가 화제가 되면서 '먹방'이라는 용어까지 만들어지며 열풍이 불게 되었다. 최근에는 여러 가지의 음식을 섞어 새로운 맛을 창조하여 음식을 더욱 맛있게 먹는 방법이나 ASMR 방송이라는 청각을 자극하는 소리 위주의 방송 등이 인기를 끌고 있다. 먹방 콘텐츠는 게임 방송 다음으로 이용하는 시청자가 많을 만큼 젊은 층 사이에서 빠르게 확산되어 가고 있으며, 인터넷 1인 방송 플랫폼을 넘어 한국 주류 미디어에도 큰 영향을 끼치고 있다.

(3) 뷰티

뷰티 방송은 뷰티 정보를 소개하는 방송이다. 그 주제는 헤어, 메이크업, 피부 관리, 패션 등 굉장히 다양하다. 가장 인기 있는 콘텐츠로는 화장법과 새로운 제품에 대한 소개와 설명이다. 기초단계부터 데일리 화장법, 상황에 맞는 화장법 등 다양한 화장법을 소개하며 공유한다. 또한, 새로운 제품이나 유명 연예인이 사용한 제품에 대한 설명과 리뷰를 전달한다. 뷰티에 대한 개념이 외모 꾸미기의 개념에서 사회생활의 필수항목으로 바뀌고, 특히 여성들 사이에서는 화장품에 대한 인식이 필수소비재로 인식되고 있다. 화장품을 구매하는 소비자들은 빠르고 폭넓은 정보력으로 자신에게 적합한 제품을 선택하기 원한다. 타인들이 미리 사용해 보거나 경험해 본 결과에 대한 후기 · 피드백을 통해 정보를 공유한다. 또 유명 연예인의 파운데이션 후기, 아이돌 그룹이 이용하는 화장품과 화장법 등을 직접 이용해 보고 홍보하면서 뷰티 방송이 활성화되고 있다.

4) 청소년과 인터넷 1인 방송 문화

(1) 인터넷 1인 방송에 대한 청소년의 인식

① 긍정적 인식

인터넷 1인 방송에 있어 대표적인 유형으로 구분되는 게임, 먹방, 뷰티 방송에 대한 청소년들의 긍정적인 인식은 다음과 같다(김민서, 2019).

첫째, 게임 방송의 경우 규정되어진 틀과 형식에 맞추어 방송되는 지상파 방송과 다르게 인터넷 1인 방송은 정해진 규정이 약하기 때문에 다양한 콘텐츠로 진행되는 방송을 선택하여 시청할 수 있는 점에 대한 흥미를 느꼈다. 또한 인터넷 1인 방송은 콘텐츠에 대한 제한을 두지 않기 때문에 새로운 방식과 내용으로 구성된 방송들을 찾아볼 수 있다고 하였다. 호기심이 왕성한 청소년 시기에 다양한 볼거리를 제공하는 인터넷 1인 방송은 청소년의 흥미를 유발하고 관심사가 될 수밖에 없는 것이다. 또한 콘텐츠에 제한이 없는 것과 더불어 방송을 진행하는 크리에이터의 나이 또한 제한이 없다는 것을 청소년들은 긍정적으로 생각하고 있었다.

둘째, 먹방의 경우에는 배고픔을 참기 힘들 때 방송을 시청함으로써 먹는 것에 대한 대리만족을 느끼는 것으로 나타났다. 배고픔을 느끼는 것은 인간의 당연한 본능이기 때문에 사람이라면 모두가 배고플 때 음식을 섭취하기를 원한다. 청소년들은 본인이 배고픔을 해소할 수 없을 때, 크리에이터가 자신을 대신하여 먹고 싶은 음식을 섭취하는 모습을 방송으로 보게 될 때 만족감을 느낀다고 하였다. 최근에는 'ASMR 먹방'이 인터넷 1인 방송을 시청하는 시청자들 사이에 유행으로 퍼져 음식과 관련된 소리가 좋아서 소리 위주로 진행하는 방송을 시청한다는 청소년도 있었다. ASMR 먹방은 음식 섭취하는 소리 외에도 음식을 만드는 과정에서 나는 소리, 씹을 때 입안에서 나는 소리 등 소리가 중심이 되어 방송이 진행된다. 인터넷 1인 방송은 시청자가 원하는 것이 무엇인지 파악하고 그것에 초점을 맞춰 방송을 진행한다는 의견이었다. 지상파 방송의 경우 시청자의 욕구와는 상관없이 방송사의 틀에 맞춰 만들어진 방송을 시청자가 선택하여 시청했다면, 인터넷 1인 방송은 시청자들의 욕구를 반영하여 시청자가 중심이 되는 방송을 만들어서 진행한다는 것이다. 크리에이터와 시청자가 소통할 수 있고, 자신의 의견이 방송에서 피드백이 될 수 있다는 점을 긍정적으로 인식하고 있었다.

셋째, 뷰티 방송의 경우에는 화장품에 대한 정보나 자신에게 맞는 화장법을 배울 수 있다는 점을 긍정적으로 인식하고 있었다. 요즘 시대에는 초등학교 고학년이 되면 자연스럽게 외모에 관심을 가지게 된다. 여자의 경우에는 특히 피부미용과 화장을 하는 것이 유행처럼 번져 관심이 쏠리게 된다. 청소년 스스로 청소년 시기에 화장을 하면 좋지 않다는 것을 인식하고 있었지만, 자신을 꾸미기 위해서 화장을 하고 있는 것으로 보였다. 청소년들은 인터넷 1인 방송을 통해서 화장법이나 화장품의 정보를 습득하는 만큼 유행하는 패션과 코디법에 대한 정보를 얻을 수 있다는 것에 긍정적 의견이 있었다. 또한 입는 옷에 대한 정보를 얻을 수 있다는 점에서는 남자 청소년도 긍정적으로 생각하고 있었다.

② 부정적 인식

반면, 게임과 먹방, 뷰티 방송에서 부정적으로 인식하는 부분도 있었다.

첫째, 게임 방송의 경우 방송의 내용보다는 크리에이터의 욕설에 대한 경각심을 드러냈다. 게임 방송을 시청하는 연령대는 대부분 10대, 20대가 많으며, 특히 초등학생들이 인터넷 1인 방송을 대다수 시청하고 있다는 점을 우려하였다. 옳고 그름을 판단하기 어려운 연령대의 초등학생이 폭력적이거나 욕설이 포함된 방송을 시청하고, 욕설을 그대로 따라 하거나 폭력적인 행동이 유행으로 번지는 것에 대한 걱정의 목소리가 높았다. 청소년 스스로도 게임 방송을 즐겨 시청하고 있지만, 욕설을 사용하는 것이 도덕적으로 어긋나는 언행이고 개선되어야 할 문제점으로 인식하고 있었다.

둘째, 먹방을 주로 시청하는 청소년들이 인터넷 1인 방송을 부정적으로 인식하는 이유로는 먹방이라는 콘텐츠 자체로는 문제가 없지만, 방송을 진행하는 크리에이터의 태도나 언행에 따라서 문제가 될 수도 있다고 말하였다. 단순히 먹는 모습으로만 방송을 진행한다면 문제가 되지 않지만, 많은 양의 음식을 무리하게 섭취한다거나 진행 중에 욕설을 섞는다면 청소년에게 좋지 않은 영향을 줄 수 있다고 인식하고 있었다.

셋째, 뷰티 방송을 주로 시청하는 청소년들의 인터넷 1인 방송을 부정적으로 인식하는 이유로는 뷰티 용품을 홍보하고 설명하는 크리에이터가 허위 정보나 상품 구매를 촉구하는 듯한 방식의 방송에 불편한 내색을 드러냈다. 또한, 뷰티 방송으로 인해 화장을 너무 과하게 한다거나 청소년 신분임에도 불구하고 화장을 할 수밖에 없는 사회적 분위기에 대해서 불만을 이야기하였다.

(2) 인터넷 1인 방송에 대한 청소년의 태도

인터넷 1인 방송에 대한 청소년의 태도를 알아보기 위하여 인터넷 1인 방송의 심의 규제에 대한 의식, 인터넷 1인 방송으로 인한 금전적 소비, 인터넷 1인 방송에 대한 욕구 등에 관한 질문을 통해 청소년의 태도를 확인하였다(김민서, 2019).

① 인터넷 1인 방송 심의규제에 대한 의식

청소년들은 인터넷 1인 방송 심의규제에 대한 의견으로 욕설 규제가 되지 않다는 점에서 방송 심의규제에 대한 모호성을 이야기하고 있었다. 크리에이터들이 옷을 벗는 등의 선정적인 내용이나 음주를 하는 내용, 폭력적인 내용 등은 규제가 되고 있으나 욕설 사용에 대해서는 규제가 되지 않는다는 것이다. 인터넷 1인 방송에서 욕설은 지금까지도 꾸준하게 제기되는 문제점이다.

② 인터넷 1인 방송으로 인한 금전적 소비

인터넷 1인 방송으로 인한 금전적 소비에 대한 질문에 다수의 청소년들이 방송에서 언급되었던 제품을 구매한 경험이 있었으며, 몇몇 청소년은 크리에이터에게 후원하는 서비스를 유료로 결제하여 사용해 보았다고 하였다. 아프리카 TV를 이용하는 청소년들은 별풍선을 구매하여 후원하거나 이벤트에 참여하기도 한다고 하였다. 방송 콘텐츠의 분류별로 소비하는 내용도 달랐는데, 콘텐츠의 주제에 따라서 먹방을 주로 시청한 청소년은 음식을 구매하는 것에 금전적 소비가 있었고, 뷰티 방송을 주로 시청하는 청소년은 화장품을 구매하는 것에 금전적 소비가 있었다.

③ 인터넷 1인 방송에 대한 욕구

연구에 참여한 청소년들의 향후 인터넷 1인 방송에 대한 욕구를 알아보기 위해 자신이 인터넷 1인 방송의 진행이 가능한지, 가능하다면 어떠한 콘테츠로 방송을 하고 싶은지, 향후 어른이 되어서도 인터넷 1인 방송을 계속 시청하고 이용할 의향이 있는지 질문을 바탕으로 청소년의 의견을 확인해 보았다.

첫째, 1인 방송의 진행 가능성과 원하는 콘텐츠를 묻는 질문에 대하여 청소년들의 답변은 다음과 같다. 최근에는 초등학생의 장래희망 리스트에 크리에이터가 포함되어 있을 정도로 청소년들의 인터넷 1인 방송에 대한 관심이 뜨겁다. 연구에 참여한 청소년들 역시 인터넷 1인 방송 진행에 관심이 많았으며, 기회가 된다면 인터넷 1인 방송을 진행해 보고 싶다는 의견이 대부분이었다. 방송을 진행해 보고 싶다는 청소년에게는 어떠한 콘텐츠를 진행해 보고 싶은지 질문하였고, 인터넷 1인 방송을 진행하지 못할 것 같다고 대답한 청소년의 경우에는 그 이유에 대해 질문하였다. 진행이 가능할 것 같다고 대답한 청소년의 경우 각자 진행해 보고 싶은 콘텐츠가 달랐으며, 이미 방송 진행 경험이 있는 청소년도 있었다.

인터넷 1인 방송을 진행하지 못할 것 같다는 청소년들은 예전에는 인터넷 1인 방송을 진행해 보고 싶었지만, 지금은 시청하는 것만으로 만족한다는 의견이었다. 그 이유는 방송을 진행하게 되면 얼굴이 노출되어야 한다는 점에서 걱정하는 부분이 있었고, 최근에는 크리에이터의 수가 너무 많아져서 경쟁력이 없다는 의견이었다. 유명 연예인들도 인터넷 1인 방송 진행을 많이 하고 있는 추세이기 때문에 탁월한 능력이 없다면 경쟁력이 없다고 생각하는 것으로 보였다.

둘째, 향후 성인이 되어서 1인 방송을 이용할 의향에 대해서 질문한 결과 모든 청소년들이 이용할 것이라고 대답했다. 성인이 되어서도 자신이 필요한 정보를 얻고 또 자신이 가지고 있는 정보를 공유하기 위해 보게 될 것 같다는 의견이 많았고, 성인이 되면 크리에이터로서 활동해 보고 싶다는 의견도 있었으며, 크리에이터를 향후 자신의 직업으로 진로를 생각 중인 청소년도 있었다.

3 웹툰과 인터넷 1인 방송문화의 과제

웹툰과 인터넷 1인 방송의 콘텐츠가 생산됨으로 인해 대중 예술과 방송의 발전이 있었지만, 긍정적이고 유익한 콘텐츠 문화로 자리 잡기에는 규제방안들이 충분히 마련되어 있지 않은 것이 사실이다. 그로 인해 콘텐츠의 소비를 대표하는 청소년들에게서도 부정적인 인식을 얻고 있는 부분들이 있다. 따라서 웹툰과 인터넷 1인 방송이 더욱 건강하고 대중적인 콘텐츠가 될 수 있는 과제들을 제안하면 다음과 같다.

첫째, 웹툰과 인터넷 1인 방송에서 다루어지는 콘텐츠의 규제가 필요하다. 폭력적이거나 선정적인 인터넷 방송의 시청은 청소년들의 준법성, 건정성, 책임성, 친절성, 도덕성 등의 감소를 초래하는 것으로 보고되었고(강정배, 2017), 폭력적이고 가학적인 인터넷 방송을 시청한 청소년들은 신체적 언어적 괴롭힘이 많을수록 재미를 느끼고, 자신도 그러한 행동을 하고 싶은 충동에 빠진다고 보고되었다(김기정, 2017). 웹툰과 인터넷 1인 방송에서는 공영 방송에서 다루기 어려운 자극적인 소재들을 다루고 있어 흥미를 유발하는 것이 사실이다. 그러나 이슈를 만들기 위해 과장된 콘텐츠들은 오히려 청소년들의 도덕성을 해치고 범죄를 가볍게 인식하도록 만들고 있다. 그러므로 이러한 내용들을 심의하고 규제할 수 있는 방안들이 보다 강화되어야 할 것이다.

둘째, 청소년의 사회적 관계 형성과 가치실현을 위한 다양한 공유 플랫폼과 콘텐츠의 개발이 필요하다. 청소년들은 웹툰과 1인 방송 안에서 끊임없이 상호작용한다. 이러한 소통은 청소년이 타인과의 공유를 통해 자신의 욕구와 욕망을 해소할 수 있는 등 청소년 삶의 질을 높일 수 있는 긍정적인 효과를 줄 수 있다. 따라서 청소년들이 온라인 공간에서 원활한 관계 형성 및 관계 유지뿐만 아니라 위안과 위로 그리고 자아 성취감을 느낄 수 있도록 도와주어야 한다. 즉, 가족과 또래집단 등의 공동체와 함께 참여할 수 있는 교육적 요소와 흥미적 요소가 결합된 다양한 정보공유 플랫폼과 콘텐츠 개발이 필요하다. 특히, 최근에는 웹툰이 영화와 드라마 등 다양한 영역에서 재생산되고 있고, 1인 방송의 BJ가 공중파에 출현하여 대중성을 가지게 되는 경우가 있어 가족들 간에 공감할 수 있는 건강한 콘텐츠의 개발이 희망적으로 보인다.

셋째, 웹툰과 1인 방송의 중독을 예방할 수 있는 방안과 지원 대책이 마련되어야 할 것이다. 웹툰과 1인 방송의 경우 청소년들이 스마트폰을 이용해서 언제 어디서나 이용할 수 있어 접근성이 높다. 그러나 이러한 특징은 오히려 시청을 제한하거나 규제하는 것이 전적으로 청소년 개인의 통제력에 의존하는 것으로 볼 수 있어 충동을 통제하기 어려운 청소년의 경우에는 중독될 수 있는 위험을 가지고 있는 것으로 볼 수 있다. 실제로 웹툰 중독 위험군 청소년은 일반 이용자군에 비해서 이용시간이 길고, 웹툰의 이용을 위해 비용을 투자하는 경우가 많으며, 웹툰 이용에 대한 만족도도 높은 것으로 나타났다(조요한 · 고은정 · 오준성 · 신성만, 2018). 이는 웹툰과 1인 방송 역시 게임중독과 같은 양상의 문제로 이어질 수 있음을 시사하고 있다. 그러므로 웹툰과 방송 플랫폼을 중심으로 이용 시간을 제한하는 규제를 마련할 필요가 있으며, 중독 위험군의 치료를 위한 지원 서비스도 마련되어야 할 것으로 보인다.

청소년들이 관심을 가지는 주제들을 다루는 콘텐츠들이 늘어나고 소통할 수 있는 영역이 확대되는 것은 대중적인 문화적 발전을 도울 뿐만 아니라 청소년들의 심리적 안정을 돕는다는 점에서 긍정적이다. 그러나 보다 많은 이슈를 만들어 경제적 이익을 취하기에 용이하여 부적절한 콘텐츠가 무분별하게 늘고 있는 것도 사실이다. 웹툰과 1인 방송의 영역이 점차 확대되고 발전되는 만큼 건강한 문화로 정착될 수 있도록 많은 지원이 필요할 것이다.

CHAPTER 11

디지털 미래와 청소년문화

디지털 미래와 청소년문화

1 청소년과 지속가능발전목표(SDGs)

1) 새천년개발목표(MDGs)와 지속가능발전목표(SDGs)의 이해

제2차 세계대전 이후 서구 자본주의의 심화는 물질적 풍요, 과학기술의 발전과 더불어 환경 및 생태위기를 파생하였다. 이후 유엔을 중심으로 환경보전과 경제발전의 조화를 위한 통합적인 접근의 필요성이 논의되었으며, 1987년 UN의 '환경과 개발에 관한 세계위원회(World Commission on Environment and Development, WCED)'에서 발표한 브룬트란트(Brundtland) 보고서 「우리 공동의 미래(Our Common Future)」에서 지속가능발전(Sustainable Development; SD)을 새로운 개발의 담론으로 제시하였다(WCED, 1987). 지속가능발전은 "현 세대의 필요를 충족시키기 위하여 경제, 사회, 환경 모든 영역의 자원을 사용함에 있어 미래 세대가 자신의 필요를 충족시키기 위해 사용할 수 있는 여건을 저하시키지 않는 것"을 의미한다(WCED, 1987).

1992년에는 브라질 리우에서 개최된 유엔환경개발위원회(UNCED)에서 환경과 개발이 통합되어야 한다고 제시한 '리우선언'이 채택되었고, '의제 21(Agenda 21)'을 통해 세부적 행동강령을 발표하였다. 2000년 9월, 전 세계 정상들은 '새천년 정상회의'에서 '유엔 새천년정상선언(Millennium Declaration)'을 채택하였으며, 2년 뒤에는 새천년 정상선언을 바탕으로 빈곤퇴치를 위한 국제사회의 개발목표로서 "새천년개발목표(Millennium Development Goals; MDGs)"가 제시되었다(UN, 2014). 새천년개발목표는 과학과 기술의 발전에도 불구하고 빈곤, 질병, 소외, 환경파괴 등 범지구적인 문제가 여전히 해결되지 못하고 있는 현실에 대한 전 인류의 반성을 담아 미래의 비전과 공약을 집약하여 만든 목표라 할 수 있다.

그러나 새천년개발목표는 개별 국가마다 고유한 지형적 특성, 기후, 정치, 사회, 문화 등에 따른 빈곤의 다양한 양상을 고려하지 않은 채 소득수준의 개선과 같은 단순하고 획일적인 차원의 목표를 설정하였다. 8가지의 새천년개발목표 중에서 환경을 직접적으로 명시한 목표는 MDG 7, 지속가능한 환경보장(Ensure environmental sustainability)이며, 경제 관련 사항은 MDG 1, 절대빈곤과 기아퇴치(Eradicate extreme poverty and hunger)과 MDG 8, 개발을 위한 국제적 협력관계 구축(Develop a global partnership for development)에서 간접적으로 취급하고 있다(Winters et al., 2010). 또한 모든 국가에서 소득 및 경제수준과 상관없이 나타나는 불평등의 구조적인 문제에 대해서도 다루지 못했다. 개발을 위한 국제적 협력관계 구축(MDG 8) 목표를 제외한 7가지의 개별목표는 각 목표가 분절적으로 설정되어 있으며, 개발도상국에서의 가장 시급하고 기초적인 빈곤 문제의 극복에 초점을 맞추고 있다(Kenny & Sumner, 2011).

UN은 2015년에 달성 기한이 만료되는 새천년개발목표에 대해 2011년부터 본격적으로 논의를 시작하였으며, 2012년 6월 브라질 리우데자네이루에서 열린 '유엔 지속가능발전정상회의(Rio+20회의)'에서는 「우리가 원하는 미래(The Future We want)」를 통해 새천년개발목표(MDGs)의 대안으로 지속가능발전목표(Sustainable Development Goals; SDGs)을 제시하였다. 이후 출범한 지속가능발전목표 공개작업반에 의해 2014년 17개의 목표와 169개의 세부목표로 된 SDGs의 내용이 발표되었다. 지속가능발전목표의

17개 목표는 사회발전, 경제개발, 환경의 영역에 걸쳐 있으며, SDG 16과 SDG 17은 이행 기제에 해당하는 목표이며, 경제성장 중심에서 벗어나 사회개발 및 환경보호 등과 함께 포괄적이고 총체적인 발전을 추구하는 새로운 패러다임이다.

〈표 11-1〉 지속가능발전목표(SDGs)의 내용

<table>
<tr><th colspan="2">SDGs 부문</th><th>목표</th><th>주제</th></tr>
<tr><td colspan="2">총괄</td><td>1. 모든 곳에서 모든 형태의 빈곤 종식</td><td>빈곤</td></tr>
<tr><td rowspan="14">부문별</td><td rowspan="5">사회발전</td><td>2. 기아 종식, 식량 안보와 개선된 영양상태의 달성, 지속 가능한 농업 강화</td><td>식량/농업</td></tr>
<tr><td>3. 모든 연령층을 위한 건강한 삶 보장과 복지 증진</td><td>보건/건강</td></tr>
<tr><td>4. 모두를 위한 포용적이고 공평한 양질의 교육 보장 및 평생학습 기회 증진</td><td>교육</td></tr>
<tr><td>5. 성평등 달성과 모든 여성 및 여아의 권익신장</td><td>젠더</td></tr>
<tr><td>11. 포용적이고 안전하며 회복력 있고 지속가능한 도시와 거주지 조성</td><td>주거</td></tr>
<tr><td rowspan="5">환경</td><td>6. 모두를 위한 물과 위생의 이용가능성과 지속가능한 관리 보장</td><td>물/위생</td></tr>
<tr><td>7. 적정한 가격에 신뢰할 수 있고 지속가능한 현대적인 에너지에 대한 접근 보장</td><td>에너지</td></tr>
<tr><td>13. 기후변화와 그로 인한 영향에 맞서기 위한 긴급 대응</td><td>기후변화</td></tr>
<tr><td>14. 지속가능발전을 위한 대양, 바다, 해양자원의 보전과 지속가능한 이용</td><td>해양</td></tr>
<tr><td>15. 육상생태계의 지속가능한 보호 · 복원 · 증진, 숲의 지속가능한 관리, 사막화 방지, 토지황폐화의 중지와 회복, 생물다양성 손실 중단</td><td>환경</td></tr>
<tr><td rowspan="4">경제발전</td><td>8. 포용적이고 지속가능한 경제성장, 완전하고 생산적인 고용과 모두를 위한 양질의 일자리 증진</td><td>노동</td></tr>
<tr><td>9. 회복력 있는 사회기반시설 구축, 포용적이고 지속가능한 산업화 증진과 혁신 도모</td><td>경제</td></tr>
<tr><td>10. 국내 및 국가 간 불평등 감소</td><td>불평등</td></tr>
<tr><td>12. 지속가능한 소비와 생산 양식의 보장</td><td>소비</td></tr>
<tr><td colspan="2" rowspan="2">이행기제</td><td>16. 지속가능발전을 위한 평화롭고 포용적인 사회 증진, 모두에게 정의를 보장, 모든 수준에서 효과적이며 책임감 있고 포용적인 제도 구축</td><td>거버넌스</td></tr>
<tr><td>17. 이행수단 강화와 지속가능발전을 위한 글로벌 파트너십의 활성화</td><td>이행수단, 글로벌 파트너십</td></tr>
</table>

* 출처: 황세영 · 김남수(2016: 20).

새천년개발목표가 2000년대 개발도상국에서 반드시 성취하여야 할 중요한 목표로 빈곤 퇴치에 초점을 두었다면, 지속가능발전목표는 새천년개발목표에 대한 비판과 단점을 극복하고 선진국을 포함한 모든 국가에서 2030년까지 도달해야 할 발전 목표로 이해할 수 있다.

〈표 11-2〉 MDGs와 SDGs의 차이점

구분	MDGs(2001~2015)	SDGs(2016~2030)	
구성	• 목표: 8개 • 세부목표: 21개	• 목표: 17개 • 세부목표: 169개	
대상	• 개도국	• 개도국 중심이나 선진국도 포함	보편성
분야	• 빈곤 · 의료 등 사회 분야 중심	• 경제성장, 기후변화 등 경제 · 사회 · 환경 통합 고려	변혁성
참여	• 정부 중심	• 정부, 시민사회, 민간기업 등 모든 이해관계자 참여	포용성

2) 지속가능발전목표(SDGs)와 청소년

지속가능발전목표가 공표된 이후 UN의 여러 산하 기관에서는 청소년 관련 내용을 확인 및 강조한 바 있다. 가령, 유엔개발계획(UNDP)은 빈곤(SDG 2), 교육(SDG 4), 성평등(SDG 5), 양질의 일자리(SDG 8), 불평등 해소(SDG 10), 기후 변화(SDG 13), 평화롭고 정의로운 사회(SDG 16), 파트너십과 이행기제(SDG 17) 등을 청소년과 직접 관련성 있는 목표로 파악하고, 향후 프로그램을 통한 적극적인 이행을 표명하였다(UNDP, 2016). 유니세프(UNICEF)의 경우에는 SDGs의 모든 목표에 걸쳐 아동의 웰빙 및 권리 향상과 관련된 전략이 필요하다고 강조한다(UNICEF, 2014). 빈곤(SDG 1, 2), 건강(SDG 3), 교육(SDG 4), 성평등(SDG 5) 등 아동의 웰빙과 직접적인 관련이 있는 목표로서 그 중요성을 인식하고 있으며, 물(SDG 6), 에너지(SDG 7), 일자리(SDG 8), 불평등(SDG 10), 도시(SDG 11), 기후변화(SDG 13), 평화롭고 정의로운 사회(SDG 16) 등의 목표 등은 아동이 살아가는 데 필수적인 환경적인 여건으로서 강조되고 있다. 이 외에도 혁신(SDG 9), 지속가능 생산과 소비(SDG 12), 해양 보존(SDG 14), 육상생태계 보호(SDG 15), 이행 수단(SDG 17)의 경우에도 아동과 청소년에 대한 직접적인 언급은 없으나 해당 주제와 관련된 이해 당사자로서 이행 과정에서의 참여와 권리를 보장받아야 한다고 간주한다. 유네스코(UNESCO)의 경우 주로 교육(SDG 4)과 관련된 사업을 통하여 SDGs에 기여할 계획을 수립하고 있다(UNESCO, 2015). SDG 4에서는 직접적으로 '청소년'을 언급하고("청소년의 문해와 기초 산술능력을 성취한다"), 양질의 일자리 창출(세부 목표 4) 및 사회적 배려 계층의 교육 접근 보장(세부 목표 5), 인권, 양성평등, 평화, 세계시민의식의 함양과 실천(세부 목표 7)을 강조한다는 점이 특징이다(황세영 · 김남수, 2016).

〈표 11-3〉 청소년 관련 지속가능발전목표(SDGs)

구분	청소년 관련 SDGs	
유엔개발계획(UNDP)	2. 기아해결 5. 성평등 10. 불평등 해소 16. 평화, 정의, 강력한 제도	4. 양질의 교육 8. 좋은 일자리와 경제 성장 13. 기후변화 대응 17. 글로벌 파트너십
유니세프(UNICEF)	청소년의 웰빙과 직접적인 관련이 있는 목표 1. 빈곤종식 2. 기아해결 3. 건강과 복지 4. 양질의 교육 5. 성평등	
	청소년이 살아가는 데 필수적인 환경적인 여건 6. 깨끗한 물과 위생 7. 지속가능한 청정에너지 8. 좋은 일자리와 경제성장 10. 불평등 해소 11. 지속가능한 도시와 공동체 13. 기후변화 대응 16. 평화, 정의, 강력한 제도	
유네스코(UNESCO)	4. 양질의 교육	

1992년 리우 유엔환경개발회의에서 지속가능발전을 실천하기 위하여 채택된 의제 21(Agenda 21)에서는 지속가능발전의 실천 당사자 그룹을 여성, 아동과 청소년, 원주민, 민간단체, 지방정부, 노동자, 산업계, 과학기술계, 농민 등 9개 주요 그룹으로 설정하고, 각 그룹의 역할강화를 위한 정책 방향, 목표, 정책 수단, 실행 방법들을 제시하였다. 이 가운데 청소년 그룹에 해당하는 내용은 다음과 같다.

〈표 11-4〉 의제 21(Agenda 21)의 청소년 관련 내용

구분	내용
서문	25.1 청소년은 전 세계 인구의 30%를 구성. 환경, 개발에 관한 의사결정 및 프로그램 실행에 청소년을 포함시키는 것이 Agenda 21의 장기적인 성공에 중요함
계획분야	A. 환경보호 및 경제 사회적 개발의 증진에 청소년의 역할증진 및 적극참여
정책방향	25.2 전 세계의 청소년은 그들의 현재는 물론 미래의 삶에까지 영향을 받기 때문에 개발과 관련된 의사결정 과정의 전 수준에 적극적으로 참여해야 함. 그들은 지적기여 및 지지동원 능력에 덧붙여서, 고려해야 할 독특한 관점도 제공함
	25.3 청소년들이 안전하고 건전한 미래 – 양질의 환경, 생활수준의 증진, 교육 및 고용기회제공 등을 보장받도록 하기 위해 국제사회에서 각종 조치 및 권고안이 제시되어 왔음. 이러한 쟁점들이 개발계획에 반영되어야 함
목표	25.4 각국은 청소년 집단의 의견을 들어 모든 수준에서 그들 집단과 정부 간 대화를 확대하고, 청소년들에게 정보를 제공하며, Agenda 21의 실행을 포함하여 정부의 결정에 관한 청소년들의 관점을 제시할 기회를 제공함
	25.5 각국은 연차적으로 비율을 증가시킴으로써, 2000년까지는 50% 이상의 남녀 청소년이 성별에 관계없이 적절한 고등교육 및 이에 상응한 교육훈련 및 직업훈련 프로그램에 참여할 수 있도록 하여야 함
	25.6 각국은 현재의 청소년 실업률을 감소시키기 위한 방안을 실행해야 함. 특히 전반적인 실업률에 비해 청소년 실업률이 이례적으로 높은 분야에 중점을 두어야 함
	25.7 UN 및 각국은 모든 UN과정에서 청소년들이 영향을 미칠 수 있도록 청소년대표를 포함시키는 메커니즘의 창출 및 촉진을 지원하여야 함
	25.8 각국은 청년, 특히 젊은 여성 및 소녀에 대한 인권 침해를 퇴치하고, 모든 청소년들이 그들의 개인적, 경제적, 사회적 포부 및 잠재력을 구현하는 데 필요한 법적 보호, 기술, 기회, 지원 등을 제공하여야 함

구분	내용
	25.9 각국 정부는 독자적인 전략에 따라 다음 조치들을 취하여야 함 (a) 1993년까지 환경과 관련된 의사결정 과정에 국제적, 국가적, 지방수준에서 남녀 청소년들을 포함시킴으로써 그들의 의견청취 및 참여를 촉진시키는 절차를 확립하여야 함 (b) 환경계획에 반영시키기 위하여, 청소년들에게 사회경제적 개발 및 자원관리에 관한 관점들을 제공해 주는 국제적, 지역적 또는 지방단위 청소년회의 개최를 위한 권고안을 고려하여야 함 (c) 관련 정책에 반영시키기 위하여, 청소년들에게 사회경제적 개발 및 자원관리에 관한 관점들을 제공해 주는 국제적, 지역적 또는 지방단위 청소년회의 개최를 위한 권고안을 고려하여야 함 (d) 모든 청소년들에게 어디서든 가능한 곳에서 대안적 학습구조(alternative learning structures)를 제공하는 모든 가능한 형태의 교육기회가 주어지도록 하여야 함. 교육은 청소년의 경제 사회적 요구를 반영하며, 커리큘럼에 환경인식 및 지속 가능한 개발에 관한 개념을 포함하여야 함. 교육은 예컨대, 환경 scouting과 같은 실제적인 기술증진을 목적으로 하는 혁신적 방식을 실행케 하기 위한 직업교육을 확대하여야 함 (e) 청소년대표를 포함한 관련 기구 및 공공기관 등과 협력하여, 대안적 고용기회를 창출하기 위한 전략을 실행하고, 남녀 청년 층에 필요한 훈련을 제공함 (f) 청소년에 관련된 중요한 쟁점들에 관하여 청소년 층을 특별히 대상으로 하는 교육 및 인식(awareness)프로그램을 개발하기 위하여 청소년 및 민간 청소년기구를 포함하는 위원회를 설치함. 이러한 위원회는 최다수 관심집단을 조성하기 위하여 공식, 비공식적인 교육방식을 사용하여야 함. 전국 및 지방의 대중매체, 민간단체, 기업체 기타 기관 등은 이 위원회를 지원하여야 함 (g) 프로그램, 프로젝트, 네트워크, 전국적 기구 및 민간 청소년단체에 지원함으로써 각 기관의 고유 프로젝트와 관련하여 프로그램의 통합을 검토하도록 함. 프로젝트탐색, 설계, 실행, 사후관리(follow-up) 등에 청소년들이 개입되도록 함 (h) 1968, 1977, 1985, 1989년에 채택된 UN총회 결의안에 입각하여 국제적 회합 참가단에 청소년 대표를 포함시킴
	25.10 UN 및 청소년관련 국제기구는 다음 조치들을 취하여야 함 (a) 각 기관의 청소년프로그램을 고찰하고 프로그램 간의 협력증진 방안을 모색함 (b) 현재 청소년의 현황 및 활동들에 관한 정보를 각국 정부, 청소년단체, 기타 민간단체 등에 배포하고 Agenda 21의 적용을 감시, 평가함 (c) 특히 개발도상국의 청소년 요구에 중점을 두면서, '국제청소년의 해'를 위한 UN신용기금을 조성하고 기금운용에 있어 청소년대표와 협력함

구분	내용
	a) 재원조달 및 비용평가 25.11 UNCED사무국은 이 Chapter의 정책수단을 실행하는 데 있어서 소요예산이 국제 사회에서 보조금(grant) 또는 양여금(concession)형태로 조달되며 이는 연평균(1993~2000년) 1백 50만 달러에 달할 것으로 추산함. 이러한 추정액은 현재 단지 예산규모를 시사해 줄 뿐, 각국 정부에 의해 아직 검토된 사항이 아님. 실제 비용 및 non-concessional한 것을 포함한 재정액은 각국 정부가 실행하고자 결정한 전략 및 프로그램에 따라 좌우될 것임

* 출처: UNCED(1992: 285-288). 의제 21 전문(국문 번역본).

이와 같은 의제(Agenda 21)의 내용은 지속가능발전을 위한 환경, 경제, 사회 모든 영역에서의 계획과 실행 과정에서 청소년의 역할을 증진하고 주체로서 적극적인 참여를 강조한다는 데 의의가 있다. 아동 · 청소년을 위한 유엔 주요 그룹(UN Major Group for Children and Youth)에서는 지속가능발전목표의 이행과정에서 아동과 청소년이 지속가능발전 정책을 기획, 이행, 모니터링, 평가하는 모든 전 과정에 주체적으로 참여할 것을 강조하였다. 지속가능발전목표의 주제와 관련해서 아동 · 청소년과 관련된 우선순위 과제로 청소년 권한강화, 참여, 역량강화, 교육, 고용, 기업가 정신, 성평등, 건강권, 기후변화, 지속가능 생산과 소비, 빈곤, 이행 기제 등을 제시하였다(황세영 · 김남수, 2016).

유엔개발계획(UNDP), 유니세프(UNICEF), 유네스코(UNESCO) 등과 같은 국제적인 기구 및 조직에서는 청소년의 역할과 인식이 사회 발전에 있어서 중요하다는 것을 인식하고 청소년들이 보다 능동적인 역할을 수행할 수 있도록 그들의 역량강화와 참여기회의 증진을 강조하고 있다. 이처럼 우리나라에서도 지속가능발전계획에서 청소년을 향한 시각이 단순히 정책의 수혜자 또는 교육의 대상으로 바라보는 것이 아니라 참여 주체로서 인정하는 것이 필요하다.

2 4차 산업혁명과 청소년문화

1) 4차 산업혁명의 이해

4차 산업혁명이란 2016년 1월 스위스의 다보스에서 열린 세계경제포럼(World Economic Forum; WEF)에서 클라우스 슈밥(Klaus Schwab)회장이 언급한 이후 이에 대한 논의가 세계적인 이슈가 되었다. 슈밥(2016)은 '제4차 산업혁명'은 그 규모와 범위, 복잡성을 미루어 볼 때, 과거 인류가 겪었던 그 무엇과도 다르며, 컴퓨팅, 나노, 유전자 등을 포함하여, 모든 기술의 융합과 디지털, 물리학, 생물학 분야와의 상호교류를 통해 혁신을 일으키는 혁명이라고 주장하였다. 4차 산업혁명은 제조업, 물류, 금융시장, 의료 등 전 산업분야로 확대, 적용하기 시작하였으며, 세계적 트렌드는 빅 데이터(Big Data), 인공지능(AI), 로봇공학, 자율주행 자동차, 사물 인터넷(Iot), 생명공학, 나노기술, 에너지 저장기술 등의 다양한 방식으로 나타나고 있다. 이러한 기술을 종합해 보면 4차 산업혁명의 본질은 모든 것이 서로 연결되는 '초연결사회(Hyper Connected Society)'를 만드는 것이다(Schwab, 2016). 이러한 초연결 사회에서는 정보와 기계, 사람과 컴퓨터 등이 서로 연결되고, 이렇게 수집된 정보의 분석을 통해 사물이 스스로가 결정 가능한 지능(AI)을 갖게 되어 사물 간의 제어(초연결)가 가능해진다.

1차 산업혁명은 증기기관이 발명되면서 기계화가 이루어진 18세기를 의미하고, 전기의 발명을 통해 산업화가 이루어져 대량 생산이 가능해진 19세기에서 20세기 초까지를 2차 산업혁명이라고 하며, 20세기 후반에 컴퓨터와 인터넷을 통해 이루어진 정보화 사회는 3차 산업혁명을 의미한다. 4차 산업혁명은 사람을 중심으로 온라인과 오프라인을 연결하는 인공지능과 빅 데이터, 사물 인터넷, 3D프린터 등의 ICT기술을 통해서

'지능화가 이루어지고 있는 현재'를 말한다. 최근 4차 산업혁명은 우리 사회에 사회, 정치, 경제, 문화, 교육 등 거의 모든 분야에서 가장 큰 이슈가 되고 있으며, 정치지도자에서부터 교육학자까지 4차 산업혁명의 변화를 인식하고 이에 대비를 하려고 빠르게 움직이고 있다. 대한민국 정부 또한 '대통령 직속 4차산업혁명위원회'를 만들어 급변하는 환경 속에서 4차 산업혁명 관련 아젠다를 심의 · 조정하고 민관 팀플레이를 통한 규제 · 제도개선 기반을 마련하는 등 관련 혁신을 촉진하기 위한 노력을 하고 있다.

2) 4차 산업혁명과 사회 · 문화의 변화

4차 산업혁명 시대인 21세기를 살아가는 청소년들은 가족구조, 기술, 경제 등 다양한 사회 · 문화의 변화를 경험하게 된다. 첫째, 사회나 가족구조의 변화로 개인의 가치관 변화가 예상되며 이로 인한 사회 · 문화적인 변화가 두드러지게 될 것이다. 가장 먼저 만혼, 비혼, 이혼 가정이 늘면서 기존의 가족 중심의 가치관은 급격하게 무너지고 있는 추세이다. 청소년백서(2020)에 따르면 9세~24세의 청소년인구는 2020년 현재 854만 명으로 2000년 1,150만 명, 2010년 1,037만 명에서 지속적으로 감소하는 추세이며, 이와 같은 저출산 현상이 향후에도 지속된다면, 우리나라의 청소년 인구 수는 2030년에 654만 명, 2040년에 531만 명, 2050년에는 524만 명 수준으로 감소할 것으로 예측된다. 1970년대 이후 우리나라는 가족구조의 지속적인 변화를 겪어 왔다. 전통적인 대가족의 해체, 친족가구의 비율 감소, 핵가족 비율의 증가, 고령화로 인한 노인 가구 및 1인 가구의 증가, 출산율 감소 등으로 가구 수는 지속적으로 증가한 반면, 가구당 평균 가구원 수는 감소하고 있다. 전통적 가족의 붕괴는 청소년들이 자기중심적이고 개인적인 가치관을 가지며 자신의 고민에 관한 대화, 책, TV, 영화에 대한 대화, 여가활동을 부모와 함께하지 않는 경우가 증가하고 있다(여성가족부, 2020).

둘째, 청소년과 관련된 기술의 변화에서 우리 사회는 스마트폰의 높은 보유율이라는 명암(明暗)이 함께 공존하는 데이터를 가지고 있다. 한국미디어패널조사(2020)에 따르면 2020년 휴대폰 보유율은 97.0%로 만 6세 이상 국민의 대부분이 휴대폰을 보유하고 있는 것으로 나타났다. 특히 스마트폰의 경우는 2020년 보유율이 91.0%로 매년 증가하는 것으로 나타났다(정보통신정책연구원, 2020). 현재 청소년들은 1995년 이후에 태어난 디지털 원주민(digital natives)으로 현실세계보다 사이버 세계를 보다 편하게 느끼는 Z세대로 온라인에서 데이터를 만들고 사용하는 능력에 관한 기술, 기계와 소통할 수 있는 능력, 즉 코딩에 관한 능력이 요구되고 있다. 이를 위해 교육부는 '2015 개정 교육과정'을 통해 컴퓨터를 이용한 문제해결 능력을 함양하는 소프트웨어 교육을 강화하는 방안을 제시하였다. 초등학교는 실과 교과의 ICT 활용 중심의 정보 관련 단원을 확대 개편, 중학교는 '정보' 교과를 필수 과목으로, 고등학교는 일반 선택 과목으로 전환하여 청소년들이 소프트웨어에 대한 기초 소양을 충실히 갖추어 나갈 수 있도록 하였다. 반면, 스마트폰의 높은 보유율은 청소년들의 스마트폰 과의존 및 인터넷 중독 문제를 양산하고 있다. 과학기술정보통신부 · 한국지능정보사회진흥원(2020)에 따르면 우리나라 스마트폰 이용자(43,828천 명) 중 23.3%가 스마트폰 과의존위험군으로 전 연령대에서 전반적으로 상승하였으며, 특히 청소년층이 35.8%로 가파른 증가세를 보였다.

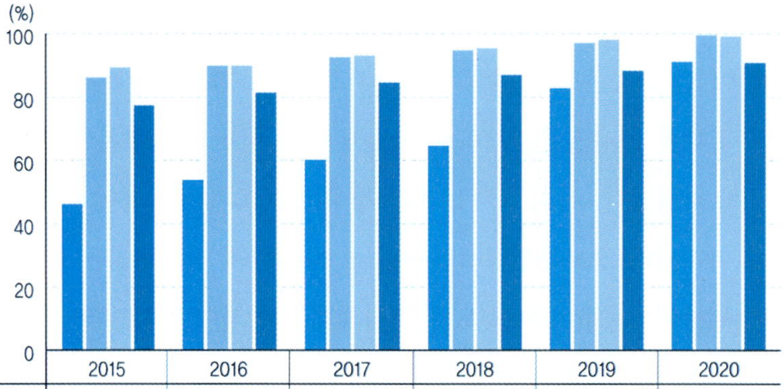

	2015	2016	2017	2018	2019	2020
■ 초등학생	46.4	54.0	60.4	64.9	83.0	91.3
■ 중학생	86.4	90.1	92.8	95.0	97.3	99.7
■ 고등학생	89.6	90.1	93.3	95.6	98.3	99.4
■ 전체(6세 이상)	77.6	81.6	84.8	87.2	88.5	91.0

[그림 11-1] 연도별 스마트폰 보유율

출처: 한국미디어패널 원시 데이터(2015~2020).

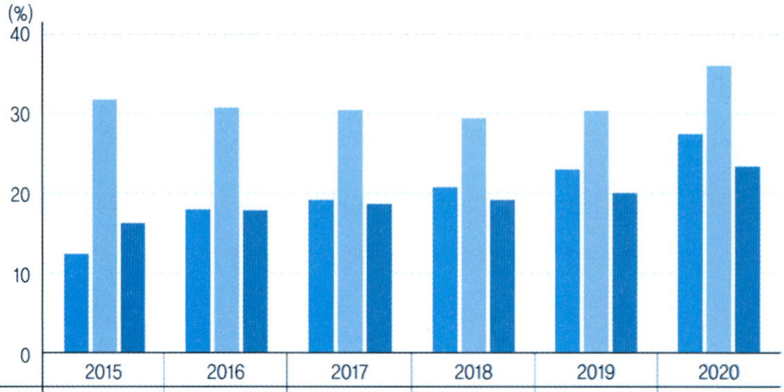

	2015	2016	2017	2018	2019	2020
■ 유아동	12.4	17.9	19.1	20.7	22.9	27.3
■ 청소년	31.6	30.6	30.3	29.3	30.2	35.8
■ 전체(성인포함)	16.2	17.8	18.6	19.1	20.0	23.3

[그림 11-2] 스마트폰 과의존위험군 현황

출처: 과학기술정보통신부 · 한국지능정보사회진흥원(2020: 19) 수정.

셋째, 청소년과 관련된 경제의 변화를 가장 잘 표현한 단어는 '불확실성'일 것이다. 세계경제포럼에서 언급된 4차 산업혁명시대는 정보통신 기술의 진보 속도가 급속히 빨라지면서 산업현장의 생산성이 향상되고 이로 인해 노동시간이 감축될 것으로 예상한다. 뿐만 아니라 산업 간 융복합이 활발해지고 신기술이 계속적으로 등장하면서 반복적이고 규격화된 노동은 모두 자동화로 대체되고 일자리 감소가 나타날 것이며, 전통적인 직업은 사라지고 새로운 직업들이 생겨날 것이다. 청소년들이 살아가는 4차 산업혁명시대는 인공지능 발달로 일과 직업 세계가 변하고 있고, 첨단 과학 기술 혁신으로 직업인의 숙련 주기가 짧아지고 있으며, 수명 연장으로 인해 평생 역동적인 재숙련화가 필요하다(마상욱, 2019). 급격한 사회 변화에 대응하기 위해서 기업 및 국가는 평생교육을 위한 환경정비와 다양한 지원 활동을 지원해야 하고 청소년은 전 생애에 걸쳐 평생 학습자로서의 학습 태도를 배우는 것이 필요하다.

3 메타버스

1) 메타버스의 개념 및 이해

최근 COVID-19 감염병의 전 세계적 대유행으로 인해 사회적 거리두기가 강화되고 비대면 방식의 온라인을 통한 교류가 선택이 아닌 필수가 되었다. 이러한 상황에서 초월성, 변형성을 의미하는 'meta'와 현실세계를 의미하는 'universe'의 합성어인 '메타버스'라는 키워드가 청소년을 중심으로 부상하였다. 메타버스(Metaverse)라는 개념은

1992년 미국의 소설가 닐 스티븐슨(Neal Stephenson)의 SF 장편소설 스노우 크래쉬 「Snow crash」에서 처음 등장하였다. 소설 속 등장인물들은 아바타가 되어 3차원 가상세계에서 활동하게 되는데, 이 3차원 가상세계를 메타버스라고 지칭한 것이다.

메타버스의 개념이 등장한 후 이를 현실화하기 위한 많은 연구가 진행되었으며 이를 주도해 온 대표적인 연구단체 미국미래학협회(Acceleration Studies Foundation; ASF, 2006)는 메타버스 로드맵을 발표하면서 메타버스는 가상적으로 강화된 물리적 현실과 물리적으로 지속되는 가상공간의 융합이라는 개념을 제시하였다. 최근에는 로블록스(Roblox)와 제페토(ZEPETO) 등이 선풍적인 인기를 끌면서 메타버스가 재조명되고 있다. 고선영 등(2021)은 메타버스를 "현실의 나를 대리하는 아바타를 통해 일상 활동과 경제생활을 영위하는 3D 기반의 가상세계"라고 정의하며, 일상활동과 경제생활은 현실의 연장선상이며, 현실세계가 가상공간과 결합하여 현실의 나와 동일시되고, 나를 표현하는 아바타가 메타버스 세계 속에서 사회 · 경제 · 문화적 활동을 한다고 하였다. 이승환(2021)은 "메타버스란 가상과 현실이 상호작용하며 공진화하고 그 속에서 사회 · 경제 · 문화 활동이 이루어지면서 가치를 창출하는 세상"을 의미한다고 하였다(한국교육학술정보원, 2021).

메타버스의 개념이 최초로 구현된 것은 2003년 미국의 게임 개발사인 린든 랩(Linden Lab)에 의해 출시된 '세컨드 라이프(Second Life)'이다. 이는 가상으로 만들어진 마을로, 이 공간에 입주한 주민들이 자신이 원하는 방식에 따라 자유롭게 삶을 꾸려 나가도록 설계되었으며, 주민들은 가상의 공간에서 창조활동을 하고 상거래를 하며 소득을 얻을 수 있다. 이때 얻는 소득은 US달러로 교환이 가능하였으며, 실제 세계의 수익창출이 가능하다는 것으로 전 세계적인 주목을 이끌었다. 그러나 현실의 일상과 크게 다르지 않다는 이유로 진부함을 느끼고 흥미를 잃어버리는 한계를 극복하지 못했다는 아쉬움이 있다.

2020년, 아이돌 그룹 방탄소년단(BTS)는 온라인 게임 '포트나이트(Fortnite)'를 통해

신곡 '다이너마이트'의 안무 버전 뮤직비디오를 최초로 공개하였으며, 미국의 인기 래퍼 트래비스 스캇(Travis Scott)이 '포트나이트'에서 최초로 개최한 온라인 콘서트에 1,230만 명이 동시에 접속하였다. 닌텐토의 '동물의 숲'이라는 가상세계 안에서 미국의 46대 대통령 조 바이든(Joe Biden)은 선거 운동을 하였으며, 발렌티노, 마크제이콥스 등 명품 브랜드들은 신상품을 발표하였다. 그리고 순천향대학교는 SK텔레콤의 '점프 VR' 플랫폼을 활용해 메타버스 공간에서 입학식을 진행하였다. 2021년에는 일산 서부경찰서에서 네이버의 메타버스 플랫폼인 '제페토(Zepetto)'를 활용하여 학교폭력 예방 활동을 하였고, 블랙핑크는 '제페토'에서 가상 팬사인회를 개최하여 전 세계 약 5,000만여 명이 참여하였으며, 참여자들은 블랙핑크 아바타와 함께 인증사진을 찍고 사인을 받기도 하였다.

2) 메타버스의 유형과 특징

미국미래학협회(ASF)는 메타버스를 증강현실(Augmented Reality), 라이프로깅(Life-logging), 거울세계(Mirror Worlds), 가상세계(Virtual Worlds)의 4가지 범주로 분류했다.

첫째, 증강현실(Augmented Reality)은 2차원 또는 3차원으로 표현된 가상의 물체가 현실세계의 공간에서 중첩되는 환경이다. 즉, 현실에 외부의 환경정보를 증강하여 제공하는 형태를 말하며, 사람에게 높은 몰입감을 유발할 수 있는 특성이 있다. 사용자가 기기의 카메라를 통해 남대문을 촬영하면 증강현실의 한 예로서 디지털로 구성된 남대문을 사용자의 기기에서 볼 수 있다는 것이다.

둘째, 라이프 로깅(Life-logging)은 사물과 사람에 대한 일상의 경험과 정보를 포착, 저장, 기술하는 기술이다. 사용자는 일상의 모든 순간을 텍스트, 비디오, 사운드로 캡

처하고 콘텐츠를 서버에 저장하여 정리하고 다른 사용자와 공유할 수 있다. 생활 기록의 예로는, 센서가 부착된 운동복을 네트워크에 연결된 MP3 플레이어와 함께 사용하여 이동 거리, 소비 칼로리, 선택한 음악과 같은 정보를 저장하고 공유할 수 있다.

셋째, 거울세계(Mirror Worlds)는 현실세계를 최대한 사실적으로 반영하되 "비공식적으로 확장"된 가상세계이다. 즉, 가상공간에서 외부 환경정보를 통합하여 제공하는데, 그 예로 구글 지도(Google Earth)는 전 세계의 모든 위성 이미지를 수집하고 끊임없이 변화하는 세계 현실을 반영하여 정기적으로 업데이트한다. 기술 발전이 계속됨에 따라 거울세계는 점점 더 현실세계에 접근할 것이다. 이것은 미래에 가상현실의 거대한 몰입 요소가 될 것이다. 이와 같은 거울 세계의 사용자는 가상세계를 보면서 실제세계에 대한 정보를 얻는다.

넷째, 가상세계(Virtual Worlds)는 유사하거나 완전히 다른 디지털 데이터 세계이다. 가상세계에서 사용자는 아바타를 통해 현실세계의 경제 및 사회 활동과 유사한 활동을 특징으로 한다. 가상세계는 리니지(Lineage)와 같은 온라인 롤 플레잉 게임에서 Lyndon Labs에서 개발한 세컨드 라이프(Second Life)와 같은 살아 있는 가상세계에 이르기까지 3차원 컴퓨터 그래픽 환경에서 구현되는 커뮤니티의 집합적인 개념인 메타버스의 가장 친숙한 형태이다.

이러한 메타버스 가상세계는 기존의 인터넷 공간과 구별되며 다음과 같은 특징을 가진다. 첫째, 메타버스는 끝이 없는 무한히 계속되는 세계이며, 둘째, 현실과 동일한 시간 개념으로 모든 사람들이 메타버스에서 살아갈 수 있고, 셋째, 개인과 기업이 새로운 것을 만들고 소비하고 소유하는 등 메타버스 내에서 거의 완전한 경제구조를 갖추고 있다는 것이다(윤정현, 2021).

〈표 11-5〉 메타버스 세계의 유형에 따른 특징 비교

구분	증강현실 (Augmented Reality)	라이프로깅(Life-logging)	거울세계 (Mirror Worlds)	가상세계 (Virtual Worlds)
정의	현실공간에 가상의 2D 또는 3D 물체가 겹쳐져 상호작용하는 환경	사물과 사람에 대한 일상적인 경험과 정보 캡처, 저장, 전송하는 기술	실제 세계를 그대로 투영한 정보가 확장된 가상세계	디지털 데이터로 구축한 가상세계
구현 가치 (니즈)	현실세계와 판타지, 편의성을 경합한 몰입 콘텐츠 제공	방대한 현실세계의 경험과 정보를 언제든지 확인 가능하며 타자와 공유 가능	외부정보를 가상공간에 통합, 확장함으로써 활용성 극대화	다양한 개인들의 활동이 가능한 현실에 없는 새로운 가상공간을 제공
핵심 기술	• 비정형 데이터 가공 • 3D 프린팅 • 5G 네트워크	• 온라인 플랫폼 • 유비쿼터스센서 • 5G 네트워크	• 블록체인기술 • GIS 시스템 • 데이터 저장, 3D 기술	• 그래픽 기술, 5G 네트워크, 인공지능, 블록체인기술
서비스 사례	• 포켓몬Go • 운전석 앞의 HUD • SNOW앱 • 코카콜라 프로젝트 • 방탈출 게임 • 3D아바타를 통한 SNS활동 • 에어버스, BMW의 증강현실 스마트 팩토리	• S-health, Apple • 나이키+러닝 • 차량 블랙박스 • SNS(인스타그램, 유튜브, 페이스북 등)매체의 블로그, 피드 등	• 구글 Earth, 네이버, 카카오 지도 • 에어비앤비 • 미네로바스쿨 • Zoom 회의실 • 폴드잇 디지털 실험실 • 배달의민족 • 직방, 다방 등	• 포트나이트 • 마인크래프트 • 로블록스 • 동물의 숲 • 제페토 • 버버리 B서프 • 시뮬레이션 플랫폼
주요 대표 기업	• 나이앤틱 • 잉그레스 • 마이크로소프트 • 아마존 • 페이스북	• 나이키 • 삼성, 애플 • 페이스북, 트위터 • 마이크로소프트 • 아마존	• 구글, 네이버, 카카오 • 에어비앤지 • 마이크로소프트 • 아마존 • 페이스북	• Epic games • X-box game studio • 네이버 Z • 닌텐도 • 엔씨소프트 • 마이크로소프트 • 페이스북
부작용 (도전 요소)	• 현실이 중첩된 증강현실 공간 속의 혼란 • 증강현실 속 캐릭터 등에 대한 소유권	• 초상권 및 재산권 침해 • 내부기밀 유출 및 겸업금지위반 등	• 정보조작의 문제 • 거대플랫폼 락인 효과로 불공정거래	• 현실세계의 회피 • 도덕적, 윤리적 문제를 일으킬 무질서 우려

출처: 윤정현(2021: 6).

3) 메타버스와 청소년문화

현실과 가상의 경계를 넘어 새로운 미래 공간이 된 메타버스는 오프라인 경험을 일부 콘텐츠에서 가상 공간으로 확장하여 물리적 공간 제한을 초과할 수 있다는 장점이 있으며 앞선 관련 기술을 바탕으로 다양한 콘텐츠가 개발되어 플랫폼 조작에 능숙하고 새로운 경험을 즐기는 Z세대(1990년대 중반부터 2010년대 후반 출생)에게 확산되고 있다. 4차 산업혁명 시대를 맞이하고 있는 청소년의 삶은 연결이 끊어지지 않는 온라인 세상에서 다양하고 신속한 정보에 접속하는 것이 일상이다. 한국언론진흥재단(2019)은 '2019 10대 청소년 미디어 이용 조사'에서 10대 청소년의 스마트폰 이용률이 97.2%로 높은 수준을 보였고 청소년의 하루 평균 미디어 이용 시간은 6시간으로 나타났으며, 전체 미디어 이용시간에서 스마트폰 인터넷 이용시간이 54.6%로 가장 높다고 밝혔다. 청소년들은 손바닥 크기의 작은 스마트폰을 통해 많은 시간을 온라인 세상에 접속하여 살아가고 있다.

하루를 시작하며 제일 먼저 찾아가는 공간이자 잠자기 전까지 머무는 공간이 되었다. 청소년은 학습뿐만 아니라 여가활동도 온라인 세상에서 하고 있다. 효율적인 영상 시청을 선호하는 청소년에게 유튜브는 TV를 대체한 지 오래되었고, 좋아하고 잘하는 것을 배우기 위해 찾아가는 공간도 온라인 세상이다. 관련 있는 콘텐츠를 시청하면서 정보를 얻고, 배움도 쌓고, 일상의 활력을 얻기 위한 동기부여도 받으며, 고민과 문제를 해결하거나 중요한 선택과 결정을 내리기 위한 조언이 필요할 때도 온라인을 이용한다. 청소년이 나누는 대화의 흐름은 현실과 가상의 세계를 오고 가며 이어지는데, 마주 보며 대화할 수 있는 같은 공간에 있다 하더라도 메신저로 이야기를 나누는 경우가 있다. 현실에서의 공간과 온라인의 공간을 명확하게 구분하는 어른들과는 달리 청소년들은 현실세계와 가상세계 사이를 오고 가며 관계를 맺는다. 가상세계에서 맺은 인간관계가 매우 돈독하며, 같은 온라인 커뮤니티에서 활동하거나 영상 채널을 구독하는 사람들에게 내적 친밀감을 느끼기도 한다. 이것이 청소년들의 문화이며 흐름이라고 할 수 있다(김지용, 2021).

2021년 현재, 가장 많은 주목을 받고 있는 '로블록스(roblox)'는 미국의 게임 플랫폼으로 미국 내 16세 미만 청소년의 55%가 가입되어 있으며, 네이버의 메타버스 플랫폼인 '제페토(Zepetto)'는 가입자의 약 80%가 청소년이다. 이와 같이 청소년들이 메타버스의 주요 사용자가 되는 양상에 대해 김상균(2020)은 현실에서 느끼는 탐험, 소통, 성취의 기쁨이 양적인 측면에서 갈증을 느끼기 때문이라고 설명하였다. 특히 COVID-19 감염병의 세계적 확산으로 물리적 · 사회적 거리두기가 지속됨에 따라 학교에서 친구의 얼굴을 보고 이야기를 나누기도 어려워진 현실세계를 대신하여 메타버스 공간을 통해 적극적으로 소통하며 관계를 맺고 있는 것으로 보여진다.

이처럼 사회 · 경제적으로 급성장하고 있는 메타버스에 대해 청소년지도자들 또한 가상세계와 현실의 경계를 허물고자 노력을 기울이고 있다. 청소년기관 및 시설들은 현실세계에서 운영 중인 프로그램들을 메타버스 공간으로 전환하고자 하는 시도들이 많아지고 있는 것이다. 2021년 9월, 인천동구청소년수련관과 분당판교청소년수련관은 '세계 청소년 날'을 기념하여 베스트 드레서 선정, 도전 1000곡 퀴즈 등의 내용으로 랜선 교류활동을 진행하였고, 수원청소년문화센터(수원시청소년재단)는 수원시 청소년어울림마당의 동아리 공연을, 안양시청소년재단은 청소년 프로그램 공모전 시상식을, 시립성동청소년센터는 청소년 · 청년 정책 담론회를 메타버스 플랫폼인 '이프랜드'에서 진행하였다.

김상균(2020)은 "현실세계에서는 접근성이 어려운 패션과 체험 등이 메타버스에서는 너무 쉽다"고 말하면서 "너무 어린 나이에서부터 명품 소비심리를 조장하거나 범죄 욕구를 자극할 수 있는 콘텐츠들이 많다. 기업들이 스스로 자정적인 노력이 필요한 부분"이라고 하였다. 또한 메타버스 공간에서 자신의 캐릭터를 이용하여 사회활동을 하고 경제활동까지 이루어지므로 메타버스를 활용한 서비스, 그리고 그 안에서의 활동에 대하여 제도적 · 윤리적 대응방안을 마련해야 할 필요성이 대두되고 있다.

CHAPTER 12

청소년문화와 정책

청소년문화와 정책

1 청소년문화 정책

1) 청소년문화권의 법적 근거

청소년문화 정책은 청소년 정책적 맥락과 문화예술 또는 문화예술교육의 정책적 맥락의 두 가지 차원으로 구분할 수 있다. 먼저, 청소년정책적 맥락에서 청소년문화의 법적 근거는 「청소년기본법」과 「청소년활동진흥법」을 기반으로 한다. 「청소년기본법」에서는 문화활동을 수련활동, 교류활동과 함께 청소년의 균형 있는 성장을 위해 필요한 활동으로 규정하고 있으며(제3조제3호), 「청소년활동진흥법」에서는 청소년문화활동을 청소년이 예술 활동, 스포츠활동, 동아리 활동, 봉사활동 등을 통하여 문화적 감성과 더불어 살아가는 능력을 함양하는 체험활동으로 정의한다(제2조제5호). 「청소년활동 진흥법」에서 문화활동 진흥과 활동기반의 구축에 대한 조항은 청소년문화활동의 진흥(제60조), 청소년문화활동의 기반 구축(제61조), 전통문화의 계승(제62조), 청소년 축제의 발굴지원(제63조), 청소년동아리활동의 활성화(제64조), 청소년의 자원봉사활동의 활성화(제65조) 등이다.

문화예술 또는 문화예술교육 정책의 맥락에서는 「문화예술진흥법」에 따라 문화예술을 "문학, 미술(응용미술을 포함한다), 음악, 무용, 연극, 영화, 연예(演藝), 국악, 사진, 건축, 어문(語文), 출판 및 만화를 말한다"라고 정의하고 있다(제2조제1항제1호). 「문화예술교육지원법」 제3조에서는 모든 국민의 문화예술 향유와 창조적 함양을 위한 교육을 지향한다는 원칙 아래 나이, 성별, 장애, 사회적 신분, 경제적 여건, 신체적 조건, 거주지역 등에 관계없이 자신의 관심과 적성에 따라 평생에 걸쳐 문화예술을 체계적으로 학습하고 교육받을 수 있는 기회를 균등하게 보장받는다고 규정하고 있다. 「문화예술진흥법」 규정에 따른 문화시설, 「청소년활동진흥법」 규정에 따른 청소년활동시설, 「평생교육법」 규정에 따른 평생교육기관 중 문화예술교육을 실시하는 시설 등을 문화예술교육시설로 규정하였다(「문화예술교육지원법」 제2조제3호). 이 밖에 「문화헌장」과 경기도교육청이 2011년 시행한 학생 인권조례 등에서도 아동과 청소년의 문화적 권리 보장과 문화활동을 향유할 권리 등을 명시하였다.

2) 청소년 관련 문화정책

1967년 모나코에서 열린 유네스코회의 보고서에 따르면 문화정책이란 한 사회에 있어서, 주어진 시간 내에, 그 사회가 이용할 수 있는 모든 물적, 인적 자원의 최적이용을 통해 문화적 욕구를 충체시키는 것을 목표로 하는 의식적이고 의도적인 사용 및 작위나 부작위의 총체를 의미하는 것이다. 또한 문화정책은 문화활동의 근거가 되는 집행원리 및 행정 · 예산 · 절차들의 총체로 정의하며 모든 나라에 적용될 수 있는 단일한 문화정책이란 있을 수 없으므로 각국은 자국의 문화정책을 그 나라의 문화가치와 목적에 맞게 선택하고 결정해야 한다고 권고하였다(UNESCO, 1968). 문화정책에 대한 정의는 이외에도 문학과 예술을 포함하고 국민의 정서적 욕구를 충족시키기 위한 활동을 지원하고 문화전통을 승계하기 위한 행정(정홍익, 1992), 정부 등 공공기관이 예술을 발전시키고 국민들의 예술복지수준을 높이기 위해 예술부문에 개입하는 일련의 행위 및 상호작용(임학순, 1996), 문화발전이라는 목표를 향하여 공권력의 배경하에 문화예술정책을 형성 내지는 결정하며 이를 능률적이고 효과적으로 집행하는 합동적 행위(이종인, 1985) 등으로 제시하고 있다. 바커(Barker, 2004)는 문화정책을 문화에 대한 규제(regulation)와 관리(management)로 이해하고, 특히 문화정책을 문화산물(cultural products)의 형식과 내용을 생산 · 지배하는 기관들의 행정과 밀접하게 관련되어 있는 것으로 보고 있다. 이처럼 문화정책의 개념과 영역이 명확하게 정립된 것은 아니며, 학자에 따라 다양하다는 것을 알 수 있다.

청소년정책은 1984년 청소년문제개선종합대책을 시작으로 1991년 6월 한국청소년기본계획(1992~2001), 제1차 청소년육성 5개년 계획(1993~1997), 제2차 청소년육성 5개년 계획(1998~2002), 제3차 청소년육성 5개년 계획(2003~2007), 제4차 청소년정책기본계획(2008~2012), 제5차 청소년정책기본계획(2013~2017), 제6차 청소년정책기본계획(2018~2022) 등으로 수립 · 운영되고 있다. 제6차 청소년정책기본계획에서는 공정하고 안전한 사회환경에서 청소년들이 주도적으로 참여하고 활동을 통해 현재를 즐기며, 미래 사회에 필요한 역량을 갖추고자 하는 정책 방향을 강조하였다. 청소년 스스로 기획하고 도전하는 수요자 주도의 청소년활동으로 프로그램을 개편하고 인프라를 구축하고자 하였으며 다음 〈표 12-1〉과 같이 문화 관련 정책의 목표와 실행과제를 제안하고 있다.

〈표 12-1〉 '6차 청소년정책기본계획' 문화 관련 정책목표 및 실행과제

정책목표	실행과제
1. 청소년 참여 및 권리 증진	1-1 청소년 참여 확대 청소년동아리, 자원봉사활동을 통한 사회참여 활성화 1-2 아동·청소년의 여가권 신장 아동·청소년의 놀이·여가 시간 확보 및 문화 확산 청소년들을 위한 놀이·여가 유형 다양화 및 공간 제공 1-3 청소년 인성 함양을 위한 지원 강화 청소년 언어문화 향상을 위한 노력
2. 청소년 주도의 활동	2-1 청소년활동 및 성장지원 체계 확신 지역사회 기반 청소년활동 연계 기능 강화 청소년 주도 프로젝트 활동 활성화 수요자 중심으로 청소년활동 인프라 재구조화 2-2 청소년체험활동 활성화 청소년문화예술활동 지원 청소년스포츠활동 활성화 2-3 청소년 진로교육 지원 체계 강화 대상별 맞춤형 진로활동 내실화
3. 청소년자립 및 보호지원 강화	3-1 청소년 사회 안전망 구축 3-2 대상별 맞춤형 지원 3-3 청소년 유해환경 개선 및 보호지원 강화

출처: 여성가족부(2018).

최근 교육부에서는 '2021 학교예술교육 활성화 기본계획'을 발표하였다. '학교예술교육 활성화 기본계획'은 2014년부터 매년 발표되었으며, 이러한 기본계획이 중요한 것은 학교 예술교육이 국가 교육정책의 중요한 부분이 되었고, 그것을 정기적으로 계획, 점검하여 적극적으로 추진하겠다는 의지를 보여 주는 것이기 때문이다(이경언, 2021). '2021 학교예술교육 활성화 기본계획'은 예술적 감수성을 토대로 공감하고 소통하는 민주시민 양성이라는 비전하에(학교-지역 협력을 통한 모든 학생들의 예술체험 생활화) 보편교육으로서의 학교예술교육 강화를 목표로 내세우고 있다. '2021 학교예술교육 활성화 기본계획'의 추진 배경을 다음과 같이 제시하고 있는데, 첫째, 미래인재 역량

의 육성을 위한 학생의 자기주도적 예술활동을 확대해야 한다는 것이다. 경제활동 가능인구 급감 및 제4차 산업혁명 시대 도래 등 청소년들이 살아갈 미래사회는 많은 변화가 수반될 것으로 예상되며 학생의 전인적 성장 및 새로운 가치 창출에 필요한 창의성, 심미적 감성, 공동체 의식 등의 육성을 위해 자기주도적 예술체험 · 표현활동을 확대해야 한다. 둘째, 코로나19 극복 경험을 살려 학교예술교육의 향유 및 확산이 요청된다. 갑작스런 감염병 확산 위기에서도 시 · 도교육청을 중심으로 교사들의 지혜와 노력이 모여 온 · 오프라인을 넘나들며 학교예술교육이 전개되었다. 언제 어디서나 학생이 다양한 예술활동을 체험하고 공유함으로써 코로나19로 인한 학생의 정서적 결손을 보완하고 회복탄력성을 증진해야 한다. 셋째, 변화된 학생 및 학부모 인식에 능동적으로 대응할 필요가 있다. 저출산이 심화되고 있고 여가문화 수요가 증가하면서 자녀에 대한 관심 · 기대치와 함께 예술 분야 교육 수요가 증가하는 추세이다. 학생과 학부모의 다양한 예술교육 수요를 충족시킬 수 있도록 학교와 교사의 예술교육 역량 및 지역사회 협력 강화가 더욱 중요해지게 되었다(교육부, 2021).

〈표 12-2〉 '2021 학교예술교육 활성화 기본계획' 중점과제 및 실행과제

정책목표	실행과제
1. 체험과 실기 중심의 등교 · 원격수업 지원	1-1 학교 적합성 · 활용도 높은 콘텐츠 개발 및 보급 1-2 등교 · 원격수업 우수사례 발굴 및 공유 1-3 대상별 맞춤형 역량강화 연수 운영
2. 학생 맞춤형 예술활동 기회 확대	2-1 모든 학생의 예술활동 지원 2-2 예술심화교육 기회 확대 2-3 문화소외계층 학생의 예술활동 지원
3. 학교가 중심이 되는 지역연계 강화	3-1 학교 밖 자원의 유기적 연계 3-2 학교와 학생 중심의 외부 인적자원 활용 3-3 지역예술자원 연계 · 협력 네트워크 구축
4. 지속가능한 학교예술교육 지원체계 구축	4-1 학교예술교육 모니터링 및 지원 내실화 4-2 시 · 도교육청 학교예술교육 지원체계 정비 4-3 관계기관 협업체계 강화

출처: 교육부(2021).

2 청소년문화활동 프로그램

여성가족부가 지원하는 대표적인 청소년활동 프로그램을 중심으로 살펴보면 청소년문화존 운영, 청소년동아리활동, 청소년활동 프로그램 공모 등이 있다. 청소년동아리활동과 청소년문화존 등의 문화활동은 지자체와 연계되어 운영되고 있으며, 청소년들의 상시적이고 자율적인 참여를 통해 지역사회 중심으로 청소년 건전문화를 형성하는 데 목적이 있다.

1) 청소년동아리활동

청소년동아리 정책은 「청소년활동진흥법」 제64조(청소년동아리활동의 활성화)에 근거하고 있으며 청소년들이 자립적 · 종합적인 동아리 활동을 통하여 다양한 특기를 계발 · 체험하고 인성과 사회성을 함양하는 기회를 제공하는 것을 목적으로 추진되고 있다. 2002년 민간보조사업 형태로 60개 청소년동아리를 지원한 것을 계기로 2008년부터는 지자체보조사업으로 전환하여, 2,000개 그리고 2017년부터는 2,500개 동아리로 확대, 지원한 것이 오늘에 이르고 있다(여성가족부, 2020). 또한 지역사회 청소년의 참여 확대를 위한 '지역동아리연합회' 구성 및 활동 강화 방안으로 10개 이상 동아리가 구성된 지자체의 경우 시 · 도 청소년활동진흥센터는 지역동아리연합회의 운영활성화를 위해 지도, 관리, 컨설팅 및 예산과 행정사항 등을 지원하도록 규정하고 있다(여성가족부, 2018). 여성가족부와 각 지자체는 청소년의 동아리활동을 지원하여 문화, 예술, 스포츠 등 청소년들의 창의적 발달과 인성 함양, 특기와 소질을 계발하고 건강한 또래관계를 형성할 수 있도록 한다. 정부뿐만 아니라 기업을 비롯한 다양한 곳에서 동아리 지원사업을 하고 있으며 이를 통해 얻게 된 다양한 경험은 배움의 즐거움을 주는 것은 물론이고 새로운 것을 주저 없이 시도해 볼 수 있는 도전정신을 배양하게 한다. 청소년이 앞으로의 진로에 대해 고민해 보고 그에 따라 자신의 진로를 이른 시기에 결정하고 차근차근 준비해 나가도록 하는 데에 도움을 줄 수 있다(손병덕, 김민선, 허계형, 2020). 동아리활동과 이에 대한 지원은 청소년에게 평소 접하기 어려운 여러 가지 체험을 가능하게 하여 자신의 소질과 적성이 무엇인지 탐색하는 데에 큰 도움을 준다.

〈표 12-3〉 전국 청소년동아리 지원 현황

구분	동아리 지원 수	구분	동아리 지원 수
서울	440	강원	158
부산	139	충북	76
대구	122	충남	97
인천	93	전북	114
광주	69	전남	74
대전	115	경북	160
울산	49	경남	145
세종	14	제주	101
경기	534	합계	2,500

출처: 여성가족부(2020).

2) 청소년문화존 사업

청소년문화존이란 "청소년들의 삶으로서의 문화체험활동을 제공하는 기관, 시설, 공간, 프로그램 등 다양한 문화적 자원들의 연계와 결합을 통해 청소년들의 문화향수,

문화감성 및 문화창조 능력 개발을 지원하는 청소년문화 인프라로서의 일정한 범주의 공간"을 말한다(여성가족부, 2012). 즉, 청소년문화존이란 청소년들을 위한 다양한 영역의 문화와 프로그램 자원으로서의 콘텐츠들이 결합된 일정한 지역적 범주로서의 공간이라고 할 수 있다(김진호, 최창욱, 2008).

청소년문화존 사업은 2004년 문화관광부에서 지역의 공간을 활용하여 청소년들이 각종 문화를 체험하고, 새로운 문화를 창조할 수 있도록 하기 위하여 각 자치단체 차원에서 일정 지역을 문화적 공간으로 지정하고 청소년들의 문화체험 활동을 지원하기 위해 도입되었다. 또한 기존의 정책이 소극적 금지, 즉 유해환경의 단속과 청소년보호가 주를 이루었다면 소극적 금지를 넘어 청소년이 다양한 욕구를 제대로 표현하고 능동적이고 자율적으로 자신의 문화를 만들고 표현할 수 있도록 하는 공유공간의 필요성이 청소년문화존의 추진배경이 되었다. 이것은 청소년들에게 문화 인프라를 구축하기 위한 사업이며, 청소년들의 활동공간을 확대하기 위한 것이다.

기존 청소년문화존 사업은 기본적으로 다음과 같은 사회적 배경에 기초하여 이루어졌다. 첫째, 21세기는 문화의 세기라는 점에 비추어 새로운 문화 창조의 주도자가 될 청소년을 위한 다양한 문화전략을 개발할 필요가 있었다. 둘째, 생성적 지식과 정보가 강조되는 지식정보화 시대를 이끌어 나갈 새로운 세대로서 청소년들이 새로운 문화의 향유와 역량개발을 이룰 필요가 있었다. 셋째, 미래 세대인 청소년들의 문화적 능력은 사회의 다양한 지원에서 가능하다는 점에서 이를 지원하기 위한 구체적인 문화 환경의 조성이 시급함을 인지한 결과이다(김진호, 최창욱, 2008).

청소년문화존은 청소년의 접근과 이용이 용이하고 지역적, 문화적으로 의미 있는 공간을 지역시설, 기관 및 단체 등의 네트워킹화에 의해 청소년문화활동 공간으로 조성하며, 지역 내 인적·물적 자원을 적극적으로 결합하여 청소년의 문화향유 기회를 제공하려는 것이다. 문화활동 참여를 활성화시켜 지역청소년의 문화적 창조능력을 함양하고 이러한 청소년문화 인프라 구축을 통하여 청소년문화복지의 지역화를 실현하는 것이 그 목적이다(권기식, 2014). 청소년문화존은 청소년들에게 갈 곳과 놀거리를 만들어 줌으로써 청소년들이 스스로 하고 싶은 활동에 자율적으로 참여하고, 이러한 활동을 통하여 청소년이 자발적이고 주체적으로 건강하고 창조적인 문화역량을 배양하며, 또래활동을 통한 공동체 의식을 함양하여 청소년이 우리 사회의 중요한 구성원으로 주체적인 삶을 살게 한다(류명구, 2013).

청소년문화존 사업은 2014년 '청소년어울림마당' 사업으로 명칭을 변경하였으며 청소년들의 문화활동을 진흥함과 동시에 문화적 역량을 함양할 목적으로 기획, 준비 그리고 실행 등 모든 과정에 있어 청소년들이 자발적으로 참여하는 데 그 의의를 둔다. 각종 자원의 효율적 연계 및 활용을 통해 청소년들의 상시적 문화 활동 여건을 조성하고 다양한 활동을 지원함으로써 장기적으로 청소년을 위한 지역단위의 문화공간을 확보하고 점차 확산하여 지역중심의 청소년문화를 신장시키고 활성화하고자 한다(이채식, 2015).

3) 방과후아카데미

방과후아카데미는 학생들의 잠재 능력과 적성을 계발하는 여가선용 및 특기 신장의 기회로 활용할 수 있도록 지도하는 교육활동이다. 맞벌이 · 한부모 · 취약계층 가정의 나홀로 청소년을 대상으로 활동 · 복지 · 보호 · 지도를 통하여 청소년 스스로 자립할 수 있는 역량 배양을 지원하고 있다. 청소년기는 신체적 · 정신적으로 혼란스럽고 인격과 정서의 균형이 불안정한 시기이기 때문에 학업으로 인해 누구나 스트레스를 경험하고 있는 실정이다. 방과후아카데미는 학교와 주변상황에서 받는 욕구불안, 좌절, 갈등 등의 정신적 스트레스를 해소시켜 줌으로써 정서적 안정에 도움을 주고 타인과의 원만한 관계를 맺게 해 준다. 또한 성적과 평가의 부담이 배제된 교과 이외의 다양한 활동

경험을 통해 청소년이 자연스럽게 학교생활에 흥미를 갖고 적응할 수 있도록 도와주는 역할을 하고 있다.

청소년수련관, 청소년수련원, 청소년문화의집, 사회복지관, 청소년 관련 시설, 학교 등을 지정하여 청소년지도사의 배치 아래 운영되고 있으며, 일반 청소년 대상 수익자 부담의 일반형과 저소득층 청소년 대상 무료지원의 지원형으로 구분되어 다양한 체험 위주 활동으로 청소년들의 특기 적성을 계발할 수 있는 기회를 제공한다.

〈표 12-4〉 2021년 방과후아카데미의 사업개요

구분	내용
사업목적	• 방과 후 돌봄이 필요한 청소년에게 체험활동, 학습지원, 급식, 상담 등 종합서비스 제공 • 청소년 활동 · 복지 · 보호 · 지도 등을 통해 청소년의 전인적 성장을 지원하고 가정의 사교육비 경감 및 양육 부담 완화에 기여
사업대상	• 초등 4학년~중등 3학년 (일반형) – 우선순위지원대상: 기초생활수급자, 차상위계층, 한부모 · 조손 · 다문화 · 장애가정 · 2자녀 이상 가정 · 맞벌이 가정 등 방과 후 돌봄이 필요한 청소년 – 기타 지원대상: 학교(교장 · 교사), 지역사회(주민센터 동장 · 사회복지사 등)의 추천을 받아 청소년방과후아카데미 지원협의회에서 승인받은 청소년 (주말형) 주말 돌봄 및 체험활동이 필요한 청소년(지원대상 구분 없음)
시행주체	• 여성가족부와 지방자치단체가 공동 운영
설치시설	• 청소년수련관, 청소년문화의 집, 청소년 단체시설 등
사업기간	• 매해 1월~12월 연중 실시
사업소	• 304개소
사업예산	• 277억 지원(국비 지원율: 서울 30%, 지방 50%)

출처: 여성가족부(2020).

3 문화예술교육 지원 사업

문화예술교육이라는 용어는 2003년 '지역사회문화기반시설과 학교 간 연계체제 구축을 통한 문화예술교육 활성화 추진계획'이라는 제안서에서 처음 사용하였고, 이후 공식적인 정책 용어로 사용하게 되었다(문화체육관광부 외, 2014). 법규 차원에서의 문화예술교육은 '문화예술, 문화산업, 문화재를 교육내용으로 하거나 이를 교육과정에 활용하는 교육'으로 정의된다(「문화예술진흥법」 제2조 제1항; 「문화산업진흥기본법」 제2조 제1호; 「문화재보호법」 제2조 제1항). 문화예술교육이란, 특정 문화예술 영역에 대한 고유한 이론과 기능만을 가르치는 것이 아니라 다양한 영역의 지식과 경험, 타 학문, 또는 타 영역과의 통합적이고 융·복합적인 결과물을 추구하는 하나의 교육 형태로 이해할 수 있다(조대현, 윤관기, 2018).

문화예술교육은 「문화예술교육 지원법」을 제정하면서 소수의 전문가 중심의 예술 중심 전공 교육이었던 예술교육이 2005년을 기점으로 다수를 대상으로 하는 문화예술교육으로 전환하게 되었다. 즉, 소수의 전문가를 위한 예술 중심의 전공교육이었던 기존의 예술교육에서 벗어나 다수의 대상을 위한 문화예술교육으로 전환되어, '모든 이를 위한 예술'(Art for All)의 교육신념을 바탕으로 예술교육에서 소외되었던 대상들을 위한 관심이 두드러지게 된 것이다(홍애령, 송미령, 2015). 문화예술교육은 문화와 예술을 통한 감수성을 바탕으로 인격을 완성하고, 개인과 사회의 역동성을 회복하는 데 그 목적이 있다(김정희, 이주연, 이지연, 2013).

「문화예술교육 지원법」에 따르면 문화예술교육은 학교문화예술교육과 사회문화예술교육으로 나누어지며, 이에 따라 문화예술교육사업은 크게 학교문화예술교육(학교 내)과 사회문화예술교육(학교 밖)으로 구분된다. 학교문화예술교육 사업으로는 학교 예술

강사 지원사업, 유아 문화예술교육 지원사업, 예술꽃 씨앗학교 지원사업, 고3 수험생 대상 문화예술교육 지원사업 등 청소년을 대상으로 하는 다양한 사업이 전개되고 있다. 사회문화예술교육지원사업은 사회문화적으로 소외된 계층에게 문화예술교육의 기회를 지속적으로 제공하고 체험·학습·창작 활동을 능동적으로 수행할 수 있도록 함으로써 삶의 질을 향상시키는 것을 목적으로 한다. 사회문화적으로 소외된 아동·청소년·노인·장애인, 소년원생 및 교도소 수감자, 군인, 산업단지 근로자 등으로 수혜대상을 세분화하여 각 집단의 특성에 맞는 프로그램을 제공하고 있으며 문화복지 및 교육복지의 차원으로써 그 대상이 사회적 취약계층, 문화 소외계층을 주 대상으로 이루어졌던 것이 현재는 일반 시민으로까지 확대되어 운영되고 있다(노자은, 김정민, 조영미, 2019).

1) 학교문화예술교육

학교문화예술교육은 음악, 미술 등의 특정한 정규교과에 한정되는 것이 아니라, 학교교육과정에서 이루어지는 다양한 방식의 문화예술교육을 포괄적으로 포함한다(한국문화예술교육진흥원, 2010). 학교문화예술교육을 위해서 소외지역의 단위학교를 지원하는 사업으로 교육부의 '예술드림거점학교'와 문화체육관광부의 '예술꽃 씨앗학교'가 있다. 이 지원사업들이 소외지역에 위치한 학교를 대상으로 하는 이유는 법령에서도 확인할 수 있는 우리나라 문화예술교육의 기본원칙, 즉 "모든 국민의 문화예술 향유와 창조력 함양을 위한 교육을 지향"(「문화예술교육 지원법」 제3조제1항)하고 "모든 국민은 나이, 성별, 장애, 사회적 신분, 경제적 여건, 신체적 조건, 거주지역 등에 관계없이 자신의 관심과 적성에 따라 평생에 걸쳐 문화예술을 체계적으로 학습하고 교육받을 수 있는 기회를 균등하게 보장"(「문화예술교육 지원법」 제3조제2항)받도록 하기 위한 것이다.

(1) 예술드림(Dream)학교

예술드림 학교는 소외지역을 대상으로 다양한 예술분야와 교육과정을 연계하여 학생에게 예술의 기회 및 교육활동의 연속성을 지원하는 학교예술교육 모델이다. 선정된 학교는 예술교육 인프라를 활용한 학교예술 개교에서 운영되고 있다. 교육 거점 및 센터 역할을 수행하며 관내 학교 학생 연합 초·중등 공동 프로그램 개설 및 정규 교육과정, 방과 후 학교, 자유학기제 등 연계 교육과정을 개발 및 운영하도록 한다. 유관기관과의 연계를 통한 지역공동 예술교육 프로그램이라고 할 수 있다.

(2) 예술꽃 씨앗학교

예술꽃 씨앗학교는 학교의 자발적 참가와 선발을 통해 진행된 사업으로 문화 소외지역 학생들의 문화예술교육 기회의 확대와 문화예술을 기반으로 한 학교 문화예술 활성화 사업의 일환으로 진행되었다. 2008년 시작된 예술꽃 씨앗학교는 '문화 소외지역의 소규모 학교, 전교생 대상의 지속적인 문화예술교육'을 목표로 지난 2019년까지 12년간 공교육 내 다수의 문화예술교육 우수 사례를 창출해 왔다. 우리나라 문화예술교육 역사상 최대 규모의 지원 사업으로 단일 학교 지원금으로는 가장 큰 예산을 선정학교에 지원하고 있으며, 2020년까지 총 11기 133개 학교의 전교생에게 3~4년간의 심미적 예술체험의 기회를 제공하고 있다. 예술꽃 씨앗학교는 기존에 없던 협력, 성장, 연계형 학교문화예술교육 사례를 도출하여 문화체육관광부, 한국문화예술교육진흥원, 학교 등 세 주체가 참여하는 운영모델을 확립하고, '기반조성–성장–확산–정착'으로 이어지는 새로운 성장형 모델을 제시하였다. 예술꽃 씨앗학교 지원사업은 소규모 학교 전교생 대상 문화적 감수성과 표현력 증진과 공교육 내 문화예술교육 집중 지원을 통한 우수 모델 창출을 비전과 전략적 목표로 설정하고 있다(임은정, 윤관기, 한승모, 김은주, 조대현, 2020).

(3) 학교문화예술교육의 효과

학교문화예술교육에 대한 정부의 재정투입이 이루어지고 관심이 증대되면서, 학교문화예술교육의 효과와 관련된 논의가 관심을 받고 있고 학교문화예술교육의 효과에 대한 다양한 접근이 이루어져 왔다. 학교문화예술교육은 관련 요인인 교육시수와 강사의 전문성과 관련된 투입요인, 교육의 연계성 및 연속성과 관련된 과정요인, 교육에 대한 만족과 학생의 태도 및 성격변화와 관련된 산출요인을 바탕으로 〈표 12-5〉와 같은 5가지 유형의 효과모델 제시가 가능하다(박소연, 박용호, 2016).

〈표 12-5〉 학교문화예술교육의 유형

유형	특징	장점	단점
재원 지원형	정부 · 지자체에서 시행하는 문화예술교육 유관사업 참여로 보다 많은 예산 확보에 주력	• 문화예술교육 인프라 확충 및 개선 • 양질의 전문가 참여	• 정부주도형으로 예산의 중요성이 매우 큼 • 성과 중심의 관리 및 평가
지역 사회 연계형	지역사회의 인적, 물적 자원을 연계하여 문화예술교육을 운영 및 활성화하는 데 주력	• 지역사회와의 교류 • 학부모의 교육기부 • 다양한 문화예술교육 • 학교 이미지 개선	• 주제의 형태와 범위가 매우 넓음 • 지역사회와의 소통 여부가 중요
리더 주도형	문화예술교육을 학교 운영 방침으로 설정하고 특성화될 교육을 하는 데 주력	• 리더의 의지에 따라 다양한 형태의 교육이 가능 • 문화예술교육 프로그램의 브랜드화	• 구성원들 간의 공감과 협력에 따라 결과가 다름 • 리더의 올바른 가치관이 중요
교사 참여형	문화예술교육에 대한 교사의 개인적인 관심과 헌신을 기초로 변화를 만들어 가는 데 주력	• 교사-강사 협력, 학생의 정서적 안정 • 학교수업의 질 향상	• 자발적으로 헌신하는 교사가 필요 • 교사의 인사가 큰 영향

유형	특징	장점	단점
강사 전문성 기반형	문화예술교육 전문가의 예술적 전문성과 교육적 전문성을 발휘하는 데 주력	• 강사의 예술가적 전문성이 우수, 학생들의 긍정적인 변화 도출	• 강사의 전문성에 따른 결과 차이가 큼 • 방과후 학교의 수업으로 인식 • 출강시간 확보

출처: 박소연, 박용호(2016).

재정지원형과 지역사회연계형은 외부의 물적 자원인 예산과 인적 자원인 전문가를 발굴하고 확보하여 활용하는 유형으로 성과중심의 관리가 이루어지고 다양한 프로그램과 경험을 제공하고 있으며, 이를 통해 학생의 변화와 학교의 대외 이미지 개선 효과를 얻고 있다. 리더주도형은 내부의 인적 자원인 교장 및 교감이 의지를 갖고 변화를 유도하는 유형으로, 기존과 다른 수업방식 및 행사 등으로 학교를 특성화하여 학교의 대내외 이미지를 개선하는 효과를 얻고 있다. 교사참여형은 내부의 인적 자원인 교사를 중심으로, 강사전문성기반형은 외부의 물적 자원인 예산지원이 학교 내부에 인적 자원으로 투입된 강사를 중심으로 효과가 창출되므로 투입 측면에서는 차이가 있으나, 교사와 강사 간의 협력을 통해 학생들의 정서적 안정에 영향을 미치고 나아가 교사와 강사의 전문성을 개발하게 된다는 점에서는 유사한 메커니즘을 가지고 있다(박소연, 박용호, 2016).

2) 소외 아동·청소년 문화예술교육

아동·청소년은 학교문화예술교육과 사회문화예술교육 양쪽으로부터 수혜를 받고 있으며, 사회문화예술교육에서는 주로 취약계층에 속하는 아동·청소년이 지원대상이 된다. 2005년부터 꾸준히 추진된 사회문화예술교육 지원사업은 크게 두 가지로 나누어진다. 첫째, 문화기반시설을 활용한 사회문화예술교육사업이고, 둘째, 대상별 사회문화예술교육사업이다. 즉, 문화시설이라는 매체를 활용하는 간접적인 방식과 문화적 취약계층이라는 타깃을 대상으로 삼는 직접적인 방식이 있다. 그러나 두 개의 방식 모두 문화적 취약계층을 위한 사업으로 지향하는 바는 같다(최현묵, 2011).

사회문화예술교육은 문화예술교육 정책 구분에 따라 학교 밖 시설을 중심으로 이루어지는 좁은 의미와 능동적 참여와 체험을 중심으로 문화예술을 문화적, 사회적 맥락에 연계시키는 것을 내용으로 하는 넓은 의미의 두 가지 차원에서 접근할 수 있다(김세준, 2015). 기존의 학교중심 장르 교육, 교과 연계 교육이 아닌 학교 밖 문화예술 프로그램으로 사회문화예술교육의 성격을 지니고 있지만 학교문화예술교육의 잔여적 개념으로만 정의하는 것은 사회문화예술교육이 지향하는 바나 적극적인 의의를 담지 못한다는 한계를 가질 수 있기 때문에 보다 넓은 의미에서 사회문화예술교육을 바라볼 필요가 있다(양혜원, 2015).

2010년에는 '창의예술캠프 우락부락', '상상학교', '꿈의 오케스트라'와 같은 사업들이 소외 아동 · 청소년 문화예술교육 지원 사업이라는 틀에서 지원되었으며, 이 밖에도 학교 밖 청소년 문화예술교육 지원사업, 복지기관 문화예술교육 지원사업, 소외아동, 청소년 꿈의 오케스트라, 군부대 문화예술 교육 지원사업, 교정시설 문화 예술교육지원, 치료감호소 문화예술교육지원, 소년원학교 문화예술교육지원, 방과후 청소년문화 예술교육지원, 지역아동센터 문화예술교육지원 등이 있다(한국문화예술교육진흥원, 2018). 임대아파트나 사회적 기업, 시민 문화공간 등을 중심으로 이루어져 오던 문화예술교육 활성화 사업에 지방자치단체들의 참여를 유도하면서 2008년부터는 지방자치단체와 협력하는 지역 특성화 문화예술교육 지원사업이 이루어지게 되었다. 학교문화예술교육 사업에 치중되었던 문화예술교육 지원사업들이 사회문화예술교육 분야로도 확대됨으로써 사회문화예술교육 영역의 비중이 점차 커지고 있다(김서윤, 2021).

(1) 꿈의 오케스트라

꿈의 오케스트라는 지역사회의 아동 · 청소년이 상호학습과 협력을 통해 자존감과 공동체적 인성을 갖춘 건강한 시민으로 성장할 수 있는 오케스트라 교육을 말하며 문화체육관광부에서 주최하고 한국문화예술교육진흥원에서 주관하여 2010년부터 꾸준히 운영되고 있다. 베네수엘라의 청소년 무상 예술교육 시스템인 '엘 시스테마'와 업무협약을 맺으며 '엘 시스테마 코리아'로 구성되었고 음악을 통해 함께 호흡하고 교감하며 성장할 수 있도록 지속적으로 양질의 콘텐츠를 생산하고 인재를 양성하면서 오케스트라 교육 기반을 구축해 나가고 있다(김정원, 2021).

추구하는 방향은 사회에 영향력을 미칠 수 있는 사람이 될 수 있도록 키우는 것이며, 오케스트라 교육을 통해서 청소년들에게 윤리의식과 사회의 규칙에 대한 개념을 심어주고 공동체 의식을 길러 주는 것을 바탕으로 한다. 이를 통해 공동체 속에서 자기 스스로가 해야 할 역할과 행동에 대해서 깨닫게 해 주는 것을 목적으로 한다. 또한 꿈의 오케스트라는 음악적 재능을 가진 영재를 발굴 · 육성하는 기존의 예술교육과 달리 누구나 즐길 수 있는 예술, 모두가 누릴 수 있는 오케스트라 음악활동을 지향하고 있다. 이는 아동 · 청소년의 건강한 성장을 통해 지역사회의 변화를 이끌어 내며 더 나아가서는 사회통합에 기여하도록 하기 위해서이다(전수환, 조은아, 서지혜, 신소영, 2015).

꿈의 오케스트라는 전국 각각의 지역마다 꿈의 오케스트라를 담당하는 거점이 있으며, 해당 지역거점은 각 지역의 문화원, 문화센터, 청소년 수련원, 문화예술기관 등에서 무상으로 오케스트라 교육프로그램을 진행하고 있다. 협력단체로 지역문화재단, 지방자치단체, 전문 오케스트라, 종합복지관, 예술대학, 음악 전문가 등이 있으며 꿈의 오케스트라의 음악교육 프로그램을 지원받기를 원하는 청소년에게 효과적인 교육을 받을 수 있도록 한다. 추진방향은, 첫째, 음악을 통해 일어나는 학생들의 충분한 성장과 사회의 혁신이며, 둘째, 사회 · 문화적으로 다양한 지위에 위치하고 있는 학생들이 서로 연합해 공동체 안에서 각 개인의 정체성을 찾아 훌륭한 사회의 일원이 될 수 있도록 돕는 직책을 다하는 것이며, 셋째, 행정부서와 교육부서의 협업으로 인한 지역거점 기관의 발전이며, 넷째, 엘 시스테마의 문화예술교육 가치관과 교수법을 꾸준히 지키는 것이며, 다섯째, 지역사회의 성격과 일치하는 꿈의 오케스트라를 생성하고 성장시키는 것이다(조민지, 2015).

(2) 꿈다락 토요문화학교

꿈다락 토요문화학교는 주 5일 수업제 실시에 따라 매주 토요일마다 문화예술기관 및 단체 등과 함께하는 학교 밖 문화예술교육 프로그램이다. 또 다른 개념의 학교인 꿈다락 토요문화학교는 아동, 청소년, 가족 중심의 건강한 여가 문화 선용은 물론 문화예술 경험을 통한 올바른 인성과 정서의 함양을 기대하게 하고, 학교 밖 공간의 예술을 통해 습득한 지식과 경험을 결합하여 개인이 속한 공동체와 문화에 대한 이해의 폭 확장을 돕는다(김경선, 2013). 더불어, 입시체제로 인한 교과중심의 기존 학교교육에서는 잘 다뤄지지 못했던 학습자 중심의 삶과 연관된 교육을 지향하여 문화예술을 통한 창작과 표현의 기회를 제공, 궁극적으로 개인과 타인, 공동체와 사회, 문화와 삶에 대한 이해를 추구하게 하는 것이다.

꿈다락 토요문화학교 대상은 소외계층을 우선적으로 선발하기는 하나 다양한 계층이 참여할 수 있도록 운영하고 있으며, 국 · 공립 기관과 전국 17개 시, 도 문화예술교육지원센터, 지역 문화예술교육기관 및 단체, 지역사회, 예술가 등이 서로 연결되어 문화예술교육 프로그램을 운영하고 관리한다. '2017~2019 꿈다락 토요문화학교' 사업은 문화체육관광부 기획으로 진행되는 예술감상교육을 비롯하여 지역문화예술교육 지원센터 기획사업으로 진행되는 지역 연계 프로그램, 한국문화예술교육진흥원 주관 사업인 국 · 공립 연계 사업, 박물관 연계 사업, 미술관 연계 사업, 레지던시 연계 사업

등이 진행되었다. 2019년에는 전국 553개의 프로그램이 운영되었는데, 그 수가 많은 만큼 프로그램의 내용과 목표도 다양하다(박제은, 2021).

(3) 창의예술캠프 우락부락(友樂部落)

창의예술캠프 우락부락은 친구들과 함께 즐기며 새로운 커뮤니티(아지트)를 만들어 가는 캠프를 말하는 것으로, 2010년 한국청소년활동진흥원과 협력하여 추진되었으나 2011년부터는 한국문화예술교육진흥원의 자체 기획사업으로 진행되고 있다. 방학기간 동안 연간 4회의 캠프를 열어 다문화 · 새터민 · 차상위계층의 아동 · 청소년들(11~13세)에게 새롭고 흥미로운 예술적 경험을 제공하고 있으며, 일상을 벗어나 낯선 공간에서 '예술가와 함께 놀며, 예술작업 하는' 행위를 통해, 문화적 격차를 해소하고 예술적 감성을 발견하는 경험을 하도록 한다.

4 복권기금 문화나눔사업

문화복지에 대한 접근방식은 '사회복지의 하위 영역으로 보는 시각'과 '문화정책의 독자적 영역으로 보는 시각'으로 구분하여 살펴볼 수 있다(양혜원, 2012). 사회구성원으로 하여금 생활상의 다양한 문제를 해결하고 생활조건을 개선하여 행복을 추구하도록 도와 인간으로서 존엄성과 가치를 구현할 수 있는 인간다운 삶을 확보한다는 사회복지의 궁극적인 목적을 생각해 보면, 국민의 문화적 욕구 충족을 통해 개인의 잠재력과 창의성을 극대화하는 문화복지 역시 사회복지의 하위 영역의 하나인 동시에 의식주와 건강 등 기본 수준의 복지에서 복지국가가 도달해야 할 높은 수준의 복지단계로 인식될 수 있다(현택수, 2006). 문화예술 분야에서 문화복지는 인간의 기본권으로서의 문화권의 확보, 문화예술 향유 및 참여를 통해 얻을 수 있는 사회적 · 경제적 가치(문화적 · 정신적 풍요와 감수성 제고, 창의성 증진, 사회적 응집력 강화, 문화적 정체성 형성 등)의 극대화를 위한 문화정책의 주요한 구성 부분 또는 목표로 간주된다.

한편 사회복지는 물질적 · 경제적 욕구의 충족을 위한 것인 반면 문화복지는 정신적 · 문화적 욕구의 충족을 위한 것이며 두 가지가 병렬적으로 연계될 때 궁극적인 삶의 질 제고에 이를 수 있는 것으로 보고 있다(김세훈, 조현성, 2008). 그러므로 문화복지를 문화정책의 연장선상에서 파악할 때 문화복지란 사회적 취약계층을 포함한 전 국민의 문화적 접근 기회를 확대하고 문화 향유 및 참여를 보장함으로써 문화적 감수성과 창의성을 배양하고 궁극적으로 삶의 질을 향상시키기 위한 공공과 민간의 협력적 시책과 과정, 관련 제도라고 정의할 수 있다(양혜원, 2012).

복권기금 전입금을 통한 문화예술진흥기금을 통해 운영되는 문화나눔 사업으로 복권기금 문화나눔 사업이 있다. 이에 대한 재원마련을 위해 폐지 대상이었던 문예진흥기금을 대신해 복권기금을 활용하기 위한 「복권기금 및 복권기금법」을 제정하였으며(한국문화예술위원회, 2009), 경제적, 사회적, 지리적, 특수한 환경적 여건으로 문화적 향유를 누리지 못하는 소외계층에게 문화나눔 프로그램을 제공한다. 소외계층이 문화를 누릴 최소한의 권리를 보장하고 취약계층의 문화예술에 대한 자생력을 확보할 수 있도록 하는 데 사업의 의의가 있으며, 문화소외계층에 대한 문화양극화를 해소하고 문화소외계층이 창의적 힘을 발휘하여 삶의 질을 고양할 수 있도록 하는 데 문화정책의 목적을 둔다.

〈표 12-6〉 문화나눔사업

사업명	사업목적	지원내용
통합문화 이용권	소외계층에게 문화예술 · 여행 · 체육 활동 기회 제공으로 삶의 질 향상	문화예술 · 여행 · 체육 분야 전국 가맹점에서 사용할 수 있는 통합문화 이용권(문화누리카드) 발급
신나는 예술여행	문화소외지역을 찾아가 다양한 문화예술 향유 및 참여 프로그램을 제공함으로써 문화 소외계층에 대한 문화 향유권 신장 및 문화 양극화 해소에 기여	예술단체의 문화소외지역 및 계층 대상 문화예술 순회프로그램 개최 경비 지원
방방곡곡 문화공감	문화소외 지역민들에게 수준 높은 문화예술 관람 기회 제공을 통한 문화 향유 기회 확대	문화소외 지역민 대상 공연행사 개최 경비 지원 및 소외계층 의무 초청 비율 적용(30%)

출처: 문화체육관광부(2020: 106).

1) 통합문화이용권 사업

문화예술 분야의 유일한 바우처 사업인 통합문화이용권은 경제적 여건으로 인해 문화 활동에 제약을 받고 있는 저소득층의 문화 향유 기회 확대를 위해 전용 이용권(문화누리카드) 형식으로 문화예술, 여행 및 체육활동 비용을 지원하고 있다. 문화바우처라는 명칭에서 2013년 '문화이용권'이라는 사업명으로 순화되었고, 2014년 문화 · 여행 · 스포츠관람 3개 이용권을 일원화한 통합문화이용권으로 전환되었다. 통합문화이용권 도입을 계기로 가구당 5만 원에서 10만 원으로 지원 금액을 상향 조정하였으며, 문화 경험이 중요한 계층인 청소년의 이용을 권장하기 위하여 청소년 추가발급 연령을 10세~19세(2013년)에서 6세~19세(학령기 아동 추가)로 확대하였다. 2015년에는 가구당 10만 원이었던 것을 개인당 5만 원으로 지원 방식을 개선하여 구성원 수 차이에 따른 세대 간 불평등을 해소하였다. 또한 문화누리카드사업과 기획사업(문화더누리사업)으로 구분하여 운영했던 것을 2016년에 기획사업을 폐지하고 문화누리카드 발급 중심으로 사업을 개편하였다(문화체육관광부, 2020).

〈표 12-7〉 문화누리카드 발급 이용 현황(2019)

구분	발급 인원(명)	이용금액(백만 원)
10대 이하	61,271	3,203
10대	278,460	16,823
20대	140,444	10,186

출처: 문화체육관광부(2020: 110).

2) 소외계층 문화순회사업(신나는 예술여행)

2004년부터 복권기금의 지원을 받아 수행된 사업으로서 문화 인프라시설이 부족한 문화소외지역 주민과 저소득층, 노인 및 장애인, 군부대, 교정시설, 중소기업근로자 등의 문화향유권 신장 및 문화양극화 해소에 기여하기 위해 마련되었다. 민간공연예술단체가 해당 시설 등을 직접 찾아가 공연과 시각 체험프로그램 등 양질의 다양한 문화예술프로그램을 제공하는 사업이기 때문에 문화예술단체의 선정이 매우 중요하다. 선정된 작품은 홈페이지를 통해 공지되고 수혜자가 희망 프로그램을 직접 신청하는 방식으로 운영된다. 사회복지시설 순회의 경우 장애인, 아동청소년, 기초생활수급권자, 청소년 쉼터 이용자 등이 수혜대상이 되며, 농 · 산 · 어촌 순회는 농 · 산 · 어촌 주민 및 학생, 교정시설 순회는 교도소, 구치소, 소년원, 보호관찰소 재소자 등이 수혜대상이다. 2019년도에는 시설과 예술단체를 매칭해 주는 매칭형 사업, 예술단체가 직접 수혜대상과 장소를 발굴하는 발굴형 그리고 만 39세이하 청년 일자리 창출을 위한 사업으로 신설된 청년예술형으로 나뉘어 추진되었다.

3) 방방곡곡 문화공감

방방곡곡 문화공감은 문예회관의 시설 특성 등을 활용, 전국 방방곡곡 지역 주민에게 다양한 문화예술프로그램을 제공함으로써 문화 향유권 신장 및 문화 양극화 해소와 지역 특성에 맞는 자생적 공연 창작 · 유통 역량 강화를 통해 지역 문화예술 수준 제고 및 지역 문예회관의 운영 활성화에 기여하고자 하는 프로그램이다. 청소년기는 아주 민감하여 이 시기에 예술적 경험은 특히 정서적인 안정과 자신의 정체감 형성에 도움을 주며, 또한 청소년들의 예술적, 지적, 정서적 잠재력을 발견할 좋은 기회가 된다. 문예회관은 학교와의 연계를 통해서 청소년 연계 프로그램 진행이 가능하다. 이 프로그램을 통해 현실적으로 공연을 관람하기 어려웠던 학생들에게 공연관람의 기회를 제공할 수 있다. 청소년들은 학교에서 배우는 수동적 수업에서 벗어나 문화예술 공간에서 다양한 예술교육활동과 신체적 경험을 하고 자신의 예술적 취향을 찾아내며 다양한 관점을 가지고 공연예술을 접할 수 있는 기회가 된다(김은지, 2021). 문예회관이 지역사회와의 네트워크를 통해 다양한 예술 교육 프로그램과 프로젝트를 기획하여 제공함으로써 지역주민과 청소년들은 다양한 범위의 공연과 전시 등의 예술활동을 자연스럽게 받아들일 수 있게 된다(김소영, 2010).

CHAPTER 13

청소년문화와 축제

Chapter 13 청소년문화와 축제

1 문화와 축제

1) 축제의 문화적 속성과 의미

축제의 사전적인 정의는 어떤 일의 성사를 빌고 하례하는 축일(築日)과 신령에게 정성을 드리는 제일(祭日)이 합쳐진 단어로 축일이 갖는 오락성과 제일이 갖는 종교성이 함축되어 있다. 축제는 종교적인 신성함과 놀이가 갖는 연희적 특성이 노래와 춤, 술과 가락이 융합되어 민속축제로서 그 모양을 갖추어 왔다고 볼 수 있다.

축제는 생활공동체 또는 일의 공동체를 기반으로 성립되는 현상으로 생산과 노동에 참여하는 사람들이 함께 벌이는 제사이자 잔치이며 놀이라고 할 수 있고 이렇게 특정 사회가 지니고 있는 문화적 전통은 그 지역에서 뒷받침하는 공동체의 고유성에서 비롯된다고 할 수 있다. 축제를 나타내는 일반적인 단어인 'festival'의 어원이 되는 'fest', 'festus', 'ferier' 등의 단어와 이탈리아어인 'carnical'의 의미를 살펴보면 축제는 일상에서 벗어나 종교적인 의식에 들어간다는 의미가 내포되어 축제는 종교와 의식을 포함하는 개념을 가지고 있다. 축제는 전통적으로 종교적인 제의를 의미하였지만 이후 음주 가무 등의 유의성이 결합된 형태를 띄게 되며 지역의 전통문화유산이나 역사, 그리고 문화를 기념하려는 작은 이벤트의 성격을 갖게 되어 지역사회의 규범이나 가치를 표현하려는 양식으로 진전하였다. 이러한 축제를 민족학적인 관점에서 주기적으로 참가자가 집단으로 특유한 규칙에 의거하여 행동하며, 사람들이 한곳에 모으는 심벌이 있고 이 심벌을 이용하여 참가자가 비일상적인 의식을 만들어 내는 것이기도 하다(윤여연, 2020).

또한 축제를 여가와 관련지어 설명할 수 있는데 여가를 통한 정신적, 신체적 회복을 도모하는 기능정도로 정의하지 않고 만족스러운 여가 시간의 향유는 창조적 기능을 수행하게 된다. 오늘날 사람들은 노동 중심적 사고에서 탈피하여 여가 중심적 사고로 그 생활에 대한 가치가 변화되고 있다. 축제의 다양한 의미를 살펴보면 답답한 일상생활 속에서의 멋대로 하거나 장난, 도피 등 일탈의 수단으로 표현되기도 하며 즐거움의 추구, 에너지의 상승, 흥분과 자극, 완전한 발산, 교육의 수단이 되기도 한다(강영배 · 심한기, 2004).

축제는 생활공동체 또는 일의 공동체를 기반으로 성립되는 현상으로 생산과 노동에 참여하는 사람들이 함께 벌이는 제사이자 잔치이며 놀이라고 할 수 있다. 오늘날 축제는 지역의 독특한 문화와 상징가치로 출발하여 주민 정서, 놀이, 신앙이 연계된 전형적인 축제의 모습을 갖추게 되었다. 축제는 지역주민, 지역단체, 지방정부가 주체가 되어 개최하는 것으로, 지역주민들의 총체적인 삶과 전통 문화적 요소가 잘 반영되어 공동체적 성격의 행사로 규정하였다(홍정수, 2020).

축제와 일상생활 차이를 살펴보면 축제를 통해 즐거움을 추구하되, 절제되고 규범과 도덕에 의해 통제받던 삶의 양식을 과감히 탈피할 수 있는 수단으로 이벤트를 활용하게 되는 동기도 축제경험의 중요한 동기라고 지적하면서 축제가 갖는 의미를 분류하면 〈표 13-1〉과 같다.

〈표 13-1〉 축제와 일상생활의 차이

구분	축제	일상생활
시간적 범위	• 비지속성 • 단기적 자극	• 지속성 • 반복적
사회성	• 집결 • 집합 • 대규모 접촉 • 결속 • 유인력	• 개별적 삶의 여유 • 분산 • 독립 • 고독
주제	• 일탈 • 다양성의 표현 • 자유 • 흥미 • 선택의 즐거움 • 지역성의 강조	• 규범, 도덕 • 의무 • 생존 • 강요된 주제 • 주제의 실종
자극의 정도	• 고(高)자극 • 강한 에너지의 발산	• 저(低)자극 • 절제 • 회피
주체	• 조직화된 사고 • 기획의 중요성 • 명확한 개최목표	• 각 개인 • 임의적 판단 • 불확실
대상	• 공간초월 다양함 • 불특정 다수, 대규모 • 흥미집단의 형성	• 공간적 한계 • 소규모 • 무의미 및 계산적 만남

출처: 강영배 · 심한기(2004: 16).

축제는 인간사회의 다양한 형태에 따라 사회의 다양한 문화를 발전시킨다. 문화의 어원적인 말은 독일어의 쿨루트(Kultur), 영어와 프랑스어로는 컬처(Culture)라는 말로 사용되고 있는데, 이러한 말들은 라틴어의 쿨투라(Cultus)로부터 온 것이며, 분트(W. Wunt)는 종교적 의식 등의 종교행위와 토지의 경작, 파종, 수확 등의 농업행위의 두 가지 뜻을 가지는 것으로 설명하고 있다. 결국 분트가 말하는 쿨루트라는 말에는 정신적, 물질적 요소가 내포되어 있다고 말할 수 있다. 문화의 속성으로는, ① 공유성, ② 학습성과 누적성, ③ 통합성, ④ 보편성과 상대성, ⑤ 초유기체성, ⑥ 가변성의 6가지로 집약된다(박명로, 2005).

① 공유성

사회 구성들의 개인의 독특한 취향이나 버릇이 아닌, 공통적인 경향을 문화라고 부른다. 우리가 소속된 사회 속에서 독특한 개인문화보다 실제로 행동하는 대부분은 소속되어 있는 집단의 행동양식을 따르고 있다. 이런 의미에서 '문화는 집단 구성원들에게 공유된(shared)것'이라고 말할 수 있다. 문화의 속성으로 공유성은 '집단 구성원들로 하여금 사회생활을 가능하게 해 주고, 원활하게 하며, 규칙성을 부여한다'고 할 수 있을 것이다.

② 학습성과 누적성

문화는 공유된 모든 것이 아니라 어떤 것이 문화적으로 간주되기 위해서는 학습된(learned)것이어야 한다. 인간이 태어날 때부터 특정 문화를 가지고 태어나는 것이 아니라 단지 학습할 수 있는 능력만을 갖고 태어난다. 어떤 환경에서 태어나 성장 하면서 어떠한 문화를 학습할 것인지는 성장단계에서 그가 속한 환경에 의해 좌우된다. 문화는 어떤 부모로부터 받은 유전자로 정해지는 것이 아니라 학습에 의해 이루어진다. 인간의 지식은 한 세대에서 다음 세대로 전해져 내려가고, 시간이 흐름에 따라 현 세대에서 다음 세대로 지식이 추가되면서 형성된다.

특히 최근에는 4차 산업혁명시대의 다양한 IT산업으로 학습공간의 의미가 더 넓어지고 있다. 가상공간에서의 체험은 현장에 가지 않고 느끼고 배울 수 있는 새로운 문화로 자리매김하고 있다. 이처럼 인간은 어떤 문화이든 학습에 가소성을 갖고 있다. 문화는 이러한 학습과 어울러 문화화 또는 교육에 의해서 전승되어 누적되어 간다.

③ 통합성

타일러(Taylor)의 정의에서 보면 문화는 지식, 종교, 예술, 도덕, 법, 관습 등이 각기 개별적으로 존재하는 것이 아니라, 상호 긴밀한 연관 속에서 하나의 전체(a whole) 또는 체계(system)를 이루고 있는 '문화복합체'로 존재하는 것이다.

④ 보편성과 상대성

사회 집단에서의 인간은 환경에 적응하기 위하여 만들어지고, 학습에 의해서 공유된 생활양식으로서의 문화는 발견되고 이와 같은 성질을 문화존재의 보편성이라고 한다. 어느 사회집단에서나 문화가 보편적으로 존재하지만 같은 문화형식을 가지고 있는 것은 아니다. 어떤 민족이나 집단에는 그의 고유한 문화가 존재하며 이러한 관점을 문화의 상대성이라고 한다.

문화의 상대성은 서로 다른 고유한 문화를 긍정하고 문화의 우월성을 인정하지 않는 태도나 관점을 말한다. 이에 대하여 "한 사회의 관습이나 관념을 포함하는 문화는 그 사회의 맥락에서 이해되고 평가되어야 한다는 인류학적인 태도를 문화상대주의라고 한다"라고 성격을 규정하고 있다.

⑤ 초유기체성

인간과 문화는 불가분의 관계에 있지만, 문화는 생물학적인 또는 심리학적인 것과는 다른 수준의 것이라는 의미이다. 이에 따르면 유기체적인 것이 무기체적인 것과는 다른 것과 같이 또는 증기가 물과는 다른 것과 같이, 문화는 유기체적인 것과는 다르다.

문화는 사람들의 생물학 또는 심리학에 기초하고 있다기보다는 초유기체적인 원리들에 의해 작동되고 있다는 주장이다. 초유기체적인 견해를 가진 사람들은 그들의 입장을 뒷받침하기 위해 많은 점들을 지적하고 있다. 즉, "모든 문화는 거기에 참여하고 있는 성원들의 사망과 출생으로 세대에 따라 성원들의 교체현상이 끊임없이 일어나고 있지만 그래도 존속한다"고 주장한다.

⑥ 가변성

인간은 일상생활 과정에서 그들이 직면하고 있는 문제들에 항시 새로운 해결방법을 시도한다. 어떤 사람들에 의해 발견된 새로운 지식이 사회생활에 효과적으로 활용될 수 있다는 점이 밝혀지면, 이것은 사회의 다른 구성원들에 의해서 학습되고 전체 사회에 확산된다.

우리 사회는 끊임없이 변동하는 있는 것을 경험하고 있지만, 거기에는 안정을 유지하려는 경향도 있다는 것을 지적해 두어야만 한다. 변동은 항시 위험성을 가지고 있기 때문에 사람들은 변동을 추구하거나 그것을 쉽게 받아들이려고 하지 않는다. 즉, 사람들은 그들의 관습과 행동들을 그대로 유지하려는 경향이 강해서, 모든 사회가 과거와 현재 사이의 문화의 연속성을 뚜렷이 보여 주고 있다.

또한 기성세대들은 이러한 가변성을 더욱 위험하다고 생각하고 있으며 청소년문화의 가변성에 대한 위험을 보호로 고착화시키는 경향이 있다.

2) 현대사회와 축제의 기능

축제의 현대적 의미는 신성성(神聖性)이 크게 감소하고 여가활동의 일환으로 유희와 즐거움이 강조되는 방향으로 변화되고 있다. 도시화가 이루어진 사회나 지역 공동체인 경우, 공동체의 고유성과 전통성이 존재하지 않을 뿐 아니라 제의로서의 특징을 갖출 사회적 여건이 사라졌기 때문에 농업이라는 사회적 여건을 기반으로 하는 전통축제와 구별되어야 한다. 전통적 공동체 의식에 기반을 두지 않는 축제의 경우, 삶의 장을 연결할 대동 놀이의 모델을 개발해야 할 것이다. 이럴 때 제의의 성격과 함께 놀이의 일면을 지닌 축제의 원뜻을 충족시킬 수 있을 것이다(문희숙, 2009).

현대사회의 축제는 '문화복지'의 실현에 그 목적을 두고 있다. 지역공동체와 축제의 현대적 의의는 개인적인 차원에서 볼 때 수준 있는 정신적 삶에 대한 추구를 일차적인 목적으로 하지만, 사회적인 차원에서 볼 때에는 사회 구성원 간의 동질성 공유를 그 목적으로 한다. 현대사회가 '우리'라는 통합적 개념보다는 '나'라는 해체적 개념이 강한 현실에 비춰 볼 때 '우리'를 회복하고 사회 구성원의 동질성을 확보하려면 문화적 기제(機制)로서 지역공동체를 바탕으로 한 축제의 활용이 최적의 방법이 될 수 있다. 현대 축제에서 전통축제의 제례와 신명의 놀이를 재해석하고 변형 적응하여 현대의 삶에 적합한 새로운 형태의 축제 개념을 창출해 내야만 한다(박성숙, 2005).

한편 축제는 상징성, 지역성, 교환성, 흥미성 등의 속성을 가지고 있다. 이러한 축제는 다양한 형태로 표출되기 때문에 정확하게 유형화하는 것은 어려우나, 축제가 가지고 있는 요소, 소재의 선택, 추진목표, 운영방식, 형식을 중심으로 하여 유형화할 수 있다.

〈표 13-2〉 축제의 속성과 의미

속성	전통적 의미	현대적 의미
상징성	초월적 존재에 대한 전통 제례적 의미	• 지역을 대표하는 상징성을 재해석 • 정체성 확보 및 전통의 재창조
주체성	마을공동체의 주민	• 지역주민들의 관심과 참여 • 지역주민의 참여와 통합성
지역성	마을과 향토중심의 지역	• 행정단위에서 벗어난 역사적 배경 • 지역주민의 생활권을 의미
교환성	신에 대한 제의와 그에 대한 보답과 은총	• 축제를 통해 얻어지는 경제적 효과 • 축제와 연결되는 지역의 발전
흥미성	정통적인 춤과 노래	• 과학기술을 기초로 한 생활문화와 여가 • 축제에 대한 참여자의 만족도

출처: 박명로(2005: 16). 재구성.

2 청소년문화와 축제

인간에게 일상의 소중함을 돌아보게 한 팬데믹은 오프라인에서 일어나는 모든 축제 문화를 온라인 축제 문화로 새로운 패러다임의 변화를 가져왔다. 언택트문화는 실제 현장에 가서 즐기는 축제보다 집에서 즐기는 축제문화로 국내 우수한 연극, 공연을 관람할 수 있는 온라인 페스티벌 문화를 정착시키고 있다(신현식, 2021). 또한 2021년 대한민국청소년박람회를 돌아보면 '청소년이 GREEN 대한민국'이라는 주제로 온라인과 오프라인을 함께 진행했으며 가상공간에서 다양한 체험과 박람회에 참여할 수 있도록 했다.

이처럼 축제는 오프라인에서 온라인축제로 청소년 축제뿐만 아니라 후기청소년 축제 문화까지 진화되고 있다. 매년 열리는 후기청소년 대학가 축제가 컴퓨터 또는 휴대전화 화면에 대학 캠퍼스를 그대로 옮겨 온 3차원 가상세계 메타버스를 이용한 축제로 등장하였다.

요즈음 우리 사회 속에서 청소년문화와 축제는 어떠한 의미를 가지고 있는가? 청소년 교육에 관해서는 기성세대의 지대한 관심이 있지만 청소년문화축제에는 관심을 기울이지 못하고 있다. 청소년들이 어디에서 무엇을 하는지, 어떻게 노는지, 어떤 것을 좋아하는지 알지 못한다는 것이다. 청소년들의 올바르고 다양한 문화생활을 향유한다는 것은 중요하며 그 속에서 배우고 느끼는 것이 많다는 것을 기성세대들은 반드시 알아야 할 것이다(장누리, 2004).

네덜란드 역사학자인 요한 하위징아(Johan Huzinga)의 '축제는 인간의 유희적 본성이 문화적으로 표현된 것'이라는 말처럼 일상생활 속에 갇혀 있는 답답한 일상을 문화축제를 통해 원활하게 유지하고 생산성을 향상시키는 원동력이 되기 때문이다. 축제는 현대사회를 살아가는 삭막함 속에 소통의 기회를 제공하고 사회적 유대감을 형성하며, 여가생활의 풍요로움에 도움을 준다(장은화, 2014). 축제는 개인의 답답한 일상과 사회에 대한 저항이며 건전한 저항은 개인에게 해방감을 경험시킨다. 축제는 그러한 건전한 저항을 표현하는 곳이다(신현식, 2021).

4차 혁명시대 축제의 문화적 속성과 의미, 지역에서의 청소년 축제와 청소년동아리 활동으로 바라본 축제의 사례를 통해 미래 청소년 축제의 시사점을 정리해 보고자 한다.

1) 청소년문화와 축제의 의미

축제의 의미는 흔히 무언가 일상과는 거리가 있는 새로운 것이며 의미가 있거나 또는 형식과 무질서를 동시에 담고 있는 것으로 생각되어진다. 그것은 축제의 개념 속에 다양하면서도 서로 상반되는 의미들이 동시에 내재되어 있기 때문이다.

하비 콕스(Harvey Cox)의 축제의 정의에서 보면, 축제의 세 가지 본질적 요소를 고의적 과잉성, 축의적 긍정성, 대국성 등으로 규정하고 있다. 첫째, 고의적 과잉성이란 축제만 되면 참여자들이의 고의에 의한 과잉적 행동, 즉 일탈적이고 비규범적이기까지 한 행동들이 잘 나타난다는 것이다. 일상생활에서의 잠재되어 있는 공동체적 규범과 스트레스에서 벗어나 잠시 일탈을 경험함으로써 억압된 반대 욕구를 해소할 수 있도록 하는 일종의 공동체적 배려라고 할 수 있다. 둘째, 축의적 긍정성은 축제가 지니고 있는 긍정적 의미로서 축제는 기본적으로 삶에 대한 긍정적 태도를 지향한다는 것이다. 축제에 참여하여 일정의 일탈을 경험하는 사람들도 그들의 본질적 태도 속에서는 삶을 보다 긍정적이고 적극적으로 살아가기 위한 강한 욕망이 위치되어 있다는 것이다. 셋째, 대국성이란 과잉성과 연계되어 있는 것으로 축제 속에서 볼 수 있는 모든 것들이 일상적 모습들과 다른 대조적인 것으로 비일상적인 것으로 되어 있다는 의미이다(송은미, 2005).

청소년문화에 있어 축제의 의미는 두 가지로 교육적 의미와 청소년의 재능과 끼를 표현하는 예술적 의미로 분류된다. 첫째, 교육적 의미로는 축제의 주최 주관이 청소년 중심이기보다 행정 또는 시설 기관, 교육청으로 청소년들에게 교육적 의미를 목적으로 하는 교육적 프로그램 축제이다. 프로그램 축제는 학습적 의미가 담겨 있는 내용으로 청소년이 직접 진행에 참여하기보다 참가자로서 참여만 하는 축제이다. 두 번째 예술적 축제의 의미는 주최는 행정 또는 기관에서 하지만 주관은 청소년이 중심이 되어 하는 청소년기획 축제를 뜻한다. 하지만 예술적 축제 또한 음악, 댄스, 밴드 등 특별한 예술적 소질의 동아리 활동을 하는 참여자 중심으로 구성되어 있고 일반 청소년들은 관객참여로 이루어져 있다. 청소년문화 축제로서 모든 축제의 기획부터 진행까지 청소년 중심이 되는 주도적인 축제가 필요하다.

청소년문화 축제의 사회적 의미는 다음과 같다.

① 학교교육에 지쳐 있는 청소년들로 하여금 일상으로부터 벗어나 새로운 비일상적 역동성을 찾을 수 있는 기회를 제공한다. 축제의 의미에서 삶의 긍정성과도 연계되어지는 부분으로 청소년들에게 긍정적인 삶의 가치를 제공해 주는 역할로 작용한다.

② 인간주의적 가치관을 지니고 있는 축제를 통해 물질주의적 가치관 또는 매체 의존성에서 벗어날 수 있는 기회로 작용한다. 이러한 작용은 가치관 혼란으로부터의 탈피를 의미하는 것으로서 청소년들에게 중요한 의미를 지닌다.

③ 비일상적인 경험을 지니고 있는 축제의 본질적인 요소로 자신의 내면에 숨겨진 자아를 찾을 수 있는 기회를 제공함으로써 사고의 유연성의 강화 등과 같은 효과를 가져다주게 된다는 점이다. 이는 사고의 확장으로 문화적 창조성이 발전될 수 있다.

④ 자발적인 축제 참여가 공동체의 경험을 바탕으로 연대성의 중요성과 정체성을 확립할 수 있다. 정체성의 발견은 사회 구성원으로 살아가는 데 있어 중요한 부분이며 축제를 활성화하는 한 시민으로서 성장하게 될 것이다.

⑤ 축제가 지니고 있는 의미를 통해 주도적인 축제 참여로 획득되는 주체성, 독립성, 문화의식 등으로 구성되는 문화감수성의 발전을 경험하게 된다는 점이다. 문화감수성의 발전은 청소년들에게 사회적 도덕적 규범, 즉 윤리의식의 강화로 이어져 사회의 안정과 통합에 중요한 역할을 한다(송은미, 2005).

결국 청소년 주도 또는 청소년 중심 축제는 청소년들의 새로운 일상을 경험하거나 비일상적인 경험을 통해 자기 자신의 내면적 능력 및 자아를 찾을 수 있게 되며, 더 나아가 국가와 사회 전체의 연대성을 증진시킬 수 있는 공동체 성원의식을 가질 수 있게 된다고 할 수 있다. 특히 축제의 관용성과 지속성, 그로부터 산출되어 나올 축제의 전통성 등이 확보되어진다면 축제가 청소년문화에 미칠 영향력은 어떤 사회화 과정이나 도구보다 중요하게 작용할 것이다.

또한 청소년 축제의 특성은 상반된 두 가지의 의미로 해석할 수 있는데, 첫째는 일상과 비일상으로 자기 자신과 공동체, 규칙과 탈출 등과 같은 이중성을 말할 수 있다. 청소년은 축제를 통해 이러한 이중성의 통합으로 일상 또는 비일상 모두 공동체의 존속을 위해서 절대적인 요인이 되기 때문이다.

청소년의 생활의 대부분은 학교에서 이루어지며 집단생활 속의 규범에 종속되어 정해진 일정과 시간을, 공간 안에서 구성원에게 작은 일탈을 경험하게 하는 것이 중요한 존속요인으로 작용한다. 청소년 축제의 본질은 청소년의 공동체를 유지시켜 가기 위한 강력한 의식의 고양으로 볼 수 있다.

쿤(Kuhn)의 축제에 대한 특징에서 보면 다음과 같다.

① 축제는 고유한 시간적 형식을 가지며 이러한 시간적 형식을 환희적 현재라고 부른다.

② 축제의 핵심은 기분에 있으며 고도의 기분을 통일시킨다.

③ 축제는 고유한 공간을 필요로 하며 장소, 공간이 반드시 필요하다.

④ 축제의 동기는 어떤 반복된 사건이나 일회적인 사건이다.

⑤ 축제는 일적인 생활에서 벗어남으로써 일상적인 삶의 스트레스에서 자유로워진다.

⑥ 축제는 어느 날 갑자기 생겨나는 것이 아니고 서로 간 준수되는 규칙에 따라서 계획되고 수행된다.

⑦ 축제는 시간적인 경과에 있어 삶을 뛰어넘으면서 다시 삶을 정열하게 해 주며 동시에 삶 속으로 퍼져 간다(정하성 · 유진이, 2009).

2) 지역사회와 청소년 축제

오늘날 자본주의 성장과 함께 인류사회에 커다란 변화를 가져온 것은 도시의 발달이다. 그러나 도시의 발달은 산업적 발전이라는 긍정적인 변화뿐만 아니라 전통적 지역사회의 커뮤니티로서의 기능 상실이라는 부정적인 영향도 야기하고 있다. 특히 자본주의가 고도로 발달한 오늘날 사회의 문제는 지역사회를 통한 이웃 간의 교류의 단절이기도 하다.

전통적 지역사회 마을의 기능은 생태학적으로 표현될 수 있으며 이것은 유기체와 환경 간의 관계를 통하여 환경과 유기체가 상호 균형을 이루며 성장하는 과정을 중요시한다. 반면, 개개인의 기능이 자본주의와 상업화 혹은 인간소외현상 등으로 개인과 지역사회 상호 간의 상호관계성이 파괴되는 악순환적인 인과관계 속에 지역 구성원들의 역할이 제 기능을 수행하기 어렵고 단절되어 인간성을 발휘하지 못하는 현상이 당연시되는 풍조가 마치 오늘의 사회를 대표하는 하나의 현상으로 설명되기도 한다.

이러한 현상 속에서 청소년이 속한 지역사회에서 어떤 기능적인 순환고리를 재발견할 수 있으며, 어떠한 의사소통이 새로이 구현될 수 있는가? 그리고 각각 구성원에 대한 생태체계 내에서는 역동성은 어떻게 발휘될 수 있는가? 이는 지역사회의 청소년과의 소통으로 생기는 건강한 에너지의 흐름이 있는 지역사회 그리고 그러한 환경을 조성하는 상호교환과 교류 속에서 구현되어야 한다(곽미정 외, 2020).

지역사회에서 청소년 축제는 그 지역사회의 청소년에게 역동성을 부여하고 지역의 건전한 청소년문화를 확산시키는 기회제공의 의미가 있다. 청소년들의 일상의 답답함을 축제를 통해 표현할 수 있는 일탈의 공간이며, 자신들의 문화를 공유할 수 있는 공간이다(천정웅 · 김경준 · 김영지, 1995). 청소년 언어로 청소년의 생각으로 청소년을 표현할 수 있는 공간적 의미라고 할 수 있다.

이러한 지역의 청소년 축제는 청소년의 문화를 확대시키는 기능을 한다. 즉, 지역에서의 청소년 축제는 지역에 있는 청소년문화를 활성화하고 발전시키는 데 있어 매우 중요한 역할을 한다. 지역민들에게 다양하게 표현되는 청소년 축제는 청소년들에 대한 관심을 가지게 하고 청소년문화의 저변을 확대시키는 역할을 하는 것이다. 또한 지역 청소년 축제는 지역문화 예술기관의 교류를 촉진하여 활성화하고 지역 청소년문화를 발전시키는 새로운 계기로 작용한다.

지역의 문제를 지역에 있는 청소년들이 인식하고 축제로 문제 해결을 해 보려는 다양한 시도가 필요하다. 또래와 세상의 고민을 문화예술로 표현하는 축제를 기획할 수 있는 공간으로서의 축제는 청소년의 삶과 라이프스타일을 표현해 삶의 치유를 얻고 다시 재창조되는 것이 핵심이다. 청소년과 축제의 만남은 또래집단 간의 협력과 협업의 가치를 경험시킬 것이며, 21세기에 원하는 창조적 인재가 되는 데 도움을 줄 것이다.

한편 지역문화 축제 발전의 핵심은 그 지역에 살고 있는 청소년들의 욕구를 파악하고 충족시킬 자율적인 방법을 만들어 갈 수 있는 문화형성이다. 이를 위해서는 다음과 같은 것이 고려되어야 한다.

(1) 지역문화에 대한 지식의 필요성

지역을 잘 아는 사람은 바로 그 지역 청소년이며 그 지역 청소년이 그 주체가 되어야 한다. 또한 지역사회를 잘 아는 사람들을 중심으로 하여야 하며 이는 모든 지역 문화활동 개발 실천에 있어 선행요인이 되어야 한다.

즉, 지역인 주체라고 할 만한 사람이란 지역사회의 욕구와 문제뿐 아니라 지역사회가 가지고 있는 강점과 지역사회의 독특한 특성을 파악하고 있는 지역사회의 청소년이며 마을 구성원일 것이다.

따라서 마을 사람과 청소년이 주축이 될 수 있으며 문화를 통하여 하나의 소통의 장이 마련되어야 한다. 그러나 기존의 실증주의 패러다임은 증명되고 객관적이고 과학적이며 측정 가능한 지식만을 중시한 나머지 창조적이고 창의적인 아이디어 창출은 그 의미를 발휘하지 못하는 경향이 있어 왔다.

(2) 하향식(top-down) 조직의 극복

하향식 전달방식은 마을의 고유성을 고려하지 못하는 결과를 초래해 왔다. 이는 지배적 가치와 세계관을 반영하여 보편적 지식의 우월성을 과시하는 것처럼 인식되는 경향이 있었으나, 현대사회에서는 마을 문화의 고유성과 정체성이 세계화보다 중요한 관점으로 대두되고 있다.

따라서 지역문화 활성화를 위해서는 지역사회 내에서 중요한 이슈와 다양한 문화를 찾아, 그 지역의 문화와 고유성을 살리는 지혜와 경험이 접목되는 요인을 확인하고 검증하는 작업이 필요하다. 또한 외부 전문가는 마을 자체의 활성화를 위한 지역의 조력자가 되어야 하며 외부적 전문지식은 지역사회의 문화 활성화를 위한 장 속에서 더 풍부해질 수 있도록 함께 녹아져야 한다.

(3) 지역문화 활성화에 대한 존중

지역사회 문화 활동가와 전문가 간의 상호존중 및 조율의 필요성은 많은 축제기획을 통하여 확인될 수 있으며 참여를 통한 모든 기획활동을 배울 수 있다. 이는 문화적 가치와 생태계를 고려한 인권 등의 점검이 무엇보다 선행되어야 하며 지역사회의 활동가는 지역문화의 중요성을 깊이 인식하고 이를 지역사회의 변화를 위한 초기의 시발점으로 활용할 수 있는 방안을 모색하여야 한다.

즉, 문화는 고정적이지 않으며 가치와 현실도 변화하여 지역사회 전문가는 문화의 변동과정에 함께 움직이고 지원하여야 한다. 또한 문화는 획일적 단일 형태가 아니며 지배적인 문화 가치보다는 다양한 문화적 가치를 전제로 하여 역동적인 하나의 구심점을 형성할 수 있는 공동체의 맥락을 파악해 내야 한다. 이를 위해서는 문화적 다원주의를 전제로 하는 지역사회 존중이 필요하다.

(4) 지역 절차의 존중 및 연대활동의 중요성

지역사회 활동가는 지역사회 문화 활동에 앞서서 그 지역에서 진행되는 일이 어떠한 절차에 의하여 어떠한 점이 고려되어야 하는지, 법률적 절차 등에 대하여 숙지하고 접근하는 것이 지역사회 활동에 있어서 다양한 이해관계에 놓인 집단들에 대하여 대처하는 길이 될 것이다. 예를 들어, 마을에서 추진하고자 하는 사업은 마을전통을 존중하고 마을의 문화를 존중하는 범위 내에서 이루어진다면 서로에 대한 설득이 쉽게 전달될 것이며 이러한 노력이 선행되어야 한다.

따라서 지역사회의 전문가는 지역사회를 통한 경험을 통하여 함께 성장하여야 하며 이러한 출발은 다수의 다양성을 포용하는 활동 안에 스며들어 결국 지역사회의 문화를 통한 자원의 개발을 보다 풍성하게 하는 것에 기여할 수 있어야 한다. 이를 지지하고 있는 문화다원주의는 지역사회 내의 다양한 이해관계에서 또 하나의 이해를 통하여 다양한 관계를 흡수하고 건강한 상호작용을 가능하게 하며 다양한 이해세력을 충족시킬 수 있는 최선의 방법으로 건강한 타협점을 도출하고, 권련의 분산과 다양성이 자연스럽게 구현될 수 있도록 하는 올바른 생활양식의 체득을 가능하게 한다.

이러한 다원주의의 입장에서 지역사회의 계급 · 성 · 인권과 같은 구조적인 요인이 상호 동등하다는 전체하에, 올바른 사회의 변화 및 생태학적 사회정의를 실현하도록 하는 것에 도움이 되며 현대사회에 형성된 어젠다에 대하여 충분하고 다각적인 문화 활성화 방안을 제시하는 데 기본적인 시작으로 작용할 수 있다. 이에 다원주의적 시작은 민주적 활동 및 지역화된 문화 활동에 있어 바람직한 방향을 설정하는 것에 도움이 될 수 있을 것이다. 이러한 사고는 기존의 세계관이나 단선적인 세계관을 부정하여 다양한 실재들의 다원성이 다양한 형장에 적용되고 재규정됨을 강조하고 있다.

이는 기존의 모든 사물에 논리적인 질서를 부여하는 통합적 담론에서 나아가 진보와 합리의 개념 위에 다원적 가치를 상위에 두는 개념이기도 하다. 즉, 하나의 최선책이 존재하는 사고보다 모든 일에는 다양한 경로의 대안들이 존재하는 있음을 제시하는 것이다.

이러한 개념은 지역사회의 개발에 기여하며 주체적인 자기성찰과 능력고취를 가능하게 하며 마을 만들기의 새로운 시너지 창출에 활용될 수 있다. 또한 진정한 상대주의적인 관점을 수용하여 다양한 개인적 해석을 존중하고 세계화의 일률화된 지향보다는 상호 공존을 위한 다양한 방법을 모색하게 하여, 궁긍적으로 지역사회주민이 자발적으로 지역사회에 참여하고 지역사회의 문화를 실천하게 한다.

이는 지역사회의 문화 활동의 활성화와 발전에 있어서 권력의 일부 집중을 부정하고 평등성을 지향하고 자율성을 견지하며, 환경과 인간과의 조화를 중요시하는 개념과도

부합되며 교육적 효과가 크다. 따라서 지역사회의 문화 활동의 개발을 위한 아래로부터의 변화, 또는 아래로부터의 실천이라는 관점은 지역지식과 기술, 문화, 지원 및 절차를 중시하는 태도를 통하여 각종 활동을 실천하기 위한 중요한 기반이 될 것이다.

이를 위하여 지역사회의 문화 활동가는 기존 관념을 재조직할 수 있는 새로운 사고체계를 통하여 성찰적인 자세를 가치고 지역사회의 무한한 자원을 통합하고 가치를 발견하며 무력한 주민들의 능력을 고취하여야 한다. 그리고 이를 기반으로 한 청소년 및 지역사회주민들의 경험의 결합을 통하여 문화의 새로운 장을 형성해 나가는 데 능력을 발휘해 나가야 할 것이다(곽미정 외, 2020).

3 청소년동아리와 축제

청소년은 성인과 달리 부모에게 정서적 · 내적으로 의존관계에 있으면서도 또래친구들과 가치 규율 등을 형성하기도 한다. 또한 신체적 발달과 가정과 부모로부터의 심리적 분리가 빠르게 진행되는 시기이며 또래친구들과 집단생활을 하는 시기이도 하다.

이러한 또래집단의 생활은 여가시간과 밀접한 관계가 있는데, 여가에 대한 욕구를 가정과 학교에서 충족시킬 수 없기 때문에 청소년들 스스로 여가를 추구하려고 한다. 이 과정에서 개인적인 여가비용이 부족하거나 타인과 비교해서 상대적으로 적다고 느끼게 되면 불만과 스트레스가 쌓이게 된다. 청소년의 여가활동은 청소년의 욕구에서 비롯되며 상업적이고 쾌락적인 성인의 여가활동에서 보호되어야 한다.

청소년 여가활동은 그들에게 좋은 영향을 미칠 수 있는 지도력이 필요하고, 활동의 내용과 청소년을 지원하기 위한 성인의 배려가 필요하다. 특히 오늘날 급변하는 시대

흐름에 청소년의 가치관과 윤리관에 혼란을 주고 때로는 청소년 일탈행위를 유발하기도 한다. 따라서 청소년의 여가활동은 청소년 모두에게 매우 중요한 문제이며, 우리는 많은 주의와 관심을 기울어야 한다(심환기, 2002).

1) 청소년동아리와 축제

청소년의 동아리활동은 그들이 건전하고 건강하게 여가생활을 하는 데 긍정적 역할을 한다. 동아리란 '패를 이룬 무리'라는 사전적 의미를 갖는 우리말로 1980년대부터 대학가를 중심으로 기존의 서클활동에 대한 순수한 우리말의 형태로 사용되기 시작하여 일반화된 용어이다. 일반적으로 동아리란 '공통의 목적과 관심사에 의해 운영되는 작은 모둠'이란 의미를 갖는다. 인간이 살아가면서 공통의 취미, 오락, 스포츠, 지식, 기술습득, 이해관계 등에 따라 다양한 동아리를 형성한다. 즉, 동아리는 개인의 문화적 · 사회적 욕구를 동호인들끼리 좀 더 효율적으로 충족시키고 자기 발전을 이루고자 하는 자발적 소집단이다(장은화, 2014).

청소년의 동아리활동은 시민참여와 권리에 대한 사회적 관심이 증가하면서 청소년 참여의 개념이 확산되고, 청소년의 주체적이고 자율적인 자치활동의 중요성에 대한 인식이 증가하면서 적극적인 관심을 갖게 되었다. 1998년 시행된 '제2차 청소년 육성 5개년 계획'에 반영되어 '한강 청소년동아리 축제'와 '청소년동아리 경진대회' 등이 국가정책사업으로 추진되었다. 지역단위에서는 청소년수련관, 생활권 수련시설을 중심으로 청소년동아리활동이 활성화되었다. 교육정책에서도 제7차 교육과정에 클럽활동의 형태로 반영되고 각 지역 교육청에서 학생 동아리축제를 개최하는 등 다양한 형태의 동아리 활동에 대한 지원정책이 이루어지고 있다.

하지만 기존의 청소년 축제는 청소년 욕구가 다양하게 반영된 청소년 중심 축제이기보다 관 주도형 축제, 기관 주도형 축제가 대부분이다. 축제는 개인의 일탈을 바탕으로 하는 것의 개인 소유가 아니라 공동체적 가치를 바탕으로 하는 공유 가치로 전환되어야 한다(이진교, 2020).

2) 청소년동아리와 축제기획

청소년 축제는 청소년의 적극적인 표현을 할 수 있는 의미를 확보하기 위해서 전반적인 운영의 주체가 되어 기획 · 운영 · 평가 전 과정이 청소년 중심으로 전개되어야 한다. 이를 위해서는 청소년과 지도자의 파트너십에 기반을 둔 축제기획단 운영 등 철저한 사전 준비과정이 필요하다. 또한 청소년 축제 학교 등을 통하여 전문 축제기획자들과의 네트워크 구성을 통해 청소년과 기획자의 멘토링이 필요하다.

현재 청소년의 축제로는 관에서 주도하는 지역청소년 축제를 비롯한, 청소년어울림한마당, 학교축제 등이 있다. 청소년 어울림마당은 경연, 전시, 체험, 등 문화예술, 스포츠로 구성되어 있다. 청소년 어울림마당은 "청소년이 활동을 통하여 상호 소통하는 장"이라는 뜻으로 순우리말이다. 지역 내 청소년들의 끼와 재능을 펼칠 수 있는 장으로 문화 감수성 및 역량 증진을 도모하는 데 그 목적을 두고 있다. 청소년 어울림마당을 중심으로 분석한 핵심 가치로, 첫째, 청소년 어울림마당은 청소년을 중심으로 한다. 청소년이 단순 참가자가 아닌 청소년이 설계하고 운영에 참가하는 주체를 의미하며, 동아리 또는 개인 단위로 자신의 문화 역량을 능동적으로 표출하는 연출자이다. 청소년이 프로그램의 기획 단계부터 참가하여 청소년이 스스로 홍보하고 다양한 콘텐츠를 생산해 내는 문화체험의 기회를 제공하는 공간 기능으로 제공되어야 한다. 둘째, 청소년 어울림마당은 청소년문화축제이다. 문화는 포괄적인 의미를 담고 있으며 통상적인 어떤 콘텐츠만을 가지고 문화예술이라는 표현을 하지 않는다. 문화는 좀 더 넓은 의미로 공연, 전시, 스포츠 등 콘텐츠로 청소년 문화프로그램 자원이다. 어울림마당의 부대에서 공연하거나 체험놀이 부스를 운영하는 결과보다 청소년이 주체가 되는 문화 활동 기획의 참여가 중요하다. 셋째, 지역을 기반으로 한 어울림마당은 지역 내 다양한 단체와 결합하는 자원 간의 결합과 공간적 개념으로 이루어진다. 청소년문화 예술 표현의 장으로 지역에서 활동하는 단체들과 교류하고 결합하여 청소년들과 소통하고 함께하는 의미를 가지며, 이러한 청소년들에게 공간과 자원을 지속적으로 제공해 주는 것이 어울림마당이다(이채식, 2015).

한편 학교축제는 일반적인 축제와 차이가 있다. 학교축제는 청소년의 창의적이고 다양한 표현을 통해 개인주의에서 탈피해 공동체적인 문화로 살아가는 인성을 키워 주기 위한 교육활동의 일환이다. 청소년 스스로가 자신의 특기와 적성 개발, 협동심과 인내심을 기르고 다양한 방법으로 표현하는 기회를 통해 자신감 상승과 학교문화를 한 차원 상승시키기 위한 활동이다. 학교문화를 알리고 자율적인 축제문화를 통해 자아실현의 기회를 제공하기 위한 학교축제는 다음과 같은 목표로 이루어지도록 해야 한다.

① 자발적인 참여로 공동체 의식을 함양하고 다양한 동아리 활동의 평가와 결과를 공유하는 장이 되어야 한다.

② 능동적인 동참의식과 학교 학생회 역량의 성과로 이루어질 수 있도록 해야 한다.

③ 학부모와 교사들의 적극적인 참여로 청소년, 교사, 학부모 사이의 소통할 수 있는 관계와 화합의 장이 되어야 한다.

④ 공연을 관람하는 태도와 감상능력 등을 통하여 미적 정서와 감정의 훈련 및 성취감을 체험하고 애교심을 고취할 수 있다.

⑤ 활동 중간 협의 활동 및 종료 시 성찰 평가를 통해서 건전한 비판의식을 고취하고 자기성찰의 시간을 갖도록 해야 한다.

⑥ 학습한 교과 활동과 동아리 활동 결과를 통합적으로 발전시켜 교육효과를 높인다(이성용, 2019).

이러한 학교축제를 위해서는 최소한의 예산 지원이 뒷받침되어야 한다. 청소년이 중심이 되어 각 동아리활동의 전시, 발표, 프로그램 진행을 할 수 있도록 학교에서는 회의시간과 공간을 마련해 주고 지원을 해야 한다.

학교축제, 지역청소년 축제, 어울림마당 모두 축제라고 보면 축제는 기획력이다. 축제에 있어 기획력은 중요한 부분이며 다양한 아이디어가 프로그램화 되도록 하는 것이 주요 관건이 된다. 학교축제, 지역청소년 축제, 어울림마당의 주인공은 청소년이다. 청소년 중심 축제가 되기 위해 기획부터 아이디어 세분화, 프로그램 구체화 등 기본적인 축제를 기획할 수 있는 프로그램이 필요하다. 청소년이 원하고 청소년이 바라는 축제를 위해 청소년 프로그램 기획의 전문성을 가지고 있는 지도자가 필요하다. 축제 전문성을 갖춘 교사, 청소년지도사 등 청소년과 함께 축제를 만들어 갈 수 있는 축제기획 전문교육을 받은 인력이 부족한 형편이다. 축제는 아이디어만 가지고 하는 것이 아니다. 축제의 목표, 축제를 위해 얻을 수 있는 교육적 효과, 자신의 내면을 표출하는 방법, 프로그램 운영을 통한 사회의 경험 등이 포함되어야 한다.

4 지속가능한 청소년 축제 제언

축제 참여 유무가 자아정체성의 차이 검증에서 보면 주체성, 자기수용, 미래확신, 주도성, 친밀성에서 비참여자보다 참여청소년들의 자아정체성에 긍정적인 영향을 미치는 것으로 확인되었다. 또한 사회공존지수의 차이를 분석한 결과, 네트워크 자본, 네트워크 유지, 네트워크 배려, 네트워크 자질, 네트워크 확장 요인에서 유의한 차이가 나타났다. 청소년들의 사회공존지수에 긍정적인 영향을 미치는 것으로, 축제 참여를 통해 청소년들의 공존지수가 향상된다는 것은 주목할 만하다. 이는 청소년들의 다양한 문화 축제의 참여 기회를 제공한다는 것이 긍정적인 청소년으로 성장하게 되는 교육적, 정서적 지원이라는 것이다.

이제 축제는 2020년 세계적인 팬데믹 이전과 이후로 나누어 질것이다. 2019년 온라인 축제보다 오프라인 축제가 주류였다면 2020년은 온라인, 2021년은 온라인과 오프라인 메타버스 축제로 공간의 융합이 새로운 경험과 가치를 추구하는 것으로 패러다임의 전환이 이루어지고 있다.

축제는 일상과 비일상의 개념에서 탈피해 공익과 행복을 만들어 가는 선한 영향력을 미치는 축제로 성장해야 한다. 또한 축제 참여 경험을 통해 공동체 의식과 사회 구성원으로서 성장하는 윤리성을 터득할 수 있는 기회를 제공하는 축제가 되어야 한다. 이러한 축제를 위해 몇 가지 제언을 하고자 한다.

첫째, 청소년이 중심이 되어 기획부터 운영, 섭외, 공간적, 시간적, 프로그램 내용을 구성할 수 있도록 전문 기획력을 갖춘 전문가 네트워크 구축이 필요하다. 전문가 구축을 통해 청소년들이 축제 기획을 경험하고 역량을 갖추게 될 것이다.

둘째, 축제는 자신이 거주하고 있는 마을, 지역을 알리는 것으로 축제가 청소년들의 지역문화를 알리는 기회의 장으로 되어야 한다. 그러기 위해서는 지역에 있는 공공기관, 행정기관, 시민사회단체 등 청소년이 중심이 되는 축제를 위해 각 기관에서 관심을 가지고 청소년들에게 필요한 공간적, 시간적, 예산 등을 지원해야 한다.

셋째, 다양한 청소년들이 참여할 수 있는 축제가 되어야 한다. 장애, 비장애, 다문화 등 단 한 사람도 소외되지 않는 축제를 위해 공간적 의미와 시간적 의미를 초월할 수 있는 오프라인 축제, 온라인 축제 또는 메타버스를 이용한 축제로 어느 곳에서나 누구나 참여하고 차별받지 않는 축제로 진행되어야 한다.

넷째, 청소년이 태어나고 살고 있는 지역 브랜드 가치를 높이고, 지역을 벗어난 전국 청소년들에게 지역을 알리며 관광수입을 얻을 수 있도록 해야 한다. 전국 청소년 네트워크를 통해 지역 청소년 축제를 알리고 청소년들이 SNS를 통해 지역에 대한 브랜드를 알리고 지역 상권이 활성화될 수 있도록 청소년 축제를 관광 상품으로 연결할 수 있다.

다섯째, 사회문화적으로 중요한 가치 중 하나는 지역의 특수성에 기반을 둔 새로운 형태의 청소년 축제 모델 개발이다. 지역의 정체성과 고유성에 바탕을 둔 지역의 브랜드를 추구하는 것이다. 청소년 축제가 지역의 브랜드와 가치를 추구하는 축제로 정착하게 된다면 이를 바탕으로 지역의 관광안내자이자 지역의 홍보대사로 애향심을 갖게 될 것이다.

여섯째, 마지막으로 환경적 측면이다. 현재 전 세계적인 기후변화를 위한 탄소중립을 실현하기 위한 노력을 하고 있다. 그 지역에서 생산되는 특산품, 지역 전통 음식, 친환경 로컬푸드을 통한 탄소저감 축제가 되어야 한다. 미래지향적이고 지속가능하며, 청소년이 기획부터 지역경제, 지역사회문화, 환경까지 생각하는 저탄소 축제를 통해 지역과 자연, 인간이 더불어 가는 살아가는 배움의 기회를 제공할 수 있다.

또한 지속가능한 지구축제를 위한 적절하고 투명한 모니터활동과 보고서 작성은 다음에 기여한다.

① 성취한 것들에 대해 평가하고 미래를 위해 배우고 개선하도록 한다.
② 축제를 기획한 공급자와 스태프들과의 소통과 동기부여를 돕는다.
③ 이해관계자들의 신뢰를 얻는다.
④ 강화된 모니터링으로 인해 자원 사용에 대해 정확한 수치를 얻게 되어 비용을 절감한다.

이러한 모니터링 활동은 청소년 축제에 있어 매우 중요하다. 축제 시작부터 끝날 때까지 축제에 사용되는 에너지, 물 소비량, 참가자들의 교통이동수단, 자원분배, 일회용품 사용량, 축제를 기획하는 청소년들, 즉 마을주민들의 이해당사자의 태도 등 양적 데이터를 수집하여야 한다.

참고문헌

강동구청(2020). 청소년 · 청소년 · 구민 100인 온라인 원탁토론회 내부자료.

강영배, 심한기(2004). 지역사회 청소년축제 활성화 방안 연구. 한국청소년정책연구보고서, 1-223.

강인수(2016). 머리에 피도 안 마른 '요즘것들'이 말하는 청소년 인권: 청소년인권행동 아수나로. **비정규노동(월간)**, 119, 94-100.

강정배(2017). 청소년 인터넷개인방송 시청에 따른 도덕성과 스트레스에 관한 연구. 광운대학교 대학원 석사학위청구논문.

경기도교육연구원(2020). 코로나19 시대, 정신건강 안녕한가!. **이슈&진단**, 1-25.

경기도교육연구원(2020). 코로나19와 교육: 학교구성원의 생활과 인식을 중심으로. **경기도교육연구원 이슈페이퍼**, 2020-08.

고선영, 정한균, 김종인, 신용태(2021). 메타버스의 개념과 발전 방향. **정보처리학회지, 28**(1), 7-16.

과학기술정보통신부, 한국지능정보사회진흥원(2020). 2020년 스마트폰 과의존 실태조사.

곽미정, 김명수, 노상은, 이영호, 장기수, 전대성, 현영렬, 홍희석(2020). **청소년문화론**. 경기: 양서원.

교육과학기술부(2010). 창의적 체험활동 종합지원시스템 운영 기본계획.

교육부(2015). 창의적 체험활동 해설 고등학교.

교육부(2015). 학교폭력 사안처리 가이드북.

교육부(2021). 2021년도 학교예술교육 활성화 기본계획.

교육부, 한국교육과정평가원(2018). 예술드림학교 길라잡이.

구본용(1997). **청소년의 집단 따돌림의 원인과 지도 방안: 따돌리는 아이들 따돌림당하는 아이들**. 서울: 청소년상담원.

구승신, 나상운, 나직균, 임정문, 유정욱, 김태식(2016). **자원봉사론**. 경기: 정민사.

국가인권위원회(2020). 2020 아동인권 보고대회. 국가인권위원회 보고대회 자료집.

권기식(2014). 문화프로그램을 활용한 도시공원 이용활성화에 관한 연구: 경주 황성공원의 청소년문화존을 중심으로. 대구한의대학교 석사학위논문.

권미경(2020). 유튜브의 1인 미디어 콘텐츠 특성이 몰입과 만족도, 지속적 이용의도에 미치는 영향. 서경대학교 일반대학원 박사학위논문.

권일남, 전명순(2017). **청소년문화**. 서울: 창지사.

권일남, 전명순(2020). 청소년 노동인권 실태와 개선방안 연구. **한국청소년활동연구, 6**(2), 53-79.

권일남, 전명순(2021). **청소년문화**. 서울: 창지사.

권준근(2011). 청소년수련관에서의 동아리활동 실태 및 활성화 방안. 전문가워크숍자료집 11-S05. 세종: 한국청소년정책연구원.

금충기(2016). SNS 사용자의 지속적 이용의도에 영향을 미치는 요인. 남서울대학교 대학원 박사학위청구논문.

김건우(2016). 디지털 경제, 과소평가되고 있다. 서울: LG경영연구원.

김경미(2017). 나눔활동을 통한 나눔문화 확산과 청소년의 역량강화-청소년나눔축제 '우리동네 놀이터' 참가 청소년을 대상으로- **한국청소년활동연구**, 3(1), 69-101.

김경선(2013). 꿈다락 토요문화학교 운영현황 분석을 통한 정착과 활성화 방안 연구. 경희대학교 석사학위논문.

김경태, 최동연, 이보림, 윤성원(2017). 꿈의 오케스트라 평가 내용 및 방법 개선. **음악교육공학**, 30, 117-142.

김광현(2020). 1인 미디어 무용 콘텐츠 현황분석 및 발전방안 연구 -유튜브를 중심으로-. 국민대학교 대학원 박사학위청구논문.

김기석(2016). 청소년의 온라인 게임 경험이 지식정보화 역량에 미치는 영향 연구. 광운대학교 대학원 박사학위청구논문.

김기정(2017). 폭력적 인터넷 1인 방송에 대한 청소년의 인식과 모방행동에 관한 연구. 서강대학교 대학원 석사학위청구논문.

김기헌(2006). 청소년 경제 참여의 문제점과 활성화 방안. **미래청소년학회지**, 3(1), 87-106.

김동배(2005). **임금체계와 결정방식**. 서울: 한국노동연구원.

김명은, 최규리(2020). 모금 플랫폼으로서의 유튜브 가능성 분석: 청소년 기부문화에 미치는 영향을 중심으로. 초록우산 어린이재단.

김명진(2017). 아동이 지각한 부모의 공감과 또래관계 질: 자아존중감과 정서조절 능력의 매개효과. 전남대학교 대학원 박사학위청구논문.

김명희(2019). 웹툰을 활용한 한국문화 교수 학습 방안 연구. 충북대학교 대학원 박사학위청구논문.

김문조(1999). **과학기술과 한국사회의 미래**. 인문사회총서7. 서울: 고려대학교출판부.

김미연(1994). 문화정책 결정과정에서의 국회의 역할에 관한 연구. 숙명여자대학교 석사학위논문.

김미윤(2006). 문화실천의 사례를 통해 본 청소년 문화참여의 의미와 과제. **미래청소년학회지**, 3(1), 107-143.

김민경(2020). 청소년 미용교육 프로그램의 버추얼 뷰티 애플리케이션 콘텐츠 연구. 성신여자대학교 대학원 박사학위논문.

김민서(2019). 청소년의 인터넷 1인 방송 시청 경험에 관한 연구. 명지대학교 대학원 석사학위청구논문.

김보경(2015). 청소년의 기부행위에 영향을 미치는 요인에 관한 연구. 대구가톨릭대학교 석사학위논문.

김상균(2020). **메타버스**. 경기: 플랜비디자인.

김상수(1999). 청소년여가와 비행의 상관관계 및 NGO의 역할에 관한 연구. 동국대학교 박사학위논문.

김서윤(2021). 경남지역 문화재단의 사회문화예술교육 운영사업 조사연구: 꿈의 오케스트라를 중심으로. 경남대학교 석사학위논문.

김선우(2020). 한국 여자 청소년의 화장이 학교 적응에 미치는 영향. **복식, 70**(4), 65-79.

김선형(2019). 청소년의 외모만족도와 자아존중감, 학교생활만족도의 연관성. **한국미용학회지, 25**(5), 1201-1211.

김설희(2020). 초기 청소년기 성의식 향상을 위한 교정교육 SAY프로그램 적용 연구. 경기대학교 대학원 박사학위청구논문.

김성기(2007). 개인기부자의 기부행위에 관한 실태분석. 경원대학교 석사학위논문.

김성필(2016). 미디어의 환경 변화에 따른 만화의 충족과 적소요인 연구: 웹툰과 인쇄본의 비교분석. 홍익대학교 대학원 박사학위청구논문.

김세종(2019). 웹툰의 장르 변화 양상에 관한 연구. **만화애니메이션연구**, 311-340.

김세준(2015). 2014 사회문화예술교육 현황 조사. 서울: 한국문화예술교육진흥원.

김세훈, 조현성(2008). **문화복지 중기계획 연구**. 서울: 한국문화관광연구원.

김소영(2010). '지역성' 강화를 위한 서울시 기초자치구 문예회관 활성화 방안 연구. 경희대학교 석사학위논문.

김송희(2006). 역할 활동참여자의 생활만족에 관한 구조모형 분석. 용인대학교 대학원 박사학위청구논문.

김수완(2014). 청소년 참여기구 유형에 따른 정치정향의 차이: 대구지역 고등학생을 중심으로. 경북대학교 석사학위논문.

김수진(2012). 재능기부를 통한 문화예술 창작 및 향유 활성화 방안 연구. 홍익대학교 석사학위논문.

김수진(2016). 초등학생 집단따돌림 가해 및 피해 관련 변인에 대한 메타분석 -유발 및 억제변인을 중심으로-. 울산대학교 대학원 박사학위청구논문.

김연서, 노미향, 백지원, 유현숙, 이자리, 장혜숙, 노병일(2021). **청소년문화론**. 경기: 양성원.

김영숙(2018). 웹툰 감상이 청소년 일상성에 미치는 영향. 한서대학교 대학원 박사학위청구논문.

김영인(2007). 청소년의 대한민국청소년의회 참여경험과 시민성 변화. **청소년학연구, 14**(6), 99-127.

김영지 외(2004). **청소년인권백서 발간을 위한 기초 연구**. 서울: 문화관광부, 한국청소년개발원.

김영철(1998). 청소년의 놀이문화 이해를 위한 시론. 청소년 상담문제 연구보고서. 문화관광부 청소년상담전문기관 청소년대화의 광장.

김영화, 최영진(2012). **오늘의 청소년, 그들은 누구인가? 청소년복지론**. 경기: 정민사.

김영훈(2007). 청소년의 여가활동참여가 학교생활만족에 미치는 영향 연구. 안양대학교 대학원 박사학위청구논문.

김유진(2019.07.05.). '밀레니얼이 쓰는 X세대 리포트' 길거리 패션, 압구정 신화, 삐삐, 서태지…그 X는 사실 대단했다. 경향신문.

김은정(2014). 한국 청소년영화에 나타난 청소년문화연구. **청소년문화포럼, 40**, 33-60.

김은정(2016). 고등학생의 성의식과 학교성교육에 대한 요구. 우석대학교 대학원 박사학위논문.

김은지(2021). 대전 · 충남 극장 문화예술교육 현황 조사연구. 공주대학교 석사학위논문.

김재원, 박종섭(2019). **청소년문화론**. 경기: 양성원.

김정순, 김영남(2009). 남녀 중학생의 체형인식 및 식생활 태도와 자아존중감. **한국가정과교육학회지, 21**(1), 123-139.

김정원(2021). 사회적 공공오케스트라의 운영현황 및 발전방안에 대한 연구: 꿈의 오케스트라창원을 중심으로. 경남대학교 석사학위논문.

김정주(2002). 청소년 여가행동 유형과 문제행동의 관련성 분석. 경산대학교 청소년문제연구소. **청소년행동연구, 7**, 141-157.

김정주(1999). **청소년참여**. 한국청소년학회 편. 청소년학총론. 477-512. 서울: 양서원.

김정주(2000). 청소년육성을 위한 지역사회의 역할강화와 참여확대. **한국청소년학회학술발표논문집, 2000**, 83-100.

김정희, 이장호(1992). **집단상담의 원리와 실제**. 서울: 법문사.

김정희, 이주연, 이지연(2013). 인격 형성과 학업성취도 향상을 위한 학교문화예술교육 방안. **문화예술교육연구, 8**(2), 201-225.

김조은(2003). 청소년의 여가활동이 비행유형에 미치는 영향. 원광대학교 대학원 박사학위청구논문.

김주덕, 신정은(2016). **최신 화장품학**. 경기: 광문각.

김주현, 김보혜(2011). 청소년의 자원봉사 참여동기가 자원봉사 만족도와 리더십 생활기술능력 함양에 미치는 영향 분석. **한국산업정보학회, 16**(2), 155-169.

김지경, 연보라, 정은진, 유설희, 정윤미, 이민정(2018). 청소년 매체이용 및 유해환경 실태조사. 여성가족부, 187-2.

김지연(2014). 초등영재의 도덕판단능력과 나눔행동에 대한 의식 연구. 고려대학교 교육대학원 석사학위논문.

김진호, 최창욱(2008). 지역문화자원 개발모형에 기초한 청소년문화 Zone 운영모형 개발. **미래청소년학회지, 5**(2), 121-145.

김청화(2019). 지역연계 문화예술교육사업을 통한 고등학교 음악교육 효과 및 개선방안 고찰. 연세대학교 석사학위논문.

김학령, 김정화, 정익중(2011). 청소년의 친사회적 행동에 대한 또래집단의 영향력 검증 -또래 영향모델과 개인특성모델의 비교를 중심으로-. **한국아동복지학, 36**, 261-288.

김현기(2007). 한국의 여가문화와 현황분석과 발전방안에 관한 연구. 충북대학교대학원 박사학위청구논문.

김형수(2021). 코로나19로 인한 온라인 개학을 통해서 본 디지털 리터러시의 재개념화 필요성과 방향. **리터러시 연구, 12**(1), 249-282

김형주 외(2003). 청소년 참여와 권익증진 제도화 방안 조사 · 연구. 문화관광부, 한국청소년단체협의회.

김형지, 김민성, 오대규, 김성태(2014). 스마트폰 커뮤니케이션 애플리케이션 이용, 대인관계, 그리고 행복감에 미치는 영향에 관한 연구. **사이버커뮤니케이션학보**, 31(1), 163-198.

김혜경, 이해경(2002). 고등학생들의 성행동경험분석. **청소년학연구**, 9(1), 247-272.

김호순(2008). 청소년의 라이프 스타일과 여가활동 유형의 통합모형 연구. 경기대학교 대학원 박사학위청구논문.

김효진(2020). SNS 마케팅 커뮤니케이션 연구과제 도출을 위한 연구동향 분석. 홍익대학교 대학원 박사학위청구논문.

남성희(2020). 청소년의 선거권 확대가 정치적 태도에 미치는 영향: 21대 국회의원 선거를 중심으로. 서울대학교 석사학위논문.

남순애(2019). 초등학교 여학생의 집단따돌림에 대한 교사의 대처경험. 한남대학교 대학원 박사학위청구논문.

남화성(2009). 청소년참여기구 활동경험이 진로태도성숙에 미치는 영향. 경기대학교 석사학위논문.

노성덕(2014). **학교 또래상담**. 학지사.

노용구(2001). **여가학**. 서울: 도서출판 대경북스.

노용오(2005). **청소년 문화론** 서울: 도서출판 구상.

노자은, 김정민, 조영미(2019). **청소년문화**. 서울: 학지사.

녹색소비자연대(2017). 어린이 · 청소년 화장품 사용실태 2.

대전문화예술교육지원센터(2017). 2017 대전문화예술교육지원센터 결과자료집.

대학내일20대연구소(2018). **트렌드 MZ 2019**. 서울: 한빛비즈.

대학내일20대연구소(2019). **밀레니얼-Z세대 트렌드 2020: 국내 유일의 20대 전문 연구소의 요즘 세대 본격 관찰기**. 서울: 위즈덤하우스.

류명구(2013). 청소년문화존 참여만족도가 청소년의 사회성발달에 미치는 영향에 대한 자기조절 능력의 매개효과. 대구한의대학교 대학원 석사학위논문.

모상현, 이창호(2012). 청소년의 온/오프라인 정치참여 · 비참여에 영향을 미치는 예측변인 탐색, **시민청소년학연구**, 3(1), 41-64.

문성호(2006). 정책과정에서의 청소년참여 확대방안의 모색. **청소년학연구**, 13(6), 201-219.

문성호, 박지원, 한지연, 정한별(2021). 포스트 코로나 시대를 대비한 청소년활동 정책의 혁신전략 및 중점과제. **청소년학연구**, 28(5). 327-356.

문정미(2003). 청소년의 구매 영향력과 의복소비행동에 관한 연구. 이화여자대학교 대학원 석사학위논문.

문화체육관광부(2019). 2019 국민문화예술활동 조사.

문화체육관광부(2020). 2019 문화예술정책백서.

문희숙(2009). 문화관광축제의 매력속성이 수학여행 만족과 효과에 미치는 영향. 안양대학교 대학원 박사학위논문.

박가나(2008). 청소년 참여활동이 공동체의식에 미치는 효과. 서울대학교 박사학위논문.

박명로(2005) 청소년 축제 활성화 방안에 관한 연구. 한서대학교 정보산업대학원 석사학위논문.

박명희(2006). **생각하는 소비문화**. 서울: 교문사.

박상훈(2019). 인문계 고교생의 일반고 특화교육에 관한 고찰 및 개선방안. 고려대학교 석사학위논문.

박선욱, 엄기준(2017). 2016 F/W-2017 S/S 패션에 보여지는 젠더리스 스타일의 표현 특성 연구. **한국디자인리서치**, 2(3), 45-56.

박선정(2006). 돈 드릴로의 「언더월드」와 포스터모던의 생태학: 자본주의, 소비주의 그리고 죽음에 대한 공포. **인문학논총**, 11(2), 125-142.

박성미, 김소영, 정봉희(2020). **청소년문화**. 서울: 동문사.

박성미, 정봉희, 김소영(2015). **청소년문화**. 서울: 동문사.

박성복, 이종렬(1993). **정책학원론**. 서울: 대영문화사.

박성숙(2005). 학교축제의 실태와 개선방안에 관한 연구: 부천시 고등학교를 중심으로. 중앙대학교 사회개발대학원 석사학위논문.

박세일(2003). 청소년 참여의 의의(意義)와 방향. 한국청소년단체협의회 연구 세미나 자료집: 청소년정책 연구 세미나 왜, 청소년 참여인가?, 7-11.

박소연, 박용호(2016). 학교문화예술교육 효과모델 탐색연구. **문화예술교육연구**, 11(5), 31-52.

박소영(2019). 보육교사가 지각한 아동의 기질이 어린이집 적응에 미치는 영향 -교사-아동 관계와 또래관계의 매개효과 -. 서울한영대학교 대학원 박사학위청구논문.

박승민(2005). 온라인 게임 과다사용 청소년의 게임행동 조절과정 분석. 서울대학교 대학원 박사학위청구논문.

박은혜(2021). 초등학교 고학년의 또래관계와 학급응집력 향상을 위한 학교미술치료 프로그램개발 및 효과. 조선대학교 대학원 박사학위청구논문.

박은희, 조현주(2015). 연구논문: 여중고생들의 교복변형행동에 따른 외모에 대한 태도와 신체만족. **패션 비즈니스**, 19(4), 168-182.

박정연(2017). 초 · 중 · 고등학생의 화장인식과 뷰티관리 행동 연구. **한국디자인문화학회지**, 23(3), 377-385.

박정훈(2019. 06. 01.). [마케팅 인사이드] 까탈스러운 미래 소비주역, Z세대. ECONOMIC REVIEW.

박제은(2021). 대구 꿈다락 토요문화학교 음악교육 프로그램 연구: 2017~2019까지의 프로그램을 대상으로. 한국교원대학교 석사학위논문.

박주하(2019). Z세대의 패션 유튜브 소비에 대한 연구. 서울대학교 대학원 석사학위논문.

박진규, 윤여숭, 최용환, 최희선, 하중래(2019). **청소년문화**. 서울: 학지사.

배사학(2001). 퇴직노인 자원봉사활동의 실태와 활용 방안에 관한 연구: 조달청 퇴직자를 중심으로. 연세대학교 석사학위논문.

배은희(2015). 청소년 화장행동과 자아존중감과의 관계. 전북대학교 교육대학원 석사학위논문.

백순영, 이은희, 김시월(2008). 청소년소비자대회 개최 및 운영을 위한 국내외 관련대회 특성 및 시사점 분석. **소비자정책교육연구**, 4(1), 19-37.

백인엽(2011). 자원봉사활동 실태와 활성화 방안: 구미시를 중심으로. 경북대학교 석사학위논문.

백혜정, 김은정(2008). 청소년 성의식 및 행동 실태와 대처방안 연구. 서울: 한국청소년정책연구원.

삼성경제연구소(1998). IMF충격, 그 이후: 변화의 시대를 살아가는 18가지 삶의 지혜. p.21-30. 서울: 삼성경제연구소.

서동진(2000). 낯익은 다름으로부터 낯선 다름으로: 청소년을 읽는 새로운 언어를 찾아서. **당대비평**, 10, 350-363.

서울특별시교육청(2019). 2019학년도 학생 봉사활동 활성화 운영 계획.

서정희(2011). 공정무역 상품의 소비를 활성화하기 위한 방안연구. **한국생활과학학회지**, 20(6), 1121-1133.

설연경(2012). 문화예술활동 기반 교육에서 미적경험이 주는 교육적 효과 분석: 지적 정서적 실천적 측면을 중심으로. 경희대학교 박사학위논문.

설현진(2010). 청소년의 외모에 대한 사회문화적 요인에 따른 외모만족도와 뷰티행동에 관한 연구. 성신여자대학교 박사학위논문.

소영하, 한유진(2013). 대중매체 및 또래영향력과 또래동조성이 청소년 소비자의 소비지향태도와 과시소비행동에 미치는 영향. **한국가정관리학회지**, 31(5), 173-184.

손병덕, 김민선, 허계형(2020). 토픽분석을 활용한 진로개발활동으로서의 청소년 동아리활동 지원사업의 효과성 연구. **청소년학연구**, 27(5), 253-275.

송연화, 오정화(2011). 청소년의 헤어제품 구매행동에 관한 연구. **한국가정과교육학회지**, 23(2), 1-16.

송윤경, 위은하(2020). 광주 · 전남지역 남녀 청소년의 자기표현욕구와 화장 및 헤어행동. **생활과학연구**, 30, 58-79.

송은미(2005). 청소년 문화축제 참여가 자아정체성과 사회공존지수에 미치는 영향. 조선대학교 대학원 박사학위논문.

송인숙, 천경희(2016). 지속가능발전 교육(ESD)의 관점에서 본 윤리적 소비교육프로그램의 특성과 의의. **소비자정책교육연구**, 12(3), 191-215.

신록(2019). 웹툰을 활용한 플립러닝이 학습효과에 미치는 영향 -뷰티화장문화사 교과를 중심으로-. 건국대학교 대학원 박사학위청구논문.

신현식(2021). **초월성 축제**. 강원도: 이야기담.

심미영(2005) 청소년 소비자의 비합리적 소비성향으로 인한 소비자문제 유형분석 및 합리적 소비행동을 위한 신용경제교육 프로그램개발. 한국연구재단연구보고서.

심상희, 이근광(2021). 청소년의 화장품 구매행동 요인에 관한 연구. **한국미용학회지**, 27(4), 920-931.

심성욱, 김운한(2011). 대학생들의 소셜미디어 이용동기가 소셜미디어 광고 이용의향에 미치는 영향. **한국광고홍보학보**, 13(2), 342-376.

심영(2009). 소비자의 책임연구. 소비자학, 20(2), 81-119.

심한기(2000). 대한민국 청소년문화축제 죽었니, 살았니?. 문화과학, 24, 403-416.

심한기(2002). 지역축제를 매개로 한 문화 네트워크형성. 청소년문화포럼, 5, 148-165.

아하청소년성문화센터(2013). 2013 서울시청소년성문화연구조사.

안광숙(2018). 현대 남성복에 컬렉션 표현된 젠더리스의 특성 연구, 인문사회 21, 9(4), 1543-1556.

안지현, 최유미(2014). 기업의 사회공헌활동을 통한 문화예술교육 연구. 애니메이션연구, 10(1), 94-111.

양미진, 서미, 주지선, 김혜영, 전환희, 성벼리(2013). 학교폭력 예방을 위한 또래상담 심화 프로그램 개발 연구. 서울: 한국청소년상담복지개발원.

양미진, 신효정, 송미란(2008). 군 솔리언또래상담 훈련 프로그램 개발. 서울: 한국청소년상담원.

양혜원(2012). 문화복지 정책의 사회 · 경제적 가치 추정과 정책방향. 서울: 한국문화관광연구원.

양혜원(2015). 2015 사회문화예술교육 중장기 사업전략 연구. 서울: 한국문화예술교육진흥원.

엄동열(2018). 기분 좋은 에너지를 주는 행복한 축제 - 2018 제30회 춘천인형극제. 아동청소년극포럼, 16, 98-101.

엄명용, 이우현, 오준환(2006). 청소년들의 온라인 게임 몰입요인에 관한 실증연구: 개인적 재미와 사회적 재미를 중심으로. 기업경영연구, 13(1), 165-179.

여성가족부(2012). 2012년도 청소년문화존, 동아리활동지원사업 추진계획.

여성가족부(2018). 제6차 청소년정책기본계획.

여성가족부(2018). 청소년어울림마당 · 동아리 활동지원 사업: 2018년도 운영지침.

여성가족부(2019). 2019년 성매매 실태조사.

여성가족부(2020). 2020 청소년백서.

여성가족부(2020). 2021년도 청소년방과후아카데미 운영지침.

여성가족부(2020). 코로나 우울, 청소년사이버상담센터와 상의하세요!.

염나경, 신규옥(2020). 서울지역 Z세대 여고생의 화장품 사용 및 시작 시기 분석-기능성, 색조화장품을 중심으로. 한국미용학회지, 26(6). 1381-1388.

오윤선, 황인숙(2016). 청소년문화론. 경기: 양서원.

오윤선, 황인숙(2020). 청소년문화론. 경기: 양서원.

오태희(2006). 고등학생의 과시소비성향과 진(jean)브랜드복제품의 구매행동. 경희대학교 대학원 석사학위논문.

유지아(2020). 온라인 게임의 영향과 맥락에 대한 혼합연구-메타분석가 심층면접을 중심으로-. 충북대학교 대학원 박사학위청구논문.

윤여연(2020). 지역축제의 성공요인에 관한 연구. 전북대학교 대학원 박사학위논문.

윤영석, 이현우(2016). 개인 방송 플랫폼 기술. 한국통신학회지(정보와통신), 33(4), 56-63.

윤은선(2019). 미술관의 청소년 문화홍보봉사 프로그램 연구: 경인교육대학교 지누지움을 중심으로. 경인교육대학교 대학원 석사학위논문.

윤정현(2021). Metaverse, 가상과 현실의 경계를 넘어. **FUTURE HORIZON**, 3-8.

윤해성, 박성훈(2014). SNS 환경에서의 범죄현상과 형사정책적 대응에 관한 연구. **한국형사정책연구원 연구총서**, 1-537.

이경언(2021). 학교 예술교육 활성화를 위한 교육부 학교 예술교육 정책의 개선방안. **예술교육연구, 19**(1), 1-16.

이고은, 손원준(2019). 청소년 기부인식 제고를 위한 크라우드 펀딩 활용 사례연구. **한국디지털콘텐츠학회 논문지, 20**(3), 577-586.

이동진(2003). **청소년 폭력집단에 관한 연구**. 서울: 한국형사정책연구원.

이동훈, 문호성, 박성현(2015). 학생자치법정 참여 경험의 교육적 효과에 관한 사례 연구: 중학생의 적법절차의 권리 인식. **법교육연구, 10**(2), 55-77.

이문자(2003). 초등학생 집단따돌림 가해행동의 생태체계적 변인에 관한 연구. 서울여자대학교 대학원 박사학위청구논문.

이상철, 김남희, 서영호(2003). 온라인 게임에 있어서 몰입과 중독이 사용자 만족과 충성도에 미치는 영향. **경영학연구, 32**(5), 1479-1501.

이상철, 홍환, 박언하(2010). 정기적 기부 및 자원봉사 제고 방안 연구: 나눔경험의 효과성 검증. **한국사회복지행정학, 12**(1), 117-149.

이성림(2006). 소비자학 분야의 소비문화 연구에 대한 소고. **소비문화연구, 9**(2), 127-249.

이성용(2019) 학교축제의 대안적 발전방안 연구: 고전자료 및 모티프를 활용하여. 전북대학교 교육대학원 석사학위논문.

이수성(1984). 한국청소년의 법의식에 관한 연구. **서울대학교 법학연구, 25**(2,3), 68-94.

이순형(1998). IMF 시대에서 청소년의 사회경제의식과 소비행태. **한국아동학회 학술발표논문집**, 121-140.

이승진(2013). 웹툰 원작활용의 가치측정 연구: 웹툰 연계지수 개발을 중심으로. 세종대학교 대학원 박사학위청구논문.

이승형(2018). 청소년 모바일 문화의 현상학적 이해. 동아대학교 대학원 박사학위청구논문.

이승환(2021). 로그인(Log in) 메타버스: 인간×공간×시간의 혁명. 소프트웨어 정책연구소, IS-115.

이영미, 민하영(2009). 남녀 청소년의 신체상과 부모자녀 간 의사소통의 개방성에 따른 자아가치감. **인간발달연구, 6**(4), 79-94.

이용교(1998). **청소년의 생활시간**. 청소년문화론, 한국청소년개발원. 경기: 양서원.

이윤주(2015). 청소년 정치참여 활성화를 위한 실천중심 기능학습의 필요성: 사회과교육에서의 청소년 정치참여 연구동향을 기반으로. **시민교육연구, 47**(2), 85-113.

이윤주, 최홍일, 변주영, 김주영, 김다인, 홍정윤, 이미영(2020). COVID-19가 초래한 비대면(언택트) 시기, 청소년활동의 재도약: 청소년 참여를 중심으로. **한국청소년활동연구, 6**(4), 143-172.

이은희, 남수정(2004). 소비성향에 따른 청소년 소비자 유형별 소비와 용돈관리 실태비교. **한국가정관리학회지, 22**(4), 157-171.

이인규(1992). 고등학교 동아리 문화의 현실과 과제. **한국청소년연구**, 17-29.

이정주(2014). 청소년의 사이버공간에서 자아정체성 형성 경험에 관한 내러티브 탐구. 평택대학교 대학원 박사학위청구논문.

이주희, 고경아, 하대권(2018). 1인 미디어 이용자들의 라이브 스트리밍방송 시청 동기 및 사용자 반응에 관한 연구: 후기 수용 모델(PAM)을 중심으로. **한국광고홍보학보, 20**(2), 178-215.

이지혜, 김판수(2013). 청소년의 소비습관과 경영경제교육이 저축률에 미치는 영향. **경영교육연구, 28**(1), 363-377.

이진교(2020). 축제를 통한 지역의 표현과 그 의미 -일본삿포로 요사코이 소란 마츠리사례-. **한국민속학, 72**, 171-202.

이채식(2015). 청소년의 청소년활동 모니터링 중요-성취 분석: 청소년어울림마당을 중심으로. **청소년행동연구, 20**(20), 95-109.

이철원(2002). **현대 여가학**. 서울: 대한미디어.

이철위, 박창남, 정혜영(2000). 청소년 파트타임 고용실태와 제도적 지원 방안: 중 · 고등학생의 아르바이트를 중심으로. **청소년복지연구, 3**(2), 25-39.

이현지(2015). 연구논문:환경의식에 따른 패스트패션 구매자의 의복소비행동에 관한 연구. **한국의류산업학회지, 17**(4), 550-560.

이희경(2007). 한 · 중 · 일 청소년의 성지식, 성태도, 성행동 및 성교육 비교분석. 강원대학교 대학원 박사학위논문.

임은정, 윤관기, 한승모, 김은주, 조대현(2020). 예술꽃 씨앗학교 신규 운영모델 개발 기초연구. **예술교육연구, 18**(3), 201-222.

임학순(1996). 문화정책의 연구영역과 연구경향 분석. **문화정책논총, 8**, 1-27.

장누리(2004). '특집: 오늘, 문화란 무엇인가' 청소년 문화생활. **문화과학, 38**, 187-193.

장명희, 김종우, 최동선, 박철우, 나승일, 이영호(2012). **고졸 취업 및 후진학 활성화 정책 성과분석 연구**. 서울: 한국직업능력개발원.

장수한(2020). **청소년문화론**. 경기: 공동체.

장은화(2014). 청소년동아리를 활용한 축제 현황과 개선방안연구. **글로컬창의문화연구**, 4, 57-87.

장일순(2007). **청소년사회학**. 서울: 학문사.

장현희(2018). 음란물 매체에 노출된 고등학교 청소년의 성행동에 관한 질적 연구-생태체계적 관점-. 울산대학교 대학원 박사학위논문.

전명숙(2003). **중퇴 청소년의 아르바이트 실태와 보호대책 연구**. 서울: 한국청소년개발원.

전수환, 조은아, 서지혜, 신소영(2015). **2015 꿈의 오케스트라 중장기 운영방안 연구**. 서울: 한국문화예술교육진흥원.

전자배(2019). 청소년이 인지한 또래집단규범이 집단따돌림 행동에 미치는 영향. 서울대학교 대학원 박사학위청구논문.

정건희(2009). 청소년자치활동이 인권의식에 미치는 영향. **법과인권교육연구**, 2(3), 1-25.

정건희(2013). 청소년참여 담론연구. 중앙대학교 박사학위논문.

정보통신정책연구원(2020). 2020 한국미디어패널조사. 정보통신정책연구원 정책자료, 20-15-02.

정영남(2000). 현실요법을 적용한 집단상담프로그램이 사춘기 여성의 신체상(body-image)과 우울에 미치는 효과, 고려대학교 대학원 박사학위논문.

정영호(2018). 청소년기 나눔 경험이 기부행동에 미치는 영향: 나눔 경험 유무, 유형, 강도를 중심으로. 평택대학교 박사학위논문.

정옥분(2008). **청소년발달의 이해**. 경기: 학지사.

정은경(2016). 패스트 패션 구매행동을 통해서 본 청소년 소비자의 윤리적 소비 연구. 조선대학교 교육대학원 석사학위논문.

정은혜, 박경(2009). 여자 청소년의 자기 대상화와 우울 및 섭식 간의 관계: 신체수치심의 중재 효과. 서울여자대학교 특수치료전문대학원, **심리치료: 다학제적 접근**, 9(2), 1-18.

정지원(2014). 학교폭력을 유발하는 매커니즘: 놀이 하위문화와 패거리 효과를 중심으로. 연세대학교 대학원 박사학위청구논문.

정철상(2005). 지역축제에서의 청소년축제문화 개선방안 연구. **청소년학**, 12(4), 335-358.

정하성, 유진이(2012). **청소년 문화**. 경기: 양서원.

정하성, 유진이(2009) **청소년문화론**. 경기도: 21세기사.

정홍익(1992). 문화행정연구: 개념틀과 분석. **한국행정학회**, 25(4), 4229-4245.

조대현, 윤관기(2018). 아동복지기관 문화예술교육 지원사업의 현황과 과제: 예술강사의 자질과 역할을 중심으로. **예술교육연구**, 16(4), 23-43.

조민경, 이은경(2020). 청소년의 외모 만족이 자아존중감에 미치는 영향: 대인관계 경험 매개효과-고등학생을 중심으로. **한국심리학회지: 코칭**, 4(2), 57-69.

조민식(2012). 한국 청소년의 온라인 게임문화에 관한 연구. 고려대학교 대학원 박사학위청구논문.

조민지(2015). 꿈의 오케스트라 사업 발전방안 연구. 경희대학교 석사학위논문.

조수영(2012). 청소년 비행에 영향을 미치는 여가활동의 특성 탐색. 단국대학교 대학원 박사학위청구논문.

조아미(2004). 강남구 청소년의 여가활동에 있어서 문제점과 개선방안에 관한 연구. 명지대학교 여성가족생활연구소. **여성가족생활연구**, 8, 207-225.

조영(2021). 학교 밖 청소년 민주시민교육: YMCA청소년 정치참여운동 사례를 중심으로. 성공회대학교 석사학위논문.

조요한, 고은정, 오준성, 신성만(2018). 청소년 웹툰중독에 대한 개관 및 웹툰 이용 현황 조사. **한국심리학회지: 중독**, 3(1), 19-39.

조해진(2018. 11. 06.). 디지털 원주민 'Z세대', 향후 통신상품 및 글로벌 경제의 '중요 소비집단'. 산업일보.

조형오(2018). SNS 이용자의 가치체계의 특징이 SNS 이용동기, 사회적 자본, 이용행위 등에 미치는 영향 분석. **디지털콘텐츠학회, 19**(2), 351-362.

지영래(2020). Z세대, 포노 사피엔스, 그리고 프랑스 어문학 교육. **프랑스어문교육, 71**, 81-110.

진은설, 김도영, 조영미, 이혜경(2019). **청소년활동론** 서울: 학지사.

질병관리본부(2020. 04. 02.). 코로나19란?.

질병관리청(2021). 코로나바이러스감염증-19 중앙재난안전대책본부 정례브리핑(02.02.). 질병관리청 보도자료.

차경진, 이경목(2014). 부정적 감정요인 관점에서 살펴본 SNS 이용중단의도: 사회비교이론을 중심으로. 한국경영정보학회 추계학술대회, 477-493.

차승봉(2011). 대학생의 Social Network Service 참여와 학습성과에 관한 구조방정식 모델. 건국대학교 대학원 박사학위청구논문.

차연실(2019). SNS를 통해서 본 청소년 학생과 그 부모의 사회적 표상에 대한 비교 연구. 인하대학교 대학원 박사학위청구논문.

채주영(2008). 청소년문화 트렌드와 패션에 관한 연구. 동명대학교 정보대학원 석사학위논문.

천경희(2011). 소비윤리와 윤리적 소비에 대한 고찰. **인문학연구, 17**, 7-33.

천경희, 홍연금, 윤명애, 송인숙, 이성림, 심 영, 김혜선, 고애란, 제미경, 김정훈, 이진명, 박미혜, 유현정, 손상희, 이승신(2019). **행복한소비 윤리적소비**. 서울: 시그마프레스.

천정웅(1998). IMF시대 청소년참여의 방향과 과제: P이론의 가능성 탐색. **한국청소년학회**, 169-222.

천정웅(2011). 청소년참여의 유형화 연구. **미래 청소년 학회지, 8**(4), 27-47.

천정웅(2013). **청소년참여론: 「P이론」의 청소년학**. 경기: 양서원.

천정웅(2021). **청소년 인권과 참여**. 경기: 공동체.

천정웅, 김영지, 임지연(1997). 청소년 참여 증대방안 연구. **한국청소년개발원 연구보고서**, 97-02.

천정웅, 오해섭, 김정주, 김민(2015). **청소년활동론**. 경기: 양서원.

천정웅, 김경준, 김영지(1995). 청소년축제와 전통문화. **수련거리개발보고서**, 1-120.

최문희(2005). 인터넷 매체 서비스 이용자의 심리적 변인에 관한 연구: 인터넷 게임, 채팅, 블로그 중심으로. 홍익대학교 대학원 박사학위청구논문.

최민음(2015). 웹툰 이용자의 이종미디어 콘텐츠 연계 이용의도에 관한 연구: Flow-DTPB 융합 모델의 적용. 한양대학교 대학원 박사학위청구논문.

최민음, 전범수(2014). 웹툰 이용동기 및 구성 요소가 이용 만족도에 미치는 영향. **방송문화연구, 26**(2), 93-120.

최상미, 박재홍, 김한성(2015). 온라인 기부경험이 10대 청소년의 기부접근성, 시민의식, 향후 기부 의향에 미치는 영향에 대한 연구. **한국사회복지행정학, 17**(4), 57-84.

최순종(2004). 청소년소비연구를 위한 이론적 방법론적 모색. **청소년학연구**, 11(3), 445-469.

최영미(2015). 중학생의 자율동아리활동 참여 특성에 따른 학교생활 적응의 차이. 경북대학교 석사학위논문.

최원기(2006). **청소년과 여가문화**. 청소년문화론. 한국청소년개발원. 서울: 교육과학사.

최윤진(1998). 청소년 문화 연구의 동향과 과제. **청소년학연구**, 5(2), 63-80.

최은지(2021). 탈성매매 청소년의 삶의 적응과정에 관한 연구. 명지대학교 대학원 박사학위논문.

최준용(2011.02.15.). 소녀시대 팬, 수영 이름으로 헌혈증 107장 백혈병환우회 기증. 아시아경제.

최창욱, 전명기, 김윤희(2013). 청소년참여기구 활성화 방안 연구. 한국청소년개발원 연구보고서.

최충옥, 강운선(1998). IMF시대의 청소년 생활변화와 소외. **한국청소년학회**, 17-98.

최현묵(2011). **문화예술교육과 지역문화 정책**. 서울: 해조음.

최화영, 하승태(2021). 인터넷 개인방송 플랫폼의 경쟁우위에 관한 적소 분석 연구: 이용자 충족요인을 중심으로. **지역과 커뮤니케이션**, 25(1), 208-237.

통계청(2019). 2019 청소년 통계.

통계청(2021). 2021 청소년 통계.

하성민(2013). 청소년의 사회참여활동이 시민성에 미치는 영향: 사회자본의 매개효과를 중심으로. 명지대학교 박사학위논문.

한국교육학술정보원(2021). 메타버스(Metaverse)의 교육적 활용: 가능성과 한계, RM 2021-6.

한국대기환경학회(2011). 기후변화와 지구 온난화

한국문화예술교육진흥원(2010). 문화예술교육 핵심 용어 정립 연구.

한국문화예술교육진흥원(2012). 꿈다락 토요문화학교 사업운영 성과보고서.

한국문화예술교육진흥원(2016). 한국문화예술교육진흥원 연차보고서 2015.

한국문화예술교육진흥원(2018). 한국문화예술교육진흥원 연차보고서 2017.

한국아동, 청소년데이터아카이브(2022). 청소년통계, 여가관련 자료.

한국언론진흥재단(2019). 2019 10대 청소년 미디어 이용 조사.

한국정책학회(2015). 예술꽃씨앗학교 평가척도 개발 연구. 서울: 한국문화예술교육진흥원.

한국청소년개발원(2008). **청소년 문화론**. 경기: 교육과학사.

한국청소년상담복지개발원(2014). 또래상담 운영 학교 지침서 및 교사 매뉴얼.

한국청소년상담복지개발원(2020). 코로나19로 바뀐 일상: 청소년, 보호자 체감도 조사 및 대응방안. **청소년상담 이슈페이퍼**. 2020(2호).

한국청소년상담원(2002). 청소년 매니아의 세계.

한국청소년정책연구원(2018). **청소년문화론**. 경기: 교육과학사.

한국청소년정책연구원(2020). Z세대 청소년의 가치관변화와 정책적 대응방안. 한국청소년정책연구원 자료집20-S23.

한국청소년정책연구원(2020). Z세대의 SNS마켓에서의 소비자사회화 경험에 대한 현상학적 연구 인스타마켓을 중심으로. 한국청소년정책연구원 자료집20-S13.
한국청소년정책연구원(2020). 제1차 10대 청소년 목소리 포럼: 코로나로 새겨진 우울의 시대, 우리의 꿈과 권리를 말하다 '동고동락, 각양각색 청소년의 희망이야기'.
한방미(2014). 청소년의 자아분화가 성의식에 미치는 영향. 대구대학교 대학원 박사학위청구논문.
한성희, 강이주(2009). 청소년소비자의 소비주의 성향 및 소비성향에 관한 연구. **한국가정관리학회지, 27**(2), 139-153.
한완상(1974). **청소년문화의 반문화적 성격에 대한 논쟁**. 현대사회와 청년문화. 서울: 법문사.
한지선(2005). 지속적인 기부행동에 영향을 미치는 요인에 관한 연구. 이화여자대학교 대학원 석사학위논문.
한진주(2015). 유아들의 또래문화에 대한 질적 연구. 영남대학교 대학원 박사학위청구논문.
해피빈 재단(2014). 해피빈 기부 플랫폼 소개. 해피빈 재단 내부자료.
허영준(2011). 특성화고의 산학협력교육에 대한 산업체 산학협력담당자의 인식 분석. **농업교육과 인적자원개발, 43**(4), 29-53.
허예은, 하지수(2016). 한국의 젠더 가치관과 복식에 관한 연구. **한국패션디자인학회 학술대회발표논문집, 2016**(11), 113-114.
허혜경, 김혜수(2002). **청소년발달심리학**. 서울: 학지사.
현택수(2006). 문화복지와 문화복지정책의 개념에 관한 연구. **사회복지정책**, 27, 101-122.
홍봉선. 남미애(2010). **청소년 복지론**. 경기: 공동체.
홍상황, 박혜정(2013). 아동의 정서적 학대와 또래괴롭힘의 관계에서 거부불안 민감성의 매개효과. **한국초등교육, 24**(2), 59-74.
홍승덕(2008) 지역축제에서 청소년 참여 활성화 방안연구: 2007 천안 흥타열 축제를 중심으로. 호서대학교 대학원 박사학위논문.
홍애령, 송미령(2015). 문화예술교육 정책 분석을 통한 문화예술교육의 발전방향. **한국무용연구, 33**(1), 167-190.
홍은실(2018). 로컬푸드에 대한 소비가치가 로컬푸드의 태도와 구매만족에 미치는 영향. **한국지역사회생활과학학회지, 29**(1), 129-143.
홍정수(2020). 축제와 이벤트가 도시재생에 미치는 영향에 관한 연구. 배재대학교 대학원 박사학위논문.
홍정희(2016). 청소년 지역사회 참여활동 경험의 교육적 의미: '청소년참여위원회' 활동을 중심으로. 이화여자대학교 박사학위논문.
홍희경(2016). SNS 지속사용의도에 영향을 미치는 요인에 관한 연구 -SNS의 접속형태와 이용심리를 중심으로-. 숭실대학교 대학원 박사학위청구논문.
황산(2000). 사회복지관의 청소년동아리활동에 관한 연구: 부천시를 중심으로. 단국대학교 석사학위논문.
황상민(1999). **사이버 세상에 또 다른 내가 있다**. 서울: 김영사.

황세영, 김남수(2016). 지속가능발전목표(SDGs) 달성을 위한 청소년 삶의 질 실태 및 지원방안 연구. 한국청소년정책연구원 연구보고서, 1-415.

Acceleration Sutdies Foundation(2006). Metaverse Poadmap Pathway to the 3D web.

Alderson, P., & Montgomery, J. (1996). *Health care choices: Making decisions with children.* London: Institute for Public Policy Research.

Aldridge, N., & Fowles, J. (2013) Cause-related marketing and customer donations in an online marketplace. *International Journal of Nonprofit and Voluntary Sector Marketing, 18*(1), 52-59.

Baudrillard, J. (1991). **소비와 사회.** [Société de consommation] (이상률 역). 서울: 문예출판사(원저출간: 1970).

Boyd, D. M. & Ellison, N. B. (2007). Social Network Sites: Definition, History, and Scholarship. *Jounal of Computer-Mediated Communication, 13*, 210-230.

Brandtzaeg, P. B. (2012). Social networking sites: Their users and social implications – a longitudinal study. *Journal of Computer Mediated Communication, 17*(4), 467-488.

Brooks, et al. (2020). The psychological impact of quarantine and how to reduce it: Rapid review of the evidence.

Byun, S. E., & Sternquist, B. (2008). The antecedents of in-store hoarding: measurement and application in the fast fashion retail environment. *The International Review of Retail, Distribution and Consumer Research, 18*(2), 133-147.

CDC(2021). K-12 School Operational Strategy.

Clark, A. & Percy-Smith, B. (2006). Beyond consultation: Participatory practices in everyday spaces. Editorial introduction to global special issue: Pusing the boundaries: Critical perspectives on child and youth participation. *Children, Youth and Environment, 16*(2), 1-9.

Council of Europe(1993). European Charter on the Participation of Young People in Municipal and Regional Life. Online: http://www.coe.fr.

Dimock, M. (2019). Defining Generations: Where Millennials End and Generation Z Begins. Dans Factank(17 janvier 2019). Disponible en ligne sur https://www.pew research.org/fact-tank/2019/01/17/where-millennials-end and-generation-z-begins(consultéle 15 september 2020).

Dumazedier, J. (1967). *Toward a sociology of leisure.* New York: The Free Press.

Dumazedier, J. (1974). *Sociology of leisure.* Amsterdam: Elsevier.

Ellison, N. B., Steinfield, C., & Lampe, C. (2007). The benefits of facebook: Social capital and college student's use of online social network sites. *Journal of Computer Mediated Communication, 12*(4), 1143-1168.

Ellison, N., Heine, R., & Gibbs, J. (2006). Managing impressions online: Self-presentation processes in the online dating environment. *Journal of Computer Mediated Communication, 11*(2), 415-441.

Fiske, J. (1992). The cultural economy of fandom. The adoring audience-fan culture and popular media. Lisa A. Lewis(ed.). London & N.Y.: Routledge.

Fitzpatrick, S., Hastings, A., & Kintrea, K. (1998). *Including young people in urban regeneration.* Bristol, UK: The Policy Press.

Fletcher, A., & Vavrus, J. (2006). *The Social change led by and with young people.* Olimpia, WA: Common Action.

Fretwell, G. L., & Merkle, B. (1982). Peer support group: a method for improving interdepartmental communication. *Journal of College Student Personnel, 23*, 90-92.

Freud, S. (1910). *The Origin and Development of Psychoanalysis.* NY: Henry Regnery.

Fromm, J., & Read, A. (2018). **최강소비권력 Z세대가 온다.** [Marketing to Gen Z: the rules for reaching this vast and very different generation of influencers] (임가영 역). 서울: 홍익출판사(원저출판: 2018).

Furlong, A., & Cartmel, F. (1997). *Young People and Social Change.* Buckingham: Open University Press.

Hamilton, S. F., & Steward, S. K. (1980). A multi-method approach to research on youth employment programs: a case study of the youth conservation corps. *Children and Youth Services Review, 2,* 185-208.

Hart, D., Donnelly, T. M., Youniss, J., & Atkins, R. (2007). High school community service as a predictor of adult voting and volunteering. *American Educational Research Journal, 44*(1), 197-219.

Hart, R. A. (1997). *Children's participation: The theroy and practice of involving young citizens in community development and environmental care.* London: UNICEF.

Hurlock, E. B. (1970). *Adolescent Development*(3rd ed). NY: McGraw Hill.

Hurlock, E. B. (1975). *Developmental Psychology*(4th ed.). NY: McGraw Hill.

Kaplan, M. (1960). *Leisure in America.* New York: John Wily & Sons, Inc

Kenny, C., & Andy, S. (2011). *More Money or More Development: What Have the MDGs Achieved?,* Working Paper 278, Washington, DC: Center for Global Development.

Ku, Y. C., Chen, R., & Zhang, H. (2013). Why do users continue using social networking sites? an exploratory study of members in the united states and taiwan. *Information & Management, 50*(7), 571-581.

Marsh, H. (1991). Employment during high school: character building or a subversion of academic goals? *Sociology of Education, 64*(3). 172-189.

Miles, S. (2000). *Youth Lifestyles in A Changing World.* Philadelphia: Open University Press.

Muggleton, D. (1997), 'The subculturalist', in S. Redhead, D. Wynne and J. O'connor, *The Club Culture Reader.* Oxford: Blackwell.

Nash, J. B. (1960). *Philosophy of recreation and leisure.* Iowa: William Brown.

Peng, W., Lee, M., & Heeter, C. (2010). The effects of a serious game on role-taking and willingness to help. *Journal of Communication, 60*(4), 723-742.

Piper, J. (1952). *Leisure: The basis of leisure.* London: Faber.

Ritchie, J. R. (1975). On the deviation of leisure activity types: A perceptual mapping approach. *Journal of Leisure Research, 7*, 128-140.

Salmivalli, C. & Voeten, M. (2004). Connections between attitudes, group norms, and behavior in bullying situations. *International Journal of Behavior Development, 28*(3), 246-258.

Salmivalli, C., Lagerspetz, K., Björkqvist, K., Österman, K., & Kaukiainen, A. (1996). Bullying as a group process: participant roles and their relations to social status within the group. *Aggressive Behavior, 22*, 1-15.

Schwab, K. (2016). **클라우스 슈밥의 제4차 산업혁명.** [The Fourth Industrial Revolution] (송경진 역). 서울: 메가스터디(원저출판: 2016).

Shier, H. (2001). Pathways to participation: Opening opportunities and obligations. *Children and Society, 17*, 107-117.

Sintema, E. J. (2020). Effect of COVID-19 on the performance of grade 12 students: Implications for STEM education. *Eurasia Journal of Mathematics, Science and Technology Education, 16*(7), em1851.

Stern, D., Finkelstein, N., Stone, J. R. Ⅲ, Latting, J., & Dornsife, C. (1995). *School-to-Work: Research on programs in the United States.* Washington D.C: The Falmer Press.

Taylor, M. (2006). *From Pinochet to the 'Third Way': Neoliberalism and social transformation in Chile.* London: Pluto Press.

Theis, J. (2007). Performance, responsibility and political decision-making: Child and youth participation in southeast Asia. *Children, youth and environment, 17*(1), 1-13.

UN(2014). The Millennium Development Goals Report 2014-2015.

UNDP(2016). Fast facts: Youth as partners for the implementation of the SDGs. UNDP.

UNESCO(1968). Cultural policy: a preliminary study.

UNICEF(2014). A post-2015 world fit for children: A review of the open working group report on sustainable development goals from a child rights perspective. UNICEF.

Van Linden, J. A., & Fertman, C. I. (1998). *Youth leadership: A guide to understanding development in adolescents.* San Francisco: Jossey-Bass WCED(1987). Our common future. United Nations

World Commission on Environment and Development. Retrieved April, 28, 2019 from https://en.wikisource.org/wiki/Brundtland_ Report.

Winter, M. (1997). *Children as Fellow Citizens: Participation and Commitment.* Oxford: Radcliffe Medical Press.

Winters, L. Alan, Wonhyuk Lim, Lucia Hanmer, & Sidney Augustin (2010). Economic Growth in Low Income Countries: How the G20 Can Help to Raise and Sustain It. Seoul: KDI.

World Health Organization(WHO)(2020. 5. 30.). WHO Coronavirus Disease(COVID-19) Dashboard. Retrieved from https://covid19.who.int/

Wylson, A. (1980). *Design for leisure entertainment.* Boston: Burrer Worth, Inc.

Zukin, C., Keeter, S., Andolina, M., Jenkins, K. & Delli Carpini, M. X. (2006). *A New Engagement? Political Participation, Civic Life, and the Changing American Citizen.* New York: Oxford University Press.

찾아보기

저자 소개

■ 김상범((재)대구청소년지원재단)

대구가톨릭대학교에서「청소년의 외상 후 성장과 인지정서조절전략, 성장적 반추, 사회적 지지 간의 구조관계 분석」으로 사회복지학 박사학위를 받았고, 대구한의대학교, 계명문화대학교, 영진사이버대학교 등에서 청소년활동론, 청소년문화론, 청소년지도방법론, 청소년육성제도론, 청소년복지론, 중독융합연구방법론, 평생교육연구방법론 등을 강의하고 있다. 또한 사회복지사, 청소년지도사, 청소년상담사의 자격을 갖추고 10여 년간 (재)대구청소년지원재단의 청소년쉼터에서 상담, 생활지도, 사례관리 등을 통해 가정 밖 청소년들의 복지증진과 성공적인 자립을 위해 노력했으며, 대구아름청소년성문화센터에서 청소년을 위한 성교육 프로그램을 개발하고, 청소년과 학부모 및 청소년지도사를 대상으로 성교육과 상담 및 지도활동을 통해 청소년의 건강한 문화 형성을 위해 노력하고 있다. 그리고 대구광역시청소년상담복지센터 및 대구동구청소년상담복지센터의 청소년복지실무위원, 청소년문화의집 방과후아카데미지원협의회위원, 한국청소년성문화센터협의회 운영위원 등을 맡아 활동하며 청소년 시설의 효과적인 운영과 청소년 지원 서비스 질의 향상을 위해 기여하고 있다. 대표 논문으로는「청소년의 성비행에 영향을 미치는 요인」(2014),「청소년의 성비행과 자극추구성향, 또래동조성, 비행친구접촉의 경로분석」(2017),「중학생의 부모-자녀 간 의사 소통이 학교적응에 미치는 영향: 자기효능감의 매개효과를 중심으로」(2017) 등이 있다.

■ 박선희(성운대학교)

대구가톨릭대학교에서「사회복지전공 대학생의 다문화 역량에 관한 영성지능과 인권태도의 구조관계 분석」으로 사회복지학 박사학위를 받았고, 대구가톨릭대학교에서 조사방법론, 논문연구방법론, 사회복지법제론, 다문화 글로컬 생활세계 등을 강의하였다. 현재 성운대학교 미래휴먼사회복지학부에 교수로 재직 중이다. 사회복지에서 영성을 활용한 실천과 접근을 중요하게 생각하고 탐색해 왔으며 청소년 정신건강, 중독문제와 영성 등에 관한 강의와 연구를 하고 있다. 또한, 다문화와 관련하여 사회통합, 다문화 수용성, 다문화 역량 및 국제사회복지 등에 관심을 가지고 있으며 다문화청소년과 외국의 청소년 이슈 등을 주제로 국제학술대회와 세미나 등에서 발표하였다. 대표 논문으로「프랑스 청소년의 삶과 정책」(2013),「잠재성장모형을 활용한 청소년의 다문화수용성발달에 관한 종단연구」(2014),「청소년의 영적안녕감이 사회성발달에 미치는 영향」(2014),「범분야 이슈와 Post-2015(2016)」,「청소년의 사회자본이 인권의식에 미치는 영향과 자아존중감의 매개효과에 관한 연구」(2016),「대학생의 다문화역량에 관한 질적 사례연구」(2018),「청소년지도자에 관한 연구동향 분석」(2019),「긍정적 부모양육태도, 친구관계, 스마트폰의존, 자아존중감이 청소년의 학교생활만족도에 미치는 영향과 매개효과」(2021) 등이며, 저서로『다문화글로컬 생활세계』(2015),『지역사회복지론』(2016),『사회복지개론』(2016),『청소년문제와 보호』(2017),『사회복지조사론』(2018),『인간행동과 사회환경』(2019),『사회복지윤리와 철학』(2019) 등이 있다.

■ 박주현(대구가톨릭대학교)

대구대학교에서 사회복지학 석사학위를 취득하고 대구가톨릭대학교에서 사회복지학 박사학위를 받았다. 사회복지사 1급, 청소년지도사 2급, 보육교사 1급, 평생교육사 2급, 학교사회복지사 자격을 가지고 10여 년간 통영시청소년상담복지센터와 (재)경상남도청소년지원재단(상담복지센터 및 활동진흥센터)에서 청소년과 학부모, 지도자들을 대상으로 상담과 교육 및 지도활동을 하였다. 특히 다양한 분야의 청소년에 대한 관심을 가지고 학교폭력예방, 인터넷중독예방, 외상후스트레스장애, 또래상담, 국제교류, 자원봉사활동, 청소년박람회 등의 업무를 담당하여 청소년들의 문제예방과 활동증진을 위해 노력하였다. 또한 경상남도병무청으로부터 위임받아 공익근무요원 상담을 담당하며 후기청소년에 대한 지원에 관심을 가지기도 하였다. 현재는 대구지속가능미래연구소 소장으로 UN이 인류의 삶의 질을 향상시키기 위하여 제시한 지속가능발전목표에 근거하여 연구하며, 공공기관, 학교, 기업체의 구성원을 대상으로 교육을 진행하고 있으며, 대구가톨릭대학교와 대구가톨릭대학교 사회복지대학원 및 성운대학교에서 인간행동과 사회환경, 사회복지조사론, 사회복지정책론, 프로그램개발과 평가, 사회복지실천기술론 등을 강의하고 대구지속가능발전협의회 위원으로 활동하고 있다. 대표 논문으로는 「청소년글로벌리즘에 관한 연구」(2017), 「전문직 정체성의 연구용례와 동향: 청소년분야의 함의」(2017), 「노인장기요양보험제도의 문제점 및 개선방안에 관한 고찰」(2019), 「청소년지도사의 직무와 양성체계」(2019), 「청소년복지 전문인력의 직무만족에 관한 인권의식과 직업윤리의식의 구조관계분석」(2021) 등이 있으며, 저서로 『인간행동과 사회환경』(2018), 『학교사회복지론』(2020)이 있다.

■ 안명선(해맑음문화활동센터)

대구가톨릭대학교에서 사회복지학 박사학위를 받았으며, 대구한의대교에서 청소년학 석사를 취득하였다. 2005년도부터 창원문성대학교, 대구한의대학교, 김해대학교, 포항선린대학교 등에서 사회복지실천기술론, 인간관계론, 인간과 사회심리, 아동복지론, 사회복지조사방법론, 사례연구 등을 강의했다. 현재는 비영리민간단체 해맑음문화활동센터 센터장, 사회적기업 (주)해맑음 대표, 지속가능미래연구소 대표, 경남범죄피해자지원센터 상담분과위원, 창원시자원봉사센터 운영위원, 경남사회적기업심사위원, 창업육성기업심사위원, 창원시 으뜸마을만들기심사위원 등을 맡아 활동하고 있다. 대표 논문으로 「한국의 공적개발원조(ODA) 평가와 청소년국제교류 활성화의 과제」(2015), 「현실요법적 놀이치료프로그램이 비행청소년의 공격성과 자기효능감에 미치는 효과」(2008), 「협동조합 실태분석 및 정책실효성에 관한 연구」(2017), 「노인장기요양보험제도의 문제점 및 개선방안에 관한 고찰」(2019), 「청소년의 주관적 웰빙, 가족강점, 자기결정성의 구조관계연구」(2020), 「사회적 경제에 관한 일 연구: 사회적기업과 협동조합중심으로」(2020), 「지속가능발전목표와 청소년활동: 동향과 과제」(2021) 등이 있으며, 저서로는 『역량중심의 청소년 지도 설계』(2013), 『청소년지도방법론 적극적 관점』(2017), 『자원봉사론』(2020) 등이 있다.

■ 천정웅(대구가톨릭대학교)

미국 캔사스대학교(The University of Kansas)에서 청소년전문가들(youth professional)의 관점에서 청소년분야 「강점기반실천(strengths-based practices)의 본질(nature)」을 분석한 논문으로 사회복지학 박사학위를 취득하였으며 한국 중앙대학교에서 환경레짐(environmental regime)에 관한 논문으로 정치학 박사학위를 받았다. 한국청소년정책연구원 기획조정실장, 한국청소년학회 사무총장 등을 역임하고, 미국 아이오와 대학교(University of Iowa) 방문학자, 캔사스대학교(University of Kansas), 사회정책분석연구원에서 일한 바 있다.

현재 대구가톨릭대학교 사회복지학과 교수로 재직하고 있으며, 대구다문화가족지원센터 협회장 등을 역임하였다. 대구가톨릭대학교의 주요보직으로 국제다문화대학원장, 다문화연구원장, 다문화교육원장, 청소년복지연구소장, 사회복지학과장, 대학원 사회복지학과장 등이 있다. 학부와 대학원 석·박사 과정에서 청소년복지론을 비롯하여 청소년 인권과 참여, 사회복지정책론, 사회복지행정론, 지역사회복지론, 고급통계자료분석론, 질적연구방법론, 사회복지조사론, 사회복지법제와 실천, 국제사회복지론, 청소년활동론, 인간행동과 사회환경, 학교사회복지론, 글로벌청소년연구 등을 강의하고 있다.

1980년대 중반 이후 35년 이상 한국과 미국에서 청소년학을 연구해 왔으며, 2000년대부터 사회복지 및 영성복지 등과 관련한 이론과 실천, 양적/질적 연구방법론 등에 관한 연구, 강의 및 저작활동에 진력해 오고 있다. 한국전통사상에 관해 특별한 관심을 갖고 있으며, 『논문작성 연구방법 실전노하우: 입말로 전하는 문헌·양적·질적연구』를 비롯하여 『청소년 인권과 참여』, 『청소년복지론』, 『사회복지연구방법론』, 『지구환경레짐의 정치경제학』 등의 단독 저서와 『다문화청소년활동론』, 『적극적 관점의 청소년개발』, 『차세대 청소년학총론』 등의 공저를 비롯하여, 50여 권의 국·영문 저서와 「청소년참여의 유형화 연구」 등 다수의 국문논문과 「Best practices in community-based prevention for youth substance reduction」, 「Causal relationships between service outcomes and satisfaction, service utilization, and demographic characteristics: A path analysis」 등 단독저자로서 SCI, SSCI 등재 영문저널에 게재된 영문논문을 여러 편 갖고 있다.

2003년 미국에서 「세계청소년학 아카데미(World Academy for Youth Studies)」를 창립했으며 2006년에는 한국 청소년복지의 발전을 위한 「청소년학 월드포럼(World Forum on Youth Studies)」을 제안하여 한국과 미국 등에서 국제컨퍼런스를 개최하고 있다. 한국사회복지질적연구학회 편집위원장, 글로벌청소년학회 편집위원장, 한국청소년연구 편집위원 등을 역임했으며, 글로벌청소년학회 회장, 국제사회복지학회 회장, 한국시민청소년학회 회장 등을 역임하였다. 한국과 미국의 연구기관에서 청소년 관련 정책연구와 청소년 관련 데이터 분석 등을 통해 50여 종의 국·영문 보고서를 발간하였다.

발전 청소년학 시리즈 3

청소년문화론

1판 1쇄 인쇄 — 2022년 8월 26일
1판 1쇄 발행 — 2022년 8월 30일

저　　자 - 김상범 · 박선희 · 박주현 · 안명선 · 천정웅
발 행 인 - 강철원
발 행 처 - 양성원
주　　소 - 경기도 파주시 검산로 173번길 29-20
전　　화 - 031-946-3861(代)
팩　　스 - 031-946-3864
이 메 일 - tnwpub@naver.com
홈페이지 - tnwpub.co.kr
출판등록 - 2015년 8월 31일 제 2015-000211 호

ISBN 979-11-6126-422-6

정가 22,000원